Hannah Arendt berichtet in ihrem Aufsatz über das «Geistliche Tagebuch» Johannes' XXIII. «Der christliche Papst» in: Merkur 217, April 1966): «Und schließlich erzählt man, daß man ihm [Johannes XXIII.] in den Monaten vor seinem Tod Hochhuths ‹Stellvertreter› zu lesen gab und ihn dann fragte, was man dagegen tun könne. Worauf er geantwortet haben soll: ‹Dagegen tun? Was kann man gegen die Wahrheit tun?›» – Durfte ein Papst schweigen zur planmäßigen Ausrottung der europäischen Juden durch Hitlerdeutschland? Die Vernichtungslager und das Ausmaß ihrer Funktion waren dem Vatikan bekannt – in der weltweiten Kontroverse um Hochhuths Schauspiel haben weder Sprecher der Kirche noch Historiker diese Tatsache je ernstlich bestritten.

Zu Beginn dieses Theaterstücks erfährt der junge Jesuitenpater Riccardo Fontana aus Rom im August 1942 in der Berliner Nuntiatur vom systematisch betriebenen Massenmord. Der als Augenzeuge von den Todesfabriken berichtet, ist Kurt Gerstein, SS-Obersturmführer, Protestant und Außenseiter des Widerstandes gegen Hitler. Die als Verbündete und Nutznießer den Mord-Verwaltern Gesellschaft leisten, sind Industrielle, Wissenschaftler, Bürokraten – leistungsfähiger als Kirchenhäupter, die neutrales Schweigen wahrten. Riccardo ist sicher: Pius XII. wird durch Protest vor der Weltöffentlichkeit zugunsten der Verfolgten intervenieren. In Rom jedoch muß er erfahren, daß selbst Juden-Deportationen unter den Fenstern des Vatikans den Papst nicht dazu bringen können, «Herrn Hitler als Banditen anzuprangern», weil das «die Staatsräson verbietet». Da heftet sich Riccardo den gelben Stern an die Soutane und begleitet stellvertretend «als Diener der Kirche, die in der Nächstenliebe ihr oberstes Gebot erblickt», einen Transport nach Auschwitz. In einer großen dialektischen Konfrontation von christlichem Gewissen und zynischer Apologetik verläßt das historische Schauspiel den Bereich des bloß Faktischen – Theater als moralische Anstalt.

«Der Stellvertreter», bisher in 17 Sprachen übersetzt und auf nahezu 100 Bühnen in 25 Ländern aufgeführt, hat vielfach stürmische Diskussionen, Demonstrationen, Proteste und Theaterskandale ausgelöst, aber der Geschichtsschreibung neue Akzente gesetzt und auf den innerkirchlichen Dialog eingewirkt. Die öffentliche Auseinandersetzung, in die unter anderem Kardinal Montini (heute Papst Paul VI.), Martin Niemöller, Albert Schweitzer, Golo Mann, Gerhard Schröder und Thomas Dehler eingriffen, bewies, daß die Frage nach dem Verhältnis von Macht und Moral immer wieder neu gestellt werden muß.

Rolf Hochhuth, am 1. April 1931 in Eschwege geboren, war Verlagslektor, als er 1959 während eines Rom-Aufenthaltes sein Drama «Der Stellvertreter» konzipierte. Für dieses Stück erhielt er 1962 den Förderungspreis im Gerhart-Hauptmann-Preis, 1963 den Berliner Literaturpreis «Junge Generation» und 1964 den Frederic Melcher Award für den wichtigsten in den USA erschienenen Beitrag zum Thema der religiösen Freizügigkeit. Weitere Veröffentlichungen: «Berliner Antigone» (1964), «Klassenkampf» (1965). Rolf Hochhuths zweites Theaterstück «Soldaten» (Rowohlt Paperback Bd. 59) wurde im Rahmen der Berliner Festwochen 1967 uraufgeführt.

LITERATUR: «Summa iniuria oder Durfte der Papst schweigen? Hochhuths ‹Stellvertreter› in der öffentlichen Kritik» (hg. von Fritz J. Raddatz), Reinbek bei Hamburg 1963; «The Storm Over the Deputy. Essays and Articles about Hochhuth's Explosive Drama» (Edited by Eric Bentley), New York 1964; «Der Streit um Hochhuths ‹Stellvertreter›», Theater unserer Zeit Bd. 5, Basel 1963; Walter Adolph: «Verfälschte Geschichte. Antwort an Rolf Hochhuth», Berlin 1963; Rosario F. Esposito: «Processo al Vicario», Turin 1964.

Rolf Hochhuth

Der Stellvertreter

Ein christliches Trauerspiel

Mit einem Vorwort
von Erwin Piscator
und einem Essay
von Walter Muschg

Rowohlt

Umschlagentwurf Werner Rebhuhn unter Verwendung zweier Szenen-
fotos von der Uraufführungsinszenierung der Freien Volksbühne im
Theater am Kurfürstendamm, Berlin
Vorderseite: Dieter Borsche als Pius XII., Hans Nielsen als Kardinal,
Günther Tabor als Pater Riccardo
Rückseite: Günter Tabor als Pater Riccardo, Ernst Ronnecker als Jacobson,
Siegfried Wischnewski als Gerstein (Fotos: Ilse Buhs, Berlin)
Die Note an Ribbentrop auf Seite 274 drucken wir mit freundlicher Ge-
nehmigung vom Spiegel-Verlag (Spiegel-Ausgabe Nr. 35 vom 21. 8. 1967)
ab.

1.–40. Tausend   November 1967
41.–48. Tausend   Mai 1969
49.–55. Tausend   Januar 1970

Veröffentlicht im Rowohlt Taschenbuch Verlag GmbH,
Reinbek bei Hamburg, November 1967
© Rowohlt Verlag GmbH, Reinbek bei Hamburg, 1963
Alle Rechte, auch die des auszugsweisen Nachdrucks
und der fotomechanischen Wiedergabe, vorbehalten
Alle Rechte der Bühnenaufführung, der Übertragung durch Rundfunk
und Fernsehen sowie des öffentlichen Vortrags liegen
beim Rowohlt Theater-Verlag, Reinbek bei Hamburg
Gesetzt aus der Linotype-Aldus-Buchschrift
und der Palatino (D. Stempel AG)
Gesamtherstellung Clausen & Bosse, Leck/Schleswig
Printed in Germany
ISBN 3 499 10997 2

KARDINAL TARDINI
«Pius XII. konnte mit dem Apostel sprechen: Ich bin mit Christus ans Kreuz geheftet ... Er nahm das Leid an ..., das seinen heroischen Willen, sich für die Brüder und Söhne zu opfern, härtete ... Diese überaus edle ... Seele verkostete den Leidenskelch Tropfen um Tropfen.»

GEBET in dem Fotoband PIO XII. IL GRANDE
«O Jesus . . . du hast dich gewürdigt, deinen treuen Diener Pius XII. zur höchsten Würde deines Stellvertreters zu erheben, und ihm die Gnade verliehen, den Glauben unerschrocken zu verteidigen, Gerechtigkeit und Frieden mutvoll zu vertreten . . ., auf daß wir ihn . . . eines Tages der Ehre der Altäre teilhaftig sehn können. Amen.»

SÖREN KIERKEGAARD
Nimm ein Brechmittel . . . Du, der Du dies liesest, Du weißt wohl, was christlich unter einem Wahrheitszeugen zu verstehen ist: ein Mann, der gegeißelt, mißhandelt, von einem Kerker in den anderen geschleppt wird . . ., dann zuletzt wird er gekreuzigt oder geköpft oder verbrannt.
Soll indes . . . der verstorbene Bischof . . . als Wahrheitszeuge vorgestellt und heiliggesprochen werden: so muß dagegen Einspruch erhoben werden. Er ist nun tot — Gott sei gelobt, daß es hingehalten werden konnte, solange er lebte! Er wurde ja mit voller Musik begraben; das Denkmal wird ihm ja auch gesetzt werden: Aber dann reicht es, und am allerwenigsten darf er in die Geschichte eingehen als Wahrheitszeuge.

FRANÇOIS MAURIAC
Wir hatten jedoch nicht den Trost, den Nachfolger des Galiläers Simon Petrus mit eindeutigem und klarem Wort, und nicht mit diplomatischen Anspielungen die Kreuzigung dieser unzähligen ‹Brüder des Herrn› verurteilen zu hören. In der Zeit der Besetzung drang ich eines Tages in den verehrungswürdigen Kardinal Suhard, der im stillen so viel für die Verfolgten getan hatte: ‹Eminenz, weisen Sie uns an, für die Juden zu beten . . .›, und er hob statt jeder Antwort die Arme zum Himmel: Gewiß hatte die Besatzungsmacht Druckmittel, denen man nicht widerstehen konnte, und das Schweigen des Papstes und der Hierarchie war nichts anderes als entsetzliche Pflicht; es ging darum, schlimmeres Übel zu verhüten. Es bleibt, daß ein Verbrechen von solcher Weise zu einem nicht geringen Teil auf alle Zeugen zurückfällt, die geschwiegen haben, was immer die Gründe ihres Schweigens gewesen sein mögen.

I

Hochhuths Stück ‹Der Stellvertreter› ist einer der wenigen wesentlichen Beiträge zur Bewältigung der Vergangenheit. Es nennt schonungslos die Dinge beim Namen; es zeigt, daß eine Geschichte, die mit dem Blut von Millionen Unschuldiger geschrieben wurde, niemals verjähren kann; es teilt den Schuldigen ihr Maß an Schuld zu; es erinnert alle Beteiligten daran, daß sie sich entscheiden konnten und daß sie sich in der Tat entschieden haben, auch dann, wenn sie sich nicht entschieden.

‹Der Stellvertreter› straft alle die Lügen, die meinen, ein historisches Drama als ein Drama der Entscheidungen sei nicht mehr möglich, da dem Menschen Entscheidungen an sich nicht mehr möglich seien in der Anonymität, in der Gesichtslosigkeit der gesellschaftlich-politischen Vorkehrungen und Zwänge, in der absurden Konstruktion des menschlichen Daseins, in welchem alles im vorhinein entschieden sei. Eine solche Theorie der Auslöschung geschichtlichen Handelns kommt allen denen entgegen, die sich heute vor der Wahrheit der Geschichte, vor der Wahrheit ihrer eigenen geschichtlichen Handlungen drücken möchten.

Dieses Stück ist ein Geschichts-Drama im Schillerschen Sinne. Es sieht, wie das Drama Schillers, den Menschen als Handelnden, der im Handeln «STELLVERTRETER» einer Idee ist: frei in der Erfüllung dieser Idee, frei in der Einsicht in die Notwendigkeit «kategorischen», das heißt: sittlichen, menschenwürdigen Handelns. Von dieser Freiheit, die jeder besitzt, die jeder besaß auch unter dem Nazi-Regime, müssen wir ausgehen, wenn wir unsere Vergangenheit bewältigen wollen. Diese Freiheit leugnen, hieße auch: die Schuld leugnen, die jeder auf sich genommen hat, der seine Freiheit nicht dazu benutzte, sich gegen die Unmenschlichkeit zu entscheiden.

II

Es gibt fast schon ein literarisches Genre von Stücken, die sich mit unserer jüngsten Vergangenheit befassen. Das beste, was man über den Großteil dieser meist in den dramaturgischen Büros verstaubenden Stücke sagen kann, ist: daß sie – alles in allem – gut gemeint sind. In vielen dieser Stücke haben sich die Autoren von ihren eigenen Erlebnissen befreit. Das ist – als eine Art Beichte – anzuerkennen. Aber es zeigt sich, daß das Leben allein keine Stücke schreibt, zumindest keine guten. Nur in seltenen Fällen ist die Sicht auf ein Einzel-Schicksal umfassend genug, daß es gleichnishaft, exemplarisch, «stellvertretend» für die Allgemeinheit sein könnte. Dazu dann die rein handwerklichen Unzulänglichkeiten . . .

Hochhuth gibt kein Erlebnis; er gibt einen Stoff, der sich hinter verschlossenen Türen abgespielt hat, und dessen er nur durch langjährige, ausdauernde historische Recherchen habhaft werden konnte. Selbst in der so «stoffreichen» Geschichte der Nazi-Zeit ist dieser Stoff ungewöhnlich. Er konfrontiert die Gesellschaft – als Theater-Publikum – mit einem der radikalsten Konflikte aus der Geschichte nicht nur des Hitler-Regimes, sondern des Abendlandes überhaupt. Er provoziert die Beschäftigung mit einem Sachverhalt, der mehr als jeder andere bisher mit sorgfältig gehütetem Schweigen verhüllt wurde.

Als man mich im Frühjahr 1962 zum künstlerischen Leiter der Freien Volksbühne in Berlin wählte, hatte ich mir vorgenommen, gerade mit dem Instrument der Volksbühne, mit einem Volksbühnen-Spielplan, die allgemeine Vergeßlichkeit, das allgemeine Vergessen-Wollen in Dingen unserer jüngsten Geschichte aufzuhalten. Mitten in meinen Überlegungen, wie ich einen solchen Spielplan gestalten könne (Gerhart Hauptmanns ‹Atriden-Tetralogie› – eine mythologisch verschlüsselte Beschwörung der Hitler-Barbarei – hatte ich als Ausgangspunkt gewählt) – mitten in meinen Überlegungen erreichte mich ein Telefonanruf von Herrn Ledig-Rowohlt: er habe da von seinem Freund Karl Ludwig Leonhardt ein Stück vermittelt bekommen, das Erstlingswerk eines jungen deutschen Autors, mehr eigentlich als «nur» ein Stück ... es habe jeden, der es im Verlag gelesen habe, gewaltig aufgewühlt ... man wisse zwar nicht, wie das Stück, da es alle Dimensionen sprenge, auf die Bühne zu bringen sei ... aber – falls ich Lust und Zeit zu lesen hätte, wolle man es mir nicht vorenthalten ...

Man schickte mir das Stück zu, nicht im Manuskript, wie üblich, sondern im Umbruch, umbrochen aber nicht vom Rowohlt Verlag, sondern von einem Verlag, der sich nach der Drucklegung des Textes eingestehen mußte, er habe nicht den Mut zur Veröffentlichung ... Rowohlt aber, dem das Stück daraufhin angeboten wurde, hatte den Mut, hatte die Kühnheiten – wie eh und je; er war entschlossen, das Stück herauszubringen.

Ungewöhnliche Umstände, bestürzend, erregend. Ein ungewöhnliches, bestürzendes, erregendes, großes und notwendiges Stück – ich fühlte es schon nach der Lektüre der ersten Seiten. Gewiß: das Thema – das Schicksal der Juden während des Faschismus – war an und für sich nicht neu. Wir kannten – beispielsweise – das ‹Tagebuch der Anne Frank›, hatten seine große Wirkung auf unser Gefühl gespürt, eine Wirkung, die selbst noch von der amerikanischen Dramatisierung des Buches ausgegangen war. Wir hatten gerade ‹Andorra› auf der Bühne gesehen, ein wichtiges, «fälliges» Stück, wenngleich in den kritischen Urteilen – vielleicht nicht zu Unrecht – angemerkt worden war, es habe sich in der Konstruktion seiner Fabel verfangen und komme, trotz einiger aufgesetzter «epischer» Lichter, nicht aus dem Bereich des «Novellistischen» heraus.

Gerade aber die Überwindung des «Novellistischen», des Unerhörten, Einmaligen, des «Sonderfalls» ist Hochhuths große Leistung. Sein Stück zielt nicht auf das «Interessante», auf die Pointe, auf den plot – wie es das Kennzeichen des Novellistischen, des Storyhaften ist und wie es bei diesem ungewöhnlichen, «besonderen» Stoff gefährlich nahe lag –, es zielt vielmehr auf eine objektivierende, die Totalität menschlichen Verhaltens untersuchende Geschichts-, nicht Geschichten-Schreibung. Hochhuth breitet wissenschaftlich erarbeitetes Material künstlerisch formuliert aus, er

8

ordnet, er gliedert sein Material mit den Mitteln eines – ich sage das mit vollem Bewußtsein – bedeutenden Dramatikers.

Wenn ein Stück geeignet ist, zum Mittelpunkt eines Spielplans zu werden, der sich mit politisch-geschichtlichen Tatbeständen beschäftigen will: hier ist das Stück! Dieses Stückes wegen lohnt es sich, Theater zu machen; mit diesem Stück fällt dem Theater wieder eine Aufgabe zu, erhält es Wert und wird notwendig.

III

Das Epische im Drama, das epische Drama existiert nicht erst seit Brecht. Shakespeares Königsdramen sind im Grunde *ein* einziges episches Drama. Schiller nennt seine ‹Räuber› einen «dramatischen Roman», und wenn er beispielsweise Wallensteins Lager auf die Bühne bringt, so tut er das als Epiker (Historiker!), der auch das gewissermaßen «Peripherische», das oft genug das Zentrale ist, der Nukleus, nicht unterschlagen will. Dazu gehört die legitime Mißachtung des angeblich «genormten» Dramen-Umfangs. Es ist doch vollkommen gleichgültig, wie lang ein Stück ist, wenn es ein gutes, ein notwendiges Stück ist. Nicht wie lang ein Publikum zuhören kann, ist entscheidend, sondern wieviel ein Autor dem Publikum zu sagen hat. Nach diesem einzig anwendbaren Maßstab ist der Umfang des ‹Stellvertreters› völlig gerechtfertigt. Ein episches Stück, episch-wissenschaftlich, episch-dokumentarisch; ein Stück für ein episches, «politisches» Theater, für das ich seit mehr als dreißig Jahren kämpfte: ein «totales» Stück für ein «totales» Theater ...

Was ist damit gemeint?

Bereits der Expressionismus war von der Erkenntnis ausgegangen, daß die Realität unseres Jahrhunderts nicht mehr in «privaten» Situationen und Konflikten wiederzugeben sei; er strebte zu einer Ausweitung seiner Gegenstände ins «Typische», gewissermaßen Allegorische (*der* Mann, *die* Frau etc.), wobei er nur zu Teilwahrheiten kam und ungenau, lyrisch in der Untersuchung historisch-politischer Vorgänge blieb. Der Expressionismus duzte alle Menschen, ohne sie zu kennen, was nach und nach phantastische, irreale Züge annahm. Mir hat man immer wieder Expressionismus vorgeworfen – unsinnigerweise, denn ich setzte da an, wo der Expressionismus zu Ende war. Mich hatten die Erfahrungen des Ersten Weltkriegs gelehrt, mit welcher Realität, mit welchen Realitäten ich zu rechnen hatte: politische, wirtschaftliche, gesellschaftliche Unterdrückung; politischer, wirtschaftlicher, gesellschaftlicher Kampf. Theater galt mir als die Stätte, an der diese Realitäten unter die Lupe zu nehmen waren. Damals – in den zwanziger Jahren – gab es nur wenige Autoren: Toller, Brecht, Mehring und einige andere, die sich um die Einbeziehung dieser «neuen» Realitäten in ihre Stücke bemühten. Ihre Bemühungen reichten nicht immer aus. Was in den Stücken selbst nicht enthalten war, mußte ich hinzutun.

Durch Ausweitung und Veränderung der dramaturgischen Formen, durch Verwendung neuer technischer und inszenatorischer Mittel habe ich versucht, die Weitläufigkeit und Kompliziertheit, die Totalität unserer grundsätzlichen Lebensprobleme (die immer Konfliktstoffe sind, «Kriegsanlässe», wenn man so will) auf dem Theater sichtbar zu machen. Mittel wie Projektionen, Filme, laufende Bänder, Kommentare etc. nannte ich, noch bevor Brecht *seinen* Begriff des «Epischen» formuliert hatte, epische Mittel. Sie durchsetzten die Aufführung mit wissenschaftlichem, dokumentarischem Material, analysierten, klärten auf.

Hochhuths Stück ‹*Der Stellvertreter*› ist bereits in seiner literarischen Fixierung vollgültig episch. In den Dialog sind die äußerst wesentlichen Szenen- und Regie-Anweisungen, die Personen-Charakteristiken etc. eingeblendet als unauflöslicher Bestandteil des Stückes selbst. (Dazu gehört auch der dokumentarische Anhang.) Die Tatsachenfülle des Stoffes wird gehalten durch die versifizierte Sprache. Hochhuth selbst sagte mir, er habe des erdrückenden Materials nur Herr werden können durch die Umwandlung desselben in eine frei-rhythmische Sprache; so sei die Gefahr vermieden worden, «in einen stillosen dokumentarischen Naturalismus à la Wochenschau abgedrängt zu werden . . .» Dokumentarisches und Künstlerisches sind untrennbar ineinander übergegangen.

Natürlich ist es schwer, aus diesem «totalen» Stück eine Bühnenfassung herzustellen, ein Stück aus dem Stück zu schneiden, nicht weil es für das Theater zu groß, zu massig, sondern weil das Theater, weil die Sicht der Gesellschaft und ihre Einstellung zum Theater für dieses Stück zu begrenzt ist, zumindest noch im Augenblick. «Zu lang, um gut zu sein» — las ich jüngst als Schlagzeile über der Besprechung einer Aufführung, die dreieinhalb Stunden dauerte! Ich möchte lieber, was Hochhuths Stück betrifft, sagen: «Zu gut, um lang zu sein!» Trotzdem — wiewohl eine Aufführung an etwa zwei oder drei Abenden als einzig Angemessene wäre — werden Striche vorgenommen werden *müssen*, um das Publikum, wenn es schon nicht das ganze Stück will, mit den wesentlichen Teilen bekannt zu machen. Jedenfalls habe ich mit dem Rowohlt Verlag vereinbart, daß gleichzeitig mit der Berliner Uraufführung die Buchausgabe an die Öffentlichkeit gelangt als notwendige Unterstützung und Ergänzung.

Ich hoffe, daß Anklage *und* Verteidigung dieses Stückes, so wie sie die wenigen, die es bisher lasen, erreichten, *alle* erreichen; ich hoffe, daß der Wert einer solchen Arbeit nicht allein im Künstlerischen, im Formalen, im Ästhetischen wirksam sei, sondern zuerst und zuletzt in dem ins Leben Gesprochenen, ins Leben Eingreifenden; ich hoffe auf die *verändernde* Kraft dieses Stückes. Mein Anti-Schopenhauerscher «verruchter» Optimismus ist — trotz natürlich erscheinender Abnutzung durch Resignation — immer noch stark genug, an eine Veränderung der Geschichte des Menschen durch *Erkenntnis* zu glauben, an eine friedliche Veränderung, und nicht an eine ungeistige, gewaltsame, die *Entwicklung* nurmehr als Entwicklung zur Katastrophe anerkennt. Aus einer objektiven Erkenntnis allein aber kann ein leidenschaftliches Bekenntnis zu den Werten entstehen, deren Neuformulierung Hochhuth in diesem Stück versucht. Dieser neue Autor Rolf Hochhuth erscheint mir nicht nur als ein guter Stücke-Schreiber und Dichter: er ist ein Bekenner! Die Entdeckung aber eines solchen Bekenners ist wohltuend und tröstlich in einer Welt des Schweigens, eines Schweigens, das leer ist, inhaltlos, nutzlos.

Berlin, den 6. November 1962   Erwin Piscator

PERSONEN

PAPST PIUS XII.
BARON RUTTA, *Reichsvereinigung Rüstung*

PATER RICCARDO FONTANA SJ

KURT GERSTEIN, *SS-Oberstumführer*

DER DOKTOR

EIN KARDINAL
PROF. HIRT, «*Reichsuniversität*» *Straßburg*

DER APOSTOLISCHE NUNTIUS zu Berlin
LUCCANI SENIOR, *ein katholischer Jude*
DIENER *bei Fontana*

GRAF FONTANA, *Syndikus beim Heiligen Stuhl*
OBERST SERGE *beim Oberkommando des Heeres*

EIN ORDENSGENERAL
MÜLLER-SAALE, *Kruppwerke Essen*

EICHMANN, *Obersturmbannführer*
EIN FABRIKANT, *Häftling der Gestapo*

DR. LOTHAR LUCCANI
DR. FRITSCHE, *Sturmbannführer*

SALZER, *Chef der deutschen Polizei in Rom*

OFFIZIER DER SCHWEIZERGARDE *(im Hause Fontana)*

JULIA LUCCANI
Ihre Kinder EIN JUNGE *von neun* EIN MÄDCHEN *von fünf*

REGIERUNGSRAT DR. PRYZILLA
EIN RÖMISCHER SCHUHHÄNDLER
EIN FOTOGRAF
BRUDER IRENÄUS

HELGA

CARLOTTA

FRAU SIMONETTA

EIN PATER *in der Nuntiatur*
WITZEL, *Feldwebel der SS*
EIN JÜDISCHER KAPO

JACOBSON
DER «KORREKTE» *von der faschistischen Miliz*
DER WACHHABENDE OFFIZIER *in Auschwitz*

LEUTNANT VON RUTTA, *Luftwaffe*
KATITZKY, *SS-Soldat*
EIN SCHREIBER *beim Papst*

DR. LITTKE, *Oberarzt des Heeres*
DER «GANOVE» *von der faschistischen Miliz*
WACHHABENDER SCHWEIZER *im Päpstlichen Palast*

DIE SPRECHER *der Monologe*

Die zu Gruppen von zwei, drei oder auch vier Personen zusammengefaßten Figuren sollten jeweils vom gleichen Schauspieler verkörpert werden — gemäß der Erfahrung, daß es im Zeitalter der allgemeinen Wehrpflicht nicht unbedingt Verdienst oder Schuld oder auch nur eine Frage des Charakters ist, ob einer in dieser oder jener Uniform steckt und ob er auf seiten der Henker oder der Opfer steht.

Außer dem Papst, dem Nuntius, Gerstein, Hirt und Eichmann sind alle Gestalten wie die Namen frei erfunden.

Die Besetzung der Uraufführung von *Der Stellvertreter* im Theater am Kurfürstendamm (Freie Volksbühne) in Berlin am 20. Februar 1963

1. Bild: Nuntiatur

Nuntius	Hans-Albert Martens
Riccardo Fontana	Günther Tabor
Kurt Gerstein	Siegfried Wischnewski
Pater	Otto Czarski

2. Bild: Gersteins Wohnung

Kurt Gerstein	Siegfried Wischnewski
Jacobson	Ernst Ronnecker
Riccardo Fontana	Günther Tabor

3. Bild: Haus Fontana

Riccardo Fontana	Günther Tabor
Graf Fontana	Malte Jaeger
Kardinal	Hans Nielsen
Fotograf	Ingo Osterloh
Diener	Eugen van Grona
Schweizer Gardist	Ludwig Schütze

4. Bild: Beim Ordensgeneral

Kardinal	Hans Nielsen
Pater General	J. P. Dornseif
Riccardo Fontana	Günther Tabor
Kurt Gerstein	Siegfried Wischnewski
Mönch	Hermann Kleinselbeck

5. Bild: Im Vatikan

Papst Pius XII.	Dieter Borsche
Kardinal	Hans Nielsen
Graf Fontana	Malte Jaeger
Riccardo Fontana	Günther Tabor
Pater General	J. P. Dornseif
Schreiber	Eugen van Grona
Schweizer Gardist	Ludwig Schütze

6. Bild: Auschwitz
   Epilog

Doktor	Richard Häußler
Riccardo Fontana	Günther Tabor

Die Sprecher der Monologe

Der Alte	Erhart Stettner
Das Mädchen	Sacha Berger

Bühnenbild:	Leo Kerz
Regie:	Erwin Piscator

ERSTER AKT

DER AUFTRAG

> Hüte dich vor dem Menschen,
> dessen Gott im Himmel ist.
> *Bernard Shaw*

1. SZENE

Berlin, August 1942, an einem Spätnachmittag.
Das Empfangszimmer in der Apostolischen Nuntiatur, Rauchstraße.
Wenige Empire-Möbel. Die Strenge des Raumes wird nur unterbrochen durch eine große, fast bunt und freundlich wirkende Kopie der Kreuzabnahme von Rubens.
Zwei Doppeltüren: im Hintergrund links zum Arbeitszimmer des Nuntius; rechts zu Vorzimmern und Treppenhaus.

Der APOSTOLISCHE NUNTIUS, EXZELLENZ CESARE ORSENIGO, *steht 1942 im 69. Lebensjahr. Pressefotos überliefern das Porträt eines sehr rüstigen Mannes mittlerer Statur. Das schmale, knochige Gesicht weist keine leere Fläche auf, sondern wird vollkommen beherrscht von Mund und Nase, die wie das Kinn außerordentlich groß sind. Der offene Blick zeigt reservierte Verständnisbereitschaft. Nicht vom Geist: vom Willen und von bemühter Selbstdisziplin scheint das Gesicht geprägt. Ernst Freiherr von Weizsäcker, Staatssekretär im Auswärtigen Amt bis Frühjahr 1943, dann Hitlers Botschafter beim Heiligen Stuhl, nennt den Nuntius einen real denkenden Milanesen, der es gern vermied, «ausweglose Differenzen der Kurie mit dem Dritten Reich ins Grundsätzliche zu steigern». Auch bescheinigt er, daß Orsenigo es fertigbrachte, seine Beschwerden — man sprach etwa über polnische Geistliche in Hitlers Konzentrationslagern — der deutschen Reichsregierung «bei ruhigem Gemüt, in freundschaftlicher Art und Weise» vorzutragen. Wie dem auch sei: das sympathische Gesicht des Nuntius verweigert jede Antwort auf die Frage, wie dieser Geistliche, der während der ganzen Hitler-Zeit in Berlin lebte und spätestens am 8. November 1938 Augenzeuge des Terrors gegen die jüdischen Mitbürger wurde, die Aufrechterhaltung des Konkordats zwischen der Kurie und der Reichsregierung auch dann noch mit seinem Gewissen vereinbarte, als man die katholischen Juden deportierte. Offenbar verliert jedermann, der längere Zeit unter Autokraten — sei es Hitler, sei es Pius XII. — Verantwortung trägt, das Gesicht, da er seine persönlichen Empfindungen kaum zum Ausdruck bringen darf und im amtlichen Verkehr auf den Stand des Befehlsempfängers reduziert ist; die Benutzung des unverbindlich-souveränen Diplomaten-Rotwelsch mag das erleichtern.*
Es kommt also bei der Wiederbelebung historischer Figuren nicht mehr auf Porträtähnlichkeit an. Und da selbst solchen Gesprächspartnern des Nuntius wie Adolf Hitler und Hermann Göring auf den vor-

liegenden Fotos, auch bei schonungslosester Betrachtungsweise und post festum, nicht im entferntesten anzusehen ist, welcher Taten sie fähig waren, so scheint die völlige Unbrauchbarkeit des Fotos zum Zweck der Charakterdeutung nahezu erwiesen. Also ist hier nur wesentlich, daß der betagte Schauspieler, der den Nuntius gibt, in der üblichen Tracht eines Titular-Erzbischofs auftritt, das heißt: mit Pektorale, schwarzer Soutane, violettem Käppchen, Halskragen und Umhängemantel.

RICCARDO FONTANAS Einsatz für die Verfolgten und sein Opfergang für die Kirche sind freie Übertragungen der Taten und Ziele des Berliner Dompropstes Bernhard Lichtenberg, der öffentlich für die Juden betete, zu Gefängnis verurteilt wurde und den Schergen Hitlers die Bitte vortrug, im Osten das Schicksal der Juden teilen zu dürfen. Die Erfüllung dieses Anliegens wurde Lichtenberg, den übrigens die Frage beschäftigte, wie der Papst zu diesem Vorhaben stehe, zugesagt. Doch wurde Lichtenberg dann nicht nach Osten in ein Getto gebracht, sondern nach Dachau abgeschoben. Er starb unterwegs, 1943, vermutlich eines natürlichen Todes. Der Respekt der Henker vor dem öffentlichen Ansehen dieses Geistlichen ließ es ihnen geraten erscheinen, seine Leiche freizugeben und einigen tausend Berlinern zu erlauben, dem Begräbnis beizuwohnen.

KURT GERSTEIN, der SS-Obersturmführer, dessen Name die israelitische Gemeinde in Paris auf den Gedenkstein für die Opfer des Faschismus setzte, hat vielleicht, wie der englische Historiker Gerald Reitlinger sagt, die erstaunlichste Mission des Zweiten Weltkriegs gehabt: eine Gestalt, so unheimlich, so zwiespältig und abgründig, daß man sie eher bedichten als beschreiben kann. Sein eigener Lebensbericht, den er 1945 den Alliierten übergab, bevor seine Spur sich in einem Pariser Gefängnis verlor, kann hier ebensowenig zusammengefaßt werden wie die eindeutig positiven Aussagen namhafter Geistlicher beider Konfessionen und des schwedischen Gesandtschaftssekretärs, Baron von Otter. Gerstein scheint — das sieht man schon auf einem Foto aus dem Jahre 1931 — ein Gezeichneter gewesen zu sein, ein so «moderner» Christ, daß zu seinem vollen Verständnis die Lektüre Kierkegaards notwendig ist. 1942, als er in der Nuntiatur erschien und hinausgeworfen wurde, war er 37 Jahre alt. Er trägt die feldgraue Uniform eines Offiziers der Waffen-SS.

DER PATER, der den Tee serviert, erscheint in Mönchskutte.

(Der Nuntius hält einen Berliner Stadtplan in der Hand und sagt zu Riccardo –)

NUNTIUS: Sehen Sie, und hier — die Hedwigskirche.
  Vor zehn Jahren hatten wir in Berlin
  nur vierundvierzig Kirchen — mit Ausnahme,
  versteht sich, der Klosterkapellen.
  Die Juden hatten die gleiche Anzahl Synagogen.
  Und während sich die Zahl unsrer Kirchen
  immerhin erhöht hat,
  gibt es nun keine einzige Synagoge mehr.

RICCARDO *(beiläufig)*: Könnten Exzellenz da nicht vermitteln?

NUNTIUS *(hebt abwehrend eine Hand, er ist nicht aus der Ruhe zu bringen)*: Als Nuntius bin ich *dazu* nicht befugt.
Interveniere ich exempli causa
gegen Unrecht im geteilten Polen, und
ich beschränke meine Klagen schon auf Schikanen
gegen Priester —, so werde ich von Herrn von Weizsäcker
höflich hinauskomplimentiert: nicht zuständig.
Wir sollen erst die neuen Grenzen anerkennen.
Für Juden könnte ich nur sprechen,
wenn sie getauft sind.
Doch hütet sich Herr Hitler, auch die
getauften abzuschieben. — Ach, der Pater selbst
bringt uns den Tee, schön, danke.
Kommt noch ein wenig Kuchen?
(Ein Pater ist eingetreten, richtet den Teetisch und antwortet in bayerischem Dialekt.)

PATER: A Momenterl, Exz'llenz. Und wann er
wieder gar zu stark ist, bitt' schön,
da hamma a Wasser.

NUNTIUS *(faltet den Plan zusammen, mit lächelnder Pedanterie)*:
Danke, danke. — So, den Stadtplan
schenk' ich Ihnen; jeder meiner Mitarbeiter,
der Berlin noch nicht kennt,
erhält schon vor dem ersten Imbiß
den Plan der Reichshauptstadt . . .
Damit Sie sich hier nicht verlaufen.

RICCARDO *(verbeugt sich, steckt den Plan ein, der Pater geht ab)*:
Herzlichen Dank, Exzellenz, das ist sehr freundlich.

NUNTIUS *(am Teetisch, persönlicher)*:
Hatten Sie keine Angst, jetzt nach Berlin zu kommen?
In Rom waren Sie vor Bomben sicher,
hier haben wir jede Nacht Alarm.

RICCARDO: In meinem Alter, Exzellenz, lebt man als Priester
zu gefahrlos. Mein Vetter ist in Afrika gefallen.
Ich freue mich, aus Rom herauszukommen.

NUNTIUS *(erheitert)*: Was sind Sie jung: siebenundzwanzig Jahre —
und schon Minutant! Sie bringen es weit, junger Freund.
Es gilt als außerordentlich, daß Seine Heiligkeit
mit 26 Jahren schon Minutant gewesen ist.

RICCARDO: Exzellenz müssen bedenken,
ich habe den passenden Vater.

NUNTIUS *(herzlich)*: Nicht so bescheiden: wären Sie nichts
als der Protegé Ihres verehrten Vaters,
so hätte Sie der Kardinal niemals
ins Staatssekretariat berufen.
(Vertraulich:) Ist unser Chef noch immer
so schlecht auf mich zu sprechen?

RICCARDO *(verlegen)*: Aber Exzellenz, niemand spricht schlecht . . .

NUNTIUS *(legt ihm die Hand auf den Arm, erhebt sich dann mit der*

Teetasse): Nun, das wissen Sie doch auch, daß ich
in Rom längst persona non grata bin . . .

RICCARDO *(zögernd, ausweichend):* Man stellt es sich im Vatikan
möglicherweise leichter vor, als es ist,
den Heiligen Stuhl hier in Berlin . . .

NUNTIUS *(sich heftig rechtfertigend, er geht durch den Raum):*
Der Papst muß wissen, was er will:
Frieden mit Hitler à tout prix — oder
Lizenz für mich, prohibitiv gegen Verbrechen
entschieden aufzutreten, so wie mein Bruder,
der Nuntius in der Slowakei,
vor vierzehn Tagen gegen die Ermordung
Preßburger Juden im Distrikt Lublin
mit aller Schärfe protestiert hat . . .
Was, lieber Freund, erwartet Rom?
Ich hätte längst demissioniert,
doch fürchte ich, mein Amt
fällt dann an einen Nonvaleur.

RICCARDO: Exzellenz halten aber nicht dafür,
das Konkordat mit Hitler aufzukündigen?

NUNTIUS: O nein, im Gegenteil! Der selige elfte Pius
war wohl dazu bereit. Doch hat
Herr Hitler seit dem Tode des alten Papstes
ja manche Maßnahmen sistiert,
die seine oft sehr dummen Domestiken
gegen uns ergreifen wollten. Er selbst
steht äußerlich neutral zur Kirche,
korrekt wie Marschall Göring.
In Polen allerdings sucht er uns zu erpressen.
Herr Goebbels, sein Propaganda-Mann,
ist recht trätabel, fast entgegenkommend.
Man wundert sich, daß sie den Bischof Galen
nicht anzutasten wagen, obwohl er doch
in aller Offenheit von seiner Kanzel
den Mord an Geisteskranken angeklagt hat.
Hitler hat Galens Forderung erfüllt!

RICCARDO *(temperamentvoll):*
Das konnte doch die Kirche auch verlangen,
Exzellenz! — gerade jetzt, wo Bischöfe
in halb Europa für Hitlers Kreuzzug
gegen Moskau werben. Ich las im Zug,
was an der Ostfront ein Feldbischof . . .

NUNTIUS *(lebhaft, verärgert):* Sehen Sie, Graf, genau *das* ist es,
was mir *nicht* gefällt: wir sollten *nicht*
für Hitler werben, solang' im Rücken seiner Front
so hemmungslos gemordet wird . . . London spricht
von siebenhunderttausend Juden, allein in Polen!
Gewiß, das kennen wir aus der Geschichte:
Kreuzzüge fangen damit an,
daß Juden totgeschlagen werden.

Doch diese Zahlen — fürchterlich.
Und zweifellos kaum übertrieben.
Sie wissen, wie man in Polen selbst die Priester mordet.
Wir sollten uns sehr reserviert verhalten.
Ich bitte Sie: *mußte* denn der Episkopat
von Böhmen-Mähren jetzt — kürzlich erst —
Herrn Hitler bitten, für diesen Heydrich,
den Polizeichef von Berlin und Prag . . .
RICCARDO: Der wurde doch erschossen, ein Attentat?
NUNTIUS: Ja, auf offener Straße — ein ganzes Dorf
hat es gebüßt, mit Frauen und Kindern . . .
muß da der böhmische Episkopat
Herrn Hitler auch noch höflich bitten,
für den Verewigten die Glocken läuten
und ein Requiem lesen zu dürfen?
(Sehr indigniert.) Ein Requiem für Heydrich ist stillos,
ist eine Übertreibung . . .
So — und da ist was zu knabbern,
danke, Freund, danke schön.
(Der Pater bringt Kuchen. Er läßt die Tür offen, man hört die pom-
pöse Vorankündigung einer Sondermeldung aus dem Führerhaupt-
quartier: das Heldenmotiv, Trompeten, Posaunen und Trommelwir-
bel, aus Liszts Préludes.)
PATER: Bitt' schön, Exz'llenz — a bisserl Kuchen
und gleich gebn's no a Sondermeldung . . .
NUNTIUS: Bedienen Sie sich, Herr Minutant . . . So!
Na, hören wir doch einmal, was es gibt.
(Er lächelt, sagt erläuternd zu Riccardo:)
Die Begleitmusik! — ein Ritual. Die Weltanschauung
der Hitler-Leute braucht uns nicht bange machen.
Das Ritual der Nazis aber ist eine böse Konkurrenz:
der breiten Masse glänzend angepaßt.
(Der Pater tritt zurück in die Nähe der Tür, bleibt aber im Zimmer.
Die Fanfaren verklingen, die Stimme aus dem Radio meldet:)
«Achtung, Achtung, hier spricht der Großdeutsche Rundfunk. Wir brin-
gen eine Sondermeldung. Führerhauptquartier, am 25. August 1942.
Das Oberkommando der Wehrmacht gibt bekannt: Am heutigen Mit-
tag erreichten deutsche Gebirgsjäger nach erbittertem Widerstand der
Sowjets den 5600 Meter hohen Gipfel des Elbrus und hißten die Reichs-
kriegsflagge. Damit ist der Kaukasus fest in deutscher Hand.»
(Wieder das Heldenmotiv, dann die Melodie des Liedes: «Von Finn-
land bis zum Schwarzen Meer.»)
PATER *(stolz):* A Fünft-halbtausender: höher wia da Montblanc!
Mei Neffe is ja a bei de Gebiagsjagar im Osten.
Er war a scho' in Narvik mit — naufgeschoss'n ham's eahm.
NUNTIUS *(höflich und desinteressiert):* So — Ihr Neffe. Gott schütze ihn.
PATER: Dank' schön, Exzellenz, ja, hoff ma's nacha.
(Er geht ab, schließt die Tür, die Musik wird leiser, verstummt end-
lich.)
RICCARDO: Glauben Exzellenz fürchten zu müssen,

daß Herr Hitler die Kirche
nur für die Dauer seines Krieges respektiert?

NUNTIUS: Es sah einmal so aus, lieber Graf.
Weil Sieger immer unmoralisch handeln.
Doch seit Herr Hitler sich höchst widerwillig
von Japan, auch von Mr. Roosevelt,
zu seiner Kriegserklärung an die USA
hat provozieren lassen — seit dieser Torheit
(oder war es eine dira necessitas?)
braucht jedenfalls die Kirche Christi
nicht mehr vor ihm zu zittern.
England *und* USA zwingt er nicht in die Knie,
auch nicht, wenn er im Kreml residiert.

RICCARDO *(sehr ungläubig):* Wenn er Rußland geschlagen hat, Exzellenz,
ist er doch wirtschaftlich ganz unangreifbar!
Wer könnte Hitler dann noch niederwerfen:
seine Panzer stehen in Ägypten
und fast vor Leningrad;
Und im Atlantik, seine U-Boot-Waffe ...

NUNTIUS *(fällt ihm wieder ins Wort, gütig, ironisch, souverän):*
Sachte, junger Freund, nicht so stürmisch!
In einem der vielen schönen Bücher, die wir
(er geht auf eine Bücherwand zu, sucht ein Buch, blättert)
so auf den Index setzen, in Rankes Päpsten,
fand ich neulich ein Wort sehr
starken Trostes. — Hier haben Sie das Buch.
In Momenten, sagt Ranke,
wo *irgendein* Prinzip,
welches auch immer,
im Abendland nach absoluter Herrschaft trachtet,
wird sich ihm allemal ein fester Widerstand
entgegensetzen, der aus dem tiefsten
Lebensquell hervorbricht: das ist der Genius
Alt-Europas! Auch Philipp fand in England
seinen Meister. Napoleon in Britannien *und*
im Zaren. Warum nicht Hitler?
Baron von Weizsäcker sagt mir vertraulich,
noch sei auch Rußland nicht besiegt.
Und erst die USA —? Wie immer er
davonkommt: es wird ein Pyrrhussieg.

RICCARDO: Exzellenz meinen, Herr Hitler
wird sich reden lassen *müssen*?

NUNTIUS: O ja! Er wird es sogar *wollen.*
Man hat es bei Dünkirchen ja gesehen.
Er ließ die Engländer entkommen, sein Prinzip
war offenbar modération dans la force.
Freilich, Mr. Churchill hat's ihm nicht
gedankt — greifen Sie zu, Herr Minutant.
Selbst Hitler kann den Spaniern und Franzosen,
den Balkan-Völkern und den Italienern

den Belgiern und vor allem seinen eigenen
Katholiken hier in Deutschland, die ihn alle,
freiwillig oder nicht, beim Kreuzzug gegen Moskau
unterstützen — er kann doch halb
Europa nicht das Schisma antun.
Erklärt er uns zum Staatsfeind — zerbricht
das Bündnis Rom—Tokio—Berlin: sehr gut,
daß Japan sich im Augenblick so zäh
um Abschluß eines Konkordats bemüht.
Daß man's im Weißen Haus verhindern will,
bestätigt nur, wie sehr
wir beiderseits umworben werden.
Ich sah am Sonntag in St. Hedwig,
bei der Priesterweihe durch den Bischof,
auch einen Leutnant der SS. Er beichtete,
er ging zur Kommunion —: nein,
was die Kirche angeht, so bleibt Herr Hitler Realist.
Die Völker, die ihm in Rußland halfen,
die sollen doch auch dann noch zu ihm stehen,
wenn er mit USA und England verhandeln muß.
Denken Sie nur, wie in den USA
die Macht der Katholiken täglich wächst:
auch damit muß Herr Hitler rechnen.
Er wird begreifen, was seine Freunde Franco
und Mussolini längst begriffen haben:
nur *mit* uns, *mit* der Kirche, nicht gegen sie,
ist der Faschismus unbesiegbar. Herr Molotow
hat's längst begriffen: er hat im Jahre
vierunddreißig eingestanden,
wenn es in Deutschland zur Verschmelzung
der Kirche mit den Hitler-Leuten komme —
und damals sah es ja so aus,
es war ein segensreicher Anfang —,
dann sei der Kommunismus
erledigt in Europa . . . Was ist?
Was ist das für ein Lärm! — hier — nun?
Was gibt es? Was ist denn los da draußen?
*(Der Nuntius hat sich erhoben, bleibt einen Moment stehen, horcht
und geht jetzt murmelnd auf die Tür zu, die zum Vorzimmer führt.
Hinter der Bühne ein erregter Wortwechsel, der sich bis zum Schreien
steigert. Man hört die Stimme des Paters, dessen bayerischer Dialekt in dem Maße zunimmt, wie seine Stimme lauter wird. Zwischen
seinen Satzfetzen, die nur halb verständlich sind, drängende, bittende
Worte eines Mannes, dessen Stimme verrät, daß er sich gewaltsam
bemüht, höflich zu bleiben.)*
BEIDE *(hinter der Bühne)*: Sie san in Uniform!

Aber — Sie *müssen* mich melden!

De Nuntiatur is exterritorial — verschwinden S'
oder i hol die Kriminalpolizei.

Bitte fünf Minuten! Der Herr Nuntius ...

Der hat an Gast aus Rom.

Er *muß* mich anhören!

Dös geht uns gar nix an hier, was Sie
wollen, sag' i Eahna.
(Riccardo hat sich, schweigend amüsiert, an die Wand gestellt, während der Nuntius jetzt die Tür zum Vorzimmer öffnet. Der SS-Offizier Kurt Gerstein, die Mütze in der Hand, tritt sofort ein. Der Pater versucht noch immer, ihn zurückzuhalten oder wieder hinauszudrängen.)

GERSTEIN *und* PATER *(gleichzeitig):* Ex'llenz, is dös net unerhört!

Ich muß Sie sprechen, Exzellenz, nur zwei
Minuten — bitte — ich bitte Sie!

Soll i die Kriminalpolizei ...
a Benehmn daherinnen, also.
NUNTIUS: Was gibt es? Was fällt Ihnen ein!
GERSTEIN: Gerstein, mein Name, Exzellenz — bitte
hören Sie mich an, ich habe eine Nachricht
für den Vatikan, die ...
NUNTIUS: Mein Herr, ich bin aufs äußerste befremdet,
daß Sie dies Haus in einer Weise überfallen ...
Ihre Dienststelle ist wohl
in der Prinz-Albrecht-Straße ...
(Der Pater ist schnell durch den Raum zu einem Telefon gegangen, hebt den Hörer ab, Gerstein eilt ihm jetzt nach und sagt —)
GERSTEIN: Exzellenz — bitte kein Telefongespräch!
Wenn meine Dienststelle von dem Besuch erfährt ...
NUNTIUS *(der dem Pater winkt, das Telefonieren sein zu lassen):*
Besuch nennen Sie diesen Auftritt?
PATER *(schnell):* Gehn's endlich, verlassen's das Haus.
GERSTEIN *(ebenso schnell):* Exzellenz, eine Botschaft für den Vatikan,
sie duldet keinen Tag Verzögerung,
nicht *eine* Stunde: soeben komme ich
aus Polen — aus Belzec und
aus Treblinka, nordöstlich Warschau.
Dort werden *täglich* — Exzellenz,
an *jedem* Tag
zehntausend Juden, *mehr* als
zehntausend!, Exzellenz,
ermordet, vergast ...
NUNTIUS: Um Gottes willen, schweigen Sie!
Sagen Sie das Herrn Hitler, gehen Sie.
Nach Auffassung der deutschen Reichsregierung
fehlt mir der Titel, gegen diese ... gegen
Zustände überhaupt in Polen einzuschreiten.
GERSTEIN *(ein Schrei):* Exzellenz!
NUNTIUS: Wer sind Sie überhaupt? Ich habe keinen *Titel,*
sag' ich doch, zum Kontakt

mit Angehörigen der deutschen Wehrmacht ...
Sind Sie katholisch? Jedenfalls ersuche ich Sie,
hier augenblicklich zu ... Gehen Sie, gehen Sie.

*Exzellenz ist keinesfalls gewillt, sich diese Ungeheuerlichkeiten bestä-
tigen zu lassen. Denn er ist ein sehr guter Mensch, und so würde die
amtliche Entgegennahme dieser Meldungen es ihm doch erschweren,
seine Anliegen weiterhin, wie bisher, mit Herrn von Weizsäcker «pfleg-
lich, recht und schlecht, bei ruhigem Gemüt, in freundschaftlicher Art
und Weise» zu erledigen.*

PATER *(ist zur Tür gegangen, hält sie auf und sagt sehr milde):*
Alsdann jetzt genga's endlich.
GERSTEIN *(gerät außer sich, schließt gewaltsam die Tür und sagt sprung-
haft, gequält, dicht am Nuntius):*
Exzellenz, ich sehe jede Stunde
Transporte ... aus ganz Europa in diesen
Fabriken des Todes ankommen ... nein, Katholik
bin ich nicht. Doch Pfarrer Buchholz,
der in Plötzensee die Verurteilten betreut,
ist mein Freund. Ich nenne noch als Referenz
den Superintendenten Otto Dibelius und
Konsistorialrat Hermann Ehlers. Vor seiner Haft
hat Pastor Niemöller aus Dahlem ...
NUNTIUS *(höflich, aber sehr bestimmt):*
Nun ja, ich glaube Ihnen, doch ich muß
jetzt leider das Gespräch sofort —
Es tut mir leid, Sie müssen gehen.
GERSTEIN: Sprechen Sie mit Herrn von Otter
von der schwedischen Gesandtschaft, Exzellenz!
Ich traf ihn im Schlafwagen
Warschau—Berlin, er weiß schon alles.
Der *Vatikan* muß helfen, Exzellenz!
Nur er allein
kann hier noch helfen, helfen Sie!
NUNTIUS *(empört, da er ratlos ist):*
Was kommen Sie zu *mir*? Sie tragen
doch selbst die Uniform der Mörder!
Ich sage Ihnen doch, ich bin nicht zuständig.
GERSTEIN *(schreit):* Zuständig! Sie vertreten in Berlin den
— den Stellvertreter Christi und —
verschließen Ihre Augen vor dem Entsetzlichsten —
was je der Mensch dem Menschen angetan hat.
Sie schweigen, während stündlich ...
NUNTIUS: Mäßigen Sie sich, schreien Sie — hier nicht,
ich breche das Gespräch jetzt ab ...
GERSTEIN *(fast flehend):* Ach, bitte — nein — entschuldigen Sie doch.
Ich weiß ja, Exzellenz — Sie nicht,
jedoch der Heilige Vater *muß* hier helfen,
er muß das Weltgewissen ...

(Der Nuntius zieht sich zurück, er ist überhaupt nur deshalb noch nicht ganz durch die Tür zu seinem Arbeitszimmer entwichen, weil Riccardo ihm nicht folgen will, sondern fasziniert auf Gerstein hört.)
Exzellenz — bitte, hören Sie mich an:
(sehr suggestiv) ich kann nicht mehr, ich habe das gesehen —
ich sehe das ständig — es verfolgt
mich bis in diesen Raum!
Hören Sie — die — ich muß
Ihnen das sagen . . .

Gerstein ist, eine Hand vor den Augen, in einen Sessel gesunken. Er steht sofort wieder auf, sieht niemanden an, sein Blick ist nach innen gerichtet, und seine Augen haben, wie es beispielsweise die Zeugin Frau Bälz dem Institut für Zeitgeschichte in München berichtete, einen unruhig-flackernden, irren Ausdruck. Das nächtliche Gespräch mit Frau Bälz fand etwa um die gleiche Zeit statt wie Gersteins vergeblicher Gang zum Nuntius. Der schwedische Gesandtschaftssekretär, Baron von Otter, schreibt, Gerstein habe ihm den Bericht im Korridor des Schlafwagens «unter Tränen und mit gebrochener Stimme» gegeben.
Die Sachlichkeit der Aussage ist hier nicht konstant. Oft verlieren sich Gersteins Sätze in gemurmelten, unartikulierten Worten, dann wieder spricht er laut und wie gehetzt oder steigert sich zu kurzen Ausrufen wie jemand, der im Traum aufschreit.
Nach den ersten Sätzen geht der Nuntius wieder einige Schritte auf ihn zu, der Pater schließt leise die Tür, ohne das Zimmer zu verlassen, während Riccardo so eindringlich vorwurfsvoll, daß es schon anstößig ist, auf den Nuntius starrt.

GERSTEIN *(ohne Übergang)*: Die Gaskammern arbeiten bis jetzt
  mit Kohlenmonoxyd, mit Auspuffgasen,
  doch springen die Motoren oft nicht an.
  In Belzec hab' ich sehen müssen,
  daß die Opfer einmal — es war
  am 20. August — zwei Stunden
  und neunundvierzig Minuten
  warten mußten, bis das Gas kam.
  Viermal siebenhundertfünfzig Menschen
  in vier Kammern à 45 Kubikmetern.
  Manche beten, manche weinen, schreien,
  die Mehrzahl schweigt.
  Fünfundzwanzig Minuten dauert die
  Vergasung, jetzt soll das schneller gehen,
  deshalb hat man mich zugezogen . . .
  Ich bin Ingenieur und Mediziner.
  (Schreit:) Ich tue es nicht. Ich tue es nicht . . .
  Wie Basaltsäulen stehn die nackten Leichen da,
  im Tode noch erkennt man die Familien.
  Sie haben sich umarmt, verkrampft — mit Haken
  reißt man sie auseinander.
  Das müssen Juden tun. Ukrainer peitschen auf sie ein.

(Er ist nicht mehr in der Lage, sich zu konzentrieren, verliert sich in Details, sein Blick ist hohl.)
Da war ein ehemaliger Chef — hier, vom KaDeWe,
auch ein Geiger, im Weltkrieg ausgezeichnet . . .
er hat für Deutschland an der Front gestanden.
Und die Kinderleichen. Ein junges Mädchen
ging dem Zug voran, nackt wie alle.
Mütter, alle nackt, Säuglinge an der Brust.
Die Mehrzahl weiß Bescheid, der Gasgeruch . . .

NUNTIUS *(will gehen):* Bitte, ich kann — das nicht mehr hören.
Warum, ihr Deutschen! — warum . . .
Lieber Mann, mein Herz ist bei den Opfern.

GERSTEIN: Exzellenz, der Vatikan paktiert mit Hitler!
Sie sehen es doch auf der Straße, hier in Berlin
in Oslo, in Paris, in Kiew — seit mehr als
einem Jahr sehen Sie, *jeder* Priester sieht,
wie man die Juden fortschafft! Der alliierte
Rundfunk meldet, daß zahllose ermordet werden.
Wann endlich, Exzellenz, zerreißen Sie
das Konkordat?

RICCARDO *(zerknirscht):* Exzellenz — das stimmt ja völlig überein
mit dem, was meinem Orden gemeldet wurde,
was aber niemand glauben konnte.

NUNTIUS *(voll echter Anteilnahme, sehr bewegt, aber hilflos):*
Graf, bitte — schweigen Sie, mischen
doch Sie sich hier nicht ein . . . Warum geht
dieser Mann nicht zu Herrn Hitler!

GERSTEIN *(lacht fürchterlich.)*

RICCARDO *(flehend):* Er ist doch kein Agent provocateur,
Exzellenz . . . Graf Ledochowsky hat
aus Polen sehr ähnliche Berichte . . .

NUNTIUS *(außer Fassung, überfordert):*
Warum kommt er zu *mir?* Die Kurie
ist doch nicht da, den Aufruhr
in der Welt zu mehren, sie ist
von Gott beauftragt, für den Frieden . . .

GERSTEIN: Frieden auch mit Mördern? Exzellenz!
(Er zeigt auf das Bild des Gekreuzigten und ruft:)
Gott strafe die Friedfertigen!
Der fühlte sich zuständig, Exzellenz —
sein Stellvertreter nicht?

NUNTIUS *(sehr bewegt und väterlich):*
Herr Ger — stensteiner, fassen Sie sich!
Ich teile Ihren Schmerz um die Gemordeten.

GERSTEIN *(ein Schrei):* Jede *Stunde*, Exzellenz, *jede* Stunde
neue Opfer — das sind *Fabriken*,
wo gemordet wird. Fabriken, begreifen Sie
doch endlich!

NUNTIUS: Mein Herr — bitte, was ich persönlich hier
empfinde, darf ich nicht ohne weiteres

in Rechnung stellen. Privat bin ich
schon neununddreißig eingeschritten.
Doch ist mir auferlegt von Amtes wegen
Konfliktstoff zwischen Rom und Ihrer
Reichsregierung sorgsam zu meiden. Ich dürfte
nicht einmal mit Ihnen sprechen — bitte,
Sie müssen gehen, gehen Sie, bitte.
Gott segne Sie, Gott helfe Ihnen.
Ich werde für die Opfer beten.
(Nuntius winkt Riccardo, ihm zu folgen, während er auf die rückwär-
tige Tür zugeht und sie öffnet.)
NUNTIUS: Graf — ich befehle Ihnen, bitte:
kommen Sie!
RICCARDO: Gerstein heißen Sie — ich werde Sie finden.
(Gerstein nimmt diese Worte nicht wahr, er sieht nur, daß er nichts
ausgerichtet hat. Riccardo wird vom Nuntius, der wieder zurückge-
kommen ist, an der Schulter berührt und durch die Tür zum Arbeits-
zimmer fast mitgezogen. Bevor der Nuntius die Tür schließen kann,
folgt ihm Gerstein noch einmal, leidenschaftlich, außer sich.)
GERSTEIN: Exzellenz — hören Sie, hören Sie
die letzten Worte einer alten Jüdin —
sie rief, bevor sie mit der Peitsche
ins Gas getrieben wurde — sie rief
das Blut, das dort vergossen wird,
über die Mörder. Exzellenz!,
auch uns trifft diese Blutschuld,
wenn wir schweigen.
NUNTIUS *(sich noch einmal umwendend, leise):*
Fassen Sie sich, beten Sie!
(Er geht ab, der Pater schließt hinter ihm die Tür und sagt milde —)
PATER: San's doch g'scheit, Mann, wie reden's
daherinnen mit Seiner Exzellenz — kann
er dafür? Bittschön, gehen's jetzt,
mir können doch da a nix mach'n.
(Gerstein hat begriffen, daß er verloren hat. Noch ein sinnloser Ver-
such: er faßt in die Rocktasche, zieht Papiere hervor und bemüht sich,
beim Pater Interesse dafür zu erwecken.)
GERSTEIN: Hier — die Beweise, sehen Sie doch!
Befehl der Lagerkommandanten
von Belzec, von Treblinka
zur Lieferung von Cyanwasserstoff.
Blausäure soll ich liefern, ich gehöre
zum SS-Gesundheitsamt ... sehen Sie doch ...
(Er steht allein im Raum. Er dreht sich noch einmal, die Papiere in
der Hand, um sich selbst. Der Pater, der hinausgegangen war und
jetzt mit einem Tablett kommt, um das Teegeschirr abzuräumen, sagt
drohend und hilfsbereit zugleich —)
PATER: Wissen's denn nix davon ...
daß d' Nuntiatur bewacht is
von der Kriminalpolizei? Sie,

wenn's d'erwischt wer'n daherinnen
in Uniform — jetzt gehn's schon, bittschön.
Mei, dös san G'schichten, Mar'ond Joseph.
Wann's a Jud'n san —.
(Gerstein ab, schon bevor der letzte Satz gesprochen wurde.)

VORHANG

> Weil sie Füße haben, sieht man nicht,
> daß sie Automaten sind.
>
> *Otto Flake*
>
> Die Krone der Schöpfung,
> das Schwein, der Mensch.
>
> *Gottfried Benn*

2. SZENE

Am Abend des gleichen Tages, 21.00 Uhr.
Der «Jägerkeller» in Falkensee bei Berlin: ein kleines Hotel, das seit einigen Wochen, seit Beginn der regelmäßigen alliierten Luftangriffe auf die Reichshauptstadt, von der Reichsführung SS und Deutschen Polizei als Gästehaus «dienstverpflichtet» worden ist.
Der geräumige Keller, der dem Haus den Namen gab. Der Raum wird durch eine bequeme, freischwebende Treppe, unter der ein Mann aufrecht hindurchgehen kann und die ziemlich weit in den Vordergrund des Kellers hineinreicht, in zwei Hälften geteilt. Die Plätze der Zecher, etwa acht Personen, im Hintergrund rechts von der Treppe, sind nicht mehr sichtbar. Links neben der Treppe, auch im Hintergrund, gut sichtbar, der Standplatz und Anlauf des Keglers, der die Kugel nach links durch einen «gotischen» Spitzbogen in die Kulissen — die Kegelbahn — abrollen läßt. Daneben die große Tafel, auf der jeder Wurf verzeichnet wird. Man hört gedämpfte Geräusche der rollenden Kugeln und der fallenden Kegel. An der Rückwand links die Schiene, auf der die Kugeln aus der Kegelbahn zum Standplatz zurückrollen.
Rechts, etwa in der Mitte zwischen der Rampe und der nicht mehr sichtbaren Sesselecke im Hintergrund, ein kaltes Büfett, versorgt von Helga, einer sehr jungen Blondine, halb Serviererin, halb Hausdame.
Ein wuchtiges Hitler-Bild, Jagdstiche von Riedinger, zwei gekreuzte Schläger mit Corpsstudenten-Mützen aus alter Zeit — und das Neueste: ein großes Foto der vor zwei Monaten in Prag gegossenen Totenmaske des ermordeten Reichsprotektors Heydrich.
Ohne natürlich an diesen Weg gebunden zu sein, bewegen sich die Kegler meist folgendermaßen: wenn der Schreiber ihren Namen aufruft — was auch nicht immer geschieht —, tauchen sie auf aus dem Hintergrund rechts, gehen unter der Treppe hindurch, kegeln, treten zum Schreiber am Fuß der Treppe, während er das Ergebnis auf der Tafel verzeichnet, überqueren die Bühne im Vordergrund, gelangen bis ans Büfett und treten dann wieder in den Hintergrund zu ihren Sesseln.

*Oft beobachten sie auch Kollegen beim Kegeln, unter Zurufen und Ge-
lächter. Noch öfter verschwinden sie, selten allein, ganz vorn rechts
in einer Tür, auf der ein «H» zu lesen ist, und kehren, offensichtlich
in ihrem Gemeinschaftsgefühl bestärkt, laut und mit der typischen
prüfenden Handbewegung ans Büfett zurück.*

*Während des Rundganges entwickeln sich die Gespräche — sei es, daß
die einzelnen Leute mit dem Mann an der Tafel reden, sei es, daß sie
sich einen Augenblick mit anderen auf die Treppe setzen oder mit
Helga charmieren oder auch im Vordergrund etwas Dienstliches, das
nicht der ganze Kreis zu hören braucht, beim Genuß eines Schinken-
röllchens andeutungsweise absprechen.*

Gastgeber ist ADOLF EICHMANN, *ein freundlicher Pedant, dessen fürchterliche Wirksamkeit so wenig von dem schaurigen Glanz eines Groß-
inquisitors ausstrahlte, daß er 1945 nicht einmal gesucht wurde — erst
das Studium der Akten entlarvte ihn als den fleißigsten Spediteur, der
jemals im Dienste des Todes stand; er bleibt auch hier so farblos wie
irgendein Zeitgenosse, der gern Kursbücher studiert und beruflich um
jeden Preis vorankommen will.*

Die anderen Anwesenden: DIREKTOR FREIHERR VON RUTTA, *ein höchst
distinguierter Zivilist aus der Ruhr-Aristokratie; kalt bis gehemmt, ist
er hier bemüht, «unters Volk» zu gehen, und mit wachsender Stimmung verstärkt sich sein rheinischer Dialekt. Vertreter jener Kreise,
über die U. v. Hassell 1941, nach einer Reise ins Ruhrgebiet, notierte:
«‹Stimmung› nicht schlecht, viel ‹Heil Hitler›, insofern... typisch
Industrie, die politisch immer gleich unfähig ist und als einzigen wirk-
lichen Thermometer das Geldverdienen kennt.»*

Sein Sohn, LEUTNANT DER LUFTWAFFE, *kaum über 20, ein sympathischer Junge mit guten Manieren, ist soeben Ritterkreuzträger geworden. Erschrocken, so plötzlich Mittelpunkt zu sein, übernimmt er gehorsam den rüden Kegelkellerjargon, obwohl ihn die Front noch nicht
zynisch gemacht hat. Tapfer als Soldat, ist er einer Helga und ihrem Verlobungsring gegenüber schüchterner, ritterlicher, als es ihr lieb ist.*

*Mittelpunkt, «Stimmungskanone», ist der fünfundsechzigjährige Pro-
fessor* AUGUST HIRT, *ein dicker, hoher Arzt in der feldgrauen Uniform der Waffen-SS, Anatom und Schädelsammler an der «Reichsuniversität Straßburg» — ein gargantuahafter, raumfüllender Zecher mit
einem Brustkorb wie ein Allesbrenner, der sein zynisch-gemütliches
Schwäbeln an Bierabenden noch kultiviert, weil er dessen humorige
Wirkung richtig abschätzt. Er wurde nie gefunden, wahrscheinlich auch
nie gesucht, obwohl seine wissenschaftlich gepflegte Idiotie und Grausamkeit selbst noch das branchenübliche Maß vieler prominenter SS-
Mediziner übertrafen. Da er seine ärztliche Kunst heute doch unter anderem Namen ausübt, lassen wir ihm hier seinen Geburtsnamen. (Der
historische Hirt war ein abstoßender Zyniker, Geierkopf mit zerschos-
sener Kinnlade.)*

Sein Helfer, DR. MED. LITTKE, *zur Zeit noch junger Oberarzt beim Stab
einer Heeresgruppe, ist der fade Karrieremacher, einseitig spezialisiert
auf seine Berufsinteressen, bis zur völligen Verödung in allen anderen
Lebens- und Wissensbereichen: er wird es früh zum Ordinarius bringen.*

Noch ein Offizier des Heeres: OBERST SERGE *vom Oberkommando des Heeres, Abteilung Kriegsgefangene. Serge war im 1. Weltkrieg k. u. k.-Rittmeister. Nun in die Berliner Bendlerstraße verschlagen, versucht er hilflos, seine Menschlichkeit, die sich allmählich in zynischer Resignation und nahezu selbstmörderischen Spontanhandlungen abnutzt, an den gequälten Kriegsgefangenen zu praktizieren. Er hat sich überwunden, dieses Haus aufzusuchen, weil Freiherr von Rutta neuerdings bei seinen Berlin-Reisen hier absteigt, um trotz der Bombardements schlafen zu können. Serges grantige Nervosität äußert sich in komisch-stotterndem Suchen nach Worten und Satzanfängen. Kremser, spricht er den Wachauer Dialekt, dessen Phonetik ebenso wie die Verschiedenheit zwischen bajuwarischem und österreichischem Tonfall schriftlich kaum herauszuarbeiten ist; so mag er hier wie ein Wiener reden.*

Im gelben Parteirock mit schwarzer Hose, das Hakenkreuz im weißen Kreis auf roter Armbinde, ist REGIERUNGSRAT DR. PRYZILLA, *vom Reichsministerium für die besetzten Ostgebiete, erschienen: ein Auslands- oder «Beute»-Deutscher mit starkem polnischem Zungenschlag und Hitler-Bärtchen, kahlköpfig und artig, und so klein und gedrungen wie ein Nachttisch. Ein Mensch, der lieber erstickt als seinem Vorgesetzten widerspricht — und auch hier nur, dann allerdings aggressiv, seinen Mund aufmacht, um als Spürhund einer Fährte nachzuhetzen, die in sein Ressort führt. Bis er 1955 in Bonn als hoher Ministerialbeamter «wirkt», hat er fließend Deutsch gelernt . . .*

Der DOKTOR, *der auch hier das kleine Rohrstöckchen dandyhaft handhabt, mit dem er bei den Selektionen in Auschwitz spielt, kegelt nie. Er wirkt, gerade weil er so wenig mitspielt, auch in diesem Spießerklub als der geheime Regisseur. Er gleicht allen anderen bestenfalls wie der Puppenspieler seinen Marionetten. Er ist nicht unheimlich wie Gerstein. Er ist kalt und lustig — wenn er nicht unsichtbar ist. Er hat das Format des absolut Bösen, viel eindeutiger als Hitler, den er — wie jeden Menschen — nicht einmal mehr verachtet. Ein Wesen, das sich für nichts und niemanden interessiert: es verlohnt sich für ihn nicht einmal, noch mit dem homo sapiens zu spielen — momentan mit einer Ausnahme: Helga. Dabei wirkt er nicht arrogant, sondern höchst charmant. Er nimmt sofort für sich ein. Wir haben bewußt von der Historie abweichende Vorstellungen von diesem geheimnisvollen «Chef». Charakteristischerweise wurde er niemals gefaßt — vermutlich dank seiner suggestiven Herzlichkeit, mit der er Kindern vor der Vergasung «einen guten Pudding» versprach (historisch belegt!) oder auf dem Bahnsteig die von der Reise Erschöpften fragte, ob sie sich krank fühlten: wer das bejahte, erleichtert durch die plötzliche Anteilnahme dieses liebenswürdigen Mannes, der kam sofort ins Gas. Das steht in dem Bericht der Arztwitwe Frau Grete Salus, die als einzige ihrer Familie Auschwitz überlebte. Mit «suggestiver Herzlichkeit» hatte er sie gefragt!*

Es hat uns eigentümlich berührt, fast ein Jahr nach der ersten Niederschrift des Dialogs zwischen Riccardo und dem Auschwitzer Selektierer, den wir uns denn doch niemals als Mensch vorstellen konnten, den Bericht von Frau Salus kennenzulernen, um dort zu finden, daß auch die

Häftlinge diesen «schönen und sympathischen» Mann ständig als Teu-
fel bezeichneten — auch noch, als sie seinen Namen kannten:
«Da stand er vor uns, der über Leben und Tod entschied, der schöne
Teufel . . . Er stand da, wie ein liebenswürdiger, eleganter Tanzmeister,
der eine Polonäse dirigiert. Links und rechts und rechts und links zeig-
ten seine Hände mit einer beiläufigen Geste. Leicht, graziös war die
Atmosphäre um ihn, stach wohltätig ab gegen die brutale Häßlichkeit
der Umgebung, besänftigte unsere aufgepeitschten Nerven und nahm
dem Ganzen jede Bedeutung . . . Ein guter Schauspieler? Ein Besesse-
ner? Ein kalter Automat? Nein, ein Meister in seinem Fache, ein Teu-
fel, der mit Lust am Werke war . . . Nichts, nichts, das einen warnte,
kein Engel stand hinter ihm. Ganz gleichgültig — ein Werkzeug des
Meisters — gingen die Menschen nach rechts oder links. Manchmal
wollte eine Tochter die Mutter nicht lassen, aber die Worte: ‹Ihr seht
euch ja morgen›, beruhigten sie vollkommen . . .»
Das sind surrealistische Szenen. Kaum glaubhaft, daß sie sich in unse-
rer Welt abspielten, liegen sie doch in knappen Ausschnitten sogar foto-
grafiert vor, etwa in dem Werk «Der gelbe Stern» von Gerhard Schoen-
berner.
Und weil dieser «Chefarzt» sich nicht nur von seinen SS-Genossen,
sondern überhaupt von Menschen und auch von allen Erfahrungen,
die man, nach unserer Kenntnis, bisher mit Menschen gemacht hat,
so völlig abhebt, schien es uns erlaubt, mit diesem Wesen wenigstens
die Möglichkeit anzudeuten, daß hier eine uralte Figur des Theaters
und des christlichen Mysterienspieles die Bühne wieder betreten habe.
Da diese unheimliche Erscheinung aus einer anderen Welt einen Men-
schen offenbar nur spielte, verzichten wir auf weitere Versuche, ihre
menschenähnlichen Züge auszuloten — sie können doch nichts zum
Verständnis dieser unverständlichen Gestalt und ihrer Taten beitra-
gen. Zum Schein ein Mensch, ist dieses Phänomen doch in Wahrheit
niemandem vergleichbar, nicht einmal dem Heydrich, den Carl J. Burck-
hardt, auch stilisierend, überhöhend, als jungen, bösen Todesgott be-
schreibt.

Lautes Lachen, während sich der Vorhang öffnet. Ihre Gläser in der
Hand, beobachten die Versammelten, wie der junge Rutta sein Ritter-
kreuz vom Hals nimmt und dann Hirt übergibt, der es triumphierend
herumzeigt: er hat längst herausgefunden, woran die eleganten Offi-
ziere Hermann Görings, die sich von jeher unanstößige Extravaganzen
mit ihren Uniformen erlaubten, die hohen Orden zu befestigen pflegen.

HIRT *(schwäbelnd):* Hano — hab' ih's nit g'sagt
    tatsächlich mit me Damestrompfband!
EICHMANN *(lachend):* Das Ritterkreuz am Strumpfband — unmöglich!
RUTTA JR. *(jetzt noch hilflos, kompensiert seine Verlegenheit später*
    durch schmissige Antworten, über die er und sein stolzer Vater sich
    selbst nur wundern können):
    Das hat sich längst so eingebürgert: einfach deshalb,
    weil's haltbarer und praktischer ist
    als Druckknöpfe am schwarz-weiß-roten Band.

HIRT: Jetzt, mei Liaber, a paar Gewissensfroge:
erstens: hent Se bloß des Ritterkreuz
vorm Feind erobert, oder au des Strompfband?
Gelächter, Rufe wie: «Pfui! Im Nahkampf! Zu indiskret!»
RUTTA JR.: Beides, Herr Professor. Und beides bei Nachtgefechten.
Jubel. Sie trinken, Rufe wie: «Zum Wohl! Weidmannsheil! Toi-Toi!»
HIRT: Und glei die zweit' Gewissensfrog: wobei hent Se
meh Mut braucht — als Se den
Orden erobert hent oder 's Strompfband?
RUTTA JR.: Mut? Angst hatte ich beide Male — obwohl
beim Kampf ums Strumpfband wirklich
kein Blut mehr fließen konnte.
*(Jubel. Rutta, verwirrt über die eigene Burschikosität, legt seinen
Crden wieder an.)*
EICHMANN: Jeweils Einsatz der ganzen Person, wie?
RUTTA JR.: Sozusagen, Obersturmbannführer, jawohl.
RUTTA SR. *(verkrampft, bemüht, lustig zu sein)*:
Laß mir ja kein Andenken zurück, Hans Bogislav!
RUTTA JR.: Will mich vorsehen, Vater.
HIRT: Die dritt' Frog: hat Ihr Ritterkreuz
d' Eroberung vom Strompfband *wesentlich* erleichtert?
RUTTA JR.: Gestatten Herr Professor eine Gegenfrage:
pflegen Herr Professor Ihre Orden zu tragen,
wenn Sie sich anschicken,
ein Strumpfband zu erobern?
Gelächter.
HIRT: Saperlott — ben g'schlage! Ihr Sohn, Baron,
des isch a ganz Gewiefter. Aber wirklich nett,
Herr Leutnant, daß Se so ema alte Gaul wie mir
noh solche Streich' zutrauet.
EICHMANN: Also, bringen wir unserem Ehrengast und
Kegelbruder Leutnant von Rutta — und bitte,
hier, auch seinem Herrn Vater, unserm
lieben Baron Rutta, ein dreifaches
Gut —
ALLE: Holz!
EICHMANN: Gut —
ALLE: Holz!
EICHMANN: Gut —
ALLE: Holz!
RUTTA JR.: Herzlichen Dank, meine Herren —
*(Er hat sich zur Treppe gewandt, die anderen auch, auf der Helga mit
einem Tablett erschienen ist — ihrer Wirkung als einzige Frau in
diesem Kreise bewußt.)*
EICHMANN: Fräulein Helga — genehmigen Sie dem Leutnant
zur Feier seines Ritterkreuzes einen Ehrentanz?
*(Zustimmung. Der junge Rutta ist auf sie zugegangen, verbeugt sich.
Fritsche läuft zu den Sesseln und bedient ein Grammophon. Eichmann
nimmt Helga das Tablett ab und trägt es, als der Walzer einsetzt, tan-
zend, als habe er eine Frau im Arm, zum Büfett. Etwas hölzern be-*

ginnt Rutta mit Helga zu tanzen, der Kreis erweitert und verliert sich
dann nach dem Hintergrund. Einige klatschen den Takt.)

HIRT *(zum alten Rutta):* So jong — isch des net meh wert
als älle unsere Würde, Baron?

RUTTA: Wahrhaftig — ein apartes Ding! Sie erzählte,
als sie mir heut das Frühstück brachte . . .

HIRT: Do mecht' ih au amol ens Quartier!
Hat sie 's Frühstück em Bett serviert, Baron?

RUTTA *(lachend):* Sie wollen aber wirklich zuviel wissen!
Ja, sie sagte, sie sei verlobt mit einem
Leutnant der SS in Auschwitz.
Kennen Sie ihn, Doktor?

DOKTOR *(gelassen):* Aber sicher — ein guter Freund von mir,
ihr Bräutigam.
*(Sie gehen ab zu den Sesseln, der Tanz geht zu Ende, der junge Rutta
gibt Helga steif den Arm, um sie auch zu den Sesseln zu bringen. Sie
zieht ihn aber zum Büfett.)*

HELGA: Ich muß doch *arbeiten*, Herr Leutnant,
wo denken Sie denn hin! Schönen Dank.

RUTTA JR. *(befangen):* Wir müßten öfter tanzen können.
*(Er verabschiedet sich von ihr am Büfett. Eichmann, der mit Fritsche
die Schreibtafel hergerichtet hat, zieht jetzt ein Kartenspiel aus der
Tasche.)*

EICHMANN: Helga, reichen Sie doch bitte
die Karten hier mal 'rum.
Jeder soll eine ziehn.

DOKTOR *(sitzt spöttisch auf der Treppe, gähnt):*
Ein deutscher Mann muß kegeln oder schießen!
Kegelstoßen — die vom Familienrat erlaubte
Ersatzhandlung des deutschen Spießers.
*(Der Leutnant lacht, ebenso angeödet, zieht aber gleich die erste
Karte. Als Helga die Karten hinhält, sagt der Doktor und schiebt da-
bei freundlich ihre Hand weg, ohne eine Karte zu ziehen —)*

DOKTOR *(leise):* Ich melde nachher Auschwitz an,
da kannst du Günter gleich mal fragen.

HELGA *(kurz, ängstlich, weitergehend):*
Ach bitte, hören Sie doch auf damit . . .

HIRT *(laut, von den Sesseln her, zu denen Helga jetzt hingeht):*
Was wolle mer denn jetzt spiele?

FRITSCHE *(an der Tafel, ruft):*
Wie wär's mit «Abräumen», Herr Professor?

HIRT: Ih ben für en große Sarg, do gibt's nur Strich',
do braucht mer net soviel rechne . . .

FRITSCHE: Abräumen ist noch einfacher, find' ich.
Jeder hat drei Wurf in die Vollen. Alle Neune
zählen zwölf, ein Kranz zählt fünfzehn Punkte.
Das spielen wir auch oft in Auschwitz.

HIRT: Wird do no jedem Wurf neu aufg'stellt?

EICHMANN *(zu beiden):* Ja, nach jedem Wurf. Doch finde ich,
den großen Sarg noch reizvoller, Herr Fritsche.

Dann könn' wir jedesmal, wenn einer tot ist,
den Refrain singen aus «Im schönsten Wiesengrunde ...»
(Freundlich, ironisch:) Da wir nun schon mal den herrlichen Bariton,
Professor Hirt, in unserer Mitte haben ... was, Professor?
(Gelächter. Hirt beginnt sofort zu singen, die anderen fallen ein.)
Sie trugen einen Toten zum Tore hinaus
Dich mein stilles Tal,
grüß ich tausendmal,
denn sie trugen einen Toten zum Tore hinaus.

EICHMANN *(ruft):* Bitte mal die Karten hochhalten! Helga —
haben Sie für sich denn keine behalten?
Sie sollen doch auch mitkegeln.

HELGA: Ob ich das überhaupt kann?

DOKTOR *(noch allein auf der Treppe sitzend, nahe bei ihr, leise):*
Du wirst noch staunen, was du alles kannst.
(Helga wendet sich ab und geht ans Büfett, ganz vorn rechts. Eichmann hat «Helga» obenan geschrieben. Jetzt ruft er zu den Sesseln hin —)

EICHMANN: Wer hat As? As fängt an ...

RUTTA JR.: Hier, Obersturmbannführer, ich habe As.

EICHMANN: Aha, der Leutnant ... Rutta der Jüngere.
Kommt doch alle mal her mit euren Karten!
(Er schreibt «Rutta d. J.» an die Tafel, während Fritsche eine neue Schallplatte auflegt, die Musik ist gedämpft. Einige bleiben trinkend und rauchend bei den Sesseln, halten ihre Karte hoch und rufen nach der Reihenfolge, welche sie gezogen haben. Die meisten haben um Eichmann an der Tafel einen Kreis gebildet. Es geht deutschordentlich zu, fast ernst. Eichmann schreibt untereinander: Helga, Rutta d. J., Hirt, Fritsche usw.)

DOKTOR *(steht langsam von der Treppe auf, tritt zu Helga, die ihm nicht mehr ausweichen kann):*
Kätzchen, hast du wirklich Angst, deinem Bräutigam
näher zu sein? Laß dich doch nach Auschwitz versetzen.

HELGA *(während sie Bestecke und Papierservietten zurechtlegt):*
Hören Sie auf, lassen Sie mich endlich: ich *darf*
Ihnen nicht mehr begegnen, Doktor.
Sie sind ein Teufel — wie haben Sie das nur
gemacht heut' früh, ich bin verzweifelt ...
Ich war ihm immer treu ...

DOKTOR *(herzlich, werbend, die Ironie ist ganz versteckt):*
Wir *brauchen* Sekretärinnen.
Du kannst den Fernschreiber bedienen —
und dein Verlobter hat dich in der Nähe.

HELGA *(drohend, ohne daran zu glauben):*
Aber der paßt auf, das sag' ich Ihnen.
Der schützt mich.

DOKTOR *(gelassen):* Hoffentlich! Und wenn das gar zu öde wird —
ich bin ja immer da, ich schlaf' bei offner Tür.
(Er hat sich einen Teller genommen und sucht scheinbar mit größter Aufmerksamkeit ein paar Schnittchen aus.)

HELGA: Ich — nie wieder. Meine Tür bleibt jetzt verschlossen.
Ich komme nie dorthin, wo Sie sind, *nie!*
Warum gerade ich, es gibt so viele Mädchen . . .
DOKTOR *(mit charmanter Bosheit):*
Weil du dich noch so herrlich entsetzen kannst.
Wie du die Hände vors Gesicht schlugst,
als ich dich in den Sattel hob — sehr reizvoll.
HELGA: Ich war so entsetzt, daß ich ihn hinterging . . .
Er ist so anständig. Er würde ja auch mich nie hintergehn.
Ich kenne Sie doch erst zwölf Stunden . . .
EICHMANN: So, alle aufgeschrieben — außer Ihnen,
lieber Doktor. — Haben Sie keine Karte?
DOKTOR *(geht dann die Treppe hinauf und ab):*
Ich habe noch ein Dienstgespräch — bis gleich . . .
EICHMANN: Helga, kommen Sie zum ersten Wurf . . .
HELGA *(nachdem Eichmann ihr eine Kugel gereicht hat):*
Oh, die ist aber schwer . . .
HIRT *(reicht ihr eine kleinere Kugel):*
Do, Fräulein, des isch Ihr Kaliber:
klei ond leicht und trotzdem hart.
Do könnet Se au de erste Preis mit kegle.
FRITSCHE: Jetzt aber — los.
(Schweigen, während die Kugel rollt. Beim Aufschlag Jubel.)
HIRT: Bloß der König steht noh — d'r *letzte,*
der noh stoht en Europa.
EICHMANN: Vergessen Sie den Dänen nicht, Professor.
Der ist ein Kerl, der macht uns viel zu schaffen.
RUTTA SR. *(ernsthaft interessiert):*
Tatsächlich? Was kann der Däne uns denn tun?
EICHMANN: In Dänemark gibt's keine Judensterne!
Der König hat sich bis heut' erfolgreich widersetzt.
FRITSCHE *(ruft an der Tafel):* Obersturmbannführer, Sie sind dran.
EICHMANN: Ich komme schon. Kommen Sie gleich mit, Baron.
*(Diejenigen, die zuerst gekegelt haben, sind jetzt bei Helga am
Büfett, gehen dann ab zu den Sesseln. Das Kegeln spielt sich auto-
matisch ein. Die Aufmerksamkeit bleibt hauptsächlich den wechsel-
weise im Vordergrund Sprechenden zugewandt. Das Interesse an
den Kegelbrüdern, die nicht gerade sprechen, wird hin und wieder ge-
weckt durch Ausrufe am Startplatz und hinter der Szene, wie*
«Los, Fritsche, an den Start.»
«Gleich sind Sie eingesargt.»
«Sie sind dran. Nee, ich noch nich, Sie.»
«Noch zwei Striche, dann bin ich dod.»
«Hopp, hopp, keine Müdigkeit vorschützen.»
«Donnerwetter, wieder nischt.»
«Sie geben einen aus — einen ausgeben.»
«Heute geht's aber immer daneben.»
«Strafpunkt.»
«Ehrenrunde!»
Diese und ähnliche Ausrufe werden über die ganze Szene verteilt.

So bleibt alles in Bewegung, ohne die Gespräche allzusehr zu zer-
reißen, die ab und zu auch zwischen den Tischen und dem Büfett ge-
führt werden, sogar am Startplatz, während der Sprecher zum Kegeln
ansetzt oder Kugeln abwägt.
Salzer, ein belangloser Offizier, ist die Treppe heruntergekommen.
Eichmann sieht ihn zuerst und geht herzlich auf ihn zu.)

EICHMANN: Heil Hitler, lieber Salzer, was gibt's noch?

SALZER: Heil Hitler, Obersturmbannführer, keine gute Nachricht.
(Sie geben sich die Hand, Eichmann zieht ihn in den Vordergrund,
das Kegeln geht ununterbrochen weiter.)

EICHMANN: Meine Herren, entschuldigen Sie mich
für einige Minuten, bitte. Kommen Sie, Salzer.
Kommen Sie gerade aus der Slowakei?
Erst dachte ich, da käme Gerstein, den ich hier erwarte.

SALZER: Ja, Ihre Sekretärin sagte, fahren Sie gleich
nach Falkensee . . . gemütlich hier!

EICHMANN: Es wurde Zeit, daß wir ein Gästehaus bekamen.
Hier werden keine Bomben fallen.
Also, was gibt's in Preßburg, läuft die Sache nicht?

SALZER: Nein, sie läuft nicht, Obersturmbannführer.
Die Kirche macht uns große Schwierigkeiten.

EICHMANN: Die *Kirche*! Das ist doch ausgeschlossen.
Gerade in Preßburg hat doch die Regierung
die getauften Juden den anderen gleichgestellt —
ich nehme an, nur deshalb, weil ein *Priester*
Regierungschef dort ist. Der Monsignore Tiso
ist doch wahrhaftig ein vernünftiger Mann.

SALZER: Ich weiß, Obersturmbannführer. Der erste Zug
nach Auschwitz, im März, kam ja aus Preßburg.

EICHMANN *(temperamentvoll)*:
Na also, und es war die Hlinka-Garde, die katholische
Volkspartei, die uns die Juden eingefangen hat.
Sie müssen sich an diese Leute halten, Salzer . . .

SALZER: Die haben Angst bekommen, weil der *Nuntius*,
der päpstliche Nuntius, ihnen verboten hat,
die Deportierungen zu unterstützen . . .

HIRT *(Zuruf, während er eine Kugel nimmt)*:
Seid doch net so g'schäftlich — Eichmann:
s' Kegele isch au Dienst am Volk . . .

EICHMANN: Moment mal, Herr Professor . . . Komme gleich.

SALZER: Der Nuntius hat dem Tiso mitgeteilt,
daß wir die Juden bei Lublin verheizen.
Tiso verlangt jetzt eine Untersuchung. Deshalb
schickt er mich zu Ihnen. Was machen wir?

EICHMANN *(erregt, geht auf und ab)*:
Untersuchung! Was denn noch untersuchen? — Asche?
Verflucht! — der Nuntius in Rumänien
fängt nämlich auch schon an zu hetzen.
Die *Bischöfe* im Ausland sind nicht so gefährlich.
Doch ein *Nuntius* als Vertreter des Vatikans . . .

Da hilft uns nichts, da müssen wir
die Slowakei vorerst in Frieden lassen! Scheiße.
Es fehlte noch, daß auch die Bischöfe im Reich . . .
Wenn die erst um die Juden
genauso zetern wie um die Idioten . . . und
wenn der Berliner Nuntius auch noch Lärm schlägt,
dann seh' ich schwarz. Na, Salzer,
essen Sie erst mal — Helga!
Wo ist denn Helga? — Kommen Sie . . .
(Er führt Salzer zum Startplatz. Jetzt stellt er vor, es geht sehr
schnell, mit den üblichen Floskeln: «Heil Salzer», «Freut mich», «Heil
Hitler».)
Meine Herren — darf ich bekannt machen,
Sturmführer Salzer —:
Professor Hirt — Reichsuniversität Straßburg,
Direktor Freiherr von Rutta — Reichsvereinigung Rüstung,
Leutnant von Rutta — gratulieren Sie ihm, Salzer,
zum Ritterkreuz.

SALZER: Herzlichen Glückwunsch, Herr Leutnant, gratuliere!

RUTTA JR.: Dank' Ihnen, Sturmführer.

EICHMANN: Doktor Fritsche aus Auschwitz kennen Sie doch?

FRITSCHE: Tag Salzer, fein, daß Sie mal da sind.

EICHMANN: Herr Oberst Serge vom OKH,
Regierungsrat Doktor Pryzilla — Reichsministerium
für die besetzten Ostgebiete.
So — und Doktor Littke — auf Urlaub aus Rußland,
beim Stabe der Heeresgruppe Mitte.

EICHMANN *(zu Fritsche an der Tafel):*
So, Fritsche, schreiben Sie Salzer auch noch an —
Salzer, wir kegeln noch nicht lange:
holen Sie die Würfe in gleicher Anzahl nach,
wenn Sie gegessen haben.
Helga, bitte verwöhnen Sie Herrn Salzer ein bißchen.

HELGA: Wo fehlt's denn — guten Abend.

SALZER: Guten Tag — kennen wir uns nicht?

HELGA: Wir haben uns schon gesehen, natürlich — ich bin
mit Leutnant Wagner in Auschwitz verlobt.
Wir haben uns in Prag doch mal gesehen . . .

SALZER: Wußte ich doch! Natürlich, auf dem Hradschin.
(Sie sind am Büfett. Oberst Serge, der gekegelt hat, spricht Rutta sr.
an, als der auch soeben gekegelt hat und wieder im Vordergrund er-
scheint.)

SERGE: Sie übernacht'n da, Baron, hab' i g'hört? —
Herr Direktor, i möcht Ihnan was sag'n,
drum bin i jo hauptsächlich her'komma —
dös halt' se nimma lang dös
mit der sehr ehrenwert'n Firma Krupp,
daß die dort die Kriegsg'fang'nen
dermaß'n mißhandeln . . .
Vielleicht ham S' dös eh scho g'hört,

daß ma im OKW jetzt sogar schon
anonyme Brief aus der Bevölkerung krieg'n
weg'n de Schweinereien beim Krupp.

RUTTA *(pikiert)*: Aber, Herr Oberst, warum sagen Sie das *mir*?
Im Direktorium von Krupp ist doch . . .

SERGE *(grantig, nervös, fast laut):*
Den — den Herrn, den Herrn von Bülow kann i ja net
d'errei'n! Da wird halt d'r General von Schulenburg
selb'r nach Essen kommen müass'n, damit
er si dös beim Herrn von Bohlen verbitt', daß . . . daß
die Gefangenen beim Krupp Prügel, ja — Prügel
statt'n Erdäpfel krieg'n . . . Na! — Na!
(Als Rutta widersprechen will:)
Baron — dös — dös hab i scho zuverlässig g'hört:
scho seit sechs Woch'n hab'n die G'fangene beim Krupp
kane Erdäpfel'n mehr kriegt!

RUTTA *(frostig und präzis):*
Nur in den Erziehungslagern der Firma wird geschlagen!
Und sonst nur die notorischen — die notorischen
Küchendiebe, die in flagranti aufgegriffen werden.
Verfressen sind die Kerle, Sie glauben's nicht!
Herr von Bülow hat genauestens angeordnet . . .

SERGE *(der so gereizt ist, daß er nicht länger zuhören kann):*
Da me doch da net lang herumred'n, Baron.
Wa-wa-wann i mein Pferd nix z'fress'n geb',
dann kann's a net ziagn!
Und was ma da sonst no alles hört vom Krupp:
daß s' die Ukrainerinnen, die ja g'wiß net scharf
drauf g'wes'n sin, daß ma s' da an die Ruhr
transferiert hat —

RUTTA: Ich bin befremdet, Herr Oberst — das sind
doch oftmals reine Bolschewiken! Die Firma
plant sogar, den Gutwilligen durch Prämien
und auch im Zuge kultureller Ausgestaltung . . .
die Freude an der Arbeit zu erhöhen!

SERGE *(mit galliger Ironie):*
Na, dös ist ja sehr guat: d'r Krupp
tut d' Russ'n kulturell betreun!

RUTTA: Herr Oberst, soll es denn den Ostarbeitern
noch besser gehen? Wir sind im Krieg!
Sie pflanzen sich noch fort in Essen, obwohl
ein Arzt, ein Russe, für Abtreibungen da ist,
weil diese Frauen ständig Beziehungen
unterhalten, die . . .

SERGE *(hingerissen, ohne Vorsicht):*
Aha, Beziehungen — Beziehungen, Baron, ja, des
ha-hab i freili net g'wußt:
wann so a junge Russin schon die Ehr' hat,
bitt' schön — daß beim Krupp zehn Stund'n
Tag für Tag Waffen mach'n derf,

dann braucht s' net naher a no
mit an Russ'n schlaf'n! Freili — freili,
ihr seid's ja ein moralischer Verein . . .

EICHMANN *(der lauernd hinzugekommen ist):*
Meine Herren, nicht so aggressiv — kegeln
wir doch lieber: zum Vergnügen sind wir hier!

RUTTA *(bitterlich erheitert, preziös):*
Der Herr Oberst Serge ist nämlich sehr besorgt
um den Hormonhaushalt der Russinnen bei Krupp.
(Ernst, streng, fast drohend:)
Es lassen sich gerade genug schwängern, Herr Oberst,
um sich dann allemal sechs Wochen
von der Arbeit zu drücken: skandalös . . .
Krupp schafft die Kinder in ein Heim in Voerde,
wo man sie vorbildlich betreut, mit Butter, Milch und
Obst . . .

SERGE: So, Milch und Obst. — Na da möcht i a
meine Enkelkinder zur Erholung hinschick'n,
wann net so a Lügner, a Gauner
mir erzählt hätt', daß da in Voerde
von hunderzwa-adreiß'g Kindern
achtaneuz'g g'storb'n san . . .
De wern halt unser Klima net vertrag'n, d' Russ'n,
oder glaub'ns, daß eana d' Butta net ang'schlag'n hot?
*(Er lacht künstlich, da er berechtigte Angst hat, zu weit gegangen zu
sein.)* Aufg'fall'n is ma nur, doß de mehran Kinda blond san,
also laßt s'es doch . . .

EICHMANN: *Diese* Sorgen, Herr Direktor, braucht Krupp
nicht mehr zu haben, wenn erst in Auschwitz
die Filiale errichtet ist: in Auschwitz
beschwert sich keiner mehr — ich habe
(er lacht sehr kenntnisreich, Rutta stimmt bei)
auch nie gehört, daß dort geschwängert wird.

FRITSCHE *(zum Vordergrund):*
Meine Herren: bitte, Sie sind wieder
an der Reihe — kommen Sie, Herr Oberst.

SERGE *(dankbar, eilig):* Ja, i komm' scho', komm' scho' . . .

RUTTA SR. *(ruft seinem Sohn zu, der am Büfett war):*
Junge, bitte, kegel mal für mich.

EICHMANN: Und Helga für mich, ja, bitte?

HELGA: Aber ohne Verantwortung, Herr Eichmann.

EICHMANN: Sie werden mir schon Glück bringen.
(Zu Rutta, mit einem Wink zu Serge, der eine Kugel aussucht:)
Lassen Sie sich nicht irritieren, Baron,
durch solche Humanitätskarikaturen.
Ich darf sagen, daß sie auch in der Wehrmacht
allmählich aussterben . . .

HIRT *(schreit Serge zu):* Schräg aufsetze — schräg, lieber Oberst,
sonst send Se bald ei'gsargt . . .
(Man lacht über Serge, der eine komische Figur macht.)

RUTTA *(zu Eichmann, am Büfett)*:
Ich wollte Sie schon fragen, Obersturmbannführer,
wie unsre Generalität Ihre Maßnahmen
in Rußland eigentlich aufnimmt?
Der Vorgesetzte meines Sohnes, Luftwaffe
allerdings, hilft auf dem Balkan
tüchtig mit . . .

EICHMANN: Sehen Sie, Baron, das bestätigt,
was ich so oft zu den Kollegen sage:
Überschätzt nicht die Rivalität
zwischen Wehrmacht und SS!
Gewiß, dieser und jener General
dreht sich zur Wand — sie tun,
als wollten sie nicht sehen, wenn wir
im Bereich ihrer Divisionen unserer Arbeit nachgehn.
Andre aber helfen mit, wie Sie schon sagten.
Immerhin haben wir voriges Jahr,
als Auschwitz noch nicht lief,
in knapp vier Monaten in Rußland
dreihundertfünfzigtausend russische Kinder Israels
bearbeiten können: es war,
das muß man schließlich anerkennen,
die Wehrmacht, die uns dazu
die Möglichkeit geschaffen hat . . .
Unter uns gesagt: Es ist doch lächerlich,
wenn Himmler dem Marschall Manstein
slawische Versippung nachsagt, weil er
wohl eigentlich Liwinsky heißt oder so.

RUTTA: Ach, wahrhaftig: das hätte Zeit bis nach dem Sieg!

EICHMANN: Nicht wahr! Manstein ist bestimmt
kein Nationalsozialist — um so höher, find' ich,
muß ihm doch angerechnet werden,
daß er seinen Soldaten in aller Offenheit befahl:
im Osten nicht nur nach den Regeln
der alten Kriegskunst kämpfen, sondern
Verständnis haben für die harte Sühne
am Judentum.

RUTTA *(lächelnd)*: Beeilen Sie sich nicht zu sehr, Herr Eichmann,
sonst fehlen schon die Arbeitskräfte,
wenn Krupp in Auschwitz mit der Produktion beginnt.
(Sie wollen abgehen, bleiben aber stehen, da der Doktor auf der
Treppe aufgetaucht ist und von Hirt angerufen wurde.)

HIRT: Los, Doktor — senget Se en Chanson!
Die Herre hier schwätzet z'viel vom G'schäft.
Los, heiteret Se uns auf — so stolz
send Se doch net,
daß m'r zehnmol bitte muß!

EICHMANN *(zieht eine Mundharmonika aus der Rocktasche)*:
Ja, bitte, Doktor, ein Lied —
ich hab' die Mundharmonika dabei.

DOKTOR *(zeigt auf Pryzilla im gelben Rock)*:
Der Kanarienvogel da soll doch mal singen!
PRYZILLA *(höchst eingeschüchtert)*:
Unmöcklig, Doktor — schonn in der Schulle
unmöcklig, zu singen. Böse Menschen, ha, ha,
habben, sagt der Dichter, keine Lidder . . .
DOKTOR: Stimmt — deshalb hab' ich 'n ganzes Gesangbuch voll . . .
*(Zu dem größeren Kreis, der sich allmählich um die Treppe gebildet
hat; Serge ist nicht dabei.)*
Ich krieg' ja Platzangst, Kinder — was belagert
ihr mich! Neulich war ich in Paris —
(ironisch) im Lunapark Großdeutschlands, wie der Führer sagt.
Gar kein christliches Pflaster. — Eichmann, kenn' Sie
die Melodie zum braven Lenchen am grünen Bäumchen?
Ergreifend! Geeignet für die Weihnachtsfeste
bei unsern Pipimädchen von Glaube und Schönheit.
Ich habe da ein Lied — das leider
von Pfarrern beiderlei Geschlechts,
beider Konfessionen, wollt' ich sagen,
für die reifere Jugend bearbeitet wurde . . .

*Dreckiges Lachen. Doktor summt eine Melodie, Eichmann summt mit,
improvisiert sie dann. Der Doktor beginnt mit infamer Harmlosig-
keit . . .
Es kennzeichnet ihn, daß er mit seinen Reimen selbst diese abgebrüh-
ten Herren noch schockieren kann — Fachleute, derengleichen immerhin so kaltblütig waren, wie Reitlinger berichtet, die Pläne für die Gaskammern während ihrer täglichen Mahlzeiten in den Büros zu erör-
tern. «Der grauenhaft zynische Ton, der bei diesen Besprechungen vor-
herrschte, nahm Nebe so sehr mit, daß er zweimal mit einem Nerven-
zusammenbruch einen Krankenurlaub antreten mußte» — und dieser
Herr Nebe war kein «Schwächling»: er hat als Führer einer Ausrot-
tungsgruppe in Rußland gewütet, ehe er sich den Verschwörern des
20. Juli zugesellte.
Das Stöckchen in der Hand, sagt und singt der Doktor, je nachdem, die
ersten Zeilen teuflisch fromm; die späteren zynisch und so lässig, als
setze er sie eben erst zusammen. Dabei ist er langsam die Treppe heruntergekommen.*

Sie hatte kein Zimmer, sie hatte kein Zelt.
Kein Hotel war frei, keine Bank an der Seine.
Die Parks voller Leute und schamlos erhellt —
Wo gehen wir hin, Madeleine?

Ihre Angst, ein Landsmann könne sie sehn
(denn wir wollten gern kollaborieren),
inspirierte die prallhüftige Madeleine,
mich zum Père-Lachaise zu führen.

Das ist der Friedhof de l'Est in Paris,
dort ruhen die großen Franzosen:
Balzac, Molière, Abaelard, Héloïse —
und dort hab' ich sie gestoßen.

Antikisch unbeschwert hängt meine Nymphe
an Thorwaldsens edler Christus-Figur
Hemdchen, Schlüpfer auf und Strümpfe —
doch über sein Gesicht ein Tuch.

Es gäbe Ferkel in christlichen Ehen,
die hätten ein Kruzifix über den Betten —
was müsse da der Heiland sehn!
Sie könne wirklich nicht verstehn,
daß die kein Schamgefühl hätten.

Für soviel Keuschheit küßte ich ihr Herz.
Sie trägt es mitten zwischen Hals und Zehen . . .
Jäh fuhr ich auf — ein schlechter Scherz:
ich sah den toten Proust da stehen!

Ja, auch Chopin und Wilde bespähten unsern Akt.
Sie grinsten frech, der Pole mit dem Briten,
und klatschten den Takt, als sich strahlend nackt
Madeleine auf mir müde geritten . . .

Befeuert vom Genius dreier Nationen,
im Crescendo wirbelnder Lust,
riß mich's empor in kalte Visionen,
Madeleine sank auf meine Brust . . .

*Die Selbstsicherheit, mit der er jetzt die Versammelten dermaßen
provoziert, wie nur er allein es sich erlaubt, deutet an, daß er eine mythische Figur ist — unfaßlich, von keinem irdischen Vorgesetzten zu
kontrollieren. Er tritt an die einzelnen heran und «verpaßt» ihnen
einige Worte wie ein Urteil. Der «Kacker» Baron Rutta ist ihm besonders zuwider. Nur Rutta «zuliebe» hat er sich auch diese wüste Läste-
rung Christi ausgedacht — sonst wäre eine Gotteslästerung für ihn
«gegenstandslos». Seine lässige Behandlung des Liedes, besonders der
fünftletzten Zeile, «mich oder mir», entspricht seiner Einstellung zu
den anwesenden Verbrechern, deren Meister er ist.*

Ach, die Vision, die mir die drei bescherten —
fragt nicht! Ich schließe mein Gedicht.
Denn die Moral von der Geschicht'
will ich in Gnaden euch verschweigen.
(Kassandra hatte kein schlimmres Gesicht.)

Noch hängt der Himmel euch voll Geigen.
Mir hängt die Seele aus dem Hals,

die Zunge tut das ebenfalls,
geradeso, als dürste mich — oder mir
nach einem schönen, kalten Bier,
wie jedem deutschen Bauch ...
Oder aber es hinge
mein Kopf schon in der Schlinge,
wie eurer auch!

(Jeder Beifall ist verstummt. Nach der letzten Zeile ist der Doktor schnell verschwunden. Eichmann hat ihn nicht mehr begleitet. Peinliches Schweigen.)

EICHMANN *(verlegen)*: Der hebt einem gern die Laune, damit er sie besser verderben kann. — Los, kegeln wir weiter.

RUTTA SR. *(äußerst pikiert)*:
Weiß Gott, ich konnte das nicht witzig finden ...
Geschmacklos, den Genius dreier Feindstaaten
hier zu beschwören! — ich möchte *zu* gern
wissen, *was* er sich unter der Vision gedacht hat.

HIRT *(einlenkend)*: Lieber Baron, send Se net so gründlich!
Des war doch Spaß, halt a Lied,
bei dem er sich nix denkt — hano ...
(Er hat gekegelt, jetzt ruft er, als Fritsche seinen Wurf an der Tafel verzeichnet:) Zwei Strich? Krieg' ih tatsächlich zwei?
Noh einer bloß, dann ben ih dod.
(Er kommt wieder zum Vordergrund, wo Rutta sr. allein steht.)
Denken Se noch immer an die Vision vom Doktor?

RUTTA SR. *(ganz bestimmt, kalt)*:
Professor, kann man hier überhaupt offen reden,
wenn dieser Doktor in der Nähe ist ... ist er
vielleicht nicht ein Agent provocateur ...
Ein deutscher Mann führt sich doch *so* nicht auf,
solang' er seine nationale Ehre ...

HIRT: Mein Liaber — Gesinnung isch emmer unergründlich,
wenn Se so wellet. Laßt Tate spreche:
(vertraulich) D'r Doktor sortiert en Auschwitz.
auf d'r Bahnsteigrampe d' Jude aus,
die durch d'r Schornstei wanderet — z'friede?

RUTTA SR.: Was? — und singt dann dies zersetzende Chanson!
Ein Rätsel, dieser Mann, ein Rätsel, Professor ...
(Littke, Serge, Pryzilla und andere haben gekegelt.)

HIRT *(zu Rutta)*: Los, Baron — und keine Sorge mehr!
Wia, Herr Fritsche, so still? Wo fehlt's?
(Littke, der nach Hirt gekegelt hat, wird von ihm an der Schulter gefaßt.) Hier, Littke — löset Sie d'r Fritsche
doch amol an d'r Tafel ab ...

FRITSCHE: Ja, ich esse auch gern mal 'n Brötchen.

LITTKE: Jawohl, Herr Professor, selbstverständlich, Fritsche.

HIRT *(kommt mit Fritsche nach vorn, dann ans Büfett)*:
Na ond? Sie send jo *nie* arg laut,
doch heut' — was isch denn los?

FRITSCHE: Gar nichts Bestimmtes. Ich muß nur wieder
   zurück — nach einem wunderbaren Urlaub
   mit der Familie am Tegernsee.
   Ich überlegte, soll ich mich nicht lieber
   zur Ostfront melden: ich habe Auschwitz satt.
HIRT *(beruhigend):* Sie habet oifach Ihre Täg, Fritsche.
   Männer hent au ihre Täg. Was hilft's
   Ihrer Familie, wenn Se sich en Rußland
   totschieße lasset — noi, bleibet Se halt
   en Auschwitz, lieber Freund. Oder besser:
   kommet Se amol acht Tag noch Stroßburg,
   b'suchet Se mei Inschditut.
   Jawoll, mir werdet a Dienstreis
   für Sie organisiere. Sie hent doch sicher
   amol a paar interessante Schädel anfalla.
   Brenget Se mir die Kerle *lebend*
   für mei Sammlong, dann hent Se en Grund
   zom reise. Die werdet, weil ih Fotos
   ond Messunge mache muß, dann ebe
   erscht en Stroßburg liquidiert.
   (Er zeigt auf Littke, der eben gekegelt hat und wieder zur Tafel tritt.)
   Der Littke do soll mir bei seiner Heeresgruppe
   Kommissar-Schädel b'sorge.
FRITSCHE: Ich komme natürlich sehr gern einmal
   nach Straßburg, Herr Professor, sofern
   ein diesbezüglicher Befehl sich schreiben ließe . . .
HIRT: Na und ob! Do lenk' ih Sie schon ab.
   Allei des *Münschter!* — Do laß ih ganz Berlin
   d'rfür stehe! Se send musikalisch, hab' ih do
   vorhin g'hört, Fritsche?
FRITSCHE: Das darf ich sagen. Heydrich am Cello —
   (er zeigt auf die Totenmaske, sie treten vor das Foto)
   ich auf der Bratsche. Noch kurz vor der Ermordung,
   im März, hab'n wir auf dem Hradschin
   Quartette gespielt.
HIRT *(in stillem Gedenken auf die Maske blickend, dann leise):*
   Jo d'r Heydrich — der hot, unter ons g'sagt,
   des Gspür vom Jude für künstlerische Qualität.
   G'läutert, versteht sich, durch die Härte
   von dem *arische* Bestandteil en seim Blut.
   A außerordentlicher Mann. Ih hab' amol g'hört, wie er
   a Kleist-Novelle rezitiert hot — meischterhaft.
   (Jetzt lauter:) Jo — wonderbar: Sie werdet me b'suche.
   Vielleicht isch grad a Konzert em Münschter,
   höret Se dort amal die h-Moll-Mess:
   des isch verklärtes Glück. D'r Text
   isch jo Quatsch, aber Quatsch uf Latein,
   des fällt net uf d' Nerve.
   Doch des Gloria Dei — mei Lieber:
   des isch s' Höchste überhaupt! Damit will ih

auf mei stille Art d'r Endsieg feiere.
Nur d' h-Moll-Mess — aber en Stroßburg.
Nirgends sonst, en Stroßburg!
Und keine Rede, keine Rede nach diese Opfer.
Und dann bloß oimol em Führer
meine Schädel zeige. — Littke!

LITTKE *(eifrig):* Herr Professor?
(Zu Rutta jr., der gerade gekegelt hat:)
Würden Sie mal schreiben, Herr Leutnant?

RUTTA JR.: Na sicher — geben Sie mir die Kreide, gern.

LITTKE *(zu Fritsche, als er bei Hirt ist):*
Herr Fritsche, Sie sind dran — Sie auch,
Herr Professor, Sie müssen auch gleich kegeln.

HIRT: Die nächst Kugel tötet mi — ih
hab' heut' d' Hand net.
(Fritsche ist kegeln gegangen, kommt dann wieder nach vorn zu Hirt und Littke.)

HIRT *(streng):* Au musikalisch, Littke, wie d'r Herr Fritsche?

LITTKE *(erschrocken, er möchte gern den besten Eindruck machen):*
Nein, Herr Professor, leider gar nicht, kaum.

HIRT *(streng):* Send aber, hoff' ih, doch kei ärztlicher
Eingleiser, wie — Se habet doch noh andere Interesse?

LITTKE *(ohne daß man ihm das glaubt):*
Ich habe immer früher recht ordentlich
gezeichnet, Herr Professor. Ich hatte . . .

HIRT *(versöhnt):* Gut, sehr wichtig! En Übung bleibe!
A Chirurg muß zeichne könne, muß . . .
(er öffnet sich eine Flasche Bier) oder sollt', sage m'r, die sicher Hand,
die dodsicher Hand han. Se könnet
meine Schädel zeichne und s' Münster
und die malerische Dächer — Goethe hat die
scho zeichnet — aber z'erst müsset Se
(mit der Habgier eines Philatelisten)
mir noh Schädel brenge! Es isch die
Chance überhaupt, die *letzt* Chance:
Die Wissenschaft, Littke, hat noh kaum
en brauchbare Kommissar-Schädel! . . .
Ond wozu no d'r ganze Kommissar-Befehl?
(Er schenkt Littke auch ein Bier ein und kaut und spricht.)
Se krieget en *direkte* Befehl vom
Reichsführer Himmler, den Ihre Heeresgruppe
respektiert. Älles, was do g'schnappt wird,
künftig, an jüdisch-bolschewistische Kommissar . . .

LITTKE: Es *müssen* aber doch nicht Juden sein,
Herr Professor?

HIRT: Durchaus net, noi: Kommissar überhaupt,
ganz gleich, ob Russe oder Jude — Jude
send natürlich interessanter, net wohr —,
Hauptsach: künftig kein Kommissar *sofort*
liquidiere, sondern *lebend* em Stab

d'r Feldpolizei beim Oberkommando Ihrer Heeresgruppe
übergebe. Sie habet Ihren Pkw nebst Fahrer
ond send allei für Sicherstellung
vom Material verantwortlich. —
Ond vor allem:
(ganz ängstlich, äußerst behutsam und eindringlich)
vor allem den Kopf net verletze — om Gottes wille
den Kopf net verletze! Ih geb'
Ihne Formblätter mit, auf dene Se, soweit
möglich, versteht sich, Herkunft, Geburtsdatum
und andre Personalia notieret. Dann
nehmet Se die Messung vor, fotografische und
anthropologische — und *dann* erst
wird der Russ' liquidiert. Sie trennet den Kopf
vom Rumpf ond . . .
LITTKE *(in Angstschweiß)*:
Jawohl, Herr Professor. Darf ich mir gehorsamst
die Frage erlauben, ob . . . ob ich persönlich
*(er zögert, weil er wieder fürchtet, einen schlechten Eindruck zu
machen)* nach den Messungen die Exekution vornehmen muß . . .
EICHMANN: Professor: Dienst ist Dienst, Sie müssen kegeln.
HIRT *(zu Littke, während er zum Startplatz geht)*:
Ach wo — des erledigt d' Feldpolizei.
Keine Sorge, Littke. — Ja, ih
komm', ih komm' schon — des gibt,
fürcht ih, d'r letzte Strich
zu meim Sarg . . .
*(Er kegelt, großer Jubel, denn Hirt ist «tot». Rufe aus dem Hinter-
grund.)*
«Professor — eine Ehrenrunde! —»
«Dich mein stilles Tal, grüß ich tausendmal.»
«Nicht dieses Kriegsbier, das man
gleich in den Nachttopf schütten kann . . .»
HIRT: Jo sicher! Helga, was gibt's? Gibt's noh
für jeden en Doppelkorn?
HELGA: Trinken Sie auch mit? — Sie sind doch tot?
*(Sie schenkt ein, Eichmann hat angestimmt; die meisten anderen
fallen ein.)*
Dich mein stilles Tal, grüß ich tausendmal,
denn sie trugen einen Toten
zum Tore hinaus . . .
RUTTA SR. *(bemüht, «aufzutauen», deklamiert noch folgende Spießer-
weisheit)*: Du sollst im Leben
stets tugendhaft und brav sein,
und wenn der Wind mal günstig steht,
sollst du kein Schaf sein . . .
(Man kegelt weiter, mit erhöhter Intensität.)
RUTTA SR. *(am Büfett mit Hirt)*:
. . . bin sehr froh, Professor Hirt, daß wir uns hier
einmal begegnen, ich bin es satt,

immer wieder nur Spezialist zu sein.
Studium generale — das ist im Grunde
auch heute, im Kriege, noch mein Ziel.
Wir Männer der Industrie sind viel
zu sehr im Materiellen befangen und können
gleichsam nur noch Produktionszahlen lesen . . .
Sagen Sie — zu welchem Endzweck legen Sie
in Straßburg Ihre Schädelsammlung an?
Was erhofft sich die Wissenschaft . . .

HIRT: Mir send Idealiste, Baron, ond fraget
zunächst noh gar net noch em Endzweck —
auch heut' darf d'r echte Wissenschaftler
net nur in Nützlichkeitserwägunge befange sei.
Doch wisset Se, anhand d'r Lichtbilder ond
der Maße des Kopfs ond schließlich des Schädels
könnet mir en Stroßburg *haargenaue*
vergleichende anatomische Forschunge durchführe.
Rassenzugehörigkeit, pathologische Erscheinunge
d'r Gehirnform und -größe — auf *eine* Formel
gebracht: unsere Enkel sollet später wisse,
warom die Endlösung der Judefrog auch wissenschaftlich
einwandfrei naturgegebe ond notwendig war.

RUTTA SR.: Das leuchtet mir vollkommen ein, natürlich.

HIRT: Se kommet doch öfter nach Auschwitz, Baron?

RUTTA SR.: Hin und wieder sehe ich dort Herren der IG-Farben.
Die Halle für *Krupp* ist ja erst im Planungsstadium.

HIRT: Schö, schö, freut mih, Ihr Interesse:
wenn Se nächstes Mal en Auschwitz send,
b'stellet Se Hauptsturmführer Dr. Beger — Bruno Beger,
ja, schreibet Se sichs auf — b'stellet Se
dem en Gruß, er soll Ihne amol seine
Skelett zeige — außergewöhnlich interessant.
Auch die Persone, die er noh en Arbeit hat —
79 Jude, 30 Jüdinne, 2 Pole ond sogar
4 waschechte Innerasiate, en Quarantäne —
soll er Ihne zeige. — Aha, da kommt
der liebe Kollege, der mi veräppelt,
weil ih als Pathologe . . . was gibt's
Neues, Kollege? — der stromert
emmer so spöttisch om den Tisch, mit ama G'sicht,
als tät er noh lang net älles sage,
was er wüßt — was wisset Se denn,
Sie verstockter Bösewicht?

DOKTOR *(sehr gewinnend, «defaitistisch»)*:
Gar nichts weiß ich — nur, daß meine Arbeit
so umsonst gewesen ist wie aller Heroismus.

HIRT *(ethisch inflammiert, weil schon recht angetrunken)*:
Wieso denn? — Wissenschaft isch nie —
isch niemals, niemals umsonst!

LITTKE: Baron Rutta — bitte zum Start.

HIRT: Na ganget Sie amo — ih hab's hinter mir,
  selig sind die Dode, gut Holz, Baron.
RUTTA (indem er zum Start geht, mit gespielter Entrüstung):
  Hat denn noch niemand alle Neune geworfen?
  Was *sind* wir nur für Helden heute abend!
HIRT: Der war schwer pikiert nach Ihrem böse Singsong ...
DOKTOR (amüsiert): Dieser Kacker! — Das habe ich gehofft.
  Den möchte ich mal lebend mit seiner
  Couponschere sezieren ... Was wird denn der
  so durchschnittlich pro Tag am Krieg verdienen?
HIRT: Lassen Sie 'n, des Neutrum. Sie hent natürlich
  den Katholik in ihm verletzt — rheinischer Adel!
DOKTOR: Seit tausendachtzehn nachweislich geschlechtskrank, was?
  Ja, der schreibt noch ins Hauptbuch: Mit Gott!
  Mit Gott für Führer, Volk und die Rendite ...
HIRT (lachend): Sie send ja mächtig bös, heut' abend, immerhin
  hat er en prächt'ge Sohn g'macht. Bei Ihne wart' ih
  noch auf Kender, mei Lieber ...
DOKTOR: Idealist, der ich bin, hab' ich mich neulich
  selbst sterilisiert. Ich wollt' mal sehen, wie das ist.
HIRT: Ernstlich: *wie weit* send Sie denn damit?
DOKTOR (sachlich, aber uninteressiert):
  Meinetwegen kann's losgehen, bei Frauen,
  schmerzlos und im Serienverfahren ... es war
  an Jüdinnen gedacht, die mit Ariern verheiratet sind.
  Ich könnte sie am Fließband sterilisieren.
HIRT: Dadsächlich — na, do gratulier' ich!
DOKTOR: Gratulieren Sie den Damen — man traut sich nämlich
  vorerst nicht an sie heran. Im Propagandaministerium
  hat man am 6. März Bedenken erhoben,
  diese Ehen auch nur zwangsweise zu scheiden,
  da ein Protest des Vatikans zu fürchten sei ...
HIRT: Protest des Vatikans? — Wieso denn?
  (Rutta ist zurückgekehrt.)
DOKTOR: Bedenken Sie, diese Ehen sind in vielen Fällen
  von Priestern der Kirche Christi geschlossen worden.
HIRT: Ond Goebbels fürchtet d'r Vatikan?
DOKTOR: Ein alter Jesuit vergißt nicht, wie mächtig Rom ist ...
  (Alle drei lachen, dann Rutta sr., der diesen Spott nicht liebt, säuer-
  lich —)
RUTTA: Die Reichsvereinigung Rüstung hat andere Probleme.
  Doch kann ich als Rheinländer noch heute
  guter Katholik sein, weil ja der Papst es mir
  durch seine weise Haltung erspart,
  deshalb ein schlechter Deutscher sein zu müssen ...
  Er mischt sich doch — hab' ich gedacht — mit keinem Wort
  in innerdeutsche Angelegenheiten.
  (Eichmann tritt hinzu, Doktor geht Helga entgegen, die mit dem jungen Rutta gesprochen hat, und zieht sie zum Startplatz. Helga kegelt.)
HIRT: Pacelli, Baron, des isch a Edelmann, natürlich.

Daß er's Konkordat g'schlosse hot,
war unbezahlbar noch d'r Machtergreifung.
Doch denket Se an Galen, diesen Schwätzer:
ih hab' mih mächtig aufg'regt, daß d'r Führer
die Euthanasie abgeblase hot ... nur
wege diesem *elende* Kanzelhetzer ...

EICHMANN: Als wir ihn zum Verhör abführen wollten, den Fuchs,
da zog er sein Ornat an, Krummstab
in die Faust und Mitra auf — und ist schon sowieso
ein Riese wie das Hermannsdenkmal,
und sagt zu den Beamten: «Ich gehe nur zu Fuß —
gutwillig steig' ich nicht in Ihren Wagen.»
Da ist die Stapo wieder abgezogen.
Sie fürchtete mit Recht die Münsteraner — was hätte
das für ein *Geschrei* gegeben im Volk.
Ich find' es souverän vom Führer, daß er im Krieg
die Gefühle der Religiösen schont — mein Vater,
beispielsweise, ist Presbyter der evangelischen Gemeinde
in Linz: er hat auch nicht begriffen,
daß man die Geisteskranken erlösen wollte.
Im Krieg die Leute provozieren — wozu?
Wir haben Zeit — es kostet uns ja nichts.

RUTTA *(lachend)*: Oh, es kostet die Volkswirtschaft allerhand,
Herr Eichmann, daß wir die Geisteskranken weiterfüttern!
Da möchte ich doch lieber sagen, der *Jude,*
soweit er arbeitsfähig ist,
sollte länger ernährt werden ...
Denn, meine Herren: das sehen wir jeden Tag,
ein Jude ist in der Rüstung mehr wert
als zwei Ukrainer, schon deshalb, weil er uns versteht!
Er spricht doch unsre Sprache und sabotiert nicht.
Und billiger ist er auch: wir brauchen ihn
nicht erst dreitausend Kilometer weit
heranzuholen ...

EICHMANN: Holt man denn noch mehr Ukrainer? — Ich hörte doch,
man ginge jetzt den umgekehrten Weg, Baron:
nicht Ukrainer zu Krupp — sondern Krupp in die Ukraine!

RUTTA *(pfiffig, halb entsetzt, halb geschmeichelt, er zeigt auf die anderen)*:
Bitte, meine Herren — äußerste Diskretion!
Sie können sich denken, daß der junge Bohlen,
auch Flick, Röchling und die Union,
weiß Gott nicht scharf sind
auf die russischen Betriebe.
So eine Patenschaft ist eine teure Sache,
und was man da so investieren muß — ich sage Ihnen!

HIRT *(laut lachend, dann, als Rutta den Finger an die Lippen legt, gedämpfter)*: Wie, Eichmann? Mir beide tätet ons au gern
so a Stückle vom Donezbecke unter d' Nägel reiße —
*(Lachen. Pryzilla, der gekegelt hat, ist lauernd hinter Ruttas Rücken
aufgetaucht und bleibt am Büfett stehen.)*

HIRT *(so stark angetrunken, daß er vergessen hat, «diskret» sein zu sollen, zieht Pryzilla jetzt geradezu heran)*:
Sehn Se, *där* do braucht bloß z'höre, daß was verteilt wird,
da taucht er scho uf! – Eichmann, für uns
fällt doch nix ab ... kommet Se, trenket m'r noh ...

PRYZILLA *(harte, stoßweise, abgerissene Sprechweise)*:
Barronn, warren Sie mit Alfried von Bollen
und Kommerzienratt Röchling
in die Ukra-ine geflogen?

RUTTA *(kalt ironisch)*:
Aber nein, Herr Doktor, nein, nein. Überschätzen
Sie doch bitte meine Beziehungen nicht
zu diesen hohen Herren – mit Krupp direkt
hab' ich ja nichts zu tun ...

PRYZILLA *(aggressiv)*:
Dann darf ich Ihnen saggen, daß Alfried von Bollen
persönnlick seine Bauftrackten
bei den amtlichen deutschen Stellen in der Ukra-ine
einfürren wird. Persönnlick! Weiß ich genau.
Was das bedeutet, wissen Sie, Baronn.
Der Namme Krupp genigt. Genigt vollkommen!
Alle Welt macht Jackt auf beste Betriebe,
damit gewissermaßen bereits vollendete Tattsache
vorrlickt, wenn spätter verteilt werden soll.

RUTTA *(eisig, herablassend)*: Aber, lieber Doktor, ich weiß nicht, was Sie
dermaßen erzürnt – Herr von Bohlen ...

PRYZILLA *(zitternd vor «Gerechtigkeit», er stößt die Silben noch ruckartiger hervor)*: Wissen Sie, die Unnion – wo bereits festsitzt?
Unn-jonn bereits etabliert in Stalino!
Krupp besichtigen – natürlich in Dnjepropetrowsk.
Molotow-Werke! – Iddeall – id-deall!

RUTTA *(mit grenzenlosem Hochmut)*:
Ja, ja – aber *warum* nicht? Ich sehe nich ...

PRYZILLA: Wir im Ministerium – entschuldigen Sie,
wir haben *auch* das Woll des *Reiches* im Auge.
Das Woll des Staates! Das *Volk* ist es,
das den Krieg bezallt mit seinem Blutt.
Das Volk soll profittieren – nicht nur privatte Firmen!
Was bleibt, wenn jetzt schon
verteilt würde, saggen wir, für Reichswerke Göring?
Was bleibt, saggen wir, für Volkswaggenwerk?
Was bleibt, saggen wir, für ...

EICHMANN *(laut)*: Moment! Ruhe, meine Herren – bitte
einmal Ruhe – Alarm!
(Man hört entfernte Sirenen. Alle horchen, dann brechen einige überstürzt auf. Jetzt setzt lautes Sirenengeheul in Falkensee ein. Eichmann ist in den Vordergrund getreten.)

SERGE *(tritt auf ihn zu)*: Obersturmbannführer, meinen Dank dahier
für Ihre Gastfreundschaft – es war mer sehr lieb,
daß i – daß i amol mit dem Baron hab' redn können.

Aber jetzt — meine Familie is in der Wilmersdorfer Straßn.
Ich darf — i möcht mi jetzt verabschiedn...

EICHMANN *(gibt ihm die Hand):* Ich habe mich gefreut — ja, wollen Sie
mitten in den Angriff hineinfahren, Herr Oberst?

PRYZILLA *(schnell zu Serge):*
Nemmen Sie mich mit, Herr Oberst? Ich wonne in
Charlottenburg — und will unbedingt... Heil Hitlrr.
Herr Eichmann! — Baronn, Sie schlaffen ja woll
hier in Falkensee: ich darf Sie morrken anruffen, gegen neun?

RUTTA *(eisig):* O bitte Herr Doktor. Aber wie gesagt:
Ich habe keinerlei Informationen. Heil Hitler.
Heil Hitler, Oberst Serge — auf Wiedersehen in Essen.

PRYZILLA *(dreht sich zweimal um seine eigene Korkenzieherfigur und
stößt mehrfach hervor):* Heil Hitlrr, Heil Hitlrr, Heil Hitlrr...

SERGE: Guate Nacht — mein' Herrn...
*(Beide ab. Littke und Salzer sind nicht mehr aufgetaucht. Der Doktor
und Helga sind gleich verschwunden, als die Sirene ging.)*

RUTTA JR.: Sind heute abend pünktlich eingeflogen.
Papa — tüchtig verraucht hier. Ich gehe
mit Herrn Fritsche vors Haus. Mich interessiert,
wie sie Berlin anfliegen. Willst du mitgehen?

RUTTA SR.: Ha, ich hole nur den Überzieher.
(Die drei gehen ab.)

HIRT *(stark angetrunken, ruft ihnen nach):*
Paßt amol uf, wo der Doktor mit d'r Helga
nagange ischt — daß sich die beide
kein Schnupfe holet!
(Er lacht dreckig, schlägt dann Eichmann auf die Schulter.)
Ih kegel nomohl — mir könnet
jo doch koin Bomber ronterhole.
Do reg ih mi net auf — ih kegel.

EICHMANN: Ja, kegeln Sie, Professor, ich mache mit.
*(Er hat sich Gerstein zugewandt, der schon bei Hirts Worten über
Helga lauernd den Raum betreten hatte und jetzt meldet.)*

GERSTEIN: Sturmbannführer — zurück vom Sonderauftrag
Treblinka, Belzec, Majdanek.
Sie haben mich unbedingt noch heute
sprechen wollen...

EICHMANN: Ja, Mensch, Gerstein — wo bleiben Sie!
Ich bin doch neugierig! Hat's denn geklappt?
(Zu Hirt, der mit einer Kugel in der Hand herbeigekommen ist:)
Obersturmführer Gerstein — Professor Hirt
von der Reichsuniversität Straßburg.
Herr Gerstein ist Arzt und Ingenieur, der Leiter
des technischen Desinfektionsdienstes.
Er hat im vorigen Jahr die Fleckfieber-Wellen
in unseren Kasernen eingedämmt.

HIRT: Ih hab' davo g'hört, mei Lieber, Sie send
a technisch's Genie, daß ih Ihne
amol begeg'n — Heil, Herr Gerstein!

GERSTEIN *(hintergründig)*:
  Heil Hitler, Herr Professor – wann endlich werden Sie
  für Fachkreise eine Publikation
  über Ihre Schädelsammlung drucken lassen?
HIRT: Wo denket Se denn hi — schön wär's,
  es isch mei Lebenstraum! Doch soll's
  jo leider noh geheimg'halte werde.
GERSTEIN: Ach, das übertreibt man: Sie sollten
  für Hochschulärzte ruhig eine Broschüre drucken.
HIRT: Freut me, Ihr Intresse: versuche will ih's ...
EICHMANN: Aber zur Sache, meine Herren:
  Gerstein war in Belzec, um zu überprüfen,
  ob wir mit Zyklon B nicht reibungsloser –
  und vor allem auch schneller –
  die Endlösung betreiben können.
HIRT: Ih denk', ihr machets mit Kohlenmonoxyd?
GERSTEIN: Bisher ja, doch Dieselauspuffgas
  ist unbrauchbar: die Generatoren versagen
  (sehr scharf, unverhüllt empört)
  ständig, ich habe erlebt, Obersturmbannführer,
  daß die Menschen
  in den Kammern fast drei Stunden gewartet haben,
  bis die Dieselmotoren überhaupt
  in Gang gekommen sind. Und dann – unvorstellbar:
  nach einer halben Stunde waren sie endlich tot!
EICHMANN *(ist entsetzt, sprachlos.)*
HIRT *(poltert los)*:
  Isch jo scheußlich, Kender! Machets doch human!
  Warom schießet ihr se denn net wie in Rußland
  eifach über d'r Haufe?
EICHMANN *(erregt, jetzt gar nicht pedantisch)*:
  Erschießen! – Sie haben gut reden, Professor.
  Erschießen *Sie* mal
  auf einen Haufen vierzig Waggons
  voll nacktem Geschrei!
  Das heißt, sie schreien ja selten. Die meisten stehen
  fatalistisch vor den Gruben und haben
  nur große Augen, weil ihnen
  das wirklich angetan wird ...
  Das ist noch schlimmer. Ihre Haltung ist
  en masse einfach – arisch. Trotzdem:
  da ist die Großmutter mit dem Enkel
  auf dem Arm; der Backfisch, der einen
  an das erste Mädchen erinnert, das man als Schüler
  ausgezogen hat. Und die Schwangere! –
  das hält doch seelisch auf die Dauer
  der stärkste Füsilier nicht durch,
  und wenn er neunzig Prozent Schnaps
  im Blute hätte. Nein: *erschießen,*
  das ist unmöglich.

Das macht schlaflos und impotent, Professor,
wir haben ja in Europa gut acht Millionen
zu bearbeiten – und zwar bis Kriegsschluß.
HIRT *(klagend):* Ja, do *muß* halt a probaters Mittel
g'funde werde. *So* geht's jedenfalls net,
wie's Gerstein schildert! Omöglich!
Ihr solltet älles ons *Ärzt* überlasse, Eichmann.
EICHMANN: Deshalb hat Gerstein ja
jetzt den Versuch mit Blausäure gemacht.
Wie ging's denn *damit,* Gerstein?
GERSTEIN: Nein, Obersturmbannführer: ich habe den Versuch
nicht machen können.
EICHMANN *(erregt):* Ja, Mann, das war doch Ihr Befehl!
Nicht mal *versucht* haben Sie das?
GERSTEIN: Es ging nicht, Obersturmbannführer: zunächst
hat Hauptmann Wirth in Belzec
sich meiner Bitte widersetzt. Er bat mich dringend,
in Berlin keine Änderung seiner Anlage vorzuschlagen.
EICHMANN: Das ist doch Unsinn!
Ich habe schon vor einem *Jahr,*
ja, im September war's: da hab' ich
Höß in Auschwitz auf die Idee gebracht,
an sechshundert Russen
Zyklon B auszuprobieren. Wir haben die Fenster
des Strafblocks mit Lehm hermetisch abgedichtet
und die Kristalle durch die Tür geschmissen . . .
GERSTEIN *(der sich gewaltsam zusammennimmt):*
Bei diesem . . . damals, Obersturmbannführer, sollen aber,
wie Hauptmann Wirth mir gestern sagte,
noch am anderen Nachmittag
einige der Russen gelebt haben.
EICHMANN: Mensch, Gerstein! Da haben wir's
zum *erstenmal* versucht!
Geschwindigkeit ist keine Hexerei — die Kammer
war schließlich vollgepfercht,
als wär's 'n Heringseimer.
*(Er schweigt, hat nach hinten auf den Lautsprecher gezeigt, der jetzt
folgende Meldung durchgibt.)*
«Achtung, Achtung, eine Luftlage-Meldung: der im Raum Osnabrück
eingeflogene, leichte englische Kampfverband mit Kurs Südost nähert
sich der Gauhauptstadt Hannover. Der aus Südwesten auf Berlin an-
fliegende schwere Kampfverband hat den Sperrgürtel der Reichshauptstadt erreicht.»
EICHMANN: Das wird ein schlimmes Feuerwerk!
Wie konnten da die anderen nach Berlin
hineinfahren — Blödsinn. Wo ist denn Helga?
HIRT *(lustig):* Fraget Se d'r Doktor, wo die isch . . .
der wollt ihr helfe, ihre Koffer
nonter en d'r Keller trage . . .
die werdet erscht die Wäsch noh sortiere.

(Gähnt wie ein Müllschlucker, knöpft sich den Rock auf und legt sich in einen Sessel, die Beine auf einen Stuhl. Er sagt sehr schläfrig, mehr zu sich:) Fängt's do scho a z'brumme?

Wann kommet denn die andere endlich nonter?

EICHMANN *(zu Gerstein, sehr vorwurfsvoll):*

War Ihre Reise also ganz umsonst?

GERSTEIN *(sicher):* Keineswegs, Obersturmbannführer. Die Blausäure
war allerdings schon in Zersetzung geraten —
ich hätte den Versuch ohnehin nicht machen können.
Sie wurde unter meiner Aufsicht vergraben . . .
Doch auf meinem eigentlichen Sachgebiet,
der Desinfektion, konnte ich . . .
*(Das Brummen der Berlin anfliegenden Bomberverbände wächst zum
Dröhnen an; wenn es zu machen ist, soll man hören, wie plötzlich
die Flak beginnt, einen Sperrgürtel um die Reichshauptstadt zu
schießen. Das Licht zuckt auf, geht einmal aus, aber sofort wieder an.
Eichmann hat in Spannung nach der Decke gezeigt, niemand sagt
etwas.)*

EICHMANN *(mißtrauisch, sogar etwas ironisch):*

Blausäure, die Sie *vorige* Woche
fabrikneu in Empfang genommen haben,
soll sich *so* schnell zersetzen — seltsam, Gerstein!

GERSTEIN *(hält seinem Blick stand und beginnt umständlich):*

Sehen Sie, Obersturmbannführer, wenn die Säure
infolge der Hitze und der Fahrt — der Fahrt
dort auf den wüsten polnischen Straßen . . .
erst einmal . . .

EICHMANN *(legt ihm die Hand auf die Schulter):*

O ja, ich zweifle nicht an Ihrer Schilderung;
Sie sind der Chemiker, nicht ich — doch *böse*,
Gerstein, Sie alter KZler, nehmen Sie's nicht übel,
(lachend) böse waren Sie wohl nicht, daß . . . na,
daß Sie das Zeug nicht ausprobieren konnten!

GERSTEIN *(mit absolut täuschender Entrüstung, sehr dienstlich):*

Obersturmbannführer! Wenn ich Ihren Hinweis
auf meine KZ-Haft
als neuen Mißtrauensantrag auffassen soll,
bitte ich um Einleitung eines Disziplinarverfahrens.
*(Sehr schnell, da Eichmann erschrocken abwinkt, scheinbar tief ge-
kränkt.)* Ich glaubte, auf Grund meiner Leistungen
im Desinfektionsdienst meine Bewährungsfrist . . .

EICHMANN *(ohne Argwohn):*

Aber Gerstein, verstehen Sie denn keinen Spaß!
Ich vertraue Ihnen vollkommen. — Helga!
Erlösen Sie uns vom Geschäft!
Essen Sie, Gerstein — Helga wird so freundlich sein . . .
*(Helga ist im Sommermantel, mit einem Koffer, den ihr Eichmann
gleich abnimmt, auf der Treppe erschienen.)*

HELGA: Haben Sie mich gesucht? Ich habe meinen Verlobten
in Auschwitz angerufen. — Der Doktor hatte sowieso

ein Gespräch nach dort, da könnt' ich gleich
mit Günter sprechen.
(Sie lächelt, zeigt auf Hirt, der genußvoll aufschnarcht.)
EICHMANN: Beneidenswert — kann schlafen wie Napoleon.
GERSTEIN: Guten Tag, Fräulein, wie geht es Ihnen?
HELGA: Ach, Herr Gerstein — gut, wenn mir die Bomber
*(sie zeigt zur Decke, dann stellt sie rasch für Gerstein einen Teller
mit Schnitten zusammen)* nicht solche Angst machten . . .
das Brummen ist ja furchtbar heute!
Herr Eichmann, mein Verlobter sagt,
ich soll nach Auschwitz kommen, als Nachrichtenhelferin.
Ich soll, der Alarme wegen, fort aus Berlin . . .
EICHMANN: Was! — Na, der Wunsch des Bräutigams ist Befehl.
Da sind wir aber traurig hier . . . Wo sind
(nervös wendet er sich ab) wo sind denn . . .
GERSTEIN *(zu Helga):*
Bleiben Sie in Berlin! Auschwitz ist . . . nichts für Sie.
Hier in Falkensee wird keine Bombe fallen.
(Das Gespräch stockt, das Dröhnen ist unheimlich.)
EICHMANN *(setzt wieder an):* Wo sind denn Ruttas und die andern alle?
Die sollten lieber . . . Donnerwetter,
das sind ja *Geschwader*, Hunderte . . .
*(Das Licht zuckt kurz und sehr hell, überstürzt kommen jetzt die an-
deren, ohne den Doktor, die Treppe herunter. Nicht sehr entfernt
geht eine Luftmine nieder. Man hört das charakteristische Pfeifen,
das zum Orkan anwächst.)*
EICHMANN *(schreit):* Achtung!
(Mit dem Einschlag ist das Licht gänzlich erloschen.)

VORHANG

3. SZENE

*Am folgenden Vormittag. Die Wohnung Gersteins, Berlin W 35.
Gerstein, in einer alten SS-Uniform, steht auf einer Treppenleiter, damit
beschäftigt, einen langen Riß in der Wand frisch zu verputzen. Er hantiert mit einer Maurerkelle und entnimmt den Mörtel einem alten
Marmeladeneimer. Dabei raucht er. Unter der Leiter sind Zeitungen aus-
gebreitet.
Das Zimmer trägt viele Spuren des schweren Fliegerangriffs der ver-
gangenen Nacht: Die herabgestürzte Lampe liegt noch am Boden; ein
Bild, zerschlitzt, ist mit dem Gesicht gegen die Wand gelehnt; das Fenster an der Hinterbühne, das zur Straße geht, ist mit Pappe vernagelt,
steht jetzt offen und gibt den Blick frei auf eine gegenüberliegende
Ruine, die bereits vor einiger Zeit entstanden ist. Das Fenster an der
anderen Außenwand des Raumes, rechts neben der Tür, ist völlig un-
versehrt, samt seinen Gardinen. Ein großer Teppich liegt zusammenge-
rollt quer im Raum. Die einfachen Herrenzimmermöbel sind so weit*

ineinandergeschoben, daß der Boden von Glassplittern, Lehm, Kalk und Tapetenfetzen gesäubert werden kann. Das besorgt ein etwa 30jähriger Zivilist, der älter aussieht, als er ist: ein Jude namens Jacobson, den Gerstein versteckt hat. Er spricht vorsichtig, eingeschüchtert, seine Bewegungen sind linkisch — man merkt, daß ihm die Freiheit fehlt, sieht auch, daß er lange nicht an der frischen Luft war. Beide arbeiten schweigend, auch Jacobson raucht. Man hört, nicht sehr aufdringlich, Großstadtlärm, dann, entfernt zunächst, einen herannahenden Fanfarenzug der Hitlerjugend.

GERSTEIN: Können wir jetzt das Fenster schließen?
JACOBSON: Es staubt noch so, noch einen Augenblick.
  (Er geht ins Nebenzimmer und holt zwei mit Schutt gefüllte Eimer herbei, dann eine Schaufel.) So, hier drüben ist alles wieder sauber,
  so gut das geht. Herr Gerstein, lassen Sie doch *mich*
  die Wand verputzen, ich hab' ja nichts zu tun.
  Das Fenster ist ja nun vernagelt,
  da kann mich keiner sehen auf der Leiter.
GERSTEIN: Danke schön, ja, wenn Sie wollen, gern.
  Ich bring' den Schutt dann 'runter in den Hof.
  (Er kommt von der Leiter und schließt das Fenster, gibt die Maurerkelle an Jacobson, der auf die Leiter steigt und die Arbeit beginnt.)
  Mensch, Jacobson, Sie haben mir leidgetan heut' nacht:
  daß Sie bei solchen Angriffen
  nicht einmal in den Keller gehen können.
JACOBSON *(lächelnd):* Gut, daß meine Eltern
  in ihrem Haus den Keller noch betreten dürfen.
  Würden Sie nachher vorbeifahren
  und nachsehen, ob das Haus noch steht?
GERSTEIN *(abgewandt):* Das tu' ich gern, Herr Jacobson.
JACOBSON: Danke Ihnen. Es war nicht lustig, nee,
  als mir die Fenster um die Ohren flogen.
  Doch lieber soll's mich hier erwischen als —
  in Auschwitz.
  Verzeihen Sie, das ist sehr egoistisch:
  Wie lange geht das noch in Ihrer Wohnung?
  (Gerstein gibt ihm eine neue Zigarette. Man kann sich nicht mehr unterhalten, da die Fanfaren jetzt zu laut geworden sind. Doch ist der Marsch nun zu Ende, und als die Kolonne ungefähr in Höhe des Hauses ist, beginnt sie das Lied, das man trotz des geschlossenen Fensters hört.)

Es zittern die morschen Knochen
der Welt vor dem großen Krieg.
Wir haben die Ketten zerbrochen,
für uns war's ein großer Sieg.
Wir werden weiter marschieren,
wenn alles in Scherben fällt,
denn heute hört uns Deutschland
und morgen die ganze Welt.

GERSTEIN *(voller Ekel, nach einem kurzen Blick auf die Straße):*
    Sie können nichts ohne Musik — in Auschwitz
    gibt's jetzt auch eine Kapelle, Wiener Jüdinnen,
    die Wiener Walzer spielen müssen,
    wenn man die Opfer für das Gas aussucht.
    (Beide schweigen. Nach einer Weile sagt Gerstein beruhigend:)
    Bevor das Haus zerbombt wird,
    hab' ich 'nen Paß für Sie.
    Daß man Sie hier in meiner Wohnung sucht
    ist unwahrscheinlich. Es sei denn,
    daß ich selber verdächtigt werde
    als ehemaliger KZ-Häftling.
    (Lächelnd.) Für den Durchschnittsschweden sind Sie leider
    ein bißchen gar zu schwarz —
    an Spanier und Italiener aber konnt' ich
    bisher noch nicht heran.
JACOBSON *(während er die Wand verputzt):*
    Wenn Sie wieder zu dem Schweden gehen,
    hier auf die Botschaft,
    dann lassen Sie sich lieber selber
    einen Paß ausstellen. Gehen Sie nach Schweden.
    Nur Ihre Frau erfährt, wo Sie so spurlos hin sind.
    Im Amt hält man Sie einfach für vermißt.
GERSTEIN *(hält mit dem Kehren inne):*
    Einfach emigrieren? Herrgott, ich sehe
    jede Stunde die Menschen in den Kammern sterben.
    Solang' mir die geringste Hoffnung bleibt,
    daß ich nur einen von euch retten kann,
    muß ich's riskieren, daß ich später
    den Mördern zum Verwechseln ähnlich sehe.
JACOBSON: Ihr Gang zum Nuntius war das letzte,
    das Sie riskieren durften. Gehen Sie endlich
    über Schweden nach England. Hier hat man
    Sie wahrscheinlich schon durchschaut.
GERSTEIN *(sphinxhaft lächelnd):* Mich durchschaut? — Nein, *mich* nicht.
    Durchschaut hat mich noch niemand.
    Vielleicht, daß man mich überwacht.
    Davor ist mir oft angst — vor allem
    der Familie und Ihretwegen.
JACOBSON: Sie müssen Ihre Frau anrufen,
    bevor der Wehrmachtsbericht meldet,
    daß Berlin angegriffen worden ist.
    Sagen Sie ihr nicht, wie die Wohnung
    demoliert ist.
    Sie sorgt sich schon genug um Sie.
GERSTEIN: Ich rufe Tübingen vom Amt aus an,
    da kommt der Anschluß gleich.
    Ich hoffe, daß ich übers Wochenende
    heimfahren kann. — Werden Sie eigentlich satt?
JACOBSON: Ja danke, absolut.

GERSTEIN: Sie müssen wirklich sagen, wenn Sie
　　Hunger haben. Sie wissen doch,
　　Sie essen mir nichts weg.
　　Ich kriege auf dem Amt genug zu essen.
JACOBSON: Danke schön, Herr Gerstein. Aber
　　Sie könnten mir zwei neue Bücher geben.
　　Und hier ist Geld ...
　　(er hat sein Portemonnaie gezogen)
　　wenn Sie vielleicht noch mal versuchen,
　　mir eine russische Grammatik zu besorgen.
GERSTEIN: Ach ja, lassen Sie das Geld stecken,
　　bis ich weiß, was sie kostet.
　　Antiquarisch werd' ich schon eine finden.
　　So — machen wir weiter.
　　(Jacobson nimmt die Kelle, Gerstein nimmt die Eimer auf, um sie
　　hinunterzutragen.
　　Gerade als Gerstein das Zimmer verlassen will, schellt es an der
　　Korridortür. Beide werden spürbar nervös. Jacobson springt wort-
　　los von der Leiter und verschwindet im Nebenzimmer. Gerstein zieht
　　die Tür hinter ihm zu. Es schellt noch einmal. Gerstein geht hinaus,
　　man hört, wie er die Korridortür öffnet und sagt:)
　　Heil Hitler — ach, Sie sind's Doktor.
DOKTOR: Grüß Gott, Gerstein — haben Sie gehört! Entsetzlich ...
GERSTEIN: Was ist denn passiert?
　　(Er hat ihn eintreten lassen, die Tür wird geschlossen, schnelle
　　Schritte auf dem Flur. Doktor, in sehr elegantem, langem schwarzen
　　Cape mit silbernen Schließen und Kette, ist vor Gerstein ins Zimmer
　　gestürzt und sagt jetzt atemlos zu ihm —)
DOKTOR: Ihr Radio ist wohl auch zerbombt?
　　Ja, wissen Sie denn nicht ...
GERSTEIN: Reden Sie schon, Doktor, keine Ahnung.
DOKTOR: Das Attentat auf Hitler? — Göring und Himmler
　　waren auch an Bord, ein Flugzeugabsturz.
GERSTEIN *(bestürzt von dieser Wende, ehrlich erschüttert)*:
　　Um Gottes willen — alle drei?
　　Das ist doch nicht wahr, Doktor!
　　Keiner gerettet?
DOKTOR *(diabolisch grinsend)*: Gerettet? — doch! Raten Sie wer ...
GERSTEIN: Wer ...?
DOKTOR: DEUTSCHLAND!
　　(Sein Höllengelächter scheppert, als würde Wellblech verladen.
　　Gerstein hat sich hingesetzt, erstens aus Angst vor dem Überfall
　　durch den Doktor, zweitens entnervt durch die Enttäuschung des
　　Dementis.)
GERSTEIN *(langsam)*: Solche Witze — Doktor, sind aber gar nicht lustig.
DOKTOR: Na, ist's vielleicht lustig, daß man Ihnen
　　die Wohnung so stilvoll zugerichtet hat?
　　Das Haus meiner Freundin ist weg bis zum Keller.
GERSTEIN *(indem er einen zweiten Stuhl vom Tisch holt)*:
　　Setzen Sie sich, Doktor, schön, daß Sie kommen.

DOKTOR *(noch immer beide Arme unter dem Cape):*
   Nee, danke, keine Zeit. Ich setz' mich gar nicht.
   Ich hab' versucht, Sie anzurufen,
   Ihr Telefon scheint's auch erwischt zu haben.
   Ich fahre morgen früh nach Tübingen
   und biete Ihnen Platz im Wagen an.
   Dann kommen Sie doch schneller zu Ihrer Familie
   und wir können mal ungestört palavern.
   Sie sind der einzige, mit dem sich's lohnt.
GERSTEIN *(lächelnd, um seine Angst zu verbergen):*
   Wieso der einzige ... aber nett von Ihnen.
DOKTOR: Der einzige. Unsere Kollegen sind doch ausnahmslos
   bierdumme, schwere deutsche Kaltblüter,
   allenfalls noch technische Intelligenzen. —
   Ich wollte um sieben fahren, einverstanden?
GERSTEIN: Schön, ich stehe vor der Haustür,
   wenn sie noch stehen sollte, morgen früh, die Haustür.
   Was führt Sie denn nach Tübingen?
   Wollen Sie noch Professor werden?
DOKTOR *(hat sich gesetzt, steht gleich wieder auf):*
   Langsam, langsam, erst habilitieren.
GERSTEIN: Dürfen Sie dazu verwenden,
   was Sie in Auschwitz ausprobieren?
   Ich frage wegen der Geheimhaltung.
DOKTOR *(in Gedanken, hat sich das zerrissene Gemälde angesehen):*
   Ach so — nee, nicht als *Mediziner,*
   als Philosoph will ich nach Tübingen.
   Medizin ist nur mein Fach, nicht mein Vergnügen.
   Abgesehen davon: die Human-Versuche an Häftlingen
   sind gar nicht so geheim. Neulich im Mai,
   hier in Berlin — da war doch alles eingeladen,
   was Rang und Pfründen hat, auch Heer und Luftwaffe.
   Sogar Herr Sauerbruch gab seinen Senf dazu.
   Übrigens statt Blumen! — Darf ich die Hirne
   *(er hat überraschend die linke Hand mit einem Glasbehälter, etwa in
   Form einer Eisbombe, den er unterm Arm hatte, aus seinem Cape
   herausgestreckt und zeigt das Präparat, weißgraues, organisches
   «Material», das Hirn jüdischer Zwillingskinder, dem entsetzten Gerstein, der keinen Hehl aus seinem Widerwillen macht. Beiläufig)*
   bei Ihnen hinterlegen? Ein formalingehärtetes
   Hirnpräparat von einem Zwillingspärchen aus
   Calais, recht interessante vergleichende Schnitte.
   Ich hab' die Hirne einer Freundin mitgebracht,
   die grade ihren ersten Präparierkurs macht.
   Nun ist ihr Haus zerbombt, keine Ahnung,
   wohin das Erstsemester sich verzogen hat.
   Einen Schädel hab' ich ihr neulich schon besorgt;
   der wird nun unterm Haus beerdigt sein ...
GERSTEIN: Soso, Ihr Mitbringsel ... Zwillingshirne ...
DOKTOR: Sobald ich weiß, daß sie noch lebt,

kann sie das Zeug bei Ihnen holen, ja?

GERSTEIN *(nimmt zögernd den Glasbehälter, zögert auch, ihn auf den Tisch zu stellen, legt ihn auf einen Stuhl):*
In Auschwitz leichter als Blumen zu bekommen, was?

DOKTOR *(scheinbar nur spöttisch):*
Das empört Sie wohl sehr, Sie Jünger Christi?

GERSTEIN *(gequält):* Ich weiß ja, was Sie tun . . . fürchterlich.

DOKTOR: Sagen Sie mal, das interessiert mich:
wie läßt sich das denn heute noch verquicken,
Verstand haben — und trotzdem Christ sein?

GERSTEIN *(mit unverminderter Vorsicht, langsam):*
Da gibt's das Wort von Bismarck,
der ja auch nach einer wüsten, byronesken Jugend,
den Umweg des Intellektuellen: durch das Nichts
zu Gott — zu finden hatte. Er sagte,
und mehr weiß ich natürlich auch nicht,
ich glaube, das ist schon unsere letzte Weisheit:
ich bin mit *vollem* Bewußtsein
auf einer gewissen Stufe der Entwicklung stehengeblieben.

DOKTOR: Und *das* soll ihm geholfen haben,
in Seelenruhe drei Kriege anzuzetteln? — na,
der hat gewußt, daß er sich etwas vormacht.
Die wußten alle schon um das illusionäre Moment
in ihren Denkschemata, sogar Hegel.
Und Sie — und heute, das wissen Sie ja auch:
wer sagt, was er denkt, verliert sein Leben;
wer denkt, was er sagt, hat keinen Verstand.

GERSTEIN *(lachend):* Dann hab' ich keinen. Ich habe gedacht,
was ich Ihnen sagte und sage immer, was ich denke . . .

DOKTOR *(ihm nahe, diabolisch):*
Zuweilen, Gerstein, zuweilen . . . Schlauberger!
Mir machen Sie nichts vor.
Wen beschwindeln Sie eigentlich —
die Kirche und sich selber
oder uns — die SS?

GERSTEIN *(ahnt, daß er der Ausfragerei nicht gewachsen ist; er tut deshalb als decke er alle seine Karten vertraulich auf, der etwas weltfremde Idealist):*
Wieso denn *schwindeln*! Ich *sage*, was ich denke.
Lassen Sie den Christen weg, Doktor, natürlich
bin ich Christ — mit Himmlers Segen sogar.
Aber: muß man denn Christ sein,
um — um so seine Zweifel zu haben?
(Ablenkend.) Sehen Sie, vorgestern kam die Nachricht:
mein Vetter wurde von Partisanen abgeschlachtet.
Als wir in Rußland einmarschierten,
da *gab* es keine Partisanen.
Wer wirklich treu zum Führer steht . . .

DOKTOR *(verwirrend):* Wie Sie! — so treu wie Sie, Gerstein.

GERSTEIN *(kaum unsicher):*

Wie? — Ja, aber *ich* kann's ihm ja nicht sagen:
Rassenpolitik schließt aus — Eroberungspolitik.
Das hab' ich in der Sexta schon gelernt.
Entweder — oder: vereinbar war das nie.
Alexander hat seine Mazedonier *verheiratet*
mit den Töchtern der Besiegten.
Wir rotten die Besiegten aus.
Glauben *Sie* denn, das hätte Zukunft!

DOKTOR *(lachend, schon die Türklinke in der Hand):*
Glauben! Wer glaubt noch an den Glauben — Mensch,
und an die Zukunft!
Wie gucken Sie mich an! — Ich weiß,
für Sie verkörpere ich das böse Prinzip.

GERSTEIN *(versucht, sich lachend der Nachstellung zu entziehen):*
Böses Prinzip! Das ist — von wem?

DOKTOR *(zitiert amüsiert):* Vom Otto Weininger: «Das Böse ist
die Verzweiflung darüber, dem Leben einen Sinn zu geben.»

GERSTEIN *(lachend):* Das muß ich Eichmann melden,
Sie lesen Wiener Juden.

DOKTOR *(nicht ohne Eitelkeit):* Na, ich *verheize* sie ja auch.
Am Dienstag habe ich die Schwester
von Sigmund Freud durch den Kamin gepfiffen.
(Sein charakteristisches Lachen. Er ist schon zur Tür hinaus, ruft noch:)
Also — um sieben. Ich freu' mich . . .

GERSTEIN *(draußen):* Es ist sehr nett, daß wir dann mal
länger zusammen sind. Wiedersehen, Doktor.
*(Kommt langsam ins Zimmer zurück, stellt sich schwer ausatmend
gegen die Tür, will dann zu Jacobson gehen, sieht den Glasbehälter,
nimmt ihn auf, weiß nicht wohin damit, und zitiert:)*
Statt Blumen —
*(Jetzt schellt es wieder, Gerstein fährt furchtbar zusammen, sagt,
ohne sich rühren zu können:)*
Was will der denn *jetzt* noch!
*(Er will öffnen, bringt es nicht fertig und öffnet erst, als es wieder
schellt. Man hört, wie er draußen sagt:)*
Heil Hitler — bitte schön?

RICCARDO: Guten Tag, Herr Gerstein . . .
*(Gerstein hat ihn offenbar eintreten lassen, man hört, wie die Tür
geschlossen wird, dann Schritte auf dem Flur. Riccardo betritt vor
Gerstein das Zimmer und sagt etwas verlegen, da Gerstein äußerst
reserviert ist:)* Oh, Sie hat der Angriff aber schwer getroffen.

GERSTEIN *(kalt):* Was führt Sie zu mir, wie heißen Sie?

RICCARDO *(noch unsicherer):* Wir sind uns gestern auf der Nuntiatur
begegnet, Herr Gerstein.

GERSTEIN *(fährt ihm ins Wort, scharf zurückweisend):*
Wo? — Wo, sagen Sie!
Ich kenne Sie nicht, ich habe Sie noch nie
gesehen. Was führt Sie zu mir?

RICCARDO *(lebhaft):* Ich sagte Ihnen gestern beim Nuntius,
daß ich kommen würde.

Ich wäre Ihnen gern sofort gefolgt.
Ich heiße Graf Fontana und gehöre
zum Staatssekretariat des Heiligen Stuhles.

GERSTEIN *(mit unverminderter Vorsicht, ohne Riccardo richtig anzusehen):* Was wollen Sie mir sagen?

RICCARDO: Daß der Vatikan Ihnen helfen wird.
Ihnen und den Opfern Hitlers.
Ich habe mich geschämt, glauben Sie mir,
dem Nuntius zuzusehen.
Doch sprach er wohl aus einer
Zwangslage so sehr neutral.

GERSTEIN *(unpersönlich):* Wie könnte ich noch glauben, daß der Vatikan
Interesse am Leid der Juden aufbringt.
Seit den Meldungen aus London
sind gut zwei Monate verstrichen —
ohne daß der Papst eingegriffen hätte.
(Plötzlich:) Wem sind Sie eben auf der Treppe begegnet —?
Haben Sie einen Offizier im Cape gesehen?

RICCARDO: O ja, er fiel mir auf. Doch *vor* dem Haus.
Er stieg in seinen Wagen.

GERSTEIN *(erregt):* Gut. Gut, er sah Sie nicht mehr auf der Treppe.
Wissen Sie, *wem* Sie begegnet sind?

RICCARDO: Ich hatte das Gefühl, er sah mir nach.

GERSTEIN *(muß sich zwingen, ruhig zu bleiben):*
Ach, das ist ein großes Mietshaus.
Sie könnten zwanzig andere Familien besuchen.
Kommen wir zur Sache, Graf Fontana.
Zweifellos hat die polnische Exilregierung
den Papst auch schon persönlich unterrichtet.
Der Ordensgeneral der Jesuiten in Rom
wird schon seit Jahren durch polnische Agenten
ausführlich und präzise informiert — seit *Jahren.*

RICCARDO *(verlegen):* Noch heute geht ein Kurierbrief
an meinen Vater ab. Mein Vater
ist einer der höchsten Laien beim Heiligen Stuhl.
Ich *garantiere* Ihnen, Herr Gerstein,
daß Seine Heiligkeit Protest erheben wird.
Ich habe die Ehre, den Papst persönlich
gut zu kennen.

GERSTEIN *(fast zynisch):* Vorsicht mit Ihrer Garantie!
Sie könnten sich unglücklich machen.
Warum hat er den alten Lichtenberg,
den Dompropst von St. Hedwig,
nicht herausgehauen? Das Gesindel
warf ihn ins Gefängnis, nur weil
er auch die Juden in sein Gebet einschloß.
Eure Priester beten doch auch für den Führer —
wie kann der Papst dann zusehen,
daß man sie wegschleppt, wenn sie
für die Juden beten?

Er hat zugesehen, er sieht schon zu seit 38.
Lichtenberg, dessen Haftzeit abgelaufen ist,
hat bei der Gestapo beantragt,
das Schicksal der Juden im Osten
teilen zu dürfen — haben Sie das gehört?

RICCARDO: Ich habe von Lichtenberg gehört,
Herr Gerstein — doch bitte, Sie müssen
verstehen, daß alle diese
schmerzlichen Probleme mir neu sind . . .
Aber glauben Sie mir,
der Papst wird helfen, das Gebot
der Nächstenliebe . . .

GERSTEIN *(jetzt herzlich, er faßt Riccardo bei der Schulter):*
Ich bin so furchtbar vorsichtig geworden,
was meine Hoffnung auf die Kirchen angeht.
Ich zähle selber zur Bekenntniskirche,
ich bin mit Pastor Niemöller befreundet,
er sitzt schon fast fünf Jahre im KZ . . . er sagte,
ich sei der eingefleischte Saboteur,
und hat wohl auch verstanden,
warum ich mich in die SS einschlich . . .
denn mit Broschüren, wie ich's früher tat,
kann man die Nazis nicht bekämpfen.

RICCARDO: Sie zogen *freiwillig* diese Uniform an?

GERSTEIN: Ja — ich mußte mich — nehmen Sie doch Platz,
so gut das geht . . . hier, bitte schön.
(Er nimmt zwei Stühle vom Tisch, staubt sie ab, sie setzen sich. Gerstein steht aber bald wieder auf, unruhig wie ein Wolf im Käfig.)
Ja, im vorigen Jahr fand man heraus,
daß ich schon zweimal eingesperrt war,
wegen Verteilung christlicher Flugblätter.
Ich saß erst im Gefängnis, später im KZ.
Das hatte ich verschwiegen, als ich
in die SS eintrat. Ein böses Kesseltreiben
setzte ein, jedoch auf allerhöchste Weisung
blieb ich verschont. Es wurde mir verziehen.
Ich habe neunzehnhundertvierzig
in Kasernen und Gefangenenlagern
eine Fleckfieber-Welle eingedämmt,
weil ich als Ingenieur und Mediziner
Fachmann auf diesem Sektor bin.
Das hat mich nun gerettet. Man hält mich
für verrückt — in den Augen der Banditen
bin ich eine Mischung aus technischem Genie
und weltfremdem Idealisten. Weltfremd —
weil christlich: darüber lacht man und
läßt mich ruhig zur Kirche gehen.
Man weiß auch, daß hohe Protestanten
meine Vertrauten sind. — Trotzdem!
(Plötzlich sehr unruhig, sprunghaft.)

Weshalb, Graf . . . *wie* heißen Sie?

RICCARDO: Graf Fontana . . .

GERSTEIN: Fontana! — Graf, *warum* sind Sie bei mir?
Wir müssen etwas erzählen können,
wenn ein Kollege — feine Kollegen sind das,
alles Mörder mit Doktortitel —
jetzt dazwischenkommen sollte.
(Er überlegt, dann faßt er Riccardo am Arm.)
Hören Sie — Sie sprechen ausgezeichnet Deutsch?

RICCARDO: Als Kind lebte ich zeitweise in Königsberg,
meine verstorbene Mutter war Deutsche, Protestantin.

GERSTEIN *(kalt, fast schnoddrig, aber sofort beruhigt)*:
Bestens: Sie sind ein Spitzel der SS,
Abteilung Auslandsabwehr zwo, Italien.

RICCARDO *(schluckt, ehrlich gekränkt, dann kühl abweisend)*:
Nun — das scheint doch mehr als unwahrscheinlich.
Ich bin Jesuitenpater — denken Sie, daß man . . .
daß man Ihnen *das* glauben würde?

GERSTEIN *(undurchsichtig, vielleicht mit Genugtuung, das einmal sagen
zu können)*: Das ist die *plausibelste* Erklärung, Herr Pater.
Sie wären ja der erste Priester nicht,
der für die Henker Spitzeldienste leistet.
Im Vatikan sitzt auch ein Spitzel.
Der engste Mitarbeiter Heydrichs erzählte mir,
daß er durch einen — ja: durch einen Jesuitenpater
für die Gestapo geworben wurde,
als er in Bonn studierte.
Himmler ist ein großer Bewunderer Ihrer Organisation:
er hat den Orden der SS
nach den Regeln Loyolas aufgebaut
und eine Jesuitenbibliothek,
pedantisch, wie er alles tut, studiert . . .

RICCARDO *(verletzt)*: Können Sie nicht herausbekommen, welcher Priester
SS-Agent im Vatikan ist?

GERSTEIN: Ausgeschlossen, da ich ja nicht zur Gestapo gehöre.
Namen gibt es da ohnehin nicht, nur Zahlen.
(Plötzlich wieder sehr beunruhigt.) Nein, das hat ja alles keinen Zweck,
wenn *der* zurückkommt, den Sie eben trafen.

RICCARDO: Der Offizier im schwarzen Cape?

GERSTEIN: Ja — dann will ich gar nicht erst versuchen,
ihn anzuschwindeln, das kann ich doch nicht.

RICCARDO: Wer war denn dieser Mann?

GERSTEIN *(zermürbt vor Nervosität)*: Ach — kein Mensch, kein Mensch.
Sie sind dem Todesengel von Auschwitz begegnet.
Er kommt nur, um mich auszuhorchen.
Sein Ziel ist, mich dem Henker auszuliefern.
Lassen wir das jetzt. Ich bitte Sie:
Wenn es jetzt schellen sollte —
dann gehen Sie sofort in dieses Zimmer.
Und sprechen Sie kein Wort. Dort ist noch jemand.

(Nur scheinbar beruhigt:) Das mußte erst geklärt sein. — Wie sehen
Sie mich an? Sie finden es schauderhaft,
wie unehrlich mein Spiel ist, was?
Ja, wer mit Mördern pokert,
muß ihre Grimassen schneiden.

RICCARDO: Aber — warum, Herr Gerstein,
pokern Sie überhaupt mit Mördern?

GERSTEIN: Nur wer am Hebel sitzt, kann schalten.
Diktaturen sind nur von innen aufzubrechen.
Gehen wir in medias res: mein Gang zum Nuntius
und zum Syndikus Ihres Herrn Bischofs
war Landesverrat . . .
(lächelnd) das entsetzt Sie.

RICCARDO *(verständnislos, reserviert):*
Wie könnte ich Sie richten! — Es war für Sie
bestimmt ein ungeheurer Entschluß,
ich meine: dieser Landesverrat.
Sie haben Hitler einen Eid geschworen, nicht wahr?

GERSTEIN: Herr Pater, ich muß Sie enttäuschen:
es war *kein* Entschluß,
keine Qual des Gewissens, gar nicht.
Selbst Hitler hat geschrieben: Menschenrecht
bricht Staatsrecht. *Also:*
Eid oder nicht: ein Mann, der Fabriken baut,
die keine andere Bestimmung haben,
als Menschen zu vergasen —
muß verraten — *muß*
vernichtet werden, um jeden Preis, um *jeden.*
Sein Mörder wäre nur sein Richter.

RICCARDO: Wenn man davon absieht, was Hitler
mit den Juden tut und mit den russischen Gefangenen . . .

GERSTEIN *(empört):* Man *darf* nicht davon absehen!
Wie können Sie als Priester . . .

RICCARDO: Entschuldigen Sie . . . so war das nicht gemeint.
Nur, Herr Gerstein, was mich ebenso
beschäftigt wie das entsetzliche Geschick der Opfer:
Wie ist es möglich, daß *der* Mann das tut,
der zweifellos als letzter in Europa
und *mit* Europa den Spuren Napoleons folgt?
Wer könnte diesem Mann, der bei Kiew
die größte Schlacht der Weltgeschichte schlug —
sechshunderttausend Mann Gefangene —,
der Frankreich in sechs Wochen überrannte —
wer könnte ihm die Größe streitig machen!

GERSTEIN: Sie sprechen, Herr Pater, wie die Historiker
der Zukunft, die vielleicht die Opfer Hitlers
wirklich in zwei Sätzen abtun — ich
kann nicht sagen, *wie* mich das entsetzt,
wie es mich anekelt . . .

RICCARDO: Mein Vater betrachtet Hitlers Siege

natürlich auch mit größter Sorge —
doch neulich war der Außenminister Spaniens
bei uns, er kam von Hitler und erzählte
einen ganzen Abend aus der Reichskanzlei.
Er sucht sein Vaterland mit allen Kniffen
aus dem Konflikt herauszuhalten — ein Patriot.
Kurzum: er liebt Herrn Hitler nicht.
Doch *wie* er von ihm sprach!
Sehr eindrucksvoll: ein Mann, der mit
der Unantastbarkeit des Auserwählten
seiner Bestimmung folgt, ein Messias —
und wenn er scheitern sollte, reißt er
den ganzen Kontinent mit sich hinab.
Er hat es schon geschafft, er ist schon Mythos . . .

GERSTEIN *(kann ihm nicht mehr zuhören):*
Um Gottes willen, reden Sie nicht so!
Keine Legende wird sich an seinen Namen heften,
glauben Sie mir.
(Recht unsicher:) Hüten Sie sich, einen Verbrecher von Rang
zu dämonisieren, nur weil — weil
törichte und entschlußlose Zeitgenossen,
Minister, Parlamentarier, Generale, Priester
diesem Schurken ganz Europa für eine Weile
ausgeliefert haben.
(Allmählich überzeugender, eindringlicher:)
Lenken Sie uns nicht ab: denken Sie,
daß jede Stunde tausend — bitte:
veranschaulichen Sie sich das:
jede Stunde etwa tausend Opfer kostet,
Menschen, die familienweise kremiert werden,
nach einem grauenvollen Sterben.
Handeln Sie, fahren Sie nach Rom —
wenn Sie den *Nuntius*
nicht noch überzeugen können.

RICCARDO: Selbstverständlich . . . nur, verstehen Sie:
Wie soll ich schildern, wer Sie sind?
Wer ist mein Informant?

GERSTEIN: Ich verstehe: ein Landesverräter ist
in den Augen Roms zu zweifelhaft — um . . .

RICCARDO: Verzeihung, nein, ich meinte . . .

GERSTEIN: Bitte — dagegen bin ich
unempfindlich, völlig, weiß Gott!
Die Verräter sind es, sie allein,
die heute Deutschlands Ehre retten.
Denn Hitler ist nicht Deutschland,
er ist nur sein Verderber — das Urteil
der Geschichte spricht *uns* frei.
Ich werde meinen Auftrag nicht überleben.
Ein Christ in dieser Zeit *kann* gar nicht
überleben, wenn er konsequent ist.

Ich meine nicht die Sonntagschristen,
man hüte sich vor einem fleißigen Kirchengänger —
ich denke an die Christen, die Kierkegaard
gemeint hat: Spione Gottes — ich bin
Spion in der SS.
Spione aber werden hingerichtet,
das ist mir klar.

RICCARDO: Nein, bitte, suchen Sie sich zu erhalten!
Ich lasse Ihren Namen aus dem Gespräch.

GERSTEIN: Schonen Sie mich nicht. Doch abgesehen von mir:
es ist schon besser, Sie berufen sich
auf die Meldungen aus London und aus Polen.
Neues brauchen Sie Rom nicht mitzuteilen.
Schüren Sie den Aufruhr gegen die Mörder.
Es geht auch um die Seelen der Mitwisser.

RICCARDO: Sie können sich auf mich verlassen.
Ich gehe jetzt, um Sie nicht länger zu gefährden.

GERSTEIN: Nein, bitte, bleiben Sie.
Ich habe noch eine Frage . . .

RICCARDO *(lebhaft):* Ich auch, Herr Gerstein, auch mich
läßt eine Frage nicht zur Ruhe kommen . . .

GERSTEIN: Ja, bitte . . .

RICCARDO: Warum das deutsche Volk,
die Nation Goethes, Mozarts, Menzels . . .
Warum die Deutschen so verrohen konnten.

GERSTEIN: Wir Deutschen sind nicht schlimmer
als die anderen Europäer, Herr Pater.
Zunächst weiß ja die große Mehrheit nichts
Genaues über die Ermordungen. — Natürlich,
viele Soldaten haben im Osten den Massakern
zugesehen; und das ganze Volk sieht zu,
wie man die Juden aus den Städten abkarrt
wie Vieh. Was aber kann der Hilfsbereite tun?
Wer könnte einen Menschen richten, der
nicht für andere sterben will?
Neulich sollten die jüdischen Arbeiter
aus der Berliner Industrie nach Auschwitz
abgeschoben werden. Die Polizei
griff nicht sofort zu, sondern teilte es vorher
den Betrieben mit. Ergebnis:
viertausend Juden konnten untertauchen,
sie werden von Berlinern versteckt, ernährt —
viertausend: und jeder Berliner,
der da hilft, riskiert sein Leben!,
ja, das Leben seiner ganzen Familie.
Sie sehen, nicht jeder Deutsche hat vergessen,
was er dem deutschen Namen schuldet.
Und Schweine gibt es überall: in Holland
hilft die einheimische Polizei sehr tüchtig mit,
die Juden zu verhaften; in Frankreich hilft sie

nicht ganz so eifrig, immerhin, sie hilft.
In Ungarn auch, am meisten aber in der Ukraine . . .
Die Ukrainer erschießen ihre Juden selbst.
Als kürzlich siebzehntausend Juden
in Majdanek erschossen wurden, haben viele
Polen sich zur Feier dieses Tages
schwer betrunken. Nur selten kann ein Jude
in Polen sich auf flachem Land verstecken:
die lieben Nachbarn liefern ihn für Geld
den deutschen Mördern aus. — Lassen Sie
uns schweigen, Graf. Die Deutschen
trifft die Hauptschuld, ihr Führer hat
das Programm gemacht: doch besser als das *Volk*
sind auch die anderen Völker nicht.
RICCARDO: Ich bin erschüttert, Herr Gerstein — dennoch
muß ich als Italiener und als Priester
widersprechen: bei uns in *Rom*
(mit Stolz, fast mit Pathos) wär' das unmöglich! Vom Heiligen Vater
bis zum Maronihändler auf der Piazza:
die ganze *Nation* stände
gegen den Terror auf, wenn jüdische Mitbürger
verhaftet würden; jedenfalls verhaftet von
Polizisten eines anderen Staates.
GERSTEIN: Es ist rührend, Herr Pater, es ist
beneidenswert, wenn man so
von seinem Volk überzeugt sein darf.
Ich glaube Ihnen! — Um so bitterer,
(jetzt zynisch) daß die Haltung der Kirche
so fragwürdig ist: Neulich wurde Doktor Edith Stein,
die berühmteste Nonne Europas, glaube ich,
in Auschwitz vergast. Seit Jahren war sie
konvertiert, eine bedeutende katholische
Schriftstellerin. Ich frage Sie:
Wie kann die Gestapo überhaupt erfahren,
daß diese *eine* Nonne jüdisches Blut hat!
Sie wurde aus ihrem Kloster in Holland
herausgeholt — begreifen kann ich nicht,
daß eine Nonne in irgendeinem Kloster ihres Ordens
nicht zu verstecken ist! Arme Frau!
Sie wird es selbst auch nicht begriffen haben.
RICCARDO: Wahrscheinlich kam der Überfall zu plötzlich.
GERSTEIN *(sarkastisch)*: Man sieht, was einen Juden erwarten kann,
wenn er zum Christentum übertritt, nicht wahr?
Man hat ein *Dutzend* Ordensleute
aus holländischen Klöstern *ausgeliefert*!
RICCARDO: Aber doch unter Zwang! Bischöfe
und Arbeiter in Holland haben protestiert!
Das hat jedoch die Lage noch verschärft.
GERSTEIN *(gereizt, sehr heftig)*:
Verschärft? — Man war nicht konsequent,

Rom hat die Bischöfe im Stich gelassen!
Den *Holländern* mach' ich ja keinen Vorwurf.
Aber wie kann Rom dazu schweigen,
daß man die Mönche und Nonnen deportiert.
So hat die Welt das gar nicht mal erfahren!
(Schweigen.)
Die Frage, die mich stündlich quält,
kann nur ein Priester mir beantworten.
Folgender Tatbestand: ich soll bis Ende
des kommenden Monates
über zweitausend Kilogramm Giftgas,
Zyklon B, das gleiche, mit dem die Juden
ermordet werden, für einen dunklen Zweck
hier in Berlin in einem Schuppen lagern.
Ich weiß nicht, was man damit vorhat;
ich glaube, man weiß es selbst noch nicht.
Nur soll das Gift schon zur Verfügung stehen.
Möglicherweise will man Fremdarbeiter oder Gefangene
gelegentlich damit beseitigen.
(Pause — Riccardo ist sprachlos.)
Nun steh' ich vor der Frage, Herr Pater:
darf ich die Rechnungen der Lieferfirmen
an meinen Namen adressieren lassen,
hier an diese Anschrift?
RICCARDO: Auf keinen Fall! Warum denn?
GERSTEIN: Weil mir nur so die Chance bleibt,
das Gift nach seiner Lieferung zu überwachen.
Dann könnt' ich es in absehbarer Zeit
vielleicht — *vielleicht* verschwinden lassen, etwa
an neutralen Orten zur Desinfektion.
Von einem Teil kann ich auch sagen,
er habe sich zersetzt.
Ich habe schon erreicht, daß dieses Gift
nicht in Berlin gelagert wird — im Hinblick
auf die Luftangriffe.
RICCARDO: Rechnungen für *dieses* Gift auf Ihren Namen!
Gibt es denn keine andere Möglichkeit als . . .
GERSTEIN: Natürlich, ich könnte leicht nach Schweden fliehen,
ich habe bald in Helsinki zu tun.
Nur: was würde ein fanatischer Verbrecher
aus diesem Auftrag machen!
RICCARDO: Das ist nicht auszudenken, ja.
Was sagt denn Ihr Gewissen, Herr Gerstein?
GERSTEIN: Gewissen? — Wer könnte sich darauf verlassen!
Gewissen oder Gott:
Nie hat der Mensch so schlimm gewütet,
als wenn er sich auf Gott berief — oder
auf eine Idee: Das Gewissen ist als Instanz
höchst zweifelhaft. Ich bin überzeugt,
auch Hitler folgt dem Ruf seines Gewissens.

Nein, ich suche eine Antwort außer mir.
Wir Protestanten sind zu sehr auf uns selbst
verwiesen; immer erträgt man das nicht.
Wir haben ja allen Grund zu zweifeln —
antworten Sie mir mit der Objektivität
des Priesters: *muß* ich das tun?

RICCARDO *(nach einer Pause):*
Sie leihen Ihren Namen für Ungeheuerliches her . . .

GERSTEIN *(erschrocken, deshalb empört):*
Mein Name! — Was ist ein Name?
Kommt es auf meinen *Namen* an? Nur die Lauen,
die auch nicht besser als die Mörder sind,
die Lauen haben es leicht, Zeiten wie diese
durchzustehen mit gutem Namen und
— verzeihen Sie mir, Graf —
in päpstlich makellosem Weiß.

RICCARDO *(bemüht zu verbergen, daß er beleidigt ist):*
Sie fragten mich, Herr Gerstein — oder
fliehen Sie doch nach England und treten Sie
(lebhaft) in London an den Rundfunk, Sie, Sturmführer Gerstein
vom SS-Gesundheitsamt, der ex officio
und an Eides Statt mit Zahlen, Daten,
Rechnungen für Gift und allen Einzelheiten,
exakt berichtet, was hier wo geschieht.
(Enthusiastisch, naiv:) Sie müssen offen sagen, *wer* Sie sind,
was Sie getan, was Sie verhindert haben . . .
und was Sie *nicht* verhindern konnten.

GERSTEIN *(leidenschaftlich):*
Herrgott — *ahnen* Sie nur, was Sie da verlangen:
Ich tue alles — aber dies *kann* ich nicht tun.
Eine Rede von mir am Radio London —
und in Deutschland wird meine Familie ausgerottet.

RICCARDO: O bitte, das — das habe ich nicht gewußt!

GERSTEIN *(ruhiger):* Die würden nicht nur meine Frau ermorden,
meine Kinder — noch meine Brüder würden sie
im Lager zu Tode quälen.

RICCARDO: Verzeihn Sie mir . . .

GERSTEIN *(kälter werdend):* Es wäre doch auch nicht nötig, das zu tun,
Herr Pater — es wäre ja nicht nötig!
Radio London hat doch längst gemeldet,
was in Polen geschieht. Man weiß es doch!
Mindestens muß jeder Vernünftige es *ahnen.*
Auch Thomas Mann hat kürzlich diese Zahlen
wiederholt. Hat er nicht auch berichtet,
daß Juden aus Paris und Holland vergast wurden?
Ich könnte nur dasselbe sagen, mit Einzelheiten,
die mir niemand glaubte.
Wer bin ich schon? *Mich* kennt man nicht.
Ich wäre ein dubioser Deserteur, sonst nichts.
Warum sagt *der* Mann nichts dazu,

der heute noch als einziger in Europa
von dem Verdacht der Propaganda frei ist:
der Papst ...
(Hysterisch lachend.) O Gott — der liebe Gott! Ich hadere
mit ihm wie als Student. Ob ER
nicht auch nur deshalb Christ geworden ist,
um wie sein Stellvertreter
sich das Gewissen damit zu beruhigen,
für Juden sei er unzuständig?

RICCARDO *(verständnisvoll, aber bestimmt):*
Lassen Sie das, Herr Gerstein — geben Sie
jetzt nicht auch noch Gott auf.

GERSTEIN: Er muß es mir verzeihen, nachdem er mir
in Polen *diesen* Anschauungsunterricht
erteilt ... und mich der Nuntius
in Berlin hinausgejagt hat ...

RICCARDO *(sehr sicher, feierlich):* Der Vatikan wird handeln — weiß Gott,
es wird geschehen, ich verspreche es Ihnen.

GERSTEIN *(ungerührt):* Wie soll ich Ihnen das noch glauben können!

RICCARDO *(entrüstet):*
Herr Gerstein, bitte — womit habe ich das verdient?

GERSTEIN: Entschuldigen Sie — ich sah in Ihnen
nur den Vertreter Ihrer Instanz.
An Ihnen persönlich hab' ich nicht
gezweifelt. Meine Offenheit bestätigt das ...
(Ohne Übergang.) Würden Sie mir jetzt gleich Ihre Soutane
und Ihren Paß zur Verfügung stellen?

RICCARDO *(schockiert):* Was *wollen* Sie damit — mit meinem Paß,
meiner Soutane?

GERSTEIN *(undurchsichtig):* Einen Beweis Ihres guten Willens.

RICCARDO *(mit wachsender Abneigung, dann empört):*
Einen Beweis — nein, Herr Gerstein.
Ich habe gelobt bei meiner Weihe, die Soutane
nicht mehr abzulegen — was *fordern* Sie?

GERSTEIN: Ich bin nicht mehr mißtrauisch — also,
die Wahrheit: Ihr Paß und Ihre Kleidung
sollen einem Juden über den Brenner helfen.
Sie können sich als Diplomat leicht einen neuen Paß
aus Rom besorgen, nicht wahr?

RICCARDO *(sehr zögernd, ungern):*
Ach so. — Ja? — Ja, muß das *gleich* sein?

GERSTEIN *(hat die Tür zum Nebenzimmer geöffnet):* Herr Jacobson?

JACOBSON: Ja, Herr Gerstein?
*(Er kommt schnell zum Vorschein, fährt instinktiv zurück, faßt sich
und tritt ins Zimmer.)* Guten Tag.

RICCARDO: Guten Tag.

GERSTEIN *(sehr geschickt, sehr schnell):* Graf Fontana — Herr Jacobson.
Meine Herren, machen wir uns nichts vor:
schwarzes Haar und annähernd gleiches Alter
sind geringe Voraussetzungen, um Pässe auszutauschen.

Andererseits: Herr Jacobson — eine Soutane und
einen Diplomatenpaß des Stuhles Petri
hab' ich nur *einmal* anzubieten:
Wollen Sie versuchen, damit über den Brenner zu kommen?
JACOBSON *(nicht mehr so schnell kontaktfähig)*:
Wie — versteh' ich recht, es gäbe hier die Chance . . .
(Jetzt herzlich zu Riccardo:) Sie bieten mir die Rettung an?
RICCARDO *(bemüht, sein Widerstreben nicht merken zu lassen)*:
O ja, natürlich — ja. Wann wollten Sie . . .
GERSTEIN *(schnell)*: Heute abend, schlag' ich vor — sofern Sie
Schlafwagen bekommen, Herr Jacobson.
Die Fahrkarte kann ich besorgen, wenn ich den Grafen
mit meinem Wagen in der Nähe der Nuntiatur absetze.
Sie gehen ohne Paß, in einem Anzug von Herrn Jacobson,
besser nicht durch die Stadt —
(Lächelnd:) Ich überlege, Jacobson, ob Sie die Brille
ganz entbehren können — oder nur,
wenn Kontrolle kommt? Hoffentlich paßt
Ihnen der Priesterkragen. Dürfen wir gleich —
Jacobson, was haben Sie — Mensch,
nun ist das Zellendasein doch zu Ende!
*(Jacobson hat sich auf einen Stuhl gesetzt, er ist «fertig». Er zieht ein
Taschentuch, lächelt, putzt dann verlegen seine Brille.)*
JACOBSON *(stockend)*: Es war nur die Überraschung, verzeihen Sie.
Grade eben, da drin, im Zimmer, als ich
Sie hier sprechen hörte — und dann
die Aufregung der letzten Nacht, der Angriff;
ich dachte, wenn nun ein Zimmerbrand entsteht;
wenn dann die Leute kommen, um zu löschen,
und finden mich bei Ihnen . . . bei einem Offizier der SS
— man würde Sie — *zerrissen* würden Sie . . .
GERSTEIN: Das ist doch nun vorbei, Herr Jacobson.
JACOBSON: Ja — vorbei. Das sagt sich jetzt so hin.
Vor fünf Minuten hab' ich noch gedacht,
daß ich beim nächsten Fliegerangriff
das Versteck verlassen müßte,
um Sie nicht . . . in . . .
GERSTEIN *(zu Riccardo)*:
Sehen Sie — er hat schon Budenpanik, höchste Zeit . . .
JACOBSON: Wie soll ich Ihnen das nur danken . . . und Ihnen . . .
(zu Riccardo:) jetzt sind *Sie* es, den ich gefährde, wissen Sie das!
RICCARDO *(völlig umgestimmt, herzlich)*:
Ich danke Gott, daß ich hier helfen darf — wenig genug.
Ich wohne in der Nuntiatur, da könnte selbst
Herr Hitler persönlich mir nichts tun.
Sie schicken mir eine Karte aus Rom, ja?
GERSTEIN *(freundlich, aber gehetzt, blickt zur Uhr)*:
Jacobson muß etwas über Ihren Vater wissen, Graf,
über Ihre und seine Stellung im Vatikan . . . wichtig,
daß Sie den deutschen Grenzern Rede stehen können.

Der Rest bleibt Risiko. Ziehen Sie sich um.
(Er weist auf die Tür zum Nebenzimmer hin.)
JACOBSON *(hat sich gefaßt):*
    Schlafwagen, meine Herren — muß das denn sein?
GERSTEIN *(lächelnd, ungeduldig):* Möglichst ja — Sie sind ja Diplomat.
RICCARDO: Es wird dann auch nur einmal und,
    glaube ich, sehr höflich kontrolliert.
JACOBSON: Ja, gut. Nur kann ich dann natürlich
    erst morgen abend fahren, Herr Gerstein.
    Ich gehe heut' bei Dunkelheit nach Haus,
    um den Eltern auf Wiedersehen zu sagen.
    (Fast glücklich, merkt Gersteins Befangenheit nicht, entschlossen:)
    In Rom setz' ich dann alles in Bewegung,
    um die beiden unter den Schutz
    einer neutralen Macht zu stellen.
    Die Ausreise . . . vielleicht kann ja die Ausreise . . .
GERSTEIN *(ziemlich überzeugend):*
    Gefährden Sie doch Ihre Eltern nicht —
    fahren Sie *heute* unbedingt,
    ich bring' Sie mit dem Wagen an die Bahn.
    (Unsicherer:) Gehen Sie nicht erst nach Hause.
JACOBSON *(befremdet, mißtrauisch):* Ich soll mich nicht verabschieden?
    Herr Gerstein, so ängstlich sind Sie sonst doch nie —
    (Durchschaut ihn, entsetzt.)
    Oder — sagen Sie . . . hat man: bitte, die Wahrheit!
    Hat man die Eltern schon verschleppt?
    Bitte — Sie müssen mir jetzt . . .
GERSTEIN *(leise):* Ja — ich konnte Ihren Brief am Dienstag
    schon nicht mehr loswerden. — Ich konnte
    (er zieht einen Brief aus der Jacke, erleichtert, etwas Sachliches be-
    richten zu können. Er spricht hastig und doch stockend)
    es Ihnen aber auch nicht sagen: die Tür ist versiegelt.
    Beinah hätt' ich das übersehen und doch
    den Brief noch in den Kasten geworfen;
    dann würde jetzt gesucht nach Ihnen.
    Die Leute, die das Geschäft nun haben,
    sahen mich weggehen. Sie wollten mir
    auch was bestellen — die Frau winkte mich
    durchs Schaufenster herein . . .
JACOBSON *(kämpft mit den Tränen):*
    Die Frau Schulze — ja, die war immer anständig.
    Sonst wären meine Eltern schon verhungert.
    Hat sie — konnte sie meine Eltern noch sprechen?
GERSTEIN *(kann erst nicht antworten, dann):*
    Ich machte, daß ich wegkam.
    Ich hatte plötzlich Angst. — Ich sah weg —
    ich mußte mich zwingen, langsam zu gehen.
    (Er faßt Jacobson am Arm, er ist außer sich.)
    Es tut mir leid — ich — ich hatte doch geglaubt,
    ich könnte in diesen Tagen zu der Frau im Laden

noch einmal hingehen ... und fragen, was ...
Ich will nachher gleich dort ...

JACOBSON *(dreht den Brief in der Hand hin und her. Um das Schweigen zu unterbrechen, sagt —)*

RICCARDO: Soll *ich* versuchen zu erfahren, wohin man sie gebracht hat? Der Nuntius wird das herausbekommen.

JACOBSON: Lassen Sie's. Sie kommen jetzt alle nach Auschwitz.
Dienstag ... drei Tage ... meinen Sie, Herr Gerstein,
es war am Dienstag oder ... hat man sie schon früher?
Wie lange geht so ein Transport — ach, Fragen!
(Zu Riccardo, ein äußerster Versuch, seine Stimme zu beherrschen:)
Da gibt's nichts mehr zu fragen. Die Alten —
stimmt doch, Gerstein! — werden gleich ... vergast.

GERSTEIN: N — nicht immer, nein. Es werden da auch —
Ihr Vater als Schwerverwundeter des Ersten Weltkriegs
ist sicher nach Theresienstadt gekommen ...

JACOBSON *(verändert, gefaßt):* Deutschland — Dein Dank! — Gerstein:
Sie haben mir das Leben gerettet. Aber anlügen
brauchen Sie mich nicht — ich — verstehen Sie,
ich — ich *will* jetzt keinen Trost.
Ich hab's ja gewußt, wie's kommen *müßte* — längst.
(Heftig, gequält, aber stark:) Es bringt mich nicht um — *den* Gefallen
tu' ich den Mördern nicht. Ich werde ... jetzt ...
jetzt muß ich — hier 'raus ... 'raus hier.
(Er zerknüllt den Brief, dann zerreißt er ihn zweimal, seine Bewegungen sind krampfhaft entschlossen, er ist völlig verändert, unnatürlich gefaßt — und sagt jetzt mit geradezu alttestamentlicher Härte, während sein gutartiges, blasses Bibliothekarsgesicht einen Zug von Grausamkeit annimmt:) Gerstein, überlegen Sie's noch mal —
ob Sie mir übern Brenner helfen wollen,
denn jetzt — seit dieser Nachricht —
bin ich kein Deutscher mehr. Jetzt ist,
ob Sie das nun verstehen oder nicht,
jeder — *jeder* Deutsche mein Feind.
Das ist nun keine Flucht mehr — ich will hier 'raus,
um *wiederzukommen*, als Rächer. Als Rächer.
Bin ich erst in Italien — bin ich auch schon in England.
(Wild, beängstigend:) Niemand soll sagen, wir Juden ließen uns
wie Kälber in die Fleischfabriken treiben.
Ich werde wiederkommen — als Mörder,
als Bomberpilot. Mord gegen Mord.
Phosphor gegen Gas, Feuer um Feuer.
Gerstein, ich *warne* Sie. — Das ist mein Dank
für dies Versteck: ich sage Ihnen ehrlich,
es ist ein *Feind*, dem Sie zur Flucht verhelfen.
Jagen Sie mich einfach, so wie ich hier stehe,
auf die Straße — denn ich werde ... *nie* werde ich
den Deutschen, *allen* Deutschen,
vergessen, daß meine Eltern — gute Deutsche —
hier ermordet wurden.

(Er hat die Fetzen des Briefes auf einen der Müllkübel gelegt, Gerstein geht wortlos hin und nimmt sie wieder heraus, mit seinem Feuerzeug zündet er sie in seiner Hand nacheinander an und läßt sie dann brennend in den Eimer fallen.)

RICCARDO *(zu Jacobson, theoretisch, aber aufrichtig)*:
Verhärten Sie sich nicht, Sie vereinfachen.
(Er zeigt auf Gerstein.) Wie viele Deutsche helfen Ihren Brüdern!
Wollen Sie deren Kinder bombardieren?
Haß ist nie das letzte Wort.

JACOBSON *(abweisend, sachlich)*:
Haß hält aufrecht. Ich darf jetzt nicht umfallen.

GERSTEIN *(düster, heiser, ohne Jacobson anzusehen)*:
Jeder auf seinen Posten. — Den Krieg
überleben wir beide nicht.
Ziehen Sie sich um, 's wird Zeit . . .
(Er nimmt die zwei Eimer und trägt sie auf den Flur. Als er zurückkehrt, hält Jacobson seinen Paß, auf dessen Innenseiten je ein fettgedrucktes J sichtbar ist, und den gelben Stern, einen handtellergroßen Stoff-Fetzen, Riccardo hin.)

JACOBSON *(lächelnd)*: Sie machen einen schlechten Tausch, Herr Pater:
Sie geben mir die Soutane — und ich . . .
hier — dies — dies ist alles, was ich —
mehr hab' ich nicht zu bieten:
nur das Stigma der Vogelfreien.
(Alle drei schweigen. Riccardo hat den gelben Stern prüfend in die Hand genommen. Er sieht auf den Stern — blickt dann auf zu Gerstein, zu Jacobson. Schüttelt den Kopf. Fragt jetzt, während er sich den Stern in Herzhöhe einen Moment an die Soutane hält und der Vorhang sich schnell schließt —)

RICCARDO: Hier?

VORHANG

ZWEITER AKT

DIE GLOCKEN VON ST. PETER

*Rom, am 2. Februar 1943. Im Haus Fontana auf dem Monte Gianicolo.
Großer Salon. Unter einem konventionellen Gemälde der Gottesmutter
eine schmale Gebetbank aus der Renaissance. Links und rechts Fami-
lienporträts. Frauen verschiedener Epochen, Soldaten, ein Kardinal.
Und von Blumen umgeben, im Vordergrund, das große Foto einer
Frau in mittleren Jahren: die kürzlich verstorbene Mutter Riccardos.
Nahezu die gesamte Breite der Hinterbühne nehmen Fenster, die bis
auf den Boden reichen, und die Verandatür ein: man erblickt einen
steil abfallenden Garten mit Pinien und Zypressen, und über seiner
Mauer, kreidegrau, sehr groß und scharf umrissen vor dem kaltblauen
Himmel, die nahe Kuppel von San Pietro.
Die Verandatür steht offen. Die Glocken der Peterskirche werden mäch-
tig geläutet.*

GRAF FONTANA, *60 Jahre alt, randlose Brille, starker Bart auf der Ober-
lippe, zählt mit anderen auserlesenen Aristokraten Europas, wie
etwa Hitlers Vizekanzler, Herr von Papen, zu den apostolischen Ge-
heimkämmerern di spada e cappa und hat die Ehre, bei feierlichen
Anlässen in spanischer Hoftracht unmittelbar neben Seiner Heiligkeit
herumstehen zu dürfen.
Als einer der höchsten Laien im Dienste des Heiligen Stuhles fühlt sich
jedoch Fontana zum Tragen dieses Kostüms nur verurteilt, denn er
ist nichts weniger als eine der vielen malerischen Attrappen und mu-
sealen Erscheinungen, die das Gesicht des Vatikans so wesentlich mit-
bestimmen. Fontana ist ein Manager. Er ist überarbeitet, klug, gebildet, fähig zur Güte und zum Leiden und sogar ziemlich einsichtig auch
für die sozialen Erfordernisse des 20. Jahrhunderts. Sein Unbehagen,
daß man ihn jetzt in der düster-schönen Hoftracht Heinrichs II. fotografieren will, ist echt. Er ist ein nüchterner, selbstbewußter Finanz-
mann, der wohl weiß, daß er für die Kurie Einzigartiges geleistet hat
und deshalb keineswegs uniformiert werden will wie andere Kammer-
herren, die oft ihre Schnallenschuhe, Seidenstrümpfe, Kniehosen, Hals-
krausen, Puffärmel, Spitzenmanschetten, Barette, Degen und Ordens-
ketten nur tragen dürfen, weil sie ehemals bedeutenden Familien ent-
stammen. Die Fontanas haben noch unverbrauchtes Blut. Sie wurden
wie die Pacellis erst Mitte des 19. Jahrhunderts geadelt, leisten noch
ernsthafte Arbeit und werden deshalb in ihren Kreisen nicht für voll
genommen.
Dennoch mußte Seine Majestät, Victor Emanuel III., Fontana auf Bitte
Seiner Heiligkeit, Pius XI., der den «vorbildlichen katholischen Arbeitgeber» früh zum Ritter des Ordens vom Heiligen Grab ernannt hatte,
1939 mit seiner Deszendenz in den Grafenstand erheben.
Beim Öffnen des Vorhanges richtet ein altmodischer Fotograf mit
Bärtchen und Samtrock, halb verdeckt unter dem schwarzen Tuch, seine
umständliche Porträtkamera auf die offene Verandatür. Dann tritt er
selbst auf die Schwelle zur Veranda, wo sein Objekt sich nachher in*

75

Positur stellen soll, und blickt «bedeutend» in die Linse: Wie er so
dasteht, bemüht, wie Garibaldi auszusehen, ertappt ihn der alte Die-
ner, der lautlos eingetreten ist. Er sieht ihn an, kopfschüttelnd, verächt-
lich, bis der Fotograf sich wieder an seinem Apparat zu schaffen macht.

DIENER *(Blumen gießend):* Halten Sie den Herrn Grafen nicht auf,
  sonst jagt er Sie gleich hinaus.
  Er weiß noch gar nicht, daß der junge Herr
  aus Deutschland heimgekommen ist.
  Da wird er für Sie keine Zeit haben,
  ich sag's Ihnen gleich. —
FOTOGRAF *(lächerlich aggressiv, pathetisch):*
  Wer könnte mir verbieten, dem Herrn Grafen,
  meinem alten Gönner, zur Verleihung,
  des Christusordens Glück zu wünschen!
  Außerdem — sein Porträt soll außerdem
  ja auf die Titelseite! Außerdem . . .
DIENER: Schon recht, doch jetzt schließ ich die Tür.
  Ich heize nicht den Garten, und der Lärm —
  (Er schließt die Verandatür, das Glockenläuten wird wesentlich leiser.)
FOTOGRAF: Sie müssen die Tür gleich wieder öffnen,
  denn der Herr Graf soll ja im Freien stehen,
  damit er außerdem die Peterskuppel
  in den Rücken bekommt.
DIENER: Ich muß gar nichts. — Da kommt er . . .
  (Er geht schnell ab, der Fotograf wischt sich Bart und Mund, als
  man Schritte hinter der Bühne hört, er faßt nervös zur Fliege und
  retiriert hinter seinen Apparat, wo er «Haltung» annimmt.)
FONTANA *(nervös erfreut, schnell eintretend):*
  Schön, welche Überraschung! Wann ist er denn
  gekommen, Vittorio? Laß ihn schlafen.
DIENER *(nachkommend):* Vor einer knappen Stunde, Herr Graf. Doch soll
  ich ihn gleich wecken, wenn Herr Graf nach Hause kommt.
  Er freut sich auch so, unser junger Herr,
  er wird noch gar nicht schlafen . . .
FONTANA *(der den Fotograf entdeckt hat, zerstreut):*
  Ja, also gut, dann sag ihm, daß
  ich da bin.
  (Diener ab. Zum Fotograf:)
  Ach, muß das denn sein? Guten Tag!
  Sie haben doch schon Bilder genug von mir.
FOTOGRAF: Aber noch kein Porträt, das den Herrn Grafen
  mit dem Christusorden zeigt. Gestatten, Herr Graf,
  meinen ehrerbietigsten Glückwunsch! Das morgige
  Titelblatt soll außerdem . . . soll unbedingt . . .
FONTANA *(der sich gierig eine Zigarette anzündet, nicht unfreundlich):*
  Na schön . . . wohin? Hier? Bitte!
FOTOGRAF *(der schnell die Verandatür geöffnet hat, das Läuten wird wie-*
  der sehr laut): Hier, wenn ich bitten darf, hier auf der Schwelle,
  damit Herr Graf noch außerdem die Peterskuppel

unbedingt in den Rücken bekommt.
(Er steht hilflos herum.)
FONTANA: Sie haben doch schon eingestellt?
Worauf warten Sie noch?
FOTOGRAF: Gestatten, Herr Graf, daß ich so freimütig . . .
ob wohl die Zigarette zur Hoftracht . . .
FONTANA: Wie denn — Sie wollen auch meine Hände
aufs Bild haben — den ganzen Aufzug hier?
Ich denke, nur ein Brustbild?
(Er legt die Zigarette weg.)
Auch recht, auch recht, wenn es jetzt nur schnell geht.
FOTOGRAF: Vielleicht die Hand an den Degen und den
Kopf ein wenig höher — ein wenig noch nach links.
(Er drückt den Gummiball.)
Verbindlichsten Dank. Vielleicht noch eine Aufnahme
am Schreibtisch, die den Herrn Grafen für die Nachwelt
in voller Schaffenskraft erhält . . .
FONTANA *(bemüht, nicht zu lachen)*:
So, für die Nachwelt konserviert. Die Nachwelt
ist imstand und glaubt, daß ich
in dieser Kostümierung hier, mit meinem Säbel,
Briefe geöffnet habe.
*(Er zeigt auf den Diener, der wieder eingetreten ist, nimmt seine Zi-
garette und sagt lebhaft)*: Hier, bitte, machen Sie ein Bild von unserm
Herrn Luigi. Er wird bald siebzig, und da
schenkt er das Bild seiner Frau — los, dahin!
DIENER: Aber Herr Graf, ich bitte sehr, das geht doch nicht!
(Böse zum Fotografen, während er die Tür schließt:)
Heiz' ich den Garten? Die Türe zu.
FONTANA: Los, Vittorio, deine Frau wird sich freuen.
Dorthin! — Mach nicht so ein Gesicht. —
Junge, was für eine Überraschung!
RICCARDO *(ist eingetreten, umarmt den Vater, der ihn küßt)*:
Vater, ich gratuliere dir! — Und wie feierlich!
(Nervös:) Warum stehen denn die Glocken gar nicht mehr still?
FONTANA: Wie schön, daß ich nicht mehr allein bin.
Wie lange kannst du bleiben?
RICCARDO *(der jetzt wie sein Vater von der Szene im Hintergrund, von
Fotograf und Diener abgelenkt wird)*: Das ist schön, Vittorio.
DIENER: Es ist Verschwendung. Und meine Zähne
sind in Reparatur . . .
FOTOGRAF: Eins, zwei, drei . . . Noch eine Aufnahme
von Herrn Riccardo Graf Fontana? Ich empfehle . . .
RICCARDO *(freundlich)*: Danke, ich bin zu schlecht rasiert . . .
ein andermal.
FONTANA: Danke, danke, packen Sie bitte ein —
FOTOGRAF *(während der Diener schon dessen Utensilien verstaut)*:
Der Dank ist ganz auf meiner Seite, Herr Graf.
FONTANA: Junge, bist du krank? Du siehst sehr abgespannt
aus, ja wirklich, man muß sich um dich sorgen.

RICCARDO: Ich konnt' im Schlafwagen kein Auge zutun.
  Nur die Reise hat mich angestrengt, Vater,
  persönlich fehlt mir nichts . . . warum
  (nervös und gereizt) läuten sie denn dauernd?
FONTANA: Weil der Papst heute früh die Welt
  dem unbefleckten Herzen der Gottesmutter weihte.
  Sehr ermüdendes Zeremoniell. Anschließend
  meine Audienz — und da flog mir
  der Orden zu, ich war ganz ahnungslos.
RICCARDO: Mama hätte sich gefreut — wie sie uns doch
  im Hause fehlt und überhaupt . . .
  (Beide sehen zu dem Foto hin, der Fotograf hat gepackt und sagt —)
FOTOGRAF: Verbindlichsten Dank, Herr Graf.
  Herr Graf!
  Guten Morgen — guten Morgen!
FONTANA: Danke auch, Wiedersehn.
RICCARDO: Auf Wiedersehen.
  (Fotograf ab.)
DIENER: Vergelt's Ihnen Gott, Herr Graf.
FONTANA: Sag nichts zu deiner Frau.
  (Diener ab.)
FONTANA *(während er einen Cocktail anrichtet, skeptisch, ironisch)*:
  Ja, Junge — bei Kriegsende
  erwartet uns nun allen Ernstes
  das Dogma von der Himmelfahrt Mariens.
  So wird ihm jede Papstgeschichte
  ein wichtiges Kapitel widmen müssen . . .
RICCARDO *(erbittert belustigt, nimmt vom Vater ein Glas entgegen)*:
  Worüber man in Rom so nachdenkt —!
  Ein Beispiel: die Armut — das heißt praktisch,
  die Zahl der Dirnen wächst in den Ländern
  mit der Zahl der Kirchen — Neapel, Sizilien:
  Zentren des Lasters vor den Fenstern des Vatikans —
  und statt zu helfen, diskutieren wir, wie oft
  ein Ehepaar zusammen schlafen, ob eine Witwe
  wieder heiraten darf.
  Und jetzt noch das Marien-Dogma —
  hat er denn *wirklich* nichts anderes zu tun?
FONTANA: Junge, nicht so aggressiv! Vor einer Stunde
  sagte mir der Papst, der sich fast stets
  nach dir erkundigt, du könntest
  heute in Berlin Erfahrungen gewinnen
  wie sonst an keiner andern Nuntiatur . . .
  Bringst du wieder böse Nachrichten vom Nuntius?
RICCARDO: Gar keine, ich bin ohne Auftrag abgereist.
  Ich hielt es nicht mehr aus. — Ihr wißt
  (sehr vorwurfsvoll) seit Monaten, die Juden ganz Europas
  werden nach dem Adreßbuch ausgerottet.
  Täglich — bitte, Vater, stell dir vor:
  täglich sechstausend . . .

FONTANA: Das hab' ich auch gelesen — das muß
doch ungeheuer übertrieben sein!
RICCARDO: Und *wenn* es übertrieben ist!
(Verzweifelt:) Ich gab mein Wort,
daß der Papst protestieren wird —
in einem Aufschrei, der das Mitleid
der ganzen Welt zur Tat empört!
FONTANA *(erregt)*: Das *durftest* du nicht tun, Riccardo!
Was hast du da angemaßt?
RICCARDO: Anmaßung, sagst du? — ja,
hätte ich denn *wissen* können,
daß er *dazu* schweigt?
Kinder eines ganzen Volkes in Europa,
von Narvik bis zum Don, von Kreta
bis an die Pyrenäen — werden heute
nur geboren, um in Polen ermordet zu werden.
Hitler führt das Leben selbst
planmäßig ad absurdum. Lies doch,
was vor vierzehn Tagen für gräßliche Details
aus Polen und Rumänien bekannt wurden.
Wie sollen wir unser Schweigen
je entschuldigen! Und diese Glocken!
(Er schreit es fast heraus, die Hände an den Ohren.)
Sie läuten, läuten, als sei die Welt
das Paradies: was für ein *Stumpfsinn*,
diese Erde der Gottesmutter noch ans Herz
zu legen! Ist nicht der Papst,
der eine halbe Milliarde Katholiken
in der Hand hat — zwanzig Prozent
sind Unterworfene Hitlers — *mit*verantwortlich
für das moralische Niveau der Welt?
Wie kann er sich erdreisten . . .
FONTANA *(laut, abwehrend)*: Riccardo, diese Sprache verbiete ich dir!
Ist das dein Dank, daß dich der Papst . . .
ständig — ständig bevorzugt!
RICCARDO: Vater, bitte, was soll hier das Private!
FONTANA *(warnend)*: Du bist sehr ehrgeizig. Luzifer, der Liebling
seines Herrn, fiel auch aus Ehrgeiz ab.
RICCARDO *(traurig, lächelnd)*: Nicht aus Ehrgeiz, aus Enttäuschung
muß ich zum Widersacher werden. Vater:
(beschwörend, so eindringlich wie möglich)
die größte Menschenjagd der Weltgeschichte.
Die Schöpfung selbst ein Schiffbruch. Der Glaube
im Kampf mit neuen Weltanschauungen,
mit den Erkenntnissen der Wissenschaft. Gescheiterte
auf allen Meeren, in jedem Land. Geopferte
an allen Fronten, im Feuer, unterm Galgen,
im Gas — und Gottes Botschafter
will ohne Wagnis *siegen*?
Wenn Gott für diese Stunde,

die beispiellos in der Geschichte ist,
auch *ihm* bestimmt hat, daß er scheitern soll?
Entspräche *das* nicht dem Geschehn?
Hat denn im Vatikan niemand den Blick
dafür: man klammert sich
hier an die Hoffnung, daß *alles*
Vorbestimmung ist. Die größten Scheiterhaufen aber,
die je errichtet wurden,
hält man für Launen eines vorübergehenden
Diktators. Gestehen wir uns endlich:
diese Flammen sind *auch* für *uns*
die Feuerprobe! *Wer* will uns als
moralische Instanz noch jemals respektieren,
wenn wir heute so jämmerlich versagen?
(Beide schweigen abgekämpft, noch immer hört man leiser das Läu-
ten der großen Petersglocke. Fontana versucht mühsam, seine Er-
regung zu beherrschen, er wirft seinen lächerlichen Degen ab, dann
entzündet er für sich und Riccardo Zigaretten, gibt Riccardo eine
und sagt einlenkend —)

FONTANA: Reden wir realistisch. Ich frage dich
als Mitarbeiter des Staatssekretariats:
Wie könnte der Papst, ohne seine
Neutralitätspolitik zu revidieren,
Hitler zwingen, die Juden nicht zu deportieren?

RICCARDO: Indem er die Tatsache ausnutzt,
daß Hitler seinen Einfluß fürchtet.
Hitler hat nicht aus Frömmigkeit
für die Dauer seines Krieges
alle Maßnahmen gegen die Kirche untersagt.

FONTANA: Das kann sich täglich ändern. Wie viele
Priester hat er schon umgebracht!

RICCARDO *(sehr leidenschaftlich)*: Ja! — und trotzdem kündigt Rom
ihm nicht die Freundschaft! Warum?
Weil Rom sich gar nicht angegriffen fühlt?
So ist es doch: der Papst
sieht weg, wenn man in Deutschland
seinen Bruder totschlägt. Priester, die sich
dort opfern, handeln nicht auf Geheiß
des Vatikans — sie verstoßen eher
gegen sein Prinzip der Nichteinmischung.
Da sie von Rom verlassen sind, so wird ihr Tod
auch nicht als Sühne für die Schuld
Roms verrechnet werden.
Solange Rom erlaubt, daß seine Priester
noch für Hitler beten . . . noch beten
für diesen Mann! — solange . . .

FONTANA: Bitte, bleib sachlich: Warum unterschlägst du
die Proteste des Bischofs von Münster!

RICCARDO: O Vater, Galens Beispiel gibt mir
ja recht! Er protestierte mitten in Deutschland

gegen die Mörder — im Sommer einundvierzig,
Hitlers Ruhm stand im Zenit, und siehe da:
man ließ ihm volle Redefreiheit.
Nicht *eine* Stunde war er in Haft!
Und sein Protest bewirkte, daß die Kranken
nicht mehr ermordet werden.
Nur ein Bischof mußte sich erheben —
und Hitler schreckte schon zurück.
Warum? — Weil er den Papst fürchtet,
den Papst, der Galens Reden
nicht einmal unterstützt hat!
Hitler fürchtet nur noch den Papst, Vater.
In Potsdam traf ich Herrn von Hassell,
er läßt sich dir empfehlen. Beinah
seine erste Frage: Warum ließ Rom
Galen so allein kämpfen?
Und meine Frage: Warum ist Galen
nicht auch für die Juden eingetreten?
Weil die Geisteskranken *getauft* sind?
Eine entsetzliche Frage, Vater,
geben wir das zu.

FONTANA: Riccardo! — Richte nicht.
Du wagst es, einem Bischof vorzuwerfen,
daß er für Juden nicht ebenso sein Leben
einsetzt wie für Christen? Weißt du,
Riccardo, was dazu gehört, sein Leben
einzusetzen? *Ich* habe es im Krieg erfahren.

RICCARDO: Ich bewundere Galen, ich verehre ihn.
Nur, Vater, wir in Rom, im Vatikan,
der unangreifbar ist, wir dürfen uns
mit Galens Einsatz nicht begnügen,
während in Polen . . .

FONTANA *(abwehrend):* Junge, dein Hochmut befremdet mich:
Der Papst in täglicher Auseinandersetzung
mit der Welt, mit Gott — *weiß*, was er tut.
Er weiß, warum er schweigen *muß*.
Er wird nicht *immer* schweigen.
Hitlers Kriegsglück wendet sich. Die Zeit
arbeitet für Großbritannien. Wenn erst
die Staatsräson dem Papst erlaubt,
sich gegen Hitler zu erheben, ohne
die Kirche zu gefährden, so wird . . .

RICCARDO: So wird kein Jude in Polen
und Deutschland und Frankreich und Holland
mehr am Leben sein! Begreift doch endlich:
es geht um jeden Tag! Ich gab mein Wort,
ich *garantierte* diesem Offizier . . .

FONTANA *(außer sich):* Warum hast du das auch getan!

RICCARDO *(aufbrausend, er verliert jedes Maß):*
Weil — weil ich nicht so zynisch war, bei

dieser Nachricht noch von Staatsräson zu sprechen.

FONTANA: Wie du vereinfachst — Herrgott,
glaubst du denn, der Papst
könnte nur *einen* Menschen
hungern und leiden sehen.
Sein Herz ist bei den Opfern.

RICCARDO: Und seine Stimme? *Wo* ist seine Stimme!
Sein Herz, Vater — ist völlig uninteressant.
Auch Himmler, Hitlers Polizeichef,
könne den Anblick seiner Opfer nicht ertragen,
ist mir versichert worden.
Das läuft seinen Weg durch die Büros,
der Papst sieht die Opfer nicht,
der Hitler sieht sie nicht . . .

FONTANA *(geht drohend auf Riccardo zu):*
Bitte — ich breche das Gespräch sofort ab,
wenn du Pius XII. und Hitler in einem Atemzuge nennst.

RICCARDO *(verächtlich):* Das passiert Verbündeten so, Vater —
paktieren sie nicht miteinander?
Der elfte Pius hätte längst
das Konkordat gekündigt.

FONTANA: Das zu entscheiden ist nicht deine Sache . . .

RICCARDO *(nach einer Pause, leise, fast tückisch):*
Vater? — glaubst du, der Papst —
bist du ganz *sicher*, daß der Papst
sich überhaupt in dem Konflikt befindet:
Staatsräson — Nächstenliebe?

FONTANA: Wie meinst du das, Riccardo?

RICCARDO *(muß sich überwinden):* Ich meine — er steht ja sehr hoch über
den Geschicken der Welt, der Menschen. Seit vierzig Jahren
ist er nur Diplomat, Jurist. Nie war er —
oder nur zwei Jahre, im vorigen Jahrhundert schon,
als Seelsorger, als Priester unter Menschen.
Nie gönnt er einem Schweizer vor seiner Tür ein Wort.
Weder im Garten noch bei Tisch kann er
das Gesicht eines Mitmenschen ertragen . . . *befohlen*
ist dem Gärtner, ihm stets den Rücken zuzukehren!
O Vater — *liebt* er überhaupt irgend etwas
außer seinen Wörterbüchern und dem Madonnenkult?
(Plötzlich voller Haß, mit sprühendem römischem Spott.)
Ich sehe ihn, wie er mit letzter Präzision
den Federhalter putzt — und dieses Ritual
auch noch *erläutert* — und frage mich —
ach, frage schon *nicht* mehr, ob er jemals
in einem einzigen Opfer Hitlers
den Bruder sehen konnte, *seines*gleichen.

FONTANA: Riccardo, bitte — das ist unfair,
das ist schon demagogisch. Bei aller Kälte
bleibt er doch bemüht zu helfen, zu verstehen,
und wenn er noch so egozentrisch ist, die Opfer . . .

RICCARDO: Die Opfer — hat er wirklich vor Augen,
   glaubst du das? Die Weltpresse,
   die Botschafter, die Agenten — sie bringen
   grauenvolle Einzelheiten. Du glaubst,
   daß er nicht nur Statistiken studiert,
   abstrakte Zahlen,
   siebenhunderttausend Tote — Hunger,
   Vergasungen, Deportationen . . .
   Sondern daß er *dabei ist*,
   daß er *einmal* zusah,
   den Blick nach innen gerichtet — zugesehen hat:
   der Abtransport aus Paris,
   dreihundert Selbstmorde schon, bevor die Fahrt beginnt.
   Kinder unter fünf Jahren reißt man den Eltern weg —
   und dann Konin bei Warschau:
   elftausend Polen in fahrbaren Vergasungskammern,
   ihre Schreie, ihr Beten — und das Gelächter der
   SS-Banditen. Elftausend — aber stell dir vor,
   du, ich — wir wären es.
FONTANA: Riccardo, bitte — ich weiß, du quälst dich . . .
RICCARDO *(ultimativ)*: Meine Frage! — Vater, bitte antworte auf diese
   Frage: der Papst — vergegenwärtigt er
   sich *solche* Szenen?
FONTANA *(unsicher)*: Sicher, sicherlich. Doch *was* hängt davon ab?
   Er darf ja *doch* nicht dem Gefühl gehorchen!
RICCARDO *(außer sich)*: Vater! — was du da sagst, das *kann*
   nicht sein — das *kannst* du doch nicht sagen.
   Begreift ihr denn hier nicht! — du, Vater,
   du *mußt* doch begreifen . . .
   *(Das Läuten verstummt. Es wird ganz ruhig. Schweigen. Dann sagt
   Riccardo, aufs höchste erregt und doch jedes Wort betonend, erst
   sehr leise, dann sich steigernd:)* Ein Stellvertreter Christi, der *das*
   vor Augen hat und dennoch schweigt, aus Staatsräson,
   der sich nur *einen* Tag besinnt,
   nur eine *Stunde* zögert,
   die Stimme seines Schmerzes zu erheben
   zu einem Fluch, der noch den letzten Menschen
   dieser Erde erschauern läßt —: ein solcher Papst
   ist . . . ein Verbrecher.
   *(Riccardo sinkt in einen Sessel und wird von einem Weinkrampf
   befallen. Fontana tritt nach einigem Zögern auf ihn zu. Seine Empörung, die zunächst Sprachlosigkeit war, wird gemildert durch den Anblick seines «verlorenen» Sohnes.)*
FONTANA: Dahin führt das, wenn man diese
   Sprache redet. Junge, wie kannst du . . .
   *(Der alte Diener tritt hastig, aber leise ein, zeigt einen Aktendeckel
   und sagt —)*
DIENER: Endlich, Herr Graf, kommt hier . . .
FONTANA *(laut schreiend, so unbeherrscht, wie niemand es ihm zutrauen
   würde)*: Lassen Sie uns in Ruhe!

(Während der Diener, entsetzt, nur langsam zur Tür zurückfindet, bringt Fontana es fertig, immerhin zu sagen:)
Vittorio – nicht jetzt, entschuldige.
Jetzt für niemanden . . .
(Diener ab. Fontana, mit gewaltsamer Ruhe, nach einem langen Blick auf Riccardo:)
Deine ungeheuerliche Beleidigung des Papstes,
auch aller, die ihm dienen . . .

RICCARDO *(noch immer zerrüttet):*
Meine Mitschuld — *ich* bin doch auch schon
schuldig . . . gibt mir das Recht . . .

FONTANA: Du bist nicht schuldig . . .

RICCARDO: Doch, schuldig wie jeder Zuschauer —
und als Priester . . .

FONTANA: Auch Selbstzerknirschung kann Dünkel sein.
Gehorchen mußt du.
Du bist ja viel zu — zu bedeutungslos,
um diese Schuld zu tragen . . . begreifst du nicht,
so schwer du dir's auch machst:
deine Sicht ist oberflächlich,
einseitig menschlich, mitleidig und zeitgenössisch.
So kannst du *nie* den Sinn
dieser Heimsuchung erfassen.

RICCARDO: Den Sinn! — Das Gemüt
eines Fleischwolfs setzte es voraus,
um hier noch einen Sinn zu sehen.
(Aufspringend:) Soll ich mit dem berühmten Glasauge
des Begriffs . . . souverän und . . .
versöhnend Vernunft in dieses Morden
hinein*hegeln*?

FONTANA: Kein Opfer verfällt, wenn die Geschichte
die Opfer auch nicht registriert. Gott wird es tun.
Wie kannst du nur als Priester daran zweifeln!
In dieser Zuversicht lebt auch der Papst.
Er *kann* nur handeln, wenn ihn dieser Glaube
beseelt. So kann er sich auch weigern,
dem Ruf seines Herzens blind zu folgen.
Er *darf doch*
den Stuhl Petri nicht gefährden!
(Nach einer Pause.) Vergiß auch eines nicht, Riccardo:
Was immer Hitler mit den Juden anstellt,
er ganz allein besitzt die Macht,
Europa vor den Russen zu erretten.

RICCARDO *(fast wild):*
Ein Mörder ist kein Retter! Das Gerede vom Abendland,
vom Christentum! — Der Teufel mag uns holen,
wenn ein millionenfacher Mörder
dem Papst als Kreuzritter genehm ist.
Die Russen sind doch längst geschlagen,
Hitler steht an der Wolga.

FONTANA *(sehr bestimmt):* Die Weltgeschichte ist noch nicht zu Ende,
die Besetzung Rußlands noch kein Sieg.
Der Papst wird wissen, daß sein Einspruch
ohne Wirkung bliebe oder die Kirche
in Deutschland aufs schwerste gefährden würde.
RICCARDO *(heftig):* Das weiß er *nicht*, das *kann* er nicht wissen!
Galens Erfolg verspricht, daß ein Protest
des *Papstes* Hitler erst recht
in seine Schranken wiese.
Er würde wohl die Juden weiter quälen, als Sklaven
seiner Industrie — doch *morden?*
Das ist sehr fraglich. Und abgesehn von bloßer
Zweckmäßigkeit . . .
FONTANA *(rasch):* Man *kann* nicht davon absehen,
wenn man für fünfhundert Millionen Gläubige
auf dieser Erde haftbar ist.
RICCARDO: Nirgends steht geschrieben, daß Petri Nachfolger
als größter Aktionär der Welt
Zeuge des Jüngsten Tages sein wird:
wenn nun der Vatikan
durch seinen Kampf mit Hitler seine Macht
über Banken, Industrien und Ministerien
einbüßen sollte — Vater, den Auftrag *Gottes*
könnte er dann wohl nur ehrlicher erfüllen.
Glaubst du nicht, daß die Leiden und
die Wehrlosigkeit des Fischers, der zuerst
den Schlüssel trug, dem Papst gemäßer sind?
Einmal, Vater, kommt sie doch, die Rückkehr
des Stellvertreters Christi ins Martyrium.
FONTANA: Du Phantast, Riccardo! Die Macht
verschmähst du — aber gegen Hitler
sollen wir angehen? Der Papst als armer Fischer —
was hätte schon Napoleon
dann mit ihm gemacht, von Hitler
ganz zu schweigen. — Nein, seinen Auftrag
kann der Papst nur erfüllen,
solange er auf seiten des Siegers steht.
RICCARDO *(leidenschaftlich):* Auf seiten der Wahrheit!
FONTANA *(lächelnd, abwinkend, dann trocken):*
Die Wahrheit *ist* beim Sieger — der
die Geschichtsschreiber doch auch regiert.
Und da die irdische Geschichte — alte
Weisheit — erst einen Sinn erkennen läßt,
wenn die Historiker ihr einen geben,
so kannst du dir ja wohl errechnen,
wie viele Fußnoten der Sieger Hitler
etwa den Juden zugestehen würde . . .
Ertragen, Riccardo, läßt sich das alles nur,
wenn man die Zuversicht behält,
daß Gott die Opfer einst entschädigt.

RICCARDO: Diese Vertröstungen!
Hätte Christus sich entzogen?
FONTANA: Ich bin kein Priester — ich weiß aber,
der Papst ist nicht wie du und ich ein einzelner,
der einfach dem Gewissen folgen darf, dem Gefühl.
Er muß in *seiner* Person die Kirche erhalten.
RICCARDO: Es ist aber ausgerechnet die Person
dieses Papstes, dieses zwölften Pius,
die Hitler fürchtet: das Ansehen Pacellis
in Deutschland ist größer als irgendwo sonst.
Vielleicht hat seit Jahrhunderten kein Papst
in Deutschland diesen Ruf genossen. Er ist . . .
(Der Diener ist eingetreten, noch sichtbar eingeschüchtert. Er meldet —)
DIENER: Seine Eminenz, der Hochwürdigste Herr Kardinal . . .
(Den Namen versteht man nicht mehr, da Fontana sehr schnell und leicht erschrocken sagt —)
FONTANA: Oh — bitte ja, ich lasse bitten.
(Zu Riccardo:) Darf er dich denn hier sehen?
RICCARDO *(schnell)*: Er wird ja doch erfahren, daß offiziell
kein Auftrag zu meiner Reise vorlag.
Lad ihn zum Essen ein.

Hinter der Bühne das sonore, sympathische Lachen eines dicken Mannes. Offenbar hat es Eminenz beliebt, mit dem Personal milde zu scherzen. Der Kirchenfürst, ganz rund, ganz rot und doch nervös, ja irritabel bei Arbeit und Gespräch, ist großer Blumenzüchter, außerdem stets besorgt um alle Krankheiten in seinem weiten Bekanntenkreis.
Auf den ersten Blick, aber nur auf den ersten, wirkt er wie eine Kränzchenschwester, weil er mit steigenden Jahren (doch ist er kaum älter als Fontana) zusehends «fraulicher» geworden ist. Das täuscht. Der Kardinal ist ein geölter, sogar unbedenklicher Diplomat, und seine blauen Augen können sehr plötzlich, so kalt wie Görings oder Churchills Augen, die tantenhafte Gemütlichkeit seines gepolsterten Gesichts zurücknehmen. Dann ist seine Liebe zur Blumenzucht so unwahrscheinlich wie Görings Freude an Kindereisenbahnen. Dann kann er sogar schweigen und mit seinem einladenden Wesen den Partnern so lange zuhören, bis sie mehr gesagt haben, als sie verantworten können.
Aus engsten Verhältnissen gelangte der Kardinal hinauf — er mußte sich wohl, um den Frauen zu entgehen, viel zu schaffen machen, als er noch schlank war und straff, und als zu seinen großen hellen Augen, die immer mitlachten, schwarze Locken einen verwirrenden Gegensatz bildeten. Man sagte ihm Affären nach, vielleicht zu Unrecht und bestimmt aus Neid. So lange Eros ihn beunruhigte, war er gefürchtet für seinen ätzenden Witz. Jetzt ist die boshafte Ironie einer moussierenden Heiterkeit gewichen.
Doch die ungewöhnliche Intelligenz des Kardinals kontrollierte schon immer selbst seine Sarkasmen und ist noch jetzt zu wach, um sich in Gegenwart Seiner Heiligkeit auch nur annähernd in ihrer ganzen Brillanz zu entfalten. Immer bleibt der Fürst hinter dem Papst, den er als

«Chef» bezeichnet und wenig liebt, merklich zurück. Eher zeigte er sich einmal begriffsstutzig als jemals überlegen. Er weiß warum.

Eine Schwäche hat indessen auch sein Verstand nie besiegt — und wie alle ausgeprägten Eigenarten wächst sie mit den Jahren: der Kardinal kolportiert so gern. Neuigkeiten beschwingen ihn als solche — ganz unabhängig davon, ob sie Gutes oder Böses bringen. Und heute juckt ihm eine Nachricht auf der Zunge, die ihresgleichen sucht, obwohl sie leider schon am Abend der ganzen Welt bekannt sein wird . . .

Wie viele Dicke ist der Fürst sehr beweglich, ja behende und kommt jetzt mit ansteckendem Lachen in charakteristischer Eile zum Vorschein. Den mächtigen Kopf nach rechts geneigt, den Hut noch auf dem Käppchen, und noch im leichten Seidenmantel, breitet der Fürst beide Arme aus, um Graf Fontana, der ihm entgegengegangen ist, herzlich zu umschließen. Zur Feier des Tages trägt er den roten Hut. Seine rechte Hand hält eine erlesene Orchidee. Noch immer lacht der .Fürst und lacht schon wieder, während er einige halbfertige Sätze zu dem lose Umarmten spricht. Er lacht zwischen den Worten sogar noch, als er von Riccardos Gegenwart nicht ausgesprochen unangenehm, doch irritierend überrascht wird. Seine geräuschvolle Jovialität nimmt sofort für den Kardinal ein, denn sie ist völlig echt: Eminenz ist hier und jetzt ein sehr guter Mann, der sich heute, am Festtag der Gottesmutter und des Grafen Fontana, ganz unkompliziert freut, daß ihn der hohe Blutdruck nicht behelligt.

KARDINAL: Mein lieber Graf — nicht wahr, Gott
  segne Sie! — Ja, *soll* man denn, nicht wahr . . .
  Ja, das traf mal den Rechten! Ja, nicht wahr,
  zum Christuskreuz muß ich doch selber — ja.
  Nein! Das ist — wirklich — herzlich — ja.
  Ich hatte keine Ahnung, wirklich nicht, ja.
  Von Herzen, nicht wahr! Hier — die,
  meine Bletia verecunda, nicht wahr.
FONTANA: Danke, Eminenz — wie aufmerksam. Meinen
  ganz herzlichen Dank — o diese Blüte, wie
  entzückend — *wie* nennen Sie die Orchidee?
KARDINAL: Riccardo! — Nein, *diese* Freude! Ja,
  nicht wahr. Welche Überraschung: pünktlich in Rom,
  um dem Papa zu gratulieren, nicht wahr?
RICCARDO (*der sich über den Ring gebeugt hat*):
  Guten Tag, Eminenz. Gleich nach Tisch wollte
  ich mich drüben zur Audienz bei Eurer Eminenz ansagen . . .
FONTANA: Sie bleiben doch zum Essen, Eminenz.
KARDINAL: Wie? — Ja — o ja, gern. Sehen Sie, Graf:
  der Junge hat schon wieder hohen Blutdruck —
  Riccardo, ja, ein ganz rotes Gesicht.
  Ich sage ja. Gibt es denn keinen Arzt mehr in Berlin?
  (*Er spricht, während er dem Diener Hut und Umhang gibt, schnell
  zwischen Sohn und Vater hin und her, ohne eine Antwort auf die an-
  geschnittenen Fragen zu erwarten.*)
  Wie schön, nicht wahr, wie überraschend.

Und gerade heute, ja — ach, überhaupt,
wo jetzt der Vater immer so allein ist. —
Der Nuntius hat Ihre Ankunft gar nicht avisiert?
— Ja, gefällt Ihnen die Orchidee, Graf,
ja, nicht wahr, das ist meine liebe
Bletia verecunda — oh, nicht in den Zug
stellen, viel Licht, nicht wahr, und keinen Wind!
Ja, die glückt mir so selten — immer nur,
gewissermaßen, zur Verleihung des Christusordens.
Die ist schon alt hier, anno 1732
haben wir sie in England zuerst gezüchtet, ja.

FONTANA *(der offensichtlich so gar nicht weiß, was er mit dem edlen
Stengel tun soll, sehr höflich):*
Das ist sehr aufmerksam, sehr freundlich,
Eminenz. Und hochinteressant. Tut Ihnen
denn das nicht weh, sie für mich abzuschneiden?
Aber bitte . . . nehmen wir doch Platz — bitte,
Eminenz! — bitte.
*(Sie stehen noch, Fontana gibt mit der Orchidee dem Diener eine
Anweisung, Diener ab. Fontana reicht dem Kardinal Zigarren, Emi-
nenz handhabt mit umständlichem Genuß den Zigarrenabschneider,
Riccardo gibt Feuer — alles, während sie weitersprechen.)*

KARDINAL: Riccardo sieht sehr mitgenommen aus, nicht wahr!
Berlin hat doch so herrlich klare Luft.
Wenn hier — im September, ja, nicht wahr,
niemand mehr laufen kann, ja dann
wünsche ich mir immer, ich wäre Nuntius in Berlin . . .
Wie hoch ist Ihr Blutdruck?

RICCARDO *(mit sehr vorsichtiger Ironie):*
Aber Eminenz, ich bin gesund, völlig gesund,
ich war seit einem Jahr nicht mehr beim Arzt.

FONTANA: Solltest du aber! — Er regt sich in Berlin
zu heftig auf, Eminenz.

KARDINAL: Dafür ist er zu jung! Keine Beschwerden sonst,
das Herz, der Magen — bestimmt nicht?

RICCARDO: Kerngesund, Eminenz.

KARDINAL: Dann ist es heut' der Klimawechsel,
der Höhenunterschied — kein Blutandrang im Zug?

RICCARDO *(höflich):* Das allerdings, ein wenig. Doch wohl nur deshalb,
weil ich die ganze Zeit gelegen habe.

KARDINAL *(beruhigt):* Das hab' ich doch gesehen, nicht wahr —
Nun — balancieren Sie sich wieder aus.
Und Ihre Galle, Graf?

FONTANA: Ach, nicht der Rede wert — doch bitte,
Eminenz, mit dem Essen dauert es noch eine Weile,
setzen wir uns doch.

KARDINAL *(mit großer Zigarre, hakt den Grafen unter):*
Ja, setzen wir uns, setzen wir uns — da denke
ich oft an eine Soirée in Paris, so jung
wie Riccardo war ich da, und keiner sah

mich an, ich stand im Winkel. Haben Sie
nichts zum Sitzen, ruft die Hausfrau endlich.
Zum Sitzen hab' ich schon etwas, Madame,
rief ich durch den Salon, zum Sitzen schon,
doch keinen Stuhl — ja, nicht wahr . . .
(Eminenz freut sich lange an seinem mot, das von den Fontanas re-
spektvoll belacht wird. Während Riccardos Unruhe wächst und die
alten Herren im Begriffe sind, sich zu placieren, bringt der Diener
Sekt und ein kostbares venezianisches Glas für die Orchidee.)
KARDINAL: Ihre Unruhe, Riccardo, ja, nicht wahr,
spricht auch für hohen Blutdruck. Setzen Sie
sich doch hier zu uns . . . ah, ja,
das kann man auch am Vormittag vertragen,
ja, nicht wahr, also denn, Graf,
noch einmal: tragen Sie den Orden lange, lange!
FONTANA *(während man anstößt):*
Es ist so freundlich, daß Sie gleich
gekommen sind, Eminenz . . .
RICCARDO *(nach einer Verbeugung):*
Eminenz! — Zum Wohl, Vater, bleib gesund!
FONTANA: Danke dir, mein Junge.
KARDINAL: Prost, Riccardo.
(Der Kardinal — den Sektkelch in der Hand, den er austrinkt, bevor
er ihn wieder auf den Tisch setzt, der Diener schenkt gleich nach —
bringt nun seine Neuigkeit an, und zwar mit effektvoller Beiläufig-
keit.)
London bestätigt eben, was gestern abend Moskau
schon gesagt hat, ja, nicht wahr: In *Stalingrad*
ist der Kampf zu Ende. Ein deutscher Feldmarschall
Gefangener Stalins! Die Wolga wird nicht überquert . . .
Ja, das ist . . .
RICCARDO *(heftig, überrascht, erfreut):*
Kapituliert? Tatsächlich! — Und jeder
glaubte in Berlin, es komme so,
wie es die Propaganda wollte:
kein Deutscher würde sich ergeben!
FONTANA: Was wollten sie denn tun!
KARDINAL: Moskau sagt, neunzigtausend Deutsche
hätten sich ergeben — ja, Hitlers Marschall
mit dem ganzen Rest seiner zweiundzwanzig Divisionen.
Das ist ein böser Streich, nicht nur für Hitler.
FONTANA: Militärisch für Hitler nicht katastrophal,
Eminenz, nur psychologisch . . .
RICCARDO: Psychologisch wunderbar für uns!
KARDINAL *(verärgert):* Riccardo! — Sie sind sehr leichtfertig, ja.
Wer weiß denn heute schon, ob nicht
bei Stalingrad ein Sieg errungen wurde,
der uns Christen aufs äußerste bedrohen wird!
(Mit Emphase:) Nicht wahr, das Abendland, ja . . .
Hitlers ganze Südfront wird jetzt wanken.

Er braucht das Öl im Kaukasus.
Nun, vielleicht wird er die Lage wieder meistern.
RICCARDO *(vorsichtig, um sich nicht jede Chance zu verderben)*:
Eminenz wünschen aber doch *auch,*
daß Hitler zu Kreuze kriecht.
KARDINAL *(jovial, bemüht, seine Ungeduld nicht zu zeigen)*:
Aber doch nicht vor den *Russen*, Riccardo —
von England und USA soll er geschlagen werden, ja,
bis er begriffen hat, daß er die Welt
nicht ganz allein regieren kann, nicht wahr.
Schläge, ja, unbedingt! Er soll die Polen
und die Juden, die Tschechen und die Priester, ja,
nicht länger drangsalieren und morden . . .
Sonst ist kein Friede denkbar, ja.
(Fontana winkt dem Diener, sich zu entfernen.)
RICCARDO: Friede mit Hitler, Eminenz, ist niemals denkbar.
KARDINAL *(lacht erst, amüsiert über Riccardos bedenkliche Unbedenk-
lichkeiten, dann, als müsse er vor Ärger weinen)*:
Niemals? — sagen Sie niemals niemals in der Politik!
Graf, hören Sie sich Ihren Sohn an — so
ein kluger Junge, und jetzt, nicht wahr, auch *er*
schon infiziert von dieser Casablanca-Torheit, ja.
Wer will denn Hitler, heilige Madonna, *jemals*
dazu bringen, daß er bedingungslos kapituliert!
Und müssen wir denn alles dies, nicht wahr, ja —
heute — hier an diesem schönen Morgen, ja!
Ich wollte Ihrem Papa *gratulieren*, Riccardo!

*Man darf dem Kardinal nicht unterstellen, daß er aus Bequemlichkeit
kneift: er findet es einfach unpassend, daß sein jüngster Mitarbeiter
ihn belehren will. Das spürt der Vater, selbst alter Herr, besser als Riccardo.*

FONTANA *(vermittelnd)*:
Ja, Eminenz, stoßen wir noch einmal an —
worauf? — nun, daß Stalingrad
Herrn Hitler eine Lehre ist . . .
KARDINAL: Ja, nicht wahr — Prost und Gesundheit.
RICCARDO: Zum Wohl.
KARDINAL *(behaglicher)*: Der Chef — der Chef hat
Herrn Roosevelt unmißverständlich sagen lassen,
daß er die Forderung der USA,
Hitler solle bedingungslos kapitulieren,
für absolut unchristlich hält, nicht wahr.
FONTANA: Und *lächerlich* vor allem, Eminenz:
Die USA verbluten fast vor Japan.
Und in Europa? — da lassen sie sich gar nicht
blicken! Während doch Hitler immerhin
seiner Pleite bei Stalingrad
ein halbes Dutzend Siege wie Cannae

gegenüberstellen kann. Man *wird*
mit diesem Mann verhandeln, bestimmt.
KARDINAL: Das will ich hoffen, nicht wahr,
 obwohl ja Cannae klar beweist,
 daß Siege in der Schlacht die Kriege
 nicht unbedingt entscheiden müssen, nicht wahr.
 Die Deutschen könnten sich auch diesmal
 wieder zu Tode siegen, weil sie das Feuer
 überall hintragen, statt sich auf *eine* Front
 zu konzentrieren.
 Ihr Größenwahn, einst unsre Angst,
 ist heute unsre stärkste Hoffnung, ja:
 er kostet sie ja jetzt schon so viel Blut,
 da wird selbst Hitler wieder maßvoll werden.
 Bedrängnis steht den Diktatoren gut, nicht wahr,
 auch der Kreml, Gott sei's geklagt, hat im November,
 grad' als der Kampf um Stalingrad begann,
 seinen Frieden mit der Kirche gemacht, nicht wahr.
 Hitler wußte schon bei Kriegs*beginn*, daß er,
 wenn die Soldaten sterben,
 die Kirche nicht entbehren kann.
FONTANA *(der hier eine Chance sieht):*
 Darf man hoffen, Eminenz, daß der Papst
 Hitlers Notstand dazu ausnutzt,
 ihm mit der Kündigung des Konkordats zu drohen,
 wenn er die Juden weiterhin ermordet?
 Ich hörte gestern aus New York entsetzliche Berichte
 über Polen und Rumänien . . .
KARDINAL *(lächelnd, plötzlich nervös, sich erhebend):*
 Hat Riccardo auch Sie bestürmt, lieber Graf?
 Sieh da: Fontana Sohn und Vater eine Front!
FONTANA: Nicht unbedingt, Eminenz. Erst Hitlers Niederlage
 an der Wolga ermutigt mich zu der Bitte,
 seine Ruchlosigkeiten anzuprangern.
KARDINAL: Ja . . . nicht wahr, Riccardo, das sagte ich ja schon,
 im Sommer, als Sie und dann der Nuntius
 in Preßburg und in Bukarest — und dann die Polen
 in London uns meldeten, nicht wahr, was da
 Entsetzliches geschieht, ja:
 das Konkordat soll unsre Glaubensbrüder
 schützen — für die Juden
 wird sich der Chef nicht exponieren.
FONTANA: Auch jetzt nicht, Eminenz, da Hitler
 sich's gefallen lassen müßte?
KARDINAL *(mit wachsendem Ernst und sehr temperamentvoll; die mächtige Zigarre qualmt stark):* Natürlich helfen wir im stillen, ja.
 Der Raphaels-Verein hat ja schon Tausenden
 die Flucht ins Ausland finanziert, nicht wahr.
 Doch drei Ereignisse der letzten Wochen
 sollten jeden Christen alarmieren, ja:

erstens die Unbedenklichkeit der USA, Europa
den Divisionen Stalins auszuliefern;
zweitens die Niederlage Hitlers an der Wolga;
und drittens die Versöhnung Stalins mit
der orthodoxen Kirche, die mir beweist, nicht wahr,
die eindeutig beweist, ja, daß Stalins
Kommunismus nur ein vorgetäuschtes
Erlösungsideal ist, ja: Kommunist oder nicht,
er ist der *Zar*, die orthodoxe Seele
aller Reußen, der Slawe, der den Traum Peters
und Katharinas nach absoluter Herrschaft
mit nationaler Treue erfüllen will.
Da *mußte* er sich ja mit denen erst versöhnen, ja,
die der Kirche Roms abtrünnig wurden,
Schismatikern, Anti-Lateinern, Panslawisten, ja.
Die Seele des Ostens ist der lateinischen wildfremd.
Wenn dieser Krieg, nicht wahr,
den alten Kontinent nicht der Verwirklichung
des Traumes vom Heiligen Römischen Reiche
näherbringt, dann können
die letzten Christen, ja, nicht wahr,
wieder hinunter in die Katakomben steigen, ja.

RICCARDO: Eminenz, ein Mordbrenner wie Hitler,
der die Macht Europas nur verspielt,
der sich von Mussolini völlig zwecklos
zu Abenteuern in Afrika und Griechenland
verlocken ließ — kann doch
das Abendland nicht einigen.

KARDINAL: Glauben Sie denn, die dünkelhaften
Parlamente und Debattierklubs à la Genf
hätten dazu noch die Kraft? Starb nicht
der Völkerbund an Unaufrichtigkeit?
Ach, diese Interessenvertreter von Warschau
bis Paris, von Rom bis London —
sie *redeten* Europa völlig tot.
Fragen Sie Ihren Vater, nicht wahr, ja!
Nein, dieser Kontinent ist viel zu alt,
zu sehr zerstritten, von Vorurteilen aufgewühlt,
als daß er noch in Frieden zueinander fände.
Hatten etwa die Städte des alten Griechenland
nach ihren vielen Zwisten noch selbst die Kraft
zur Einigung?
Riccardo, wenn Gott Herrn Hitler nun dazu benutzte,
die europäischen Nationen
so zu erniedrigen in ihrem Größenwahn
— denken Sie etwa an Frankreich —,
daß sie am Ende ihre Grenzen,
die Hitler überrannt hat,
niemals wieder errichten können, wie?
Kriege haben stets andere Ergebnisse,

als die, für die man kämpfen wollte.
Man braucht kein General zu sein, nicht wahr,
um doch zu spüren, ja, daß eine so
gewaltige Idee wie die Vereinigung Europas
nur unter Blut und Qualen, nur auf dem Schlachtfeld
verwirklicht werden kann — nicht aber
durch Diskussionen liberaler Demokraten,
die immer nur Vertreter partikulären Eigennutzes sind, ja.
Daß Skandinavier, Italiener, Kroaten,
Rumänen, Flamen, Basken und Bretonen,
Spanier, Finnen und Magyaren *eine* Front
mit den Deutschen gegen Stalin bilden, nicht wahr,
(empört) sollte Herrn Roosevelt verbieten,
dem Kreml zu versprechen, daß er Berlin
erobern darf. — Es ist ja auch, nicht wahr,
ein loses, leeres Versprechen in die Luft, ja.
Größenwahn, nicht wahr . . .

RICCARDO: Eminenz, gestatten, die Russen
sind doch ohne Frage moralisch im Recht:
sie kämpfen einen guten, gerechten Kampf!
Sie wurden überfallen, ihr Land verwüstet,
ihre Menschen verschleppt, ermordet.
Wenn sie Europa jetzt bedrohen,
trägt Hitler ganz allein die Schuld.

KARDINAL *(kalt, ungeduldig)*: Mag sein — doch wenn das Haus brennt,
muß man löschen: die Frage,
wer es angezündet hat, kann später noch, nicht wahr,
erörtert werden.
(Er lacht.) Der Riccardo — Vorsicht, lieber Graf! —
ist ein Idealist, will sagen,
ein Fanatiker, nicht wahr. Zuletzt
vergießt der Idealist immer Blut in dem Wahn,
Gutes zu stiften — *mehr* Blut als jeder Realist.
*(Er lacht fürstlich, er will ein- und ablenken. Sagt dann souverän-
ironisch, so daß Riccardo komisch dasteht:)*
Riccardo — ihr Idealisten seid *inhuman*.
Wir Realisten sind menschlicher, weil wir
den Menschen nehmen, wie er ist.
Wir lachen über seine Fehler, wir haben ja die gleichen.
Ein Idealist lacht nicht — kann Herr *Hitler*
lachen? Hat er persönlich einen Fehler?
Nein, der kann nicht lachen über diese Welt,
der will sie verbessern.
Wer seinen Idealen widerspricht, wird ausgerottet.
Ich fürchte, deshalb kommt's nicht zum Kompromiß;
der zerschlägt erst eine Welt, um ihr dann
seinen Frieden zu bescheren. Danke schön.
Wir Realisten sind Kompromißler, Konformisten — nun ja,
wir machen Zugeständnisse.
Warum denn nicht, nicht wahr! Entweder

man lebt *oder* man ist konsequent, ja.
Vergessen wir doch nicht, der Teufel wie
der Heilige sind von Gott in die Welt gesetzt.
Dazwischen steht der Mensch, der immer nur die Wahl
zwischen zwei Sünden hat, nicht wahr, Riccardo,
(beiläufig) Ihr Fanatismus hilft der Kirche nicht:
Hitler ist nun einmal da — wir *müssen*
mit ihm leben, ja, nicht wahr.
Und hüten Sie sich — ein alter Mann
darf das doch sagen, nicht wahr — hüten
Sie sich, Riccardo, vor Werturteilen,
die uns Zeitgenossen
vor der Geschichte nur blamieren. Hitler, sagen Sie,
habe Rußland *überfallen*: ich und
Ihr Vater, nicht wahr, lieber Graf . . .
FONTANA: Sie haben völlig recht, Eminenz.
KARDINAL: . . . wir begnügen uns zu sagen: Hitler ist einmarschiert.
Einmarschiert — ja. Polemisieren wir doch nicht.
Glauben Sie, der schlaue Schachmeister
wäre *gern* nach Moskau gegangen? Er *konnte*
nicht anders — nicht neunenddreißig,
als er das Bündnis mit Herrn Stalin schloß
(bevor die Engländer es schließen konnten),
und einundvierzig nicht, als er
das Bündnis brach. Sie ahnen nicht, nicht wahr,
in welchem Maße ein Herrscher zum Sklaven
des Geschehens wird, das er herbeigeführt hat, ja.
Als Hitler, um England anzugreifen, mit Stalin paktierte,
weckte er den Tiger in seinem Rücken. Er *konnte*
nicht wissen, wie lange Rußland die Rolle
seines Getreidelieferanten spielen werde; die Preise:
das Baltikum, die Meerengen und Bessarabien —
stiegen schon ins Erpresserische, ja.
Mister Churchill aber, nicht wahr, war sich
der Lieferungen aus den USA gewiß. Zwar hat
Herr Stalin Hitler nicht direkt bedroht, sowenig
sich Alexander durch Napoleon zur Offensive
drängen ließ. Geben wir aber zu, daß kaum jemand
geahnt hat, *wie* lange Stalin der Wehrmacht
widerstehen könnte: nicht Hitler allein, nicht wahr,
hat sich geirrt. Ein *rascher* Sieg im Osten
hätte ihn tatsächlich unbesiegbar gemacht, ja.
Ein Segen, daß er *nicht* siegen — ein Segen
aber auch, nicht wahr, daß er nicht *fallen* wird, ja.
RICCARDO *(in größter Sorge, so freundlich er gerade noch sein kann)*:
Eminenz, der Heilige Vater müßte aber doch
dagegen protestieren, daß Hunderttausende
buchstäblich abgeschlachtet werden — Morde,
die den Verlauf des Krieges gar nicht beeinflussen.
KARDINAL: *Müßte* — wieso denn eigentlich, nicht wahr?

Gelassenheit entwaffnet den Fanatiker, sonst nichts.
Der Chef, nicht wahr, riskiert sehr viel,
wenn er sich für die Juden exponiert.
Minderheiten sind immer unbeliebt,
in allen Ländern. Die Juden haben
die Deutschen lange provoziert, nicht wahr.
Sie überzogen den Kredit, der ihnen dort gegeben war.
Pogrome fallen nicht vom Himmel . . .

FONTANA *(vorsichtig, er spürt, daß Riccardos Einsatz nur negativ wirkt):*
Ganz Ihrer Meinung, Eminenz — nur
von Pogromen kann ja in Deutschland
kaum die Rede sein. Die Juristen Hitlers
haben ganze Gesetzessammlungen verfaßt,
um die Juden zu entrechten, um sie jetzt
sogar physisch zu vernichten.

RICCARDO *(ruhig, was seinen Eindruck nicht verfehlt):*
Wir Christen waren früher auch
in der Minderheit, vielleicht sind wir
es bald schon wieder: ich glaube, Gott
hat das Volk, dem Jesus angehörte,
mit uns Christen unlösbar verkettet . . .

KARDINAL *(lange lachend, sehr gewandt):*
Aber, aber — meine lieben Fontanas,
wem sagen Sie das alles!
Graf, halten Sie mich denn für einen Feind der Juden?

FONTANA *(schnell):* Gewiß nicht, Eminenz —

KARDINAL: Nicht wahr! Ich sage nur, der Anteil,
den die Juden an führenden Berufen
vor Hitlers Machtantritt in Deutschland hatten,
war sicher ungesund: sie stellten zu viele
Ärzte, Rechtsanwälte, Bankiers und Fabrikanten, ja.
Auch Zeitungsleute, nicht wahr — natürlich
deshalb, weil sie *tüchtiger* waren:
Angehörige einer Minderheit sind *immer*
tüchtiger, sie kriegen ja schon in der Schule
die Prügel für die anderen mit, ja.
Das macht unangenehm tüchtig, nicht wahr . . .

FONTANA *(der unbedingt die Situation retten will):*
Zu tüchtig jedenfalls in einem Volk,
das mehr als sechs Millionen Arbeitslose hat.

KARDINAL *(spontan, dankbar):*
Nicht wahr, *mehr* wollt' ich gar nicht sagen.
Das Hauptproblem, Riccardo — ist doch
die schreckliche Beliebtheit Hitlers, nicht wahr.

RICCARDO: Eminenz müssen bedenken: seit seinem Einzug
in Paris sind immerhin zwei volle Jahre —
Kriegsjahre — vergangen. Das Volk ist müde
und in Furcht. Dann die Bomber der Alliierten . . .
Die Berliner Gesellschaft hat ein böses Maul.

KARDINAL *(lebhaft, lenkt gern ab, geht hin und her):*

Das Volk *liebt* Herrscher, die es fürchten kann.
Nero — ja, ich scherze nicht, nicht wahr — Nero,
der war beim Pöbel ebenso beliebt.
«Das Volk von Rom aber *betete* ihn an!» — ja, schaudervoll.
Auch ein «Baumeister»! Der Circus, die Parteitage . . .
der Brand des Parlaments — und dann die Jagd,
zwar nicht auf Christen, doch auf die Juden,
auf die Kommunisten — Parallelen, schaudervoll, nicht wahr.
(Halb zynisch, halb bedrückt:)
Die Gesellschaft, mag sein, Riccardo, sieht
den Parvenü in Hitler — und freut sich doch,
nicht wahr, wenn ihre Söhne sein Ritterkreuz erhalten, ja.
Das Volk aber, ja, *das* möcht' ich sehen,
das einen Herrscher *nicht* anbetet,
der ihm so viele Sündenböcke freigibt, ja.
Wo wäre denn die Kirche, meine Herren,
hätt' sie dem Pöbel nicht im Mittelalter
die Scheiterhaufen angezündet, ja. Panem et circenses,
Konfiskation, Ablaß und Feuertod: etwas *bieten*
muß man dem Volk! Und Hitler, nicht wahr,
gab ihm auch *Brot*, vergessen wir das nicht. Brot
und eine Uniform und Dolche.
Seine Saalschlacht-Rowdies sind doch meist
schon *lange* der roten Fahne nachgelaufen,
bevor das Hakenkreuz darauf genäht war, ja . . .
Ignorieren wir doch nicht, nicht wahr, das Volk
gab ihm die Hälfte aller Stimmen oder
fast die Hälfte, ja — in 33,
bei der letzten halbwegs fairen Wahl.
Freilich, die noblen Krupps und ihresgleichen
gaben dem Hitler-Kabinett schon damals, ja,
drei Millionen Mark. Die haben ihm den Pöbel dann geködert.
Und dann die Bischöfe, nicht wahr, die Bischöfe im Reich!
Laut darf man das ja hier nicht sagen,
unter uns, meine lieben Fontanas, unter uns:
*(mit geradezu schmeckender Genugtuung, die Worte zergehen ihm
wie Austern auf der Zunge)* das trifft den point d'honneur des Chefs.
Der *große* Diplomat Pacelli, ja, nicht wahr!
Hitler sah aus wie ein Coiffeur — das Konkordat
hat ihn dann urbi et orbi salonfähig gemacht, nicht wahr.
Und nun soll ihn der Chef ex cathedra verfluchen?
(Er lacht, auch der alte Fontana.)
RICCARDO *(will den Papst in Schutz nehmen):*
Eminenz — *mußte* denn das Konkordat nicht
zum Schutze unsrer Brüder abgeschlossen werden?
KARDINAL *(lacht herzlich, klopft Riccardo auf die Schulter):*
So macht man Geschichte, Riccardo, ja.
Wollen wir hoffen, daß man es später mal so ansieht.
Nein, fragen Sie Ihren Papa: niemand hier
hat damals Hitler das Böse zugetraut,

das er in seinem Buch schon angekündigt hatte . . .
Da konnte man es lesen, nicht wahr, daß man
mal einige Zehntausend — er ist ja robust, ja —
von den Hebräern, wie er sagte, vergiften sollte.
Ich hätte mir den Mann erst angesehen, ja.

FONTANA: Der selige elfte Pius, Eminenz,
hat mir gesagt, das Hitler-Konkordat
sei eine Plattform, *Proteste* vorzubringen . . .
wenn nötig . . . Nun *ist* es nötig.

KARDINAL *(lenkt wieder ab)*: Der alte Chef war angriffslustig, ja . . .
Vor allem aber hat Pacelli seine
Konkordate mit einem größten krönen wollen, ja.
So hat der Stuhl den armen Demokraten
in Deutschland auch noch angeraten, ja,
sich selber aufzugeben, nicht wahr.
Man sah in Hitler einen zweiten Mussolini,
mit dem sich ja so gute Geschäfte machen ließen . . .
(Er lacht.) Ach ja, die Demokraten! — Vor Jahren, ja,
da traf ich in Paris einen der Vorgänger Hitlers . . .
Ja, ein sehr berühmter Mann, nun emigriert und bitter.
«Das hatten wir auch vor!» — sagte er. Er meinte
die Beseitigung der Arbeitslosen, den Bau
der Autobahnen, ja. Die Pläne seien noch von ihm . . .

FONTANA: Warum hat er sie nicht verwirklicht?
Ich glaube, Eminenz, ich weiß, wer das gesagt hat.

KARDINAL *(lacht)*: Ja, *warum* nicht! — Das dachte ich im stillen auch.
Nicht wahr, unsre Sänger früher, lieber Graf,
. . . die wußten auch genau, wie man es macht —
nur konnten sie es nicht, nicht wahr. Ja.
(Wieder ernst, eisern opportunistisch.)
Solange Hitler siegt und so beliebt ist —
Stalingrad allein sägt seinem Thron kein Bein ab —,
macht sich der Chef beim Volk nur unbeliebt,
wenn er jetzt offen für die Juden eintritt, ja.
Bruder Innitzer hat das schon exerziert, nicht wahr.
Der Kardinal war Hitlers Todfeind — bis zu der Stunde,
da der geniale Schurke *doch* in Wien einzog.
Da raste das Volk ihm zu — eine
quantité négligeable, sechzigtausend, glaube ich,
kam hinter Gitter — der Mann der Straße aber jubelte.
Da tat der Kardinal das einzig Schlaue:
er war nach der Parade vor der Hofburg
der erste Gratulant bei Hitler, ja, nicht wahr.
Der Chef käme in Mißkredit, Riccardo,
wenn er sich für die Juden exponiert, ja . . .

RICCARDO: Bei den Deutschen — vielleicht.
Doch in den USA, Eminenz?

KARDINAL *(entschieden, abschließend)*:
Nicht *nur* bei den Deutschen, nicht wahr!
Auch bei den Polen, den Niederländern, den Franzosen

und Ukrainern — bei *allen*, nicht wahr,
die aktiv bei der Treibjagd helfen, ja.
Auch in den USA gibt es sehr militante
Judengegner, nicht wahr. Der Mensch
schlachtet gern, Gott sei's geklagt,
und ist er mal dabei, erreicht ihn
die Vernunft nicht, ja. — Riccardo,
ich *kann* dem Chef nicht raten,
Herrn Hitler jetzt herauszufordern.
Die Niederlage an der Wolga bedrängt
ihn schon genug, nicht wahr.
Wie wäre es, wenn unser Nuntius in Berlin
mit Herrn von Weizsäcker darüber spräche?

RICCARDO *(bitter):* Ach, Eminenz, das gäbe nur ein sehr
höfliches Gespräch. Der Herr Staatssekretär
weiß bestimmt nichts von der Judenausrottung:
Er dürfte auch in den Straßen der Reichshauptstadt
vollständig übersehen, daß man die Juden
wie Schwerverbrecher deportiert.
Und da kein Mensch dem Herrn von Weizsäcker
zu unterstellen wagt,
daß er im Namen seines Führers lügt;
und da er doch so gern versichert,
daß Drohungen die Lage nur verschärfen . . .

KARDINAL *(scharf, da er Riccardos Ironie überheblich findet):*
Garantieren *Sie*, daß Drohungen die Lage
wirklich nicht verschärfen?

RICCARDO *(sein letzter, schon unbeherrschter und zu lauter Versuch):*
Eminenz: Hunderttausend Judenfamilien
in Europa stehen vor ihrer Ermordung:
schlimmer, Eminenz, *kann* es doch nicht kommen!
(Leiser, inständig:) Nein, Eminenz, bitte nichts über Weizsäcker
versuchen, nichts über den Nuntius:
der Papst an Hitler — direkt und sofort!

FONTANA *(erregt, da Riccardo durch seinen Ton alles verdirbt):*
Junge, bitte — willst du hier
Befehle erteilen? Ich bitte dich . . .

KARDINAL *(legt Riccardo die Hand auf die Schulter, was nichts zu bedeu-
ten hat):* Er ist übernächtig, nicht wahr . . .
Riccardo — ich höre gar nicht gern, daß über
Weizsäcker abfällig gesprochen wird, ja.
Er ist ein Ehrenmann, nicht wahr, und der
erprobte, vertraute trait d'union
zwischen der Nuntiatur und der Wilhelmstraße, ja.
Nur mit ihm war neunundreißig noch zu reden.
Den Frieden konnte freilich auch *er* nicht retten.

FONTANA *(mit dem schwachen Versuch, einzulenken):*
Ja, Eminenz, das ist sein bleibendes Verdienst.
Doch mancher Vorzug, von Hitler benutzt,
wird leicht zur Untugend.

KARDINAL *(lächelnd)*:
   Es ist immer eine Tugend, von Frieden zu sprechen, Graf.
FONTANA: Wenn die Waggons mit Deportierten
   nach den Verbrennungsöfen rollen? Ich bin,
   das wissen Eminenz, kein Zyniker . . .
KARDINAL: Ja, nicht wahr, ein schweres, unlösbares . . .
   (Der Diener ist eingetreten und meldet Fontana —)
DIENER: Seine Eminenz, der Hochwürdigste Herr Kardinal,
   werden dringend gesucht. Ein Offizier . . .
KARDINAL: Bitte! —
   (Zu Fontana:) Sie gestatten? Ich will natürlich
   mit dem Chef noch einmal alles durchgehen.
   (Ein Offizier der Schweizergarde tritt ein und grüßt sehr militärisch.)
SCHWEIZER: Eminenz: Seine Heiligkeit bittet
   Eure Eminenz dringend in den Päpstlichen Palast.
   Ich habe Befehl, Eminenz sogleich . . .
KARDINAL *(sehr unwillig)*: Jetzt — vor dem Mittagessen? Nun denn,
   meinen Hut, Vittorio . . . wie schade.
   Das kann doch Stalingrad auch nicht mehr retten, nicht wahr,
   daß jetzt der Chef darüber sprechen will . . . ja.
   *(Während er den Hut aufsetzt und Riccardo dem Diener den Mantel
   abgenommen hat, um Eminenz hineinzuhelfen, sagt —)*
FONTANA: Sehr schade — können wir mit dem Essen warten?
KARDINAL: Ganz ausgeschlossen, lieber Graf. Schade, ja.
   (Intim lachend, scheinbar versöhnt.) Ich habe draußen schon gefragt,
   bevor Sie mich noch eingeladen hatten,
   was es bei Ihnen heute gibt . . . ja,
   so unbescheiden bin ich, nicht wahr.
   Und nun statt specialità della casa Fontana —
   Debatte über Stalingrad — traurig, ja.
   Riccardo!
   (Er geht auf ihn zu, Riccardo küßt ihm wieder den Ring.)
   Nehmen Sie Zitronen gegen Ihren Blutdruck.
   Und hilft das nichts: Fußbäder, so heiß
   wie nur erträglich. — Am Nachmittag?
RICCARDO: Ja, Eminenz, herzlichen Dank. Und wann?
KARDINAL *(beiläufig)*: Nun ja, nicht wahr, um fünf. Ich glaube,
   Sie müssen ein halbes Jahr nach Lissabon.
   (Schnell, ohne Übergang:)
   Lieber Graf, genug für heute mit der Politik,
   es ist Ihr Feiertag! Gott segne Sie, auf Wiedersehen.
RICCARDO *(bedrückt)*: Auf Wiedersehen, Eminenz.
FONTANA *(im Hinauskomplimentieren)*:
   Es war so freundlich, daß Sie kamen, Eminenz. Ich darf vor allem . . .
   (Der Diener schließt hinter ihnen die Tür. Alle ab, außer Riccardo.)
RICCARDO *(allein, zerknirscht, zu sich selbst)*:
   Lissabon! — aufs tote Gleis.
   *(Er zündet sich nervös eine Zigarette an, öffnet die Verandatür, da
   kommt sein Vater zurück und sagt schnell, noch bevor der Diener
   hinter ihm die Tür wieder geschlossen hat —)*

FONTANA: Er schiebt dich ab! Er fragt nicht einmal,
weshalb du aus Berlin gekommen bist!
Lissabon: die Quittung, weil du dich
zu weit nach vorn gewagt hast.
RICCARDO: Das Schlimmste, Vater, hab' ich noch verschwiegen,
damit er wenigstens *versucht*, den Papst
zu einer Stellungnahme zu bewegen.
FONTANA: Was denn?
RICCARDO: Weizsäcker kommt nach *Rom*, er wird
sehr bald sein Agrément erbitten!
FONTANA *(ungläubig)*: Hitler macht seinen *Staatssekretär*
zum Botschafter am Vatikan?
RICCARDO: Er wird Entscheidendes von ihm erwarten!
Erstens: er soll sich hier um Mussolini kümmern,
man fürchtet, daß Italien bald
den Faschismus liquidiert.
Zweitens: — und dies vor allem — Weizsäcker,
als Hitlers makelloses Ladenschild,
soll jetzt den Papst persönlich nach alter Weise
massieren: gegenseitige Nichteinmischung,
keine Grundsatz-Diskussionen, keine Händel.
Denn Hitler weiß, was es für ihn bedeutet,
wenn sich der Papst den alliierten
Protesten gegen die Verbrechen anschließt:
dann hat er niemals mehr zu hoffen,
daß der Westen ihm doch noch
einen Sonderfrieden macht und freie Hand
im Osten läßt ...
(Schweigen.)
RICCARDO *(herzlich)*: Ich bin so dankbar, daß du zu mir hältst.
FONTANA: Stalingrad ist die Wende, die uns erlaubt zu handeln.
Du hast schon recht, Junge — aber keine Stimme!
RICCARDO: Vater, ich *beschwöre* dich:
wir müssen handeln, *bevor*
Weizsäcker in Rom eintrifft, sofort, Vater ...
*(Die Glocken beginnen wieder mächtig zu läuten. Beide blicken auf
und sehen sich dann an. Der Vater macht eine resignierende Arm-
bewegung.)*
DIENER: Es ist angerichtet.

VORHANG

DRITTER AKT

DIE HEIMSUCHUNG

> Die Welt schweigt. Die Welt weiß, was hier vor sich
> geht – es kann nicht anders sein, und sie schweigt.
> Es schweigt im Vatikan der Vertreter Gottes . . .
> *Aus einer illegalen polnischen Broschüre, August 1943*

1. SZENE

Rom, 16. Oktober 1943, am frühen Abend.
Die Dachwohnung eines jungen Dozenten, Dr. Lothar Luccani *und seiner Familie, in der lebhaften Via di Porta Angelica, die am Petersplatz, an den Kolonnaden Berninis beginnt und bis zur Piazza del Risorgimento auf ihrer linken Seite durch die schroffe Mauer der Vatikanstadt, rechts durch hohe Geschäfts-, Café- und Mietshäuser eingeschlossen wird.*
Luccanis Wohnung gestattet nach der Straßenseite einen beruhigenden Blick auf den gegenüberliegenden Päpstlichen Palast mit den Wohnräumen Seiner Heiligkeit im dritten Stockwerk. So trifft in dieser Szene wörtlich das zu, was Herr von Weizsäcker, nunmehr Botschafter der Deutschen Reichsregierung beim Päpstlichen Stuhl, am 17. Oktober nach Berlin berichtete: daß sich nämlich «der Vorgang sozusagen unter den Fenstern des Papstes abgespielt hat».
Wenn möglich, sollten durch das Wohnzimmerfenster und durch die schmale, hohe Tür, die auf das flache Dach des Hauses führt, die oberen Stockwerke des Päpstlichen Renaissance-Palastes zu sehen sein; doch erfüllt das aus dem zweiten Akt bekannte Bild der Kuppel von San Pietro den gleichen Zweck: zu illustrieren, daß — wie Gerald Reitlinger in «Die Endlösung» schreibt — «Juden fast von der Peterskirche weg zum Tode geschleppt wurden».
Die Bühne ist in drei Räume unterteilt: links der schmale Flur, mit der Korridortür im Hintergrund und mit einer Tür rechts, die zu dem Wohnraum führt, dem großen Mittelstück der Bühne. Das Wohnzimmer, wenige Möbel, wird als Heim eines Gelehrten durch das Fragment eines antiken Reliefs, das in die Wand eingelassen ist, und durch zwei Bücherwände flüchtig charakterisiert. Rechts befindet sich das bunte Kinderzimmer, das so schmal wie der Flur ist; zwei kleine Betten stehen hintereinander, ein Körbchen auf Rädern mitten im Zimmer. Dieses Kinderzimmer hat keine Verbindungstür zum Wohnraum; es ist erreichbar, indem man durch die Wohnraumtür wieder auf den Flur tritt und dann hart an der Rampe entlang vor den drei Räumen die ganze Bühne überquert.
Im Wohnraum stehen ein noch offener Schließkorb und etwa vier fertig gepackte Koffer, auch ein Karton und ein Schulranzen. Über der Couch liegen Mäntel und Hüte. Ein etwa 5jähriges Mädchen trägt aus dem Kinderzimmer eine Puppe nach der anderen herbei und legt sie auf die Koffer. Ihr Bruder, etwa 8 Jahre alt, liegt im Kinderzimmer auf dem

Fußboden und blättert in einem Album. Dr. Lothar Luccani steht im
Wohnzimmer am Fenster. Julia, seine Frau, ist damit beschäftigt, auf
dem Tisch einen Säugling für die Nacht herzurichten. Das Baby schreit
erst, wimmert dann, bald, nach Zuspruch der Mutter, ist es still. Ihr
Schwiegervater liest unter einer Stehlampe mit einer Lupe im «Osser-
vatore Romano».

LOTHAR: Ich hab' nichts mehr zu tun.
  Halb fünf und noch ganz hell.
  Es dunkelt spät, allmählich geht
  mir die Geduld aus.
JULIA: Warum regst du dich jetzt noch auf?
  Es ist alles gepackt.
  Der Pater hat mich ausdrücklich gebeten,
  wir sollten erst bei Dunkelheit erscheinen.
  Sei froh, daß man uns überhaupt versteckt.
LOTHAR *(nervös)*: Du willst laufen? Ja, du hast recht,
  wir gehen alle zu Fuß. Erst wenn wir
  sicher sind, kann uns Frau Simonetta
  die Koffer 'rüberschaffen. Sie soll am Petersplatz
  'ne Droschke nehmen.
JULIA *(versucht, ihn zu beruhigen):*
  Aber Lothar, das ist doch alles
  längst geregelt. Ich hab' ihr Geld gegeben,
  die Schlüssel hat sie auch — nur für die Miete
  mußt du ihr noch Geld dalassen.
LUCCANI SR.: Das hab' ich schon erledigt. Bis April
  ist die Miete überwiesen.
DAS MÄDCHEN: Papi, darf ich die alle mitnehmen?
LOTHAR: Herzlichen Dank, Vater.
  (Zur Tochter:) Zwei Puppen darfst du mitnehmen.
  Und den Bär oder das Hundchen — nicht beide.
LUCCANI SR.: Ihr braucht Frau Simonetta nicht.
  Ich kann die Droschke hier erwarten
  und gebe das Gepäck heraus.
  Dann sind wir sicher, daß die Wohnung
  auch gut verschlossen ist. Warum
  soll die Frau erst in den Zimmern
  noch herumschnüffeln, wenn wir weg sind . . .
JULIA *(ärgerlich)*: Aber Großvater! — wir geben ihr Pippa in Pflege,
  und da mißtraust du ihr.
LOTHAR *(blättert unkonzentriert in einem Buch, unentschieden, ob er*
  es noch einpacken soll): Und bleib du auch nicht hier zurück!
  Wozu noch länger warten als unbedingt nötig.
  Mir ist nicht wohl dabei . . .
JULIA *(noch mit dem Säugling beschäftigt):*
  Lothar, sei doch nicht so nervös,
  das überträgt sich auf die Kinder.
LOTHAR *(sehr nervös, gereizt, fast laut):*
  Ich *bin* doch überhaupt nicht nervös!

Schließlich hat man uns gewarnt!
Ich mache mir Vorwürfe, daß wir nicht gestern,
gleich als der Pater hier war,
mitgegangen sind. Diese verdammte Packerei.
JULIA: Die Deutschen sind schon wochenlang in Rom.
Kein Jude ist bisher verhaftet worden.
Warum gerade heute?
LOTHAR *(heftig)*: Warum! Warum! — weil eben *jetzt* erst
Befehl dazu gegeben wurde. Das Gold
hat ihnen nicht gereicht. Die Synagoge
haben sie auch geplündert — nun
kommen *wir* dran. Glaubt ihr
(nach einer Pause) noch immer nicht, was London
sagt? Überall, wo die Russen
ihr Gebiet zurückerobern, stoßen sie
auf Massengräber mit
ermordeten Zivilisten, Juden.
LUCCANI SR. *(legt ärgerlich die Zeitung weg und sagt sehr bestimmt)*:
Ich kenne die Deutschen besser als du.
Ich glaube diese Märchen nicht. Wer hat denn
die fünftausend Offiziere in Katyn erschossen,
die Deutschen oder die Russen?
LOTHAR: Das weiß ich nicht, ich trau' es beiden zu.
Jedenfalls fand sich deutsche Munition
bei den Leichen.
LUCCANI SR.: Das beweist noch nichts. Die Deutschen
haben die Polen exhumiert — ein Zeichen,
daß sie sich sicher waren. Stalin hat sie
ermordet — wie vor sechs Jahren
seinen eigenen Generalstab.
JULIA: Bitte, Großvater, habt ihr kein anderes Thema!
Wir sind hier nicht in Polen.
Unser Nachbar ist der Papst, der läßt
nicht zu, daß man uns einfach wegschleppt.
(Sie zeigt aufs Fenster und gibt ihrem Mann lächelnd einen Kuß.)
Er braucht vor Hitler keine Angst zu haben,
die Amerikaner sind schon in Neapel.
LOTHAR: Liebes Kind, wir sind nicht katholisch.
LUCCANI SR.: Jawohl — *ich* bin katholisch — das genügt.
Außerdem sind wir im Kloster angemeldet.
LOTHAR *(ironisch)*: Das wird die Deutschen *sehr* beeindrucken. —
Ach, ihr seid naiv. — Na gut, ein anderes Thema.
Es wird ja auch schon dunkler.
*(Der Junge hat das Album jetzt ins Wohnzimmer getragen und sagt
zu seinem Vater —)*
DER JUNGE: Papa, darf ich die Marken
auch noch mitnehmen?
LOTHAR: Ja, das darfst du. Setz dich hier
an den Tisch und löse sie
vorsichtig aus dem Album.

Das Album nimmt zuviel Platz weg.
Du tust sie in die Dose zu denen,
die noch nicht sortiert sind.
DER JUNGE *(empört):* Dann geraten doch alle durcheinander!
(Zu seiner Schwester:) Du gehst nicht an die Marken!
LOTHAR: Tu, was ich dir sage — oder das Album bleibt hier.
DAS MÄDCHEN: Die gehören mir auch.
JULIA: Ihr gehorcht jetzt und seid leise,
damit Pippa fest einschlafen kann —
dann tragen wir sie mit dem Körbchen 'rauf.
Lothar, sei doch so lieb und bring
Frau Simonetta schon — hier dies alles . . .
*(Sie legt ihrem Mann zwei Badetücher auf den Arm und einen Stoß
Windeln und tut Flaschen, Puder, Spielzeug und Jäckchen in eine
Tasche.)*
Den Kinderwagen lassen wir hier unten. —
(Unvermittelt:) Wollen wir Pippa nicht doch mitnehmen?
LOTHAR *(bepackt, ungeduldig, ungerecht, nimmt ihr die Tasche aus
der Hand):* Du mußt immer alle Verabredungen umstoßen!
Säuglingsgeschrei paßt nicht ins Kloster.
Du kannst sie dort nicht einmal baden,
ganz zu schweigen von der Gemeinschaftskost.
JULIA: Hast ja recht, Lothar — es fällt mir
nur eben nicht leicht, Pippa zurückzulassen.
LOTHAR: Noch was? — Ich komme gleich wieder.
(Freundlich:) Mir fällt's ja auch nicht leicht, Julia.
*(Er küßt sie auf die Stirn, küßt dann das Kind und geht aus der Woh-
nung.)*
JULIA *(ruft ihm nach):* Sag Frau Simonetta, in einer halben Stunde
bring' ich ihr Pippa 'rauf.
*(Die Korridortür bleibt offen, man hört Lothar auf der Treppe. Ju-
lia bringt das Kind, nachdem der Großvater es gestreichelt hat, hin-
über ins Kinderzimmer und legt es ins Körbchen.
Der Alte sagt, indem er auch hinausgeht, zu sich selbst —)*
LUCCANI SR.: Ich will den Lichtzähler noch ablesen
und das Gas abdrehen.
(Zu den Enkeln:) Vertragt euch schön.
DAS MÄDCHEN: Opa, die Marken gehören mir doch auch!
*(Sie hat aber gar keinen Blick für die Marken, mit denen ihr Bruder
sich am Tisch beschäftigt, sondern wickelt, dem Beispiel ihrer Mutter
folgend, auf einem Koffer eine ihrer Puppen.)*
LUCCANI SR.: Dir schenke ich noch eine Puppe,
die richtig sprechen kann.
Oder ein Märchenbuch — was willst du?
DER JUNGE: Und mir Marken von Amerika!
LUCCANI SR.: Seid nur schön artig bei den Mönchen,
dann kriegt ihr beide was. Hoffentlich
(zu sich selbst) dürfen wir uns die Teppiche nachbringen lassen,
die kalten Steinböden da, im Winter . . .
(Er geht über den Korridor nach links ab.

*Noch während er mit den Enkeln spricht, kommt Lothar zurück und
geht ins Kinderzimmer. Julia hat den Säugling ins Körbchen gelegt.
Sie sehen auf das Kind, dann treten sie vom Körbchen zurück in den
Vordergrund. Lothar nimmt sie in den Arm.)*

LOTHAR: Sei mir nicht böse, daß ich so gereizt bin.
  (Er drückt sein Gesicht in ihren Nacken und küßt sie leidenschaftlich.)

JULIA *(sagt zärtlich)*: Es geht vorüber — es dauert nicht lange.
  Die Alliierten stehen schon am Volturno.

LOTHAR *(wieder heftig)*: Herrgott, warum landen sie nicht in Ostia!
  Ach, Kind, du hoffst auf die Amerikaner,
  Großvater hofft auf den Papst — und ich, ich
  auf gar nichts. Hätten wir doch nur
  die Klostertür schon hinter uns . . .

JULIA: Gib doch zu, Lothar, daß du *immer*
  alles zu schwarz gesehen hast — oder?
  Ist das nichts, daß wir
  nun wenigstens zusammenbleiben?
  (Sie küßt ihn und streicht über seinen Arm.)

LOTHAR *(sehr düster)*: Die Trennung von der Arbeit, von den Büchern
  ist hart genug. Und dann die vielen Menschen . . .

JULIA *(resigniert)*: Du Misanthrop — noch immer
  sind die Bücher dir wichtiger als ich, stimmt's?
  Ich bin dir manchmal lästig.

LOTHAR: Aber Julia — wie kannst du . . .

JULIA: Doch, doch — bevor die Kinder kamen,
  die mich brauchen, war ich oft unglücklich darüber.
  Nicht einmal *das* hast du bemerkt, du Egozentriker.
  (Sie umarmt ihn.) Wir zanken uns zu oft, das ist so gräßlich.

LOTHAR *(bestürzt)*: Aber Julia — du weißt, wie ich dich brauche!

JULIA *(lächelnd)*: Ein bißchen — manchmal.

LOTHAR: Wir sind noch jung, wir holen alles nach,
  laß den verdammten Krieg mal erst vorbei sein.

JULIA: Man kann nichts nachholen — ach,
  du hast meinetwegen ja auch
  auf mancherlei verzichtet. Für einen Mann
  hast du dich doch sehr früh gebunden.

LOTHAR: Ja, aber an *dich*, Julia. Du bist
  die eine, die alle einschließt,
  die man nicht gehabt hat.
  (Er hat sich abgewandt, wieder sehr unruhig:)
  In welchem Koffer sind denn die Papiere?
  Und wo die Sparbücher? Wir hätten
  den ganzen Rest abheben sollen.

JULIA: Bei deinem Manuskript. Aber . . .
  (sie macht sich von ihm los)
  ich hätte beinah doch meinen Ring im Bad liegenlassen.
  *(Sie geht nach rechts ab, Lothar nach links über den Korridor ins
  Wohnzimmer. Der Alte, der inzwischen ebenfalls ins Wohnzimmer
  zurückgekehrt ist, hat eine vollkommen sinnlose «Arbeit» begonnen: er sortiert aus dem Zeitungskorb die alten Zeitungen aus, in-*

dem er pedantisch mit der Lupe nach den Daten sieht. Zur Enkeltochter sagt er —)

LUCCANI SR.: Warum hast du alle deine Kinder
da hergeholt, laß sie doch schlafen!

DAS MÄDCHEN: Ich muß sie doch noch waschen,
dann will ich sie mitnehmen.

DER JUNGE: Alle mitnehmen? Nur zwei, hat Papa gesagt!
Papa, darf sie alle Puppen mitnehmen?
Dann will ich meinen Revolver auch mitnehmen.

LOTHAR *(indem er zwei Koffer auf den Flur trägt, mit dem matten Versuch, zu scherzen):* Ins Kloster? — Julia, hörst du,
er will das Kloster mit einem Revolver überfallen.
Das machen ja nicht mal die Nazis.
(Julia betritt das Wohnzimmer, beide lachen.)

JULIA: Junge, im Kloster darf man keine Waffen tragen.
Großvater — für *wen* sortierst du jetzt
die alten Zeitungen noch aus? Du wirst
wohl auch schon nervös?

LUCCANI SR.: Keine Spur, ich habe einfach
nichts mehr zu tun.
(Er sieht auf seine Taschenuhr.) Aber du hast recht. Ich will lieber
sehen, ob alle Fenster dicht sind.

JULIA: Ja, sind alle zu.
(Der Alte geht trotzdem hinaus.)

JULIA *(zu ihrem Mann):* Ich will Frau Simonetta auch den Kellerschlüssel geben: Sie soll uns ab und zu
ein Glas von unserm Eingemachten
zu den Mönchen bringen. Vor allem aber Pippa —
(traurig) jeden dritten Tag: sonst dauert's nur
ein Vierteljahr, dann kennt sie mich nicht mehr.
(Es schellt laut.)
Da ist sie schon ...

Es schellt wieder, jetzt anhaltend. Lothar geht hinaus, begegnet in der Tür seinem Vater, der verstört ins Zimmer tritt — von Julia fragend angesehen, zuckt er die Achsel und bringt kein Wort hervor. Lothar zieht jetzt die Wohnzimmertür zu, dann öffnet er, während es laufend schellt, die Korridortür. Die vier im Zimmer stehen ganz dicht zusammen.
Ein deutscher Scharführer der Waffen-SS und zwei Italiener von der Faschistischen Miliz dringen ein. Der Feldwebel heißt WITZEL und sah 1943 den meisten seiner Landsleute im Alter von 35 Jahren ähnlich, so wie er 1960 als Oberinspektor der Stadtverwaltung zu D. den meisten Fünfzigjährigen ähnlich sieht. Vielleicht soll man erwähnen, daß er sehr korrekt ist — der rüde, zotenfreudige, bramarbasierende Ton, den er Juden und anderen Wehrlosen gegenüber anschlägt, weil das so üblich ist, paßt schlecht zu ihm. Witzel hat diese brutale Geschwätzigkeit, ohne es zu merken, auch vollständige Sätze, so schnell von seinem Vorgesetzten übernommen, wie er sie sich wieder abgewöhnen wird, sobald sein Vorgesetzter gewechselt hat. Er ist 1959 ein

verläßlicher Staatsbürger. Seine Ordnungsliebe macht ihm neonazisti-
sche Umtriebe ebenso unsympathisch wie Lohnstreiks oder wie einen
Wasserrohrbruch.
Der Feldwebel ist so sehr durchschnittlicher Zeitgenosse, daß nur
seine Kleidung ihn kennzeichnet, nicht sein Gesicht. Deshalb kann er
in der ersten Szene auch den Pater spielen und in der letzten den jüdi-
schen Kapo; man sollte ihm, wenn er die Rolle wechselt, nicht einmal
ein Bärtchen ankleben oder eine Brille aufsetzen.
Die beiden Italiener sind ebenfalls Konsumgüter der Zeitgeschichte,
zwei Flegel von der Stange, die schon ebenso unbeschwert den Holz-
stoß für Jeanne d'Arc errichtet haben würden. Der eine trägt ein Ge-
wehr schußbereit und doch so lässig unterm Arm, daß man das Gefühl
hat, sollte die Flinte jemals losgehen, so kann es nur aus Unachtsamkeit
geschehen. Wichtiger ist ihm, was er in der anderen Hand hält: eine
kleine Korbflasche, aus der er in regelmäßigen Abständen trinkt. Sein
Kamerad hat ein enges, strenges Gesicht und stechende Augen. Er ist
korrekt, «zackig» und eitel wie ein Tambourmajor auf der Piazza. Er
führt die Namensliste und hantiert überflüssigerweise mit Stiften ver-
schiedener Farbe. Er trägt Pistolen- und Kartentasche. Seine Mütze sitzt
genau auf Mitte, er ist sauber rasiert; auch seine Uniform, am Rock
eine bunte Schnur, ist sauber und gebügelt; er trägt Stiefel, während
der andere eine schmierige lange Hose anhat, die er auch im Bett ver-
mutlich nur auszieht, wenn er nicht allein schläft. Witzel hat keine
Macht über ihn — er ärgert sich schon über das leichtsinnige Bärtchen
dieses Ganoven.

ITALIENER *(mit der Liste):* Doktor Lothar Luccani? Frau Julia,
    Kinder zwei: ein Junge, ein Mädchen.
    Sie kommen in ein Arbeitslager.
    Packen Sie ein, schnell!
    (Witzel und der Italiener mit der Flasche sind an ihnen vorbei ins
    Wohnzimmer eingedrungen, dessen Tür gerade von Julia geöffnet
    wurde.)
WITZEL *(gemütlich):*
    (Er spricht keinen bestimmten Dialekt, nur gänzlich verwahrlostes
    Deutsch. Je lauter er wird, um so mehr gerät er in einen trägen Kas-
    selaner Tonfall.)
    Einpacken hier — da liecht das Zeuch
    ja schon bei'nander.
LOTHAR *(zu Julia, leise):* Zu spät.
    (Er stellt sich völlig resignierend an den Türpfosten, bis Witzel, der
    die Korridortür wieder geschlossen hat, ihm einen so brutalen Stoß
    versetzt, daß er weit ins Zimmer hineinstolpert.)
WITZEL: Los — pack deinen Kram zusammen.
LUCCANI SR. *(faßt sich zuerst):* Was hat mein Sohn Ihnen getan?
WITZEL *(lauter, ohne den Alten zu beachten):*
    Zehn Minuten hab' er Zeit oder
    mindestens fünfe. Packen, los, avanti!
LUCCANI SR. *(geht mit großer Entschlossenheit auf ihn zu):*
    Wir sind Katholiken, wir sind alle

getauft, Sie haben nicht das Recht,
uns zu verhaften. Wo ist Ihr Befehl?

WITZEL *(gemütlich)*: Wo ist dein Judenstern?
Katholisch, so! Katholisch bin ich
auch emal gewesen, das gibt sich.
Zehn Minuten Zeit, weil Se katholisch sin.
(Er sieht sich um, zeigt auf den gepackten Koffer.)
Schon abmarschbereit? Woher habt ihr
gewußt, daß wir euch holen wollen?
Die ganze Familie hier beisamm'?

JULIA *(gefaßt)*: Ja, die ganze Familie. Wir haben
nichts gewußt, wir wollten nur verreisen.

WITZEL: So, verreisen — in welches Kloster denn?
*(Er lacht seine Begleiter an, die sich faul und rauchend hingerekelt
haben, der Trinker auf den Tisch. Der Korrekte lacht pflichtschuldig
mit, während der Ganove mit seinen unternehmungslustigen Augen
die Wände und Möbel mustert.)*

WITZEL *(freundlich zu dem kleinen Jungen)*: In welches Kloster habt ihr
denn so plötzlich verreisen wollen?
*(Der Junge, sehr eingeschüchtert, gibt keine Antwort, klammert sich
an seinen Großvater. Lothar hat sich noch nicht gefaßt, immerhin
bringt er heraus —)*

LOTHAR: Mein Vater ist hier zu Besuch. Er ist
schon seit Jahrzehnten Katholik.
Sie haben ihn doch auch nicht auf der Liste.
Lassen Sie ihn hier, sonst werden Sie
großen Ärger mit dem Vatikan bekommen.
*(Es ist sehr dämmrig im Zimmer. Drüben, im dritten Stock des Päpst-
lichen Palastes, gehen die Lichter an.)*

WITZEL: Er braucht sich gar nich erscht beim Babst,
er kann sich gleich beim lieben Gott beschweren,
der alte Herr, wenn er
den lieben Gott demnächst zu sehn kriecht.
*(Witzel hat den Alten angesehen, der nichts mehr sagen kann.
Jetzt dreht Witzel sich ruckartig zu Julia und Lothar um und schreit:)*
Glaubt ihr vielleicht, for euch alleine
hätt' ich en ganzen Möwelwachen da?
*(Er tritt heftig vor die Koffer, die noch im Zimmer stehen, und wirft
die Hüte einzeln von der Couch ins Zimmer.)*
Fuffzich Pfund Gepäck pro Judennase —
und nur Wäsche und Fressalien.
Alles annere wird ausgebackt, 'n bißchen
plötzlich — los — avanti!

JULIA *(die vor Angst kaum sprechen kann)*: Wohin führen Sie uns?

WITZEL *(freundlich)*: Straßen mißter bauen, oben
im Abenimm.

LOTHAR *(plötzlich aktiv — zu Julia und seinem Vater bedeutungsvoll)*:
Auch unsere *zwei* Kinder — hier,
stehen auf der Liste.

LUCCANI SR. *(der sofort verstanden hat)*: Die *beiden* Kinder — ja.

(Zu Witzel:) Lassen Sie doch bitte die zwei Kinder hier,
die sind Ihnen doch nur im Wege.

WITZEL *(nimmt die Liste an sich, sehr gemütlich):*
Mir haam viel Familiensinn, verstehnse.
Die beiden Kinner komm och mit.
Und Sie — Sie stehn gar nich uff der Liste.
Sie komm aber och mit.
Wer nich arbeitn kann, wird extra —
wird sonderbehandelt.
*(Lothar und Julia packen in Eile Koffer aus und um. Das kleine Mäd-
chen ist seinem Großvater auf den Schoß gekrochen, auch der Junge
hat sich schutzsuchend zu ihm gestellt.)*

WITZEL *(sachlich zu dem Alten):* Sie sin noch nich lange in Rom,
oder weshalb hat der Duce sich
for Sie nich indressiert, wie er die Juden
hat lassen registrieren?

LUCCANI SR. *(verächtlich):* Erstens bin ich nur zu Besuch hier,
zweitens bin ich Katholik.

JULIA *(richtet sich auf):* Lassen Sie bitte meinen Schwiegervater
und meine beiden Kinder hier . . .

WITZEL *(fährt herum, brutal):* Du sollst packen. Wir fragen doch nich
nach der Ralljon, wir Deutschen.
*(Er geht auf das Relief zu, Lothar und Julia packen, sonst ist es sehr
still.*
*Witzel stößt Lothar, der vor einem Koffer kniet, vorsichtig mit einem
Fuß an.)* Kunstsammler, wie? Wertvoll, was?
*(Er deutet durch Kopfbewegung auf das Relief. — Lothar, in der sinn-
losen Hoffnung, ein Gespräch anzuknüpfen und vielleicht doch für
die Kinder etwas zu erreichen, sagt —)*

LOTHAR: Ja, ich bin Archäologe. Diese Plastik stammt . . .

WITZEL: Wovon das abstammt,
indressiert mich nich, da soll
sich Görings Einsatzstab drum kümmern.
Packt endlich fertig, gleich geht's ab.
(Zu dem korrekten Italiener:) Gib mal die annere Liste her . . .
*(Der Italiener entnimmt sie seiner Kartentasche, Witzel notiert etwas,
fragt die Miliz:)* Wie heißt die Straße?

MILIZ: Via Porta Angelica 22, vierter Stock.
*(Witzel gibt ihm die Liste zurück, tritt zwischen Lothar und Julia, die
am Boden die Koffer umpacken, bückt sich und entnimmt einem Koffer eine Kleinplastik und ein Säckchen und hält beides vor sich
hin. Der Italiener mit der Flasche wird sehr aufmerksam, sagt aber
nichts.)*

WITZEL *(höhnisch, dann lacht er böse, stellt die antike Bronze auf den
Tisch und wühlt in dem Beutel):* Was ihr so alles uff die Reise
mitnehmen wolltet. — Alles ahle
Münzen oder wie? — Wertvoll, was?
Das wolln wir auch emal notieren.
*(Er läßt sich wieder die andere Liste reichen, notiert etwas und sieht
dann, daß der Ganove, auf dem Tisch sitzend, die Münzen nicht aus*

*den Augen läßt, während er sich eine Zigarette dreht. Er schickt ihn
hinaus. Barsch:)* Sei nicht so faul da, du,
und mach mir nich solche Stielaugen.
Klotz nich dauernd off die Kunststücke!
Guck lieber rasch mal in die annern Löcher —
da — und da drüben,
vielleicht geht uns da noch so ein Kaninchen
wie dieser Opa zusätzlich ins Garn.
*(Als der Italiener sich provozierend langsam und widerwillig, ohne
Gewehr, Mütze in die Stirn schiebend und sich am Hinterkopf krat-
zend, vom Tisch schiebt, blickt Julia, die noch immer kniend packt,
angstvoll auf. Sie beißt sich gequält auf die Unterlippe, um nicht auf-
zuschreien und verkrallt ihre Hand in Lothars Arm. Ihr Mann entzieht ihr den Arm und beschäftigt sich ostentativ eifrig weiter mit
dem Koffer. Julia kann ihre Angst so schlecht verbergen, daß sie
sich ganz aufrichtet, als der Italiener das Zimmer verläßt. Sofort greift
Witzel, der hinter ihr steht, sie roh im Genick und drückt sie wieder
auf den Boden, während er dumm beschwichtigend sagt:)*
Du brauchst keine Angst zu haben,
daß dir dein Landsmann an die
silbernen Löffel geht, mach weiter hier ...
*(Julia beginnt lautlos zu weinen. Der Großvater hat im Hintergrund,
mehrmals seinen Finger auf den Mund legend, den Enkelkindern
bedeutet, sie sollten schweigen. Er flüstert. Dann, in diesem Augen-
blick höchster Spannung, beginnt er, sie zu beschäftigen, indem er
sich überwindet, Witzel anzureden.)*
LUCCANI SR.: Darf der Junge hier sein Kästchen voll
Briefmarken mitnehmen? Hier ...
*(Er nimmt aus der Hand des Enkels das Kästchen und zeigt es Witzel,
der freundlich antwortet.)*
WITZEL: Natürlich darf er das, for meinetwechen.
LUCCANI SR.: Claudia, nun frag du, ob du deinen Bären
und hier die Puppen auch mitnehmen darfst ...
WITZEL *(ungeduldig)*: In Gottes Namen. — Aber los jetzt.
Na und? — Die Zimmer leer?
*(Er sieht fragend den zurückkommenden Faschisten an, der auch im
Kinderschlafzimmer gewesen ist, in das Körbchen des Säuglings ge-
sehen und sich dort, nach kurzer Überlegung und einem absichern-
den Blick auf den Flur, leise wieder entfernt hat, während ein Lä-
cheln über sein Gesicht ging, von dem niemand sagen könnte, und
er selbst nicht, ob es der Rettung des Kindes oder der Übertölpelung
Witzels galt.)*
FASCHIST: Niemand weiter da, kein Mensch.
*(Er blickt erst auf Julia, dann unverwandt auf den Beutel mit den
Münzen.)*
JULIA *(im Vordergrund, leise)*: Soll Pippa auch jetzt noch ... hier —
LOTHAR *(faßt Julia beschwichtigend am Arm, dann sofort aufstehend,
er hat es jetzt eilig)*: Wir sind fertig.
*(Er wirft sich seinen Mantel über die Schulter, nimmt zwei Koffer und
geht voran. Julia, gefaßter, will den Kindern Mäntel anziehen.)*

WITZEL: Halt — noch 'ne Kleinichkeit:
zeigt eure Hände vor — die Kinner nich.
Sie — da: den Ring, die Ringe ab.
Schmuck wird beschlachnahmt, nu' macht schonn.
LOTHAR *(unterbricht die Sprachlosigkeit mit gequälter Ironie, in-*
dem er seinen Ehering nicht ohne Mühe vom Finger zieht, während
sein Vater und Julia noch nicht reagieren):
Die Eheringe könnten uns bei der «Arbeit» stören.
(Erzürnt, weil Witzel Julia, die in ihrer Nervosität die Ringe nicht al-
lein von den Fingern bekommt, anfaßt:)
Haben Sie amtlichen Befehl, uns auszuplündern?
(Die Kinder drängen sich um die Mutter.)
WITZEL: Plündern? Werd' nur nich frech, du.
Eure Uhren sinn' sowieso schon abgelaufen.
Uhren auch her — los, Ihre Uhr.
JULIA: Du hattest recht, Lothar.
(Witzel hat ihre und Lothars Uhr und die Ringe dem Korrekten von
der Miliz gegeben, der darüber Listen führt und alles in seine große
Ledertasche am Koppel steckt. Jetzt wendet er sich dem Alten zu, der
dasitzt, als sei er Zeuge eines unbegreiflichen Geschehens auf einem
anderen Stern: Verstörte, weitoffene unbewegliche Augen, Hände
vor sich auf den leicht gespreizten Knien — läßt sich dann ohne
jede äußere Reaktion die Taschenuhr mit der goldenen Kette und
seine beiden Eheringe abnehmen. Die Ringe werden vom Finger
mehr gerissen als gestreift.)
WITZEL: Du schläfst wohl, was — los,
ab geht die Post. Ziehnse de Kinner an.
(Er hat das zu Julia gesagt, faßt sie jetzt kurz, nicht brutal, am Haar,
um ein Ohr zu sehen:) Keine Ohrringe, wie. Gut. Fertig. Los.
(Julia reicht dem Großvater einen kleinen Koffer, nimmt selbst einen
Rucksack und zieht die Kinder hinaus.)
DAS MÄDCHEN: Ich will mit dem Opa gehen.
LUCCANI SR.: Ja, du bleibst bei mir —
(zum Jungen:) du auch. Kommt.
DER JUNGE: Und Pippa? — Wo ist . . . Pippa nicht?
LUCCANI SR. *(legt ihm die Hand auf den Mund):* Schön ruhig sein, jetzt.
(Er zieht die Kinder eilig mit sich fort, der Faschist, der zuerst die
Liste trug, hat bereits die Korridortür geöffnet. In dem Gedränge auf
dem kleinen Flur fragt der Junge ängstlich den Feldwebel —)
DER JUNGE: Fahren wir jetzt ins Kloster?
WITZEL: Direkt innen Himmel fahrn wir,
gleich bein lieben Gott —
(Er drängt sie hinaus. Draußen steht Frau Simonetta, weinend. Sie
kommt auf den Flur.)
FRAU SIMONETTA: Ach, Frau Luccani, ach Gott!
JULIA: Leben Sie wohl — sehen Sie doch bitte
nach im Kinderzimmer, ob ich
das Fenster dort geschlossen habe.
(Sie fängt an zu weinen und geht schnell hinaus.)
WITZEL *(als letzter in der Wohnung):* 'raus hier!

(Er drängt Frau Simonetta weg und wirft von außen die Korridortür so laut zu, daß das Baby anfängt zu weinen. In der Wohnung ist es jetzt fast dunkel, denn der alte Luccani hat nicht vergessen, die Stehlampe noch auszuknipsen. Aus dem Päpstlichen Palast scheint etwas Licht herein. Viele Schritte auf der Treppe, dann Stille im Hausflur. Man hört einen Lastwagen den Motor anwerfen.
Frau Simonetta schließt die Korridortür auf und geht verstohlen, aber schnell ins Kinderzimmer, beugt sich über den Korb.)

FRAU SIMONETTA: Ach du — haben sie dir die Mama weggenommen!
Komm, mein Herzchen, armes Kleines, komm.
Diese Teufel!
(Sie nimmt das Kind heraus, beruhigt es, bis es still wird, legt es auf ein Kissen, sieht sich mehrmals nervös im Zimmer um, geht dann zum Fenster, das geschlossen ist, und späht hinunter. Sie weint. Der verwahrloste Faschist, der das Kind vorher «übersehen» hat, ist eben wieder sehr schnell und schleichend durch die offenstehende Korridortür ins Wohnzimmer zurückgekehrt, wo er mit äußerster Eile den Beutel voller Münzen in verschiedenen Taschen unterzubringen sucht. Das dauert einen Moment. Dann nimmt er die Kleinplastik, will sie in die Hosentasche stecken, merkt, daß das nicht geht, öffnet sich schließlich einige Knöpfe der Bluse und steckt sie hinein. Er blickt dabei ängstlich zur Tür — und in diesem Augenblick kommt Frau Simonetta aus dem Kinderzimmer über den Flur. Sie erschrecken beide gleich stark und können nichts sagen. Der Faschist blickt sie, in größter Verlegenheit, verständnisvoll an: Noch hat er die Plastik in seiner Bluse nicht ganz verstaut. Er zeigt auf das Kind, dann klopft er sich auf die Taschen, lacht — zieht die Plastik noch einmal aus der Bluse, zeigt sie vor, da er ohnehin als Dieb ertappt ist, steckt sie dann langsam wieder ein und kommt grinsend hinaus auf den Flur. Frau Simonetta hat nichts weiter hervorbringen können als: «Oh.» Mit großer Geste und Lust am Theaterspielen wiegt sich der Faschist in den Hüften und hält die Arme wie Frau Simonetta, als habe auch er ein Kind an der Brust — dabei klopft er auf die Plastik unter der Bluse.)
FASCHIST: O madonna mia — ich,
ich habe es gerettet.
(Er eilt hinaus.)
FRAU SIMONETTA *(lehnt sich erschöpft und erleichtert an die Wand, nicht mehr fähig, einen Schritt zu gehen)*: Ihr Bestien!

VORHANG

2. SZENE

Der Arbeitsraum eines Ordensgenerals. Wenige stillose Büromöbel, ein Kruzifix, nicht weit davon und etwas größer ein Foto des zwölften Pius, betend, en profil. Vier Renaissancestühle, Kopien, wie sie auch die Schweizergarde in ihren Wachstuben benutzt. Ein Gebetpult. Eine große Weltkarte, die durch eine Lichtröhre erleuchtet wird und, rot-

punktiert, die nicht sehr zahlreichen Missionsplätze des Ordens zeigt.
Beherrscht wird die längste Wand des Raumes durch einen äußerst
wuchtigen Schrank, barock, mit zwei großen Türen.
Im Vordergrund, neben dem Telefon, ein betagter Mönch, der sein Brevier liest. Sehr auffallend hängt an der Tür ein schwarzer Kardinals-
hut mit dem roten Cape. Die simple Bürouhr schlägt zehnmal: 22 Uhr.
Indem hört man Schritte, laut widerhallend, als ginge jemand über den
dünnen Bretterboden eines leeren Speichers. Der Mönch schaut auf,
dann erhebt er sich. Jetzt das sonore, sympathische Lachen eines
dicken Mannes, gedämpft, als käme es aus einem Faß — doch kommt
es aus dem Schrank, dessen Türen sich knarrend und schwerfällig von
innen öffnen: Eminenz, schon bekannt durch seinen Besuch im Haus Fontana, kommt, weltmännisch erheitert, umständlich zum Vorschein. Mit
der linken Hand rafft er seine Soutane hoch — er trägt rote Strümpfe zu
hohen schwarzen Schnürschuhen —, mit dem rechten Arm stützt er sich
auf den Mönch, der herzugeeilt ist, um dem Fürsten beim Ausstieg
behilflich zu sein. Lachen, Sprechen, Husten nach rückwärts, zu dem Abt
hin, der noch in dem tiefen Unterbau des Schrankes steht und dessen
künstliche Rückwand verrammelt. Nun tritt auch der Abt heraus und
schließt die Schranktüren: ein älterer, weißhaariger Herr, Typ eines
Generalstäblers, schlank, karg, gehorsam.

KARDINAL (mit einem Fuß noch im Schrank, fürstlich-heiter):
   Jonas, nicht wahr, ja! — Jonas
   im Bauche des Wals. Danke, Freund, danke, ja.
   (Er tritt ganz heraus, der Mönch klopft ihm ein wenig Staub von der
   Soutane, holt dann aus der Schublade des Tisches eine Kleiderbürste
   und setzt diese Arbeit fort, auch beim Abt.)
   Ja, nicht wahr, wundervoll, dies Versteck!
   Und neben diesem Schrank, mein lieber
   Pater General, verhandeln Sie mit Hitlers Schergen?
   (Er freut sich wieder.) Unbezahlbar, ja, nicht wahr. Doch wenn
   nun eines Ihrer Schäfchen — dort oben,
   (er zeigt zur Decke) vom Gefangnenkoller befallen wird . . .
   wenn er's nicht mehr ertragen kann
   in dem Versteck und läuft davon,
   nicht wahr, ja — und tobt und schreit
   und rennt, nicht wahr, geradewegs hier
   durch den Schrank — hier in Ihr Zimmer,
   wo Sie vielleicht mit dem Gestapochef
   Frascati trinken, wie — nicht wahr?
   (Diese Vorstellung amüsiert ihn in gleichem Maße, wie sie ihn entsetzt: er lacht ängstlich, fragend.)
ABT (lächelnd): Keine Sorge, Eminenz:
   die Deutschen wissen ohnehin,
   daß ich das Haus voll Deserteure habe,
   voll Kommunisten, Juden, Royalisten . . .
   den Klosterfrieden respektieren sie.
   (Zu dem Mönch, der ihn abbürstet:)
   Danke, Bruder, danke — kein Telefonanruf?

MÖNCH *(verneigt sich und geht):*
  Kein Anruf, hochwürdigster Pater General.
  (Kniefall.) Eminenz!
KARDINAL *(uninteressiert):* Grüß Gott, Freund . . .
ABT: Bring uns ein Gläschen Wein —
  roten, Eminenz? Heurigen?
KARDINAL: Danke, nein — ich habe doch
  Kutscher und Pferd auf der Piazza, ja.
  Ich will mich nicht verweilen, nicht wahr.
  Nun ja, ein Schlückchen, roten, nicht wahr.
  (Zum Mönch:) Doch bitte, lieber Freund, keinen Heurigen, ja.
  (Mönch ab, nach einer Verbeugung.)
  Und Ihr Rheumatismus, lieber Pater General?
ABT: Danke der Nachfrage, Eminenz, ich fürchte,
  er kommt wie jedes Jahr
  mit dem Novembernebel, nicht früher,
  aber auch nicht später. Verschonen
  wird er mich auch dies Jahr nicht.
KARDINAL: Ich schicke Ihnen morgen früh, nicht wahr,
  mein Katzenfell, ja. Tragen Sie es gleich,
  nicht erst, wenn schon die Schmerzen da sind.
  (Der Kardinal hat am Schreibtisch Platz genommen, der Abt sich einen Stuhl herangerückt.)
ABT: Sehr gütig, Eminenz, doch brauchen Sie
  das Fell nicht selbst?
KARDINAL *(weit von sich weisend, mit strengem Ernst):*
  Aber nein ich, kneippe doch — und dann,
  die warme Luft in meinem Blumenhaus,
  nicht wahr, dagegen kommen Krankheiten nicht an.
  (Er zeigt wieder zur Decke und hustet — hustet sich in einen gewaltigen Husten hinein.) Doch oben — hier, der Speicher ist sehr staubig.
  Wo schöpfen *die* denn frische Luft,
  die armen Versteckten? Der Staub — ah.
  (Er hört allmählich auf zu husten.) Ja, der Staub da oben, nicht wahr.
ABT: Ganz einfach, Eminenz, die gehen
  nachts aufs Dach, die ganze Nacht,
  wenn sie die Lust dazu verspüren.
  Am Tage gehen sie *einzeln*
  in den Garten, sie helfen in der Küche,
  auch in der Bibliothek — warum auch nicht!
  Der Schrank hier, Eminenz, ist eigentlich
  nur pittoresk: *notwendig* wird er erst,
  wenn die Deutschen nicht mehr so mustergültig
  wie bisher die exterritorialen Häuser Roms
  respektieren sollten. Dann werden wir
  die Türen zum Versteck vermauern,
  dann ist der Schrank der einzige Zugang.
  (Der Mönch hat schweigend Gläser und eine Korbflasche gebracht und geht wieder.)
ABT *(schenkt ein):* Danke, Bruder . . .

KARDINAL: Also, Vater Abt, auf Ihre Schutzbefohlenen!
ABT: Gehorsamsten Dank! Gott schütze sie.
Eminenz haben mit Ihrer Visite und
mit der herzlichen Ansprache eine
wunderbare Heiterkeit, eine neue
wohltuende Atmosphäre in unser
Refugium hineingetragen. Bitte, Eminenz,
kommen Sie oft zu den Versteckten.
KARDINAL (gerührt): Ja, nicht wahr, auch die Versteckten
im Campo Santo und in der Anima
will ich besuchen, nicht wahr — der Wein
tut gut, es war zu staubig
auf dem Speicher. Von den *Juden,*
(er zeigt zur Decke) da oben, lieber Pater General, wird mancher
zur Kirche Christi konvertieren, ja.
ABT: Das wäre schön, Eminenz.
KARDINAL: Ja — und fürchten Sie nichts
für Ihre Gäste: sowenig wie an unserm Chef
wird sich Herr Hitler an den Klöstern Roms
vergreifen: er ist doch viel zu schlau,
der Welt ein solches Schauspiel anzubieten.
Obwohl die Deutschen wissen, daß aus manchen
Klöstern auch gefunkt wird . . . das geht natürlich nicht, ja.
Herr von Weizsäcker hat mich sogar gebeten,
im «Osservatore» der Besatzungsmacht
an erster Stelle zu bescheinigen, nicht wahr,
wie mustergültig doch die Deutschen
die Kurie und alle ihre Häuser
respektieren, ja. — Wir wollen das tun,
nicht wahr — sie haben es verdient.
Doch trotzdem: nicht so ganz umsonst, wie?
ABT (lächelnd): Gut. Eminenz — ich werde dem Gestapochef
morgen früh einen Handel offerieren:
wir bringen das Kommuniqué —
er soll mir einen Kommunisten,
Sohn eines namhaften Mailänder Gelehrten,
der sich an uns um Hilfe wandte,
herausgeben . . . dem Papst liegt viel daran.
Ich denke, das werde ich erreichen.
KARDINAL: Schön, nicht wahr.
(Das Telefon läutet, der Kardinal gibt dem Abt den Hörer herüber,
steht dann auf, setzt seinen Hut aufs Käppchen und hängt sich das
Cape um, während der —)
ABT (am Telefon sagt): Ja, bitte — wer? Hm. Moment.
Eminenz: Pater Riccardo bittet,
mit einem Offizier der SS
sofort empfangen zu werden. Darf ich . . .
KARDINAL (neugierig-verärgert):
Riccardo Fontana? O gewiß — bitte, nicht wahr.
Lassen Sie sich nur nicht stören, ja.

ABT *(ins Telefon)*: Bring sie herauf, Bruder.
(Er legt auf und sagt zum Kardinal, der temperamentvoll auf und ab geht, sich aber doch nicht entschließt, sich zu verabschieden:)
Pater Riccardo, Eminenz, hat mich schon mehrfach
bedrängt, bei Seiner Heiligkeit dafür zu sprechen . . .
KARDINAL *(verletzt, gereizt)*: Jaja, nicht wahr, das ist dem Riccardo
sein ewiges Thema, wir wissen es allmählich.
Beim Fall von Stalingrad, vor einem halben Jahr,
mußt' ich ihn aus Berlin entfernen,
weil er zu eigenmächtig vorging.
Was macht er jetzt schon wieder hier in Rom, nicht wahr?
Sein Arbeitsplatz ist Lissabon.
Er ist verwöhnt durch die Stellung seines Vaters, ja,
und als Lieblingsprotegé des Chefs,
der ihn wie einen Neffen streichelt.
Er ist zu ehrgeizig. Gehorchen kann er gar nicht, ja.
(Klopfen an der Tür. Der Kardinal hat sich so gestellt, daß er von den Eintretenden nicht gleich gesehen wird. Der Abt öffnet. Es erscheinen Riccardo, Gerstein und der alte Mönch, der sich sofort wieder zurückzieht. Riccardo springt fast die zwei Stufen hinunter in den Raum; Gerstein zögert in der Tür. Noch bevor er Gerstein vorgestellt hat, ruft —)
RICCARDO: *Soweit* haben wir es kommen lassen:
seit heute abend werden auch in Rom
die Juden verhaftet! — Eine Schande . . .
(Er sieht den Kardinal, erschrickt sehr, geht auf ihn zu, beugt sich über den Ring.)
ABT: *Was* sagen Sie da? — Entsetzlich!
KARDINAL: Riccardo, nicht wahr, ja. Schickt Sie
der Nuntius aus Lissabon? Und wer ist . . .
(Er geht auf Gerstein zu, der eine tiefe Verbeugung macht, sehr befangen ist, auch äußerst mißtrauisch.)
RICCARDO *(schnell)*: Das, Eminenz, ist unser Vertrauter
in der Reichsführung SS — lassen wir
seinen Namen am besten aus dem Spiel.
Er hat zuerst den Syndikus des
Bischofs Grafen Preysing gebeten,
die Vergasungen in Belzec und Treblinka
dem Heiligen Stuhl zu schildern.
(Böse:) Das ist nun länger als ein Jahr her . . .
KARDINAL *(ziemlich herzlich, gibt Gerstein die Hand)*:
O ja, nicht wahr, wir danken Ihnen,
mein Herr — es hat uns sehr erschüttert.
Gott wird es Ihnen lohnen, daß Sie
den Opfern diesen Dienst erwiesen, nicht wahr.
Doch was — Riccardo, sagten Sie da eben?
In Rom nun *doch*, nicht wahr?
(Unsicher, gereizt, empört:) Wir dachten, die Schergen, ja —
lieber Abt, wir glaubten doch, die Juden
hier in Rom würden nicht verhaftet werden!

Hoffentlich haben sich die meisten
schon zu den Alliierten retten können!
Sie stehen ja schon in Neapel, ja.
(Rechtfertigend zu Gerstein:)
Auch in Klöstern sind Hunderte versteckt . . .
*(Die Aufregung läßt die vier Personen durcheinander reden. Der Abt
begrüßt Gerstein, der Kardinal spricht weiter zu Riccardo und zu
allen, der Abt spricht zu Gerstein allein, beruhigend.)*
GERSTEIN *(nervös)*: Darf ich Sie bitten, Monsignore,
    unbedingt dafür zu sorgen, daß — daß außer mir
    jetzt kein Deutscher mehr hier erscheint . . .
ABT: Seien Sie unbesorgt. Wenn Sie nur unauffällig
    von der Straße hereingekommen sind —
    hier sieht Sie niemand: um diese Zeit
    besucht mich keiner von Ihren Kollegen.
GERSTEIN: Kollegen . . . Monsignore,
    ich trage nur die gleiche Uniform.
ABT *(verständnisvoll)*: Ich weiß, ich hörte schon von Ihnen —
    obwohl, beruhigen Sie sich, Ihr Name
    mir unbekannt geblieben ist . . .
    (Jetzt hören die beiden dem Kardinal und Riccardo zu.)
RICCARDO *(schon während der Abt mit Gerstein spricht)*:
    Eminenz — soweit ist es gekommen:
    Bürger Roms vogelfrei!
    Jagd auf Zivilisten unter dem Fenster
    Seiner Heiligkeit! — Wird jetzt
    noch immer nicht gehandelt, Eminenz?
KARDINAL *(schuldbewußt, deshalb sehr verärgert)*:
    Es wurde ja gehandelt, Riccardo,
    (mit Emphase) auch ungetauften Juden gaben wir Asyl!
    Pater General, zeigen Sie Riccardo Ihren Speicher, bitte.
    (Drohend zu Gerstein:)
    Ihr Deutschen, ja! Ihr entsetzlichen Deutschen.
    Ich habe euch ja so gern, nicht wahr, der Chef
    hat euch lieb — aber laßt doch das
    mit den *Juden*, nicht wahr! Ihr ewigen
    Friedensstörer und Protestanten, ja. Treibt
    ihr es nun so weit, daß auch der Papst
    euch jetzt vor aller Welt blamieren muß!
    Hier unter seinem Fenster . . .
    verschleppt ihr Frauen und Kinder, und
    jeder weiß, nicht wahr, daß keiner wiederkommt!
    Ihr zwingt uns ja dazu, nun
    zwingt ihr den Papst, nicht wahr,
    von den Verbrechen öffentlich
    Kenntnis zu nehmen, ja.
RICCARDO: Gott sei gedankt! Endlich muß . . .
KARDINAL *(fährt empört auf Riccardo los, der das provozierend spöttisch
    hinnimmt)*: Das verbitte ich mir, Graf Fontana!
    Sind Sie so engstirnig zu übersehen, ja,

daß jeder Fluch der Kurie gegen Hitler
zur Siegesfanfare
der Bolschewisten wird, nicht wahr?
Herr Stalin marschiert auf Kiew. Hitlers
Sommeroffensive ist total gescheitert . . .
(Zu Gerstein, fast weinend:) Was tut ihr nur, ihr Deutschen!
ABT *(zu Riccardo):* Ich führe Sie hinauf, zu meinen Schutzbefohlenen.
Sie sollen sehen, daß wir tatsächlich helfen . . .
RICCARDO: Aber das weiß ich doch, Pater General.
KARDINAL *(kalt, befehlend):*
Trotzdem: gehen Sie mit dem General hinauf.
*(Wendet sich dann zu Gerstein, während Riccardo vom Abt durch
den Schrank hinaufgeführt wird. Die Schranktüren bleiben offen, bis
der Kardinal sie anlehnt.)*
GERSTEIN: Eminenz, vielleicht schreckt Hitler
schon zurück, wenn Seine Heiligkeit,
zunächst nur schriftlich und geheim,
die Kündigung des Konkordats androht.
KARDINAL *(ausweichend, reserviert):*
Möglich, ja, nicht wahr, schon möglich.
Ich spreche den Chef noch heute nacht, ja.
Sagen Sie, mein Herr — wie konnten nur
die Deutschen vergessen, welchen Auftrag
Gott ihnen im Zentrum des Abendlandes gab . . .
GERSTEIN *(leise):* Eminenz, das kann nicht sein. Gott wäre ja
nicht Gott, wenn er sich eines Hitlers bediente . . .
KARDINAL: Doch, doch, gewiß doch — lieber Freund!
War nicht auch Kain, der seinen Bruder mordete,
das Werkzeug Gottes? Kain sprach zum Herrn:
meine Sünde ist größer, als daß sie mir
vergeben werden könnte, ja. Und doch machte Gott,
nicht wahr, ein Zeichen an Kain,
daß ihn niemand erschlüge, wer ihn fände, ja.
Wie sagt doch euer Luther:
Das weltliche Regiment kommt von Kain her, nicht wahr.
Kain hat seinen Auftrag in der Welt, Noah hatte ihn,
was wissen wir von den entsetzlichen Umwegen des Herrn!
(Enthusiastisch:) Aber das *eine* wissen wir doch, nicht wahr,
das *Abendland,* ja, die christliche *Kultur*
will Gott gewiß nicht verderben!
GERSTEIN *(angewidert):* Warum nicht, Eminenz? Wollte Gott
uns *nicht* verderben, warum hätte er uns Christen
dann so fürchterlich mit Blindheit geschlagen?
Die Kirche, Eminenz — darf ich offen sein?
KARDINAL: Natürlich, nun ja, gewiß doch, sprechen Sie sich aus.
GERSTEIN: Seit sechzehn Monaten weiß Rom,
wie Hitler in Polen wütet: Warum sagt
der Papst kein Wort dazu, daß *dort,*
wo seine Kirchtürme stehen,
auch Hitlers Schornsteine rauchen?

Wo sonntags die Glocken läuten,
brennen werktags die Menschenöfen:
so sieht heute das christliche Abendland aus!
Warum, Eminenz — sollte Gott
da nicht die Sintflut schicken?
Allein die Panzer Stalins können
Auschwitz, Treblinka, Majdanek befreien ...

KARDINAL *(äußerst entsetzt):* Was sagen Sie da! — Sie lieben doch gewiß
Ihr Vaterland, nicht wahr, mein Herr?

GERSTEIN: Erlassen Sie mir die Antwort, Eminenz!
In meinem Vaterland ist Hitler
ein *sehr* populärer Mann. Ich liebe viele Deutsche,
die sterben werden, wenn die Rote Armee einzieht.
Ich werde dann vermutlich auch fallen — und doch ...

KARDINAL: Und doch! — Sie werden doch kein Kommunist sein,
nicht wahr — wünschen Sie die Rote Armee
herbei? Sehen Sie das denn nicht vor sich, ja,
wie Altäre geplündert, Priester erschlagen,
Frauen geschändet werden, ja?

GERSTEIN *(brutal):* Doch, Eminenz, es wird apokalyptisch zugehen.
Trotzdem — eine wüste Soldateska kann im Schlafsaal
eines Nonnenklosters nicht entsetzlicher hausen,
als die Juristen und Ärzte Hitlers und die Banditen
in dieser — meiner Uniform seit Jahren,
seit Jahren, Eminenz,
unter Juden und Polen und russischen Gefangenen wüten.
Eminenz: Sie können das doch überprüfen: Zehntausende
aus Westeuropa — Zehntausende von jüdischen Familien
werden deportiert: wohin, Eminenz? Wohin?
Wie denkt man sich das denn in Rom?

KARDINAL *(hilflos, weil «überführt»):*
Natürlich, ja, natürlich — *trotzdem,*
lieber Herr, der Qualm der Krematorien
hat auch Sie dafür blind gemacht,
daß es doch eine — eine Alternative
zur Rettung der Opfer durch die Rote Armee
geben muß, geben *muß,* um des
Abendlandes willen, nicht wahr ...
Vielleicht, daß eine Landung in der Normandie ...
Der Einzug Stalins in Berlin — ja, lieber Gott,
das ist ein Preis, den *kann,*
den *darf* Europa nicht bezahlen!

GERSTEIN: Eminenz, als Napoleon die Große Armee
sinnlos ruiniert hatte, da erfand er
im Gespräch mit Caulaincourt, der ihm
nicht eine Silbe davon glaubte, die Legende
vom russischen Koloß, der angeblich
Europa habe vernichten wollen. Hitler
benutzte diese Legende, über die Bismarck und
Friedrich und auch Wilhelm II.

nur böse gelacht hätten, schon bei seinem Überfall
auf Rußland —
und jeder europäische Verbrecher, der habgierig
nach Osten blickt, wird in Zukunft aufs neue
behaupten, er müsse die Zivilisation retten. —
Der Vatikan sollte das niemals unterstützen, Eminenz!

KARDINAL *(geht gern auf diese Ablenkung ein)*:
Wir erhoffen nichts von einer Aggression, nicht wahr.
Sie vereinfachen aber, mein Herr: Friedrich
von Preußen hat sehr wohl, auch Bismarck,
den russischen Koloß gefürchtet, nicht wahr.
Und weil der König sich — wie Napoleon, wie Hitler —
anders nicht zu helfen wußte, so peitschte er selbst
in Rußland die Ambitionen an zur Ausdehnung nach Westen.
Wie Napoleon, nicht wahr, wie Hitler: Angebot der
Zusammenarbeit auf den Trümmern geteilter Staaten, ja,
immer dasselbe, nicht wahr, solange es gut geht.
Es geht *nie* lange gut, nicht wahr.

GERSTEIN: Rußland hat aber niemals das Abendland
so stark bedroht, Eminenz,
wie Hitler und Napoleon es bedrohten.
Beide hätten Europa völlig unterjocht,
würde nicht ihr Marsch auf Moskau
Rußland erst auf den Plan gerufen haben.
Europa ist durch *Rußland* gerettet worden —
und kann sich dieses bedrohlichen Retters
nur erwehren, wenn es mit ihm gemeinsam leben will.

KARDINAL: Auch mit den Bolschewisten?

GERSTEIN: Mit *jedem* Herrn im Kreml — gleichgültig,
ob er Alexander heißt oder Stalin . . .

KARDINAL: Leicht gesagt — schwer getan, nicht wahr . . .
*(Riccardo und der Abt kommen durch den Schrank zurück, der Abt
verschließt die Türen wieder.)*

GERSTEIN: Es war immer schwer, Eminenz. Selbst für Bismarck
war es ein Balancekunststück.
Doch hat er sich nicht einmal den *Gedanken*
an einen Präventivkrieg gegen Petersburg gestattet . . .

KARDINAL: Der Chef persönlich hat auch niemals zum Kreuzzug
gegen Rußland aufgerufen, nicht wahr, ja.
Riccardo: ich begreife die Not Ihres Herzens, ja.
Aber haben Sie nun gesehen, dort oben,
daß auch der Heilige Stuhl das Seine tut, nicht wahr?

RICCARDO: Eminenz, das sind Bevorzugte,
sehr wenige von Millionen —
die eine Klostertür erreichen.
Wenn ihnen der Papst Versteck gewährt,
so tut er nur, was viele Familien
in Berlin und Amsterdam, Paris
und Brüssel für die Verfolgten tun.
Nur, Eminenz: der Arzt, der Kaufmann,

der Arbeiter, der einen Juden aufnimmt,
riskiert, geköpft zu werden.
Was riskiert der Papst?
KARDINAL *(bemüht, seinen erneut aufsteigenden Ärger zu unterdrücken)*:
Riccardo — heute, hier, ja, nicht wahr,
die Verhaftungen in *Rom*, die ändern alles, ja!
Der Chef wird jetzt als Bischof sprechen,
wie andere es auch getan haben, ja.
Doch wir verlieren Zeit, indessen draußen
der Terror wütet . . . Wollen Sie nicht zu Ihrem Schutz
(er hat Gerstein die Hand auf die Schulter gelegt)
in diesem Hause bleiben — mein lieber Pater
General, nicht wahr?
ABT: Ich garantiere Ihnen Schutz, so lange
das Kloster nicht zerbombt wird . . .
GERSTEIN: Eminenz — Monsignore, ich bin gerührt.
Aber ich habe Familie, die ich nicht
allein lassen darf in Deutschland.
KARDINAL: Gott schütze Sie, auch Ihre Familie!
Ich danke Ihnen, meine Herren. Beten wir
für die Verfolgten, nicht wahr . . . mein
lieber Freund, ich finde mit Bruder Irenäus
allein hinaus, bleiben Sie
bitte bei Ihren Gästen . . . ja, auf Wiedersehen!
(Abt klingelt dem Mönch, der sofort erscheint.)
ABT, RICCARDO, GERSTEIN *(zugleich)*: Eminenz.
KARDINAL: Leben Sie wohl.
(Ab mit dem Mönch, kehrt aber sofort um, sehr temperamentvoll, zu
Gerstein:) In Eile noch eine Frage, mein lieber Herr,
es ist nicht Neugier, es ist Verzweiflung, ja:
London, auch Madrid und Stockholm
und mancher Besucher hier sprechen gern von einer
innerdeutschen Revolte gegen Hitler . . .
Was ist daran? Ist überhaupt etwas daran?
(Abt winkt dem Mönch, sich zurückzuziehen, Mönch ab.)
GERSTEIN: Ach, Eminenz, ein paar Wehrlose,
Pfarrer, Sozialisten, Kommunisten,
Jehovas Zeugen — ja. Im September
wurden hundertachtzig an einem Tag
in Plötzensee gehenkt, die Frauen enthauptet . . .
ein aussichtsloser Kampf . . .
KARDINAL *(erregt, sehr mitfühlend; er hört zum erstenmal davon)*:
Frauen, sagen Sie? Auch Frauen!
O Mutter Gottes, steh ihnen bei!
Und Militärs? London spricht von Generalen, ja —
würden diese Offiziere das Volk,
das doch Herrn Hitler liebt, nicht wahr,
überhaupt mitreißen können?
GERSTEIN: Nur wenn sie verkünden: *Himmler*
hat den Führer ermordet! — dann ja.

Die Wut des Volkes muß gegen
SS und Polizei gerichtet werden . . .
KARDINAL: Satanisch . . . nicht wahr, ja . . . satanisch!
GERSTEIN: Nur so, Eminenz, könnten Revolutionäre
vielleicht das Steuer in die Hand bekommen.
Vielleicht. Aber ich glaube nicht, daß Offiziere
bereit sind, sich zu opfern. Nicht die *deutsche*,
die *russische* Armee wird Hitler beseitigen.
KARDINAL: Hitler *auch*, mag sein, ja.
Aber das ist entsetzlich, nicht wahr . . . ich
danke Ihnen, ja. Auf Wiedersehen, gute Nacht,
meine Herren, gute Nacht.
*(Der Abt begleitet den Kardinal bis zur Tür, hinter der wieder der
Mönch sichtbar wird. Kardinal mit ihm ab. Abt kehrt zurück und sagt
zu Riccardo, der sich hoffnungslos an die Wand gelehnt hat —)*
ABT: Ich stimme Ihnen zu: Auch über *Rom*
mußte das Unheil kommen. Hitler
soll jetzt erfahren, was es kostet,
den Heiligen Vater herauszufordern.
(Riccardo antwortet noch nicht.)
GERSTEIN: Monsignore, sind Sie jetzt *sicher*,
daß er eingreifen wird?
ABT: Unbedingt. — Sie nicht, Riccardo?
RICCARDO: *So* sicher nicht.
Wenn der Papst wie immer reagiert,
— ich meine, überhaupt nicht,
(leidenschaftlich) Pater General, was tun wir dann?
ABT *(kurz)*: Gehorchen müssen wir, das wissen Sie!
RICCARDO *(trotzig)*: Das wäre doch zu leicht! Sehen Sie ihn —
ein Offizier: Wär' er nicht ungehorsam, eidbrüchig,
so wäre er ein Mörder. Und wir?
(Eindringlich, werbend:)
Sie haben Hunderten das Leben gerettet, Pater General.
ABT: Der *Papst* gab mir die Möglichkeit dazu,
vergessen Sie das nicht, Riccardo!
RICCARDO: Ich vergesse das nicht. Bedenken Sie aber:
dies Samariterwerk hat ja dem Papst,
vom Finanziellen abgesehen,
nicht das geringste Opfer auferlegt,
auch nicht den *Schatten* eines Risikos . . .
Und: wie ich Sie kenne,
können Sie doch gar nicht untätig
dabeistehen, wenn morgen — hier,
die Opfer in Viehwaggons verfrachtet werden —
ABT: Herrgott — ein Priester kann nicht schießen!
RICCARDO *(leise, fast nur zu sich)*:
Nein, aber mitgehen. Er kann mitgehen.
GERSTEIN *(ahnt nicht, wie lange das Riccardo schon beschäftigt)*:
Das wäre völlig sinnlos!
ABT: Und würde keinen Juden retten, keinen einzigen!

RICCARDO *(mehr zu sich selbst)*: Keinen Juden, nein. Aber die eigene
Obrigkeit. — Als ich da im Gefangnenhospital
den Dompropst Lichtenberg besuchte,
quälte ihn, daß keiner von uns bei den Juden ist.
Ich werde mitgehen — sagte er — die Nazis
hatten es bereits erlaubt. Dann
brachen sie ihr Wort, wie immer,
und schleppten Lichtenberg nach Dachau.
Nun ist niemand von uns bei den Juden.
GERSTEIN *(sicher)*: Einem italienischen Priester dürfte die SS
auch *nie* gestatten, die Deportierten zu begleiten.
Das würde die alliierte Propaganda
zu sehr interessieren . . .
RICCARDO: Und wenn der Priester selber Jude ist —
wie die nach Osten verschleppten Klosterbrüder
aus Holland?
(Er sieht auf die Uhr, dann lächelnd:)
Jetzt ist er sicherlich schon in Neapel,
bei den Soldaten Eisenhowers,
der Jude, mit dem ich heute früh
den Paß austauschte. Den Davidstern
(zu Gerstein) von Ihrem Untermieter hab' ich auch noch.
Ich brauchte mich nur damit sehn zu lassen —
schon wäre ich verhaftet.
GERSTEIN *(höchst bestürzt)*: Riccardo — Sie würden nicht als Priester
behandelt, Sie würden als Jude vergast!
ABT *(beängstigt, auch gereizt)*: Verbrennen Sie den Stern und den Paß —
Sie könnten sich unglücklich machen!
RICCARDO *(um abzulenken)*: Wie erklären Sie das, Herr Gerstein,
daß sich Ihr Schützling Jacobson nie mehr gemeldet hat?
GERSTEIN: Er war so verbittert, nach dem Tod seiner Eltern.
RICCARDO: Aber doch nicht gegen mich!
GERSTEIN *(Achselzucken)*: Vielleicht hat man ihn *doch* gefaßt
und gleich an Ort und Stelle umgebracht.
RICCARDO *(nach erneutem Blick zur Uhr, fest)*:
Pater General, bitte sagen Sie mir,
Sie *müssen* es doch wissen: *was* tun wir
wenn der Papst nicht protestiert?
(Schweigen. Hilflose Geste des Abtes. Schweigen.)
RICCARDO *(während Gerstein sich die Karte mit den Missionsplätzen ansieht, fast höhnisch)*: Nichts? Gar nichts?
ABT *(zögernd, er muß etwas vorbringen)*:
In Einzelfällen . . . helfen, helfen wie bisher . . .
RICCARDO: Und *sehen zu?* — Nein! Hochwürdiger Vater,
das ist . . . das *kann* doch nicht
Ihr letztes Wort sein: tatenlos zusehen,
wenn morgen abend in Termini
unsere Mitbürger — vergessen Sie nicht:
auch die Katholiken unter den Juden! —
in Viehwaggons verfrachtet werden.

Wir — wir stehen dabei und —
(er lacht plötzlich) winken ihnen mit dem Taschentuch?
(sofern die lieben Deutschen das gestatten)
(Lachen, dann mit demagogischer Steigerung seines Hohnes und der
Argumente) und dann — dann gehn wir heim?
Und beichten — beichten, nun was?
Daß wir Gottes Namen unnütz ausgesprochen haben!
Und lesen in einem Journal,
wie weit die Ausgrabungen in Sankt Peter
vorangeschritten sind . . .
Und dann am Sonntag läuten wir die Glocken
und feiern wir die Messe — so voller Andacht,
daß wir *ja* nicht in Versuchung kommen,
an *die* zu denken, die gerade
in Auschwitz nackt ins Gas getrieben werden.
ABT *(mürbe, verzweifelt):* Gott im Himmel — *was* bleibt
uns denn zu tun!
(Schweigen, dann —)
RICCARDO: Nichts tun — das ist so schlimm
wie mittun.
Es ist — ich weiß nicht,
vielleicht noch weniger verzeihlich.
(Ein Schrei:) Wir sind doch *Priester!* Einem Henker, ja,
Priestern, dem *Papst,*
kann Gott das nicht verzeihen!
(Schweigen, dann ruhiger, berechnend, sachlich.)
Pater General, bitte — sagen Sie:
Wenn Gott einst Abraham verheißen hat,
er werde Sodom nicht verderben,
wenn auch nur zehn Gerechte darin wohnen —
glauben Sie, hochwürdiger Vater —
daß Gott der Kirche noch verzeiht,
wenn auch nur einige von ihren Dienern,
— wie Lichtenberg —
bei den Verfolgten stehen?
ABT *(befremdet, aber verständnisvoll):*
Viele von uns helfen, so gut sie können.
Aber ich sehe nicht, was diese Frage . . .
RICCARDO: Sie sehen das so gut wie ich, Pater General,
Sie *müssen* das sehen:
das Schweigen des Papstes zugunsten der Mörder
bürdet der Kirche eine Schuld auf,
die wir sühnen müssen.
Und da der Papst, doch auch nur ein Mensch,
auf Erden sogar *Gott* vertreten kann:
so werde . . . so wird doch . . .
(Gerstein begreift, er will dazwischentreten. Riccardo läßt sich nicht
beirren) so wird ein armer Priester ja zur Not
auch den Papst vertreten können — *dort,*
wo er heute stehen müßte.

ABT *(mehr erschüttert als empört):*
Riccardo, ich bewahre Ihre — Anklage,
die ungeheuerlich ist, wie ein Beichtgeheimnis —
(zu Gerstein, der eine zustimmende Bewegung macht:)
mein Herr, ich bitte auch Sie darum . . .
Aber ich habe Angst um Sie, Riccardo.
Was berechtigt Sie zu diesen Worten,
die jeden einzelnen von uns
aufs tiefste beschämen sollen . . .
RICCARDO *(sehr erschrocken):*
Nein! — Um Gottes willen: nein, Pater General,
Sie und wie viele Priester noch, so mancher
starb schon am Schafott — haben doch
Ihre Pflicht erfüllt, Sie haben . . .
ABT *(scharf):* Der *Papst* etwa nicht?
RICCARDO *(fest): Nicht* nach seinem Vermögen! Nein! Vielleicht,
daß er in dieser Nacht noch oder morgen
nachholen wird, wozu er längst verpflichtet war
als Sprecher der Christenheit.
Sonst — sonst *muß* einer von uns
hier aus Rom mitgehen.
Kommt er dabei um . . .
GERSTEIN: Ja, er kommt um!
Er wird vergast, verbrannt.
RICCARDO *(unbeirrt):* Dann hat das Feuer, das ihn auslöscht,
wenn Gott die Sühne nur in Gnaden annimmt,
vielleicht . . .
ABT: Riccardo!
RICCARDO *(sehr bewegt):* . . . vielleicht auch die Schuld
unsrer Obrigkeit getilgt. Die Idee des Papsttums . . .
ABT *(heftig):* . . . wird Auschwitz überleben! Was zweifeln Sie,
was quälen Sie sich so, Riccardo: es ist vermessen.
RICCARDO: Nicht um Auschwitz geht es jetzt! — Die Idee
des Papsttums muß in Ewigkeit rein erhalten bleiben,
selbst wenn sie vorübergehend
von einem Alexander VI. verkörpert wird
oder von einem . . .
ABT *(packt ihn fast brutal bei der Schulter):*
Nun keine Silbe mehr! Das ist doch —
Kennen Sie Pius XII. so schlecht?
RICCARDO *(erschüttert):* Ach, Pater General: das Bild
des Kardinals Pacelli hing
über meinem Bett, seit ich zwölf Jahre alt war.
Seinetwegen wurde ich Priester, sosehr meine . . .
meine Mutter bat, es nicht zu werden.
Ich will den Rest der Nacht dafür beten,
daß ich den Papst verkannt habe;
daß er bis morgen abend die Familien
befreit hat — ich bete darum, ich habe Angst —
(sehr leise, fast unhörbar) ich habe ein solches Grauen vor dem Lager.

(Der Abt geht auf ihn zu, väterlich, während Gerstein entschieden dazwischentritt.)

GERSTEIN *(mit Energie)*: Sie machen sich schuldig, wenn Sie uns
verlassen. Denken Sie nicht ans Heil der Kirche —
Sie könnten *keinem Menschen* mehr helfen!
Sie machten sich schuldig, Riccardo!

RICCARDO *(voller Ekel)*: Ich würde nur mein Wort einlösen.
Hier kann ich doch nicht helfen,
ich habe es versucht — seit mehr
als einem Jahr: ich war nur ein Schwätzer.

ABT *(man weiß nicht, ob er an seine Worte glaubt)*:
Morgen früh, Graf, werden Sie sehen:
es war nicht umsonst. Der Papst hilft.

RICCARDO *(zeigt auf die Uhr)*:
Er *weiß* doch, was seit Stunden in Rom geschieht!
Und *Sie* sind sein Verbindungsmann zur Gestapo.
Warum bespricht er sich nicht längst mit Ihnen?

ABT *(unsicher)*: Er wird nicht mit der Gestapo in Rom,
er wird mit Hitler selbst verhandeln wollen.
Ich denke, daß er ihm ein Ultimatum schickt.
*(Schweigen. Hinundhergehen. Gerstein sieht lange Riccardo an, dann
sagt er zögernd, listig —)*

GERSTEIN: Ich sehe noch eine letzte Chance, aber —
nein, nein, ich darf das gar nicht sagen.

RICCARDO: Aber reden Sie doch!

GERSTEIN: Meine Herren, wer bin ich denn,
daß ich zwei Priester zum *Ungehorsam*
verleiten dürfte . . . nein, ich darf nicht . . .

ABT: Was wollen Sie damit sagen?

GERSTEIN: Monsignore: wenn Sie sich mit Pater Riccardo
für eine halbe Stunde nur des
Rundfunks, des Vatikan-Senders bemächtigten . . .

ABT *(mißtrauisch)*: Was heißt «bemächtigen»? Ich gehe doch
in unserm Rundfunk aus und ein.

GERSTEIN *(schnell, aber man spürt: das ist kein plötzlicher Einfall von
ihm)*: Dann befehlen Sie, Monsignore,
allen Priestern Europas, dem Beispiel
des Prälaten Lichtenberg zu folgen . . .
und ihre Gemeinden, von Narvik
bis Sizilien, zur Rettung der Juden aufzurufen.

ABT *(ärgerlich)*: Ein Priester sollte sich anmaßen,
anstelle Seiner Heiligkeit zu sprechen?

RICCARDO: Ja, wenn der Papst vergißt,
anstelle Christi zu sprechen!

ABT: Aber das ist doch ruchlos, meine Herren!
Ein Priester sollte als Pontifex Maximus
seinen Amtsbrüdern in Europa
ex cathedra das Martyrium anbefehlen?

GERSTEIN: Monsignore, so weit würde es nicht kommen!

RICCARDO: Bestimmt nicht, nein: Hitlers Fronten wanken!

Er wird sich hüten, um der Juden willen,
die Katholiken ganz Europas herauszufordern.
Millionen, aber Millionen von uns
in seiner Wehrmacht, seiner Industrie . . .
GERSTEIN: Ja, Monsignore: Hitler schreckt zurück —
ABT: Aber meine Herren, keinen Tag, nicht *einen* Tag
wäre die Version aufrecht zu erhalten,
daß der Heilige Vater selbst
den Gemeinden die Pflicht zum Widerstande
auferlegt hat: der Papst selber würde
dementieren! Mein Herr . . .
(zu Gerstein, mehr ärgerlich als noch erregt:)
bleiben Sie Realist: wenn heut' ein Stoßtrupp
den Berliner Sender besetzte, um den USA und England,
angeblich in Hitlers Namen,
ein Friedensangebot zu machen: wie lange
ließe Hitler sich den Betrug gefallen —
eine halbe Stunde, eine ganze?
GERSTEIN: Monsignore —
ich denke an den Papst, Sie sprechen von Hitler:
da — da gibt es doch keine Parallele!
ABT *(gekränkt, gereizt):* Gewiß nicht! Aber *dementieren*, natürlich,
würden eben doch beide sofort . . .
GERSTEIN: Ach so! — Nein, Hitler müßte daran
gehindert werden: erst ihn beseitigen,
dann die Rundfunkmeldung: die SS
hat euren Führer ermordet, damit
die Wut des Volkes .
ABT *(selbstgerecht, angewidert — er ist keiner Lüge fähig, entschieden):*
Das haben Sie schon einmal empfohlen,
diesen Teufelsplan: aber wir Priester, mein Herr,
haben eben keine Möglichkeit, den Papst
am Dementieren zu hindern. Ein Priester,
lassen Sie sich das gesagt sein,
«hindert» den Papst überhaupt an nichts. Absurd!
GERSTEIN *(möglichst beiläufig):* Natürlich nicht, Monsignore, obwohl
jede Behinderung des Papstes selbstverständlich
auch hier in unserem Falle
automatisch von aller Welt der SS
aufgebürdet würde, solange sie in Rom
Opfer für Auschwitz festnimmt . . .
ABT *(steht auf, macht deutlich Schluß):*
Bitte, mein Herr: beenden wir sofort
das Gespräch! Sie wollen doch in
diesem Hause und mit Priestern nicht
über . . . über Gewaltakte gegen Seine Heiligkeit
diskutieren . . . das wäre ungeheuerlich!
GERSTEIN *(scheinbar gekränkt):* Monsignore, was unterstellen Sie mir!
ABT: Unterstellen will ich gar nichts.
Es genügt Ihr Hinweis,

alles, was im Augenblick gegen den Papst
unternommen würde — ich wage
nicht zu fragen, an was Sie dachten —,
werde automatisch der SS aufgebürdet.
GERSTEIN *(eilig)*: Ich habe aber nie daran gedacht,
Gewaltanwendung gegen die *Person*
Seiner Heiligkeit zu empfehlen . . . Monsignore!
ABT *(ironisch)*: So, das nicht? — Aha.
GERSTEIN *(der sich wieder ganz gefaßt hat)*:
Aber *Dementis* über den Funk
kann ja ein Priester schließlich
dadurch schon verhindern, daß er
den *Sender* des Vatikans vorübergehend
zerstört — *dafür*, wollte ich sagen,
Monsignore, würde alle Welt
natürlich die SS haftbar machen,
vor allem dann, wenn dieser Zerstörung
ein angeblicher Rundfunkprotest des Papstes
gegen die SS vorangegangen wäre . . .
RICCARDO *(von Gersteins Plan fasziniert, jetzt wie erwachend)*:
Pater General: in *diesem* Augenblick
kann das die Rettung für Tausende, für
Hunderttausende bedeuten, die letzte Rettung.
ABT *(kalt)*: Allein, Pater Riccardo, kommen Sie
an den Sender nicht heran — das beruhigt mich.
Sie sind sehr müde und nervös, bitte,
eh' wir jetzt endlich etwas ruhen wollen,
muß ich Sie noch alleine sprechen.
GERSTEIN: Monsignore, ich darf Ihnen danken
und mich verabschieden.
ABT *(einlenkend)*:
Leben Sie vorsichtiger . . . Sie werden einem alten Mann,
der für Sie beten will, obgleich er Ihnen
nicht folgen kann, diesen gutgemeinten Rat nicht verübeln.
Gott mit Ihnen.
GERSTEIN: Monsignore, ich danke Ihnen von Herzen.
Graf — auf Wiedersehen, gute Nacht.
RICCARDO: Kommen Sie früh zu uns, bevor
mein Vater um neun zum Papst geht!
(Der Mönch erwartet Gerstein.)
GERSTEIN: Gute Nacht. — Ich komme gegen acht.
RICCARDO: Gute Nacht.
(Gerstein ab mit dem Mönch.)
ABT *(nachdem er einen Moment Riccardo wortlos angesehen hat)*:
Ich hatte einfach Angst, Riccardo,
Sie mit diesem Unheimlichen in die Nacht
hinauszuschicken. Seine Augen! Er hypnotisiert
Sie geradezu, er ist gezeichnet, dieser Mensch,
er trägt das Kainsmal. Wie heißt er?
RICCARDO: Lassen wir seinen Namen beiseite, Pater General.

ABT *(ohne gekränkt zu sein)*:
    Sie haben recht, entschuldigen Sie. Nicht wahr,
    Sie wollten auch nicht mit ihm gehen?
RICCARDO: Weil ich noch eine Bitte an Sie habe.
    Und weil ich dann noch beichten muß.
ABT: Zunächst eine Bitte meinerseits: mir graut
    zu sehen, daß Sie Wachs in der Hand
    dieses seltsamen Gesandten sind, Graf.
    Nehmen Sie sich in acht vor ihm, ich bitte Sie.
RICCARDO: Nein — keine Sorge.
ABT: Riccardo, ich traute diesem Menschen zu . . .
    (aufs höchste erregt) warum, bitte: *warum* hat er zweimal
    völlig überflüssig, völlig unnötig,
    diesen satanischen Betrug zum besten gegeben:
    Hitler ermorden — und der SS die Schuld aufladen.
RICCARDO: Das ist ein sehr moralisches Vorhaben.
ABT *(entrüstet, heftig)*:
    Und führt zum Bürgerkrieg! «Moralisch» — ich bitte Sie:
    Sie sind todmüde.
    Aber darum geht es mir nicht, *darum*, mein Lieber,
    ginge es auch *dem* nicht! Dieser Unheimliche, glauben Sie,
    ich hatte ihn genau im Auge, *der*
    fand es *nicht* überflüssig,
    uns darauf zu bringen.
    (Sein Widerwille wächst, je mehr er das alles zu Ende denkt.)
    Riccardo: dieser Mann brächte es fertig,
    Sie und auch sich selbst der Hölle
    zu überantworten, indem er Ihnen suggerierte —
    mehr mit den Augen als mit Worten —
    daß — ich — ich *kann* das gar nicht sagen —
    es ist so fluchwürdig . . . so —
RICCARDO *(noch gehemmt, die Wahrheit auszusprechen)*:
    Er suggeriert mir nichts, Pater General.
ABT: *Doch, doch!*
    Er suggerierte Ihnen, daß die Menschheit,
    die ganze Welt durch nichts — durch *nichts*
    so unversöhnlich gegen Hitler aufzuputschen ist,
    als wenn man seine Leibgarde, die SS,
    des — des *Meuchelmordes*,
    (er wiederholt, fast ohne Stimme) des Mordes
    am *Stellvertreter Christi* bezichtigen kann.
RICCARDO *(stöhnt auf, nennt in der Erregung auch den Namen Gerstein,
    was der Abt nicht merkt)*:
    Sie lesen Gedanken, hochwürdiger Vater — aber:
    es sind *nicht Gersteins* Gedanken . . .
ABT *(ist vor Abscheu seiner Stimme nicht mächtig, flüsternd, indem er
    sich schroff abwendet)*: Riccardo — was . . jetzt fällt mir
    zu Ihnen nichts mehr ein. — Gehen Sie.
    (Schweigen. Dann geradezu inständig:)
    Sie wissen nicht, Sie *wissen* nicht,

was Sie sagen . . . kommen Sie in die Kapelle,
Sie wollten beichten, Sie *müssen* es.
(Er entzündet mit zitternden Händen einen dreiarmigen Leuchter,
löscht dann die Schreibtischlampe aus, nimmt den Leuchter und will
vorangehen, bis er merkt, daß Riccardo ihm nicht folgt. Der Raum
wird nur von Kerzen noch erhellt.)
ABT: Warum folgen Sie mir nicht, Riccardo?
RICCARDO: Ich kann nicht, ich kann — jetzt nicht beichten.
Sie müßten mir die Absolution verweigern,
denn ich kann nicht *bereuen.*
Verstehen Sie doch, Pater General,
seit drei Monaten, seit Rom besetzt ist
von den Deutschen — hoffe ich, daß endlich
SS und Vatikan blutig zusammenstoßen.
Doch nun geschieht das Gräßlichste,
was überhaupt geschehen konnte: sie *stören*
sich nicht einmal . . .
Sie leben *gemeinsam*
in der Ewigen Stadt — weil der Papst
den Henkern von Auschwitz nicht verbietet,
unter seinen Fenstern
die Opfer zu verladen.
(Wahnsinn in den Augen.) Wissen wir denn — ob Gott
dem Papst nicht deshalb einen Mörder schickt,
weil er ihn nicht — ganz verderben will?
ABT *(völlig verständnislos, nicht mehr fähig, zu reagieren):*
Riccardo — Sie versündigen sich grenzenlos.
RICCARDO *(wie getrieben):* Der gesagt hat, ich bringe nicht
den Frieden, sondern das Schwert,
(fest) muß auch damit gerechnet haben,
daß es einmal
den Ersten der Seinen trifft.
Und auch die Kirche muß das wissen,
da sie ja stets das Schwert benutzt hat.
(Gequält:) Soll ich mich *entziehen,* hochwürdiger Vater?
Widerstehe nicht dem Bösen — wenn dies nun
unser Auftrag ist,
weil er uns vernichtet?
Kein Soldat darf sich bewahren — wieso ein Priester?
Hat Judas sich verweigern dürfen? Er *wußte,*
(in großer Angst vor den eigenen Folgerungen)
er werde in Ewigkeit verdammt —
sein Opfer war größer als das
des Herrn.
ABT *(vernichtend):* Riccardo — Judas hat den Vergleich
mit *Ihnen* nicht verdient:
denn *Sie* wollen es tun —
und *andere* der Schuld bezichtigen.
RICCARDO *(mit wilder Leidenschaft):*
Nicht *ich!* Jedermann, die ganze *Erde*

würde Hitler und die SS anklagen.
Und so *muß* es sein. *So* muß es sein. —
Sühnen würde ich deshalb doch —
auf Erden und vor Gott.

ABT: Sie straucheln, aber Gott hält Sie noch —
hätten Sie sich mir sonst eröffnet?

RICCARDO *(sachlich, und doch fanatisiert. Der Abt hört nur deshalb*
zu, weil er keiner Worte fähig ist): Weil ich es nicht *allein* kann!
Weil ich *Sie* brauche. Sie müssen am Rundfunk
sagen, die SS sei der Mörder,
da der Papst die Juden habe retten wollen.
Einmal durch unseren Funk ausgesprochen
einmal *bekannt* von Island bis
Australien: und für den Rest seiner Tage
stände Hitler da vor allen Menschen
als *der* Widersacher der Schöpfung,
der er ist, ihr verruchtester Auswurf.
Niemand, kein Goebbels und kein Kardinal,
könnte es glaubhaft dementieren,
ehe die Krematorien von Auschwitz
nicht erloschen sind . . .
(Er wirft sich vor dem Abt auf die Knie.)
Helfen Sie mir, hochwürdiger Vater,
Sie *müssen* helfen.

ABT *(mit kaltem Entsetzen):* Lassen Sie mich — gehen Sie.
Auswurf der Schöpfung, sagten Sie:
das trifft Sie selbst!
Bereuen Sie — weg — mir aus den Augen,
oder kommen Sie zur Beichte.

RICCARDO *(schreit):* Ich kann es nicht ohne Sie!
(Indem er sich erhebt, mit letzter Anstrengung.)
Wenn Sie nicht helfen, Pater General . . .
dann muß *ich* auch für *Sie* beten . . .

ABT: Gehen Sie. Gehen Sie jetzt . . .
wenn Sie beharren in diesem
verbrecherischen Wahnsinn. Gehen Sie weg.
(Er hat sich ganz abgewandt. Röchelnd:) Weg — hinaus . . . Mörder.
(Riccardo geht, die Tür bleibt offen, die Kerzen flackern wild, dann
löscht sie der Zug aus. Abt fällt an der Gebetbank auf die Knie.)

VORHANG

3. SZENE

*Im Morgengrauen des 17. Oktober. Das römische Hauptquartier der
Gestapo in der ehemaligen Kulturabteilung der Deutschen Botschaft,
in Via Tasso. Das Vestibül ist als großer Büroraum eingerichtet, der
auf der einen Seite Zugang zu den Kellern — den Zellen — hat, andererseits auf einen düsteren Hof mit unsichtbarem Tor geöffnet ist.*
*Man hört einen schweren Lastwagen in den Hof einfahren, Menschen
werden abgeladen und hinter der Bühne in den Keller geführt.*
Kommandorufe wie

> 'runter!
> 'raus da!
> Los, los — plötzlich!

Hunde bellen. Ein Kommando:

> Wech da! Halt die Schnauze.

Dann zählt Witzel gemütlich:

> Sechsenvierzich, neunenvierzich, fuffzich —
> zwoenfuffzich — na, mit denen da — und auch
> noch die zwei Rotznasen, dann hammwer Stücker sechzich
> beisammen.
> Bringtse zu den andern.

*Bevor nun der Feldwebel auf der Treppe, die Hof und Haus verbindet,
sichtbar wird, hat sich im Vordergrund Salzer, ein Offizier der Waffen-SS,
erhoben, der, seine Stiefel neben sich, in einem Sessel eingeschlafen
war — die Füße auf einem Stuhl, mit einem Sommermantel zugedeckt.
Er gähnt wie Hunde mit dem ganzen Körper, reckt und dehnt sich aus-
giebig, fährt sich durchs Haar und über die Wangen, trinkt aus einer
Sprudelflasche, geht in Strümpfen bis zur Glastür und schaut hinunter
in den Hof, bis Witzel erscheint und meldet.*
SALZER *ist ein Offizier wie andere auch, groß, breit und belanglos, von
strotzender Gesundheit, Mitte Dreißig, und dem Führer Adolf Hitler
noch ergebener als die meisten, weil er es eben dieser Ergebenheit ver-
dankt, in den besetzten Gebieten wehrlose Zivilisten jagen anstatt,
wie die große Mehrzahl seiner Altersgenossen, an der russischen Front
sein Leben einsetzen zu dürfen.
So wenig wie mit dem Ordensgeneral in diesem Stück der historische
Salvatorianer-Abt gezeichnet werden sollte, so wenig ist dieser Offizier dem historischen Obersturmführer Kappler nachgebildet, der zu
den SS-Offizieren gehört, die nicht anonym wirkten, sondern 1945 das
Pech hatten, auf bestimmte Taten festgelegt werden zu können. So
muß Kappler für seine Tätigkeit als deutscher Polizeichef während der
Jahre 1943/44 vorläufig noch mit einer lebenslänglichen Zuchthaus-
strafe büßen: er hat aus eigener Machtvollkommenheit 335 statt 330
Geiseln — wie ihm Berlin befohlen hatte — hinrichten lassen. Wir wollen auf unseren Polizeichef aber doch eine bemerkenswerte Eigenschaft,
die Konsul Moellhausen von Kappler überliefert, übertragen: sie bestimmt den Ablauf der historischen Geschehnisse mit, und außerdem
ist sie typisch für die meisten Menschen, die heute, früher oder morgen, ähnliche Funktionen auszuüben haben. Der intelligente, unbedingt
gehorsame Offizier hatte nicht einmal ein negatives Verhältnis zu*

seinen Opfern. Er hätte auf Befehl ebenso exakt die Dirnen oder Nonnen Roms verhaftet, er war kein Rassenfanatiker und arbeitete so lei-
denschaftslos wie ein Fallbeil.
Daß im Keller seines Gefängnisses der Terror herrschte, ist aber trotzdem überliefert.

WITZEL *(erscheint auf der Treppe, betritt den Raum und meldet):*
    Obersturmführer — melde die Aktion
    mit elfhundertsiebenzwanzich
    Verhaftungen abgeschlossen.
SALZER *(indem er seine Stiefel anzuziehen beginnt):*
    Danke. Erfreulich wenig.
    Rom hatte früher mal achttausend Juden:
    sind alle nach dem Süden abgehauen,
    zu den Amis — nun, sollen *die* sie auch ernähren.
    Ich hab's ja gleich gesagt, daß es nicht lohnt.
WITZEL: Es sin auch Hunnerte in Klöster 'rein.
    Wir haam noch so Stücker dreißich dabei erwischt,
    wie sie daheim verschwinden wollten.
    Unsere Italiener vom mobile Bataillon,
    die täten schonn mal in die Klöster 'reingehn,
    wo man genau weiß, daß von hunnert
    Mönchen doch zwanzig falsche sin,
    Kommenisten, Juden und Badoglio-Verräter . . .
SALZER *(mit wachsender Ungeduld, ein unbeherrschter Rechthaber,
    je selbstherrlicher gegenüber Untergebenen, je weniger sicher er
    seiner Sache ist):* Verrückt, Witzel. Sie sind total verrückt.
    Warum nicht auch den Papst noch liquidieren!
    Mensch — daß Sie noch immer nicht begreifen:
    (schreiend) wir sind hier nicht in der Ukraine.
    (Drohend:) Witzel, *Sie* haften mir, Sie *fahren*
    mit dem nächsten Zug zur Ostfront,
    wenn Sie nicht darauf achten, daß
    diese dämlichen Faschisten sich anständig benehmen.
    Diese Avanti-Trabanten da, die immer
    so furchtbar mutig sind, wenn's gegen
    Zivilisten geht — die wären wirklich imstande,
    Razzia in einem Kloster zu machen,
    möglichst noch bei Nonnen, dies geile Gesindel.
    (Er faßt sich an die Stirn.) Sie sind total verrückt!
    (Fest:) Kein Katholik wird provoziert, verstanden?
WITZEL: Das schonn, nur müssen wir . . .
SALZER *(laut schreiend): Verstanden* — oder nicht?
WITZEL *(sehr eingeschüchtert):* Jawoll, Obersturmführer.
SALZER *(ganz ruhig):* So. — Was wollten Sie noch sagen?
WITZEL *(verwirrt):* Daß wir uns eisern an die Listen
    gehalten haben, vom Musselini seine Listen.
    Natürlich, viele Kinner warn noch nicht drauf.
    Überhaupt auch so, wer beispielsweise —
    ich will mal sagen, zu Besuch war . . .

der war natürlich *nich* auf der Liste.
Doch sin das alles Juden, garantiert.
Nur manche wurden eben frech
und drohten mit der Kirje,
weil sie katholisch sin — angeblich manche,
auch von Geburts und überhaupt,
ich will mal sachen . . .

SALZER *(hat den Rock angezogen, unterbricht sich beim Zuknöpfen, aufs höchste beunruhigt):* Was stottern Sie da — Idiot!
Das hätten Sie mir heute *nacht*
sagen müssen, dann hätt' ich Grund gehabt,
den ganzen Blödsinn abzublasen. Katholiken
in Rom verhaften — Mensch, ich . . .
(ratlos, leiser) vielleicht ist *wirklich* mancher
gar kein Jude!

WITZEL *(vorsichtig):* Aber Obersturmführer, *das* hätten
Sie auch nich üwerprüfen könn'!
Wer weiß denn, wer von denen lücht!
(Sicherer:) Obersturmführer, ich hatte keinen anderen Befehl
als sonst. Und wenn ich mal so sachen darf,
wir könnten ja die Übergriffe,
ich meine, wenn er sich beschwert,
ich meine, der Babst, dann könn'
wir doch die Übergriffe auf die Miliz
abwälzen, auf die Italiener . . .
Die gehn ja düchtich 'ran, man kann
nur leider nich verhindern, daß se blündern.

SALZER *(resignierend):* Also gut, Witzel, die Schuld hab' *ich*,
ich hätte nicht an Ihren Verstand
glauben dürfen: gehen Sie zum Fotografen
nach dieser Heldentat — Sie Heini!
Witzel, Sie sehen mich seit Wochen hier
verhandeln — haben Sie in *Polen* jemals
gesehen, daß ich mit Priestern verhandelte?

WITZEL *(kleinlaut):* Nein.

SALZER: Nie überlegt, wie — *warum* ich mir
in Rom gefallen lassen muß, daß dieser Pope
hier, der Jesuitenpater,
mich jede Nase lang besucht,
damit ich einen Schurken, den wir
glücklich gefangen haben,
wieder in Freiheit setze, was?

WITZEL: Doch, Obersturmführer, jawoll.
Nur — wechen *Juden* kommt der
doch nich, den schickt der Babst doch,
weil er . . .

SALZER: *Juden* — Sie Knallkopp,
hatten wir bisher doch auch noch gar nicht
eingesperrt! — Is auch egal:
hauen Sie ab, in fünf Minuten

bringen Sie aus Zelle eins
alles herauf, was sich von dem Gesindel da
als Katholik aufspielt, verstanden?
WITZEL: Jawoll, Obersturmführer.
SALZER: Noch was: das Pack kriegt heute
doppelte Ration: wenn wir es
unbehelligt übern Brenner haben,
werden die Rationen wieder eingespart.
Und keine Prügel, und genügend
Frischluft in die Keller, verstanden?
WITZEL: Jawoll, Obersturmführer.

(Eilig ab.

*Salzer öffnet die Glastür zum Hof, auf dem es allmählich hell wird,
pfeift laut auf vier Fingern und winkt die beiden Milizsoldaten zu
sich herauf, die mit Witzel die Luccanis verhaftet haben.*

*Sie erscheinen: der Korrekte schnell, er salutiert «zackig»; der Ga-
nove rekelt sich mit Verspätung die Treppe hinauf und in den Raum,
grinst und frißt geräuschvoll an einem sehr großen Melonen-«Schiffchen», das er mit beiden Händen wie eine Mondsichel vor seinem
hübschen, ungepflegten Gesicht balanciert. Er schlägt im Raum kokett und ironisch ebenfalls fest die Hacken zusammen — belustigt über
die deutsche «Disziplin».)*

SALZER *(wurstig)*: Morgen. — Rührt euch. Was grinst ihr?
GANOVE *(klagt ergreifend):*
Kein Spaß, Kommandant, Dienst sehr schwer.
Kein Schlaf, sehr hungrig, nix kassiert.
Nachtdienst sehr schlecht.
SALZER *(amüsiert):* Du bist unmöglich! — «Kassiert»,
ich will dir helfen!
(Zu dem Korrekten:)
Seine Freundin wartet wohl schon die ganze Nacht auf ihn?
DER KORREKTE *(beleidigt, daß Salzer sich immer nur mit dem anderen
beschäftigt):* Kenn' seine Freundin nicht. Meine wartet jedenfalls.
Ich bitte um Entlassung, Kommandant.
GANOVE: Schöne Mädchen bei den Juden, Kommandant!
SALZER: Ihr könnt gleich gehen. Du rührst mir keine an!
Nur eines noch: ihr seid doch gute Katholiken, was?
DER KORREKTE: Nein, ich bin kein Katholik mehr.
GANOVE *(sachlich):* Kein guter, ein gewöhnlicher.
SALZER: Egal, ihr werdet die Spitzbuben
examinieren, die sich hier katholisch
gebärden. Wollen sehen, ob die
mit den lieben alten Bräuchen eurer Kirche
überhaupt vertraut sind. Macht ihr das?
DER KORREKTE *(lacht böse):* Sie müssen beten. Sollen sie beten?
GANOVE *(erfreut):* Singen! Singen ist lustiger!
Oder wir taufen sie im Tiber.
SALZER *(ernst):* Es wird keiner gequält, verstanden?
Keinen prügeln, klar?
DER KORREKTE: Wenn er nicht beten will?

SALZER: Die wollen gerne, wenn sie können.
Laß mal Kaffee und Brote machen, ja?
DER KORREKTE: Jawohl, Kommandant.
(Geht ab.)
GANOVE: Dürfen wir Leiber visitieren, Kommandant?
Sehr schöne, sehr junge Mädchen bei den Juden.
SALZER: Du rührst mir keine an!
In einer Stunde kannst du heimgehen
und deine Freundin hobeln. Du bist
doch keiner von den alten Mönchen, die sich
'ne hübsche Frau als Hexe schnappten,
wenn sie's mal unbedingt sehr nötig hatten.
GANOVE: Ich — ein Mönch — o nein!
Ich bin als Mönch nicht sehr geeignet.
(Jetzt ehrlich traurig, mit einer Geste des Halsabschneidens:)
Die jungen Mädchen bei den Juden,
Kommandant — kommen die auch nach Polen?
SALZER *(beendet seine Toilette, frisiert sich):*
Niemand kommt nach Polen
von denen hier, die fahren zur Arbeit
nach Österreich . . . wir haben da
in Mauthausen eine Sommerfrische.
Aha, der Witzel . . . mit den Frommen.
*(Witzel ist durch die Tür zum Souterrain aufgetaucht, neben sich CAR-
LOTTA, ein etwa zwanzigjähriges Mädchen, einen vierzigjährigen
Mann und den alten Luccani. Keiner trägt den Stern. Alle erschöpft,
die Männer ohne Schuhriemen, ohne Gürtel, ohne Krawatten, unra-
siert. Das sehr schöne Mädchen blaß, ungepflegt.)*
WITZEL *(zu den Juden, schreiend):*
Gesicht zur Wand! — Kehrt! — Das sin
die drei aus Zelle eins, Obersturmführer. Es
behaupten noch mehr, daß sie katholisch sin.
Die haben's aber nich im Baß. — Bei *dem* da,
dem großen da, steht's auch nich drin,
er spricht nur, daß er Rüstungsfabrikant is.
SALZER *(leise, im Vordergrund):*
Soso — feine Ware haben Sie mir aufgepackt —
Mensch, Witzel, es ist nicht zu fassen,
ich schicke Sie zur Ostfront. Sie Dussel, Sie!
(Lauter, unbeherrscht.) Vor'm Frühstück will ich sie nicht sehen!
*(Der Ganove blickt auf das Mädchen, geht jetzt leise und schnell zu
ihm; er trennt sie von den Männern, spricht heftig auf sie ein, will
ihr eine Zigarette in den Mund stecken usw.)*
WITZEL *(sehr kleinlaut, zeigt auf den Vierzigjährigen, von dem er
eben gesprochen hat: einen außerordentlich gut gekleideten Mann,
soweit das noch kenntlich ist):* Der da . . . der hat sogar behauptet . . .
SALZER: Will ich jetzt nicht wissen, was der behauptet.
Jetzt will ich, zum Donnerwetter, endlich Kaffee trinken.
(Ruhig:) Ist kein Schneider gefaßt worden,
ein guter Uniformschneider?

WITZEL: Nee, Obersturmführer, ein Schneider nich.
Ein Schuhhändler aber, einen haben se
aus 'n Schuhgeschäft wechgeholt. Und ein Friseur . . .
SALZER: Quatsch, Friseur! – Doch Sie erinnern
mich daran, daß ich mich noch rasieren
lassen muß. Man verlottert ja völlig
wegen dem Gesindel, dem dreckigen,
das einen um den ganzen Schlaf gebracht hat.
Nach dem Kaffee soll der Beutegermane
mich rasieren, verstanden?
WITZEL: Jawoll, Obersturmführer – da kommt
der Kaffee schonn.
*(Er beeilt sich, eine Tischdecke auszubreiten. Der Korrekte hat ein
großes Tablett mit Kaffee und Broten gebracht. Witzel nimmt es ihm
eifrig ab und deckt den Tisch. Salzer nimmt gleich im Stehen ein Brot.
Er sieht jetzt auf den Ganoven, der im Hintergrund versucht, das Mädchen zu küssen. Er hat es, das sich angewidert wehrt, um Schulter und
Taille gefaßt – da reißt es sich los und schlägt ihm so kräftig ins
Gesicht, daß seine Mütze ins Zimmer fliegt. Salzer, der gerade dazwischentreten wollte, lacht laut auf, er lacht, bis ihm die Tränen
kommen. Auch der Korrekte freut sich, während Witzel mit dem
Ordnungssinn der geistig Minderbemittelten und mit nationalsoziali-
stischem Ehrgefühl die Miliz am Kragen packt.)*
WITZEL: Mensch, du Schwein, hast du kein Ehrgefühl!
'raus hier – mit Juden vögeln, was?
*(Er drängt ihn auf den Hof hinaus, zuletzt mit einem Tritt. Er kann
sich lange nicht beruhigen. Sein Ordnungssinn ist so stark, daß er die
Mütze des Ganoven aufhebt, sie mit einer Hand sogar abstaubt,
dann wieder die Tür öffnet und die Mütze hinter ihm herwirft. Er
schreit:)* Ehrgefühl nich for zehn Lire.
Der Halunke . . . ich tät 'n schleifen.
SALZER *(lacht noch immer)*: Die verstehen das doch gar nicht, Witzel,
die Italiener sehen doch selber aus wie Juden.
*(Er hat Brot und Tasse in der Hand und geht auf das Mädchen zu.
Freundlich, beeindruckt:)* Donnerwetter! Immer so abweisend,
wenn ein Mann in die Nähe kommt?
(Das Mädchen antwortet nicht.)
So sehen Sie aber gar nicht aus. Sie haben
doch sicher einen Freund! Ist er etwa –
auch da unten, im Keller?
CARLOTTA *(kalt)*: Mein Verlobter ist in Afrika gefallen.
SALZER *(sehr peinlich berührt, redet schnell)*:
Was? – Wann denn? Gefallen? Wieso?
Auf englischer Seite? Oder was?
CARLOTTA: Auf deutscher Seite natürlich. Er war
doch hier aus Rom.
SALZER *(bemüht, das Thema zu wechseln)*:
Seit wann darf hier denn eine Jüdin
einen Italiener heiraten?
CARLOTTA: Ich wurde ja katholisch deshalb.

SALZER: So. – Wir müssen Sie aber leider auch
zu Rüstungsarbeiten in Österreich heranziehen.
Da Sie mit diesem Arier noch nicht
verheiratet gewesen sind, sind Sie
nach dem Gesetz noch Volljüdin. – Ihre
Religion spielt keine Rolle. Wir Deutschen
sind tolerant – jeder kann beten, wie er mag.
CARLOTTA (in Angst): Aber ich wäre doch längst verheiratet,
also Halbarierin nach dem Gesetz,
wenn mein Verlobter nicht für . . .
für Deutschland gefallen wäre! Bitte
lassen Sie mich frei. Ich bin da drüben
bei den Schwestern angemeldet,
am ersten November will ich
als Novizin ins Kloster gehen.
SALZER (verlegen, sehr ernst): Ihr Fall ist kompliziert. Ich kann
das jetzt nicht gleich entscheiden . . . hier . . .
(Er winkt dem Korrekten.) Du rührst sie nicht an, verstanden!
DER KORREKTE: Jawohl, Kommandant!
SALZER: Bring sie in die Zelle zurück.
CARLOTTA (sehr in Angst): Ach bitte – nein, bitte nicht!
SALZER: Bis zum 1. November ist alles geklärt.
(Miliz mit dem Mädchen ab. Man spürt, es wird Salzer wohler, sobald
er das Mädchen nicht mehr vor Augen hat. Witzel trinkt im Vorder-
grund Kaffee. Er steht auf, als Salzer zu ihm kommt.)
SALZER: Sitzen bleiben, Mensch. Hören Sie, Witzel,
wenn da der Schuhhändler, von dem
Sie vorhin gesprochen haben, selber
Stiefel machen kann, gute Maßarbeit,
dann ist er – und seine Sippe meinetwegen auch –
vorläufig Arier, klar? Dann bleibt er hier.
WITZEL: Ja, ein guter Schuster is was wert.
SALZER: Ich brauche endlich Stiefel,
mit denen ich mich sehen lassen kann.
Sie könnten auch 'n Paar gebrauchen.
Solche – weich und trotzdem straff,
aus einem Leder, das sich putzen läßt,
das Glanz gibt. Dies beschissene
(er zeigt auf seine Stiefel) Zeug hier gehört ja auf den Mist.
Man spürt bei jedem Schritt
das vierte Kriegsjahr. Glänzen tut es gar nicht.
WITZEL: Jawoll, Obersturmführer.
(Witzel ist mit seinem Frühstück fertig; er geht ab. – Salzer hat, die
Stimme so plötzlich wie eine Musikbox verändernd, sofort nachdem
er mit Witzel gesprochen hat, in rüdem Ton die beiden Männer angeschrien, die noch mit dem Gesicht zur Wand stehen. Was jetzt
folgt, steht keineswegs im Widerspruch zu Salzers Vorsatz, die Juden gut zu behandeln, solange sie in Rom sind: die «Behandlung»
der Juden, die in anderen Ländern verhaftet wurden, von Ausnahmen
abgesehen, wäre auf keiner Bühne darzustellen.)

SALZER: Ihr getauften Hebräer da – Abteilung kehrt!
  Los, kehrt – sage ich, los.
  (Jetzt erst wendet sich auch der alte Luccani dem Beschauer zu.)
  Nun zeigt mal, daß ihr Katholiken seid.
  Gib deinen Paß her.
  (Der Vierzigjährige zeigt seinen Paß vor.)
  Wie kommen Sie hier ins Büro? Sie sind
  doch überhaupt kein Katholik! Witzel?
  *(Er wendet sich um, Witzel ist nicht da. Der Korrekte von der Miliz
  kommt zurück, stellt das Geschirr zusammen und räumt es wortlos ab.
  Währenddessen geht das Verhör weiter.)*
FABRIKANT *(eifrig, wie geprobt)*:
  Ich arbeite für Ihre Rüstung. Ich habe große
  Tuchfabriken. Meine Familie ist katholisch.
  Katholischer Adel. Ich bin nur zufällig
  hier in der Stadt gewesen, ganz zufällig
  in diese Razzia einbezogen worden.
  Man zerrte mich aus meinem Wagen.
  Ich sage Ihnen, meine Verhaftung
  wird schärfste Interventionen nach sich ziehen.
SALZER *(gereizt)*: Sie müssen arbeiten, wie Ihre Brüder auch!
  Sie sind doch Jude – höchstens, daß ich
  Ihre Familie benachrichtige ...
FABRIKANT *(greift eifrig in die Brieftasche und zieht ein Notizbuch her-
  vor)*: Ich bitte darum. Hier – dies
  ist die Adresse, mein Telefon, bitte ...
SALZER *(lacht dreckig, reißt ihm das Notizbuch aus der Hand und wirft
  es weit weg ins Zimmer; dann höhnisch)*:
  Wo soll denn deine Sippe sich beschweren,
  wenn sie nicht einmal weiß,
  daß du von uns verhaftet worden bist?
FABRIKANT *(erschrocken)*: Wie? Aber ...! Das spricht sich doch herum,
  daß Sie uns festgenommen haben.
  Das weiß ganz Rom und ganz Italien!
SALZER *(jetzt gegen seinen Vorsatz so boshaft wie üblich)*:
  Wenn Sie mir drohen, Herr Fabrikant,
  Sie Herr Textilfabrikbesitzer, verstehen Sie,
  dann werden Sie ganz einfach
  auf immer und ewig verschollen sein.
  Verschollen – was weiß ich,
  in einen Kanaldeckel gerutscht,
  oder in die Scheide einer Via-Appia-Hure,
  was weiß denn ich ...
FABRIKANT *(redselig vor Angst)*:
  Aber bitte – ich arbeite seit einundvierzig
  für die deutsche Wehrmacht. Meine Fabriken ...
SALZER: Werden weiter für uns arbeiten.
  Sie gehen jetzt mit Ihren Glaubensbrüdern ...
FABRIKANT *(entfernt sich ostentativ einen Schritt von Luccani)*:
  Das *sind* nicht meine Brüder, sind

es nie gewesen! Ich habe mich katholisch
trauen lassen. Ein Kardinal nahm
in Sankt Peter die Trauung vor.
Das ist schon länger her als sechzehn Jahre.
Ich habe mit den Juden nichts gemein.
Meine Verhaftung ist ein Irrtum,
aus dem Ihnen schwerste Folgen erwachsen werden!
*(Salzer, äußerst gereizt, da er nämlich diese Folgen so sehr fürchtet, daß
er weiß – ganz gleich, ob und wann der Papst protestieren wird –, die-
ser Jude, Zeuge des Geschehens im Gestapokeller, darf nie mehr den
Mund aufmachen. Witzel ist eingetreten, hinter ihm zackig der SS-
Soldat Katitzky, ein langer, blonder Lette. Er trägt ein Rasierbecken.)*
SALZER: Sie drohen schon wieder – Oh, da hab'
ich wirklich große Angst vor ... vor den Folgen.
So, Katitzky, seif mich ein ...
KATITZKY: Zu Befehl, Obersturmführer.
*(Witzel hat den Sessel, in dem Salzer geschlafen hat, mitten in den
Raum geschoben, davor einen Stuhl, auf den Salzer die Füße legt.)*
SALZER: Wenn Ihre Werke für die Wehrmacht schaffen,
dann haben Sie doch wohl Verständnis
für unsre Maßnahmen betreffs der Juden.
Haben Sie dafür Verständnis oder nicht?
*(Er legt sich in den Sessel, schiebt aber Katitzky noch zur Seite. Wit-
zel setzt sich an einen Tisch, stempelt sorgfältig, indem er jedesmal
das Gummi wieder anhaucht, als wolle er es verschlingen, einen Stoß
Formulare. Dann säubert er sich gründlich Zähne und Ohren, während
er dem Verhör zuschaut.)*
FABRIKANT: Verständnis, ja. Doch meine Person
muß mindestens seit meiner Eheschließung
vor mehr als sechzehn Jahren ...
SALZER: Ihre Ehe ist gar nicht interessant.
FABRIKANT: Ich sage nur, daß ich ja innerlich
und äußerlich schon längst dem Judentum
entfremdet bin. Schon längst.
Ich habe nach Erlaß von Mussolinis
antijüdischen Gesetzen sofort
in meinen Werken alle Juden,
die Prokura hatten, nachweislich entfernt.
Ich bin persönlich von dem Grafen Ciano ...
SALZER *(gemütlich)*: Der in Verona seine Hinrichtung erwartet.
FABRIKANT: Auch vom Duce selbst bin ich
als Ausnahme behandelt worden ...
SALZER: Als guter Steuerzahler?
FABRIKANT: Nein, als guter Faschist. Ich hätte
zehnmal emigrieren können ...
SALZER: Einmal hätte auch genügt.
FABRIKANT: Ich wollte meinen Beitrag leisten
zum Sieg des Abendlandes über
den Bolschewismus. Ich dachte ...
SALZER *(steht auf)*: Soso, Sie reden druckreif. Sie sehen

unseren Kampf als gut und als gerecht an, ja?
Und Sie begrüßen auch,
daß wir die Juden haftbar machen
für die Anstiftung des Krieges?

FABRIKANT: Friedensstörer sind immer zu bestrafen.

SALZER: Sie drücken sich sehr allgemein aus.
Ich will aber ein klares Bekenntnis hören:
Bekennen Sie sich gegen Ihr Volk
und für Adolf Hitler, der die Welt
von diesem Volk erlösen wird?

FABRIKANT: Meine Handlungsweise in diesem Kriege
ist ein klares Bekenntnis.

SALZER: Eine Handlung, an der man so viel verdient,
wie Sie am Krieg verdienen,
ist kein Bekenntnis. Keine Rederei:
Bejahen Sie die Ausrottung der Juden,
ja oder nein?

FABRIKANT: Der Führer wird wissen, was er tut.

SALZER: Ja oder nein, Mensch — halt mich nicht auf.

FABRIKANT: Ja.

SALZER: Das kam sehr dünne 'raus. Hier —
spucken Sie diesem Juden in die Fresse.

FABRIKANT: Ich bitte Sie, der alte Mann
ist doch katholisch! Er hat auch mir
persönlich gar nichts getan. Nein!

SALZER: Hat er *mir* persönlich was getan?
Los, spucken Sie ihn an.

FABRIKANT: Nein, das tue ich nicht.

SALZER: Schön — Witzel! Führen Sie diesen
Großindustriellen zu seinen Glaubensbrüdern.

WITZEL *(aufstehend)*: Los, in'en Keller — komm, los.

FABRIKANT *(fast erleichtert, daß er abgeführt wird)*:
Herr Obersturmführer, fürchten Sie den
Protest des Duce und des Papstes.
Wagen Sie es nicht . . .

SALZER *(sicher, daß er ihn jetzt vernichten muß. Er steht auf)*:
Du drohst schon wieder, Bursche!
Du bist nicht einmal Katholik —
mir also jeden Beweis schuldig, *jeden*,
daß du wenigstens innerlich
den Judenjungen überwunden hast:
was könnte mich dazu berechtigen,
(mit äußerstem Zynismus)
Sie laufen zu lassen. Hoffen Sie doch nicht,
daß man Sie hier bei *uns* sucht.
Wenn Ihre Witwe Sie vermißt, wo
sucht sie dann? Sie sucht natürlich
in den Bordellen der Via Veneto. Eine Weile
wird sie dort suchen, eine Weile.
Doch der Mensch vergißt den Menschen rasch.

Wir sind wie Streichhölzer, in Massen
lieferbar, eins wie das andere, Sie auch.
Man nimmt uns aus der Schachtel,
wir flackern ein bißchen, entzünden etwas —
weg damit. Niemand sieht hin.
Auch Ihre Witwe wird nicht lange suchen.
Wenn Sie sich selber helfen — gut.
Doch *drohen!* — Es ist lächerlich,
wenn Sie mir drohen. Los, spucken Sie
den Alten an, dann brauchen Sie nicht in den Keller
zurück, mein Ehrenwort. Los, spucken Sie:
das wäre ein Bekenntnis.

Der Mann ist erledigt. Er hat begriffen, daß er, auch er, der vielfach Be-
vorzugte, in diesem Haus tatsächlich verschwinden kann, «wie ein
Streichholz». Was ihm jetzt widerfährt, ist nicht angenehm, aber mensch-
lich: Erst nach dieser tiefsten Selbsterniedrigung gewinnt er seine
ganze Würde zurück — später, auf der Rampe von Auschwitz, sieht
man, wie er den alten Luccani stützt. Jetzt, nach Salzers letzten Worten,
zögert er nicht mehr, sondern schlägt sich schnell die Hand an die Augen,
sein Gesicht ist qualvoll verzerrt, er spuckt dem Alten an den Rock.
Salzer, auch Witzel und der Italiener lachen, jeder anders, Witzel am
längsten und dreckigsten.

SALZER: Schade, das wär' ein Foto für den «*Stürmer*»
geworden. Los, schafft ihn weg,
nicht in den Keller — wir halten unser Wort.
Wir schaffen diesen Herrn
in unsern Hundezwinger.
(Man lacht aufs neue, Salzer nicht.)
FABRIKANT *(schreit auf)*: Nein! — Schweine!
WITZEL: Los, zu den Hunden, zieh dir
deine Hose gleich aus. Los, ab, komm . . .
FABRIKANT *(hat sich plötzlich gefaßt)*: Zu den Hunden, ja.
(Flehend zu Luccani:) Verzeihen Sie — verzeihen Sie mir doch . . .
(Luccani schweigt, sieht ihn an.)
(Verzweifelt:) Bitte verachten Sie mich nicht.
Die Angst — diese schreckliche —
— Ich schäme mich.
LUCCANI: Mich trifft das nicht mehr. Beten Sie.
(Witzel zieht den Fabrikanten brutal weg, stößt ihn vor sich her
hinaus. Salzer, jetzt so sehr «in Fahrt», daß er vorübergehend ver-
gißt, was er hier in Rom befürchtet. Er ist sofort über Luccani her-
gefallen.)
SALZER: Selber beten, los, beten, beten,
beweisen Sie, daß Sie katholisch sind.
Singen Sie, los, singen Sie ein Ave Maria!
Los, wird's bald, singen.
LUCCANI: Nein, ich werde Gottes Namen
nicht unnütz führen.

SALZER: Unnütz? Guter Mann, wenn Sie *jetzt*
   nicht singen, werden Sie's bald
   im Himmel mit den Engeln tun.
   Oder mit den Männern im Feuerofen.
   (Er zieht die Miliz heran.) Ihre letzte Chance: ein Glaubensbruder
   wird prüfen, ob Sie fehlerfrei
   ein Ave Maria singen können.
   Los, du Hilfsgeistlicher, nimm ihm die Prüfung ab.
LUCCANI *(pathetisch, ungeheuer verächtlich)*:
   Diesem Vaterlandsverräter da —
   antworte ich doch nicht . . .
MILIZ *(schreit)*: Vaterlandsverräter — was?
   *(Er gibt Luccani einen schlechtgezielten Stoß vor die Brust, der Alte
   taumelt, stolpert, fängt sich schnell. Salzer packt die Miliz am Arm,
   hält sie zurück.)*
SALZER: Komm her! Du schlägst ihn nicht.
MILIZ: Kommandant! — Beleidigung:
   Vaterlandsverräter —
   das laß ich mir doch nicht gefallen!
SALZER *(gefährlich interessiert, zu Luccani)*:
   Was haben Sie damit sagen wollen?
LUCCANI *(sehr scharf und artikuliert)*:
   Daß ein Italiener, der einen alten
   römischen Offizier an die Deutschen ausliefert,
   ein Vaterlandsverräter ist. Vielleicht
   hab ich mit dem Vater dieses Feiglings da
   am Isonzo gelegen — hier . . .
   *(Er greift in die Tasche und zieht zwei Orden hervor. Salzer, pein-
   lich berührt, sagt schnell —)*
SALZER: Warum haben Sie nicht gleich gesagt,
   daß Sie Offizier sind — Mann.
LUCCANI *(zu der Miliz)*: Schämst du dich nicht, du Feigling?
   Wir haben an der Front gekämpft, gegen
   österreichische Alpenjäger, Scharfschützen
   waren das — und *wo* kämpfst du?
   Gegen wehrlose Mitbürger. Verräter!
   *(Salzer schweigt, gönnt der Miliz, die er verachtet wie alle italieni-
   schen Soldaten, diese Blamage — ohne zu merken, daß die Worte
   Luccanis auch seinem «Kampf» gelten. Der Alte hat der Miliz den
   Rücken gewendet und sagt zu Salzer sehr gefaßt:)*
   Als Generalkonsul in Innsbruck
   und als Soldat im ersten Weltkrieg
   habe ich die Deutschen achten gelernt —
   und will es noch nicht glauben, mein Herr . . .
   bitte, gestatten Sie mir eine Frage, eine Bitte . . .
SALZER *(innerlich jetzt höchst gefährdet, der alte Frontoffizier hat
   seine sentimentale Ader getroffen, vor allem deshalb, weil Salzer
   selbst sich stets vor der Front gedrückt hat)*:
   Ist doch gut, natürlich achte ich
   den Offizier in Ihnen. Selbstverständlich

kommen Sie nicht nach Auschwitz, sondern nach
Theresienstadt, wo man Sie bis zum Ende
des Krieges in Ehrenhaft halten wird.

LUCCANI: Ich danke Ihnen . . . für diesen Beweis
Ihrer fairen Gesinnung. Aber meine Bitte . . .
ich bin zweiundsiebzig, bevorzugen
Sie mich nicht, lassen Sie mich bei Sohn und
Schwiegertochter — da, im Keller. Sie tun ja auch
nur Ihre Pflicht. Aber Sie haben doch wohl
selbst Kinder, mein Herr . . . da, meine
Enkel, ein Junge von neun, ein Mädchen
von sechs. Lassen Sie diese Kinder frei.
Ich kenne Nonnen, die würden sie holen
und katholisch erziehen, bitte . . . ich . . .
(verliert allmählich die Fassung)
ich habe in meinem Leben noch keinen Menschen
angefleht, aber jetzt flehe ich Sie an . . .
denken Sie doch an Ihre eigenen Kinder, ich, ich . . .
(Stottert unter Tränen.)

SALZER *(heiser)*: Den Kindern wird kein Haar gekrümmt,
was denken Sie denn von uns Deutschen!
Sie kommen nach Theresienstadt,
die jüngeren Juden müssen Straßen
bauen, oben, im Apennin.

LUCCANI: Aber die Kinder doch nicht! — Man hat
sie gestern abend von ihren Eltern
weggerissen. Soll man denn wirklich glauben,
was man von Ihren Lagern in Polen hört . . .

SALZER: Alles Lügen, Propagandalügen Churchills.
Hören Sie doch nicht auf den englischen Funk.
Wenn das stimmte, was die Hetzer
da erzählen — glauben Sie, daß dann
der Papst so freundlich Tausende
von deutschen Wehrmachtsangehörigen
in Audienz empfinge? Gehen Sie jetzt . . .
Wir krümmen Ihnen kein Haar.

LUCCANI *(gefaßter, aber in höchster Angst, deshalb so große Worte)*:
Sie sind als Offizier ein Mann von Ehre:
Wie können Sie je wieder Ihrer Frau
in die Augen sehen, Ihren Kindern!
Ich frage Sie beim Namen Ihrer Mutter . . .
*(Salzer hat ihm den Rücken zugekehrt, im Innersten getroffen, an-
geekelt. Während Luccani spricht, ist Witzel mit dem Schuhhändler
eingetreten, der eine Aktentasche trägt: ein rundlicher Jude in mittleren Jahren, der scheu an der Tür stehenbleibt, bis Witzel ihm durch
eine Handbewegung bedeutet, daß er sein Gesicht zur Wand drehen
muß.*
*Bei Luccanis letzten Worten beginnt Salzer plötzlich wie wahnsinnig
die Miliz und Katitzky, dann auch Witzel anzuschreien. Das eigene
Schreien steigert noch seine Fassungslosigkeit. Er reißt zuletzt die*

Pistole heraus, als könne dieser lächerliche Griff zur Waffe ihn vor einer menschlichen Rührung schützen.)

SALZER: Was gafft ihr so blöd in die Gegend!
Abführen. Abführen hab' ich befohlen — rührt
ihn nicht an. Alle weg hier — auch *den*
(er zeigt auf den Schuster) abführen, da.
Los, was steht ihr da 'rum! Abführen, los.
Witzel, kommen Sie jemals, wenn man
Sie wirklich braucht?

WITZEL: Das ist der Schuster, Obersturmführer.
Er hat auch Werkzeug mitgebracht.

SALZER *(immer noch schreiend)*: Das ist mir jetzt egal, ich will
jetzt keinen sehen. Sie will ich auch
nicht sehen. Macht, daß ihr wegkommt,
alle 'raus hier, los!

WITZEL: Obersturmführer?

SALZER: Wer von den Kerlen jetzt noch protestiert,
dem ziehen Sie die Hosen aus
und prüfen nach, ob er beschnitten ist.
Katholisch oder nicht — egal.
Beschnitten oder nicht: das will ich wissen.

WITZEL: Jawohl, Obersturmführer — und bei den Weibern?
Wie überprüft man das bei Frauen?

SALZER *(schreit wieder)*: Machen Sie mich nicht verrückt — Idiot!
Hauen Sie endlich ab, ich will Sie nicht mehr sehen.

WITZEL: Jawoll, Obersturmführer.
(Während alle abgehen, ist Gerstein hinter Salzers Rücken, fast schleichend, durch die Tür zum Hof hereingekommen. Er sieht noch, wie Witzel und die Miliz die beiden Juden abführen. Jetzt legt er Salzer die Hand auf die Schulter, wobei sein Gesichtsausdruck, der höchste Abgespanntheit zeigte, sich völlig verändert: sein Gesicht ist jetzt geradezu geladen mit Energie und Wachsamkeit, was er hinter einem Lächeln, das unecht wirkt, zu verbergen sucht.)

GERSTEIN: Ihnen fehlt der Schlaf, was?
Heil, Salzer! Sie sind blaß.

SALZER *(geniert)*: Mensch, Gerstein — Sie erschrecken mich.
Sie kommen immer so heimlich still und leise.
Wo war'n Sie die ganze Nacht?

GERSTEIN: Was war denn los bei Ihnen?

SALZER *(noch immer verlegen)*:
Soll einer nicht die Nerven verlieren . . . hat
dieser Idiot, mein Feldwebel, ein'
ganzen Sack voll Katholiken bei der Razzia
aus Dummheit mit aufgelesen.

GERSTEIN *(der seine Genugtuung kaum verbergen kann, übertreibend)*: Was! — Katholiken habt ihr auch verhaftet?
Na, mit denen habt ihr euch was eingebrockt.
Der Führer kann Ärger mit dem Papst
im Augenblick sehr schlecht gebrauchen.

SALZER: Das fürcht' ich auch. Und ich bin mürbe, Gerstein:

bettelt da ein alter Offizier,
der seine Orden vorzeigt,
ums Leben seiner Enkelkinder. —
Nie wieder passiert mir das, nie wieder.
Immer ist man der Dumme,
wenn einem das Gesindel,
das man ins Gas verschicken soll,
erst menschlich nahekommt. Da bin ich doch
zu wenig abgebrüht. Ich habe ohnehin
die Schnauze voll: Sie waren nicht dabei
in Posen, am 4. Oktober, als der
Himmler sagte, unsre Arbeit
zum Wohle der Kinder Israel sei ein —
wie drückte er sich aus, der Reichsheini:
sei ein *niemals geschriebenes* und
niemals zu schreibendes Ruhmesblatt
der deutschen Geschichte . . . Ja, Gerstein,
das ist der Dank, ruhmlos und fürchterlich.

GERSTEIN *(sieht sofort eine Chance, zeigt sich empört und eingeschüchtert zugleich):* Soso, Himmler ist *auch* der Meinung!
Das bestätigt mir, Salzer, daß bald
der ganze Kurs gewechselt wird. *So*, ein
niemals zu schreibendes Ruhmesblatt.
Man stelle sich das vor, der Reichsführer
gibt offen zu, daß die Endlösung,
die stärkste Willensäußerung des Jahrhunderts,
des Jahrtausends vielleicht — daß sie niemals
vor der Geschichte eingestanden werden darf . . . Ja,
(dunkel, scheinbar sehr informiert)
es sind nicht nur Gerüchte, mir geht
ein Licht auf, eine ganze Lampe.
(Scheinbar ablenkend, als habe er schon zuviel gesagt:)
Haben Sie ein Butterbrot für mich, 'ne Tasse Kaffee?

SALZER *(höchst interessiert):* Was! Wovon sprechen Sie denn? —
Natürlich können Sie hier Kaffee trinken —
Mensch, Gerstein, reden Sie doch! Sie sind
doch informiert, sind immer in Berlin — *ich*
höre gar nichts. Was ist denn los!

GERSTEIN *(mysteriös, bedeutungsschwer):*
Salzer, ich darf nichts sagen — nur
unter Freunden einen guten Rat:
Da fährt jetzt ab und zu ein Diplomat
nach Stockholm — zu den seltsamsten
Gesprächspartnern: es wäre *sehr* fatal,
wenn ausgerechnet jetzt der Papst
das Maul aufreißen würde. Provozieren Sie
ihn nicht: Der Führer *weiß*,
warum er den Vatikan, das üble
Spionagezentrum, nicht aushebt,
sondern respektiert.

SALZER *(erregt):* Nach Stockholm? — Mit *wem* wird denn
    verhandelt? — mit den Russen oder . . .?
    Mein Ehrenwort, ich halte doch den Mund.
GERSTEIN *(der keine Ahnung hat, sondern nur hört, was in diesen Mo-
    naten ausländische Sender ungenau und übertreibend kolportieren):*
    Keine Silbe mehr, Salzer, kein Buchstabe.
    Sie waren immer kameradschaftlich, deshalb
    meine Warnung: tun Sie nichts in Rom,
    was internationales Geschrei
    gegen Deutschland heraufbeschwören könnte.
    Das sind die paar Hebräer doch nicht wert!
SALZER *(ärgerlich):* Warum *befiehlt* mir dann Berlin,
    daß ich das Pack verladen soll!
GERSTEIN: Was heißt Berlin? — *Eichmann* befiehlt!
    Der macht sich gerne wichtig, der spricht immer
    vom Führererlaß — weil er auf eigene
    Rechnung nichts riskiert. Der läßt Sie fallen
    wie eine heiße Pellkartoffel, wenn
    der Führer in Wut gerät, weil ein Protest
    des Papstes alle Drähte zu den . . .
    alle Drähte in Stockholm zerreißt.
SALZER *(wütend, unsicher):* Durchschaue *ich* die hohe Politik!
    Wieso denn? *Mir* wird nur befohlen.
GERSTEIN *(achselzuckend):* Man wird sagen, Sie hätten die Gefahren
    sehen müssen, die aus dem Vatikan drohen.
SALZER *(sehr erregt):* Das hab' ich doch *getan,* Gerstein! Machen
    Sie mich nicht völlig konfus. Ich hab' versucht,
    zweimal hab' ich versucht, mich zu drücken
    vor dieser blödsinnigen Aktion! Ende September
    kam Befehl, am ersten Zehnten zu verhaften.
    Der Konsul Moellhausen erklärte,
    das sei politisch unzweckmäßig, und schleppte mich
    zu Kesselring. Der Marschall, Gott sei Dank,
    gab an, für diese Razzia keine Truppen
    frei zu haben. Dahinter konnt' ich mich verschanzen.
    Berlin gab nach, befahl jedoch,
    den Juden einen Zentner Gold als Lösegeld
    abzuverlangen. Das habe ich getan,
    schon vor drei Wochen. Der Papst
    weiß davon. Er war sogar bereit,
    Gold beizusteuern, wenn die Juden
    die fünfzig Kilo nicht zusammenbrächten.
    Diese Bereitwilligkeit des Papstes
    — wir dachten doch, er schlüge Lärm! —
    hat uns nun Mut gemacht,
    die Juden doch zu deportieren.
    Wahrscheinlich geht es gut: Wenn der Pope damals,
    bei dieser ungeheuerlichen Forderung,
    den Schnabel hielt — warum nicht jetzt?
    Er ist ja doch sehr deutschfreundlich,

wirklich, ein sympathischer Mann.
Sie sollten sehen, Gerstein,
mit welcher Güte er unsern Landsern hier
Audienz gewährt — Tausenden schon.
Berlin sieht das nicht gern — aber gehen Sie
doch auch mal hin, es ist schon ein Erlebnis!
GERSTEIN *(ist betroffen, kann lange nichts erwidern, dann):*
Ihre Folgerung ist mir zu optimistisch, Salzer:
daß der Papst den Juden Gold
beisteuern wollte — zeigt eindeutig,
daß er auf ihrer Seite steht. Wenn er damals,
vor drei Wochen, die Schnauze hielt,
so deshalb, weil er glaubte,
mit dem Gold sei den Juden
ihre Freiheit erkauft.
Jetzt habt ihr ihn ja regelrecht betrogen:
passen Sie auf, morgen schreit er in den Äther,
was ihr heut nacht gemacht habt.
WITZEL *(ist eingetreten, zu Gerstein):* Heil Hitler, Obersturmführer!
GERSTEIN *(müde):* Heil und Sieg!
SALZER: Geben Sie doch die Brote und den Kaffee
noch mal her, Witzel.
WITZEL *(ab):* Jawohl, Obersturmführer.
SALZER: Schon möglich, daß der Papst
heut Lärm schlägt. Hauptsache: *mich*
kann keiner haftbar machen. Mich nicht.
Außerdem: Berlin riskiert ja nicht,
Gerstein, die Juden aus Rom
sofort zu verheizen: der erste Schub
soll über Mauthausen nach Auschwitz
gehen. Protestiert der Papst,
kann man sie immer noch
nach Hause schicken. *Verheizen*
wird man sie erst, wenn sicher ist,
daß er sich weiter nicht drum kümmert.
*(Er bietet Gerstein Zigaretten an. Gerstein versucht noch einmal,
Salzer einzuschüchtern.)*
GERSTEIN: Danke. — Eine seltsame Rede da,
die Himmler in Posen gehalten hat:
deshalb also muß Blobel seit August
unsere Massengräber in Rußland exhumieren
und die Kadaver im Akkord verbrennen —
schöne Arbeit! Dagegen haben *Sie's* noch leicht!
SALZER: Tatsächlich: Warum wir uns die Mühe machen,
versteh' ich nicht so ganz. — Verstehen Sie das?
GERSTEIN: Sehen Sie doch die Karte an: im August
hat Blobel die Gräber bei Kiew weggeheizt —
russische Tiefflieger sahen dummerweise zu.
Ja, Salzer, *ich* versteh' das schon: der Führer,
Gott sei's geklagt, scheint nicht damit zu rechnen,

daß Kiew auch in Zukunft die Hauptstadt
einer *deutschen* Ukraine ist. Bitter . . .
das Blatt hat sich gewendet. — Ich habe nichts gesagt.
(Er redet nicht weiter, weil Witzel mit Kaffee und Broten erscheint.
Dann, zu Witzel:) Danke schön — danke.
WITZEL: Bitte sehr, Obersturmführer.
SALZER *(besorgt):* Reist man *deshalb* nach Stockholm, Gerstein?
Verdammt traurig, was Sie da berichten.
(Gerstein legt den Finger an den Mund hinter Witzels Rücken.)
SALZER *(zu Witzel, um neutralen Gesprächsstoff bemüht):*
Was macht denn unser Schuster, Witzel?
(Zu Gerstein:) Wir haben einen Schuster eingefangen,
der uns hier Stiefel machen soll.
GERSTEIN: So! Ich könnte auch mal neue brauchen.
WITZEL: Werkzeuch hat er bei sich, ich hab'n gefracht.
Nur kein Madrial, das müssen wir noch holen
in seim Laaden. Aber Werkzeuch hat er,
'ne ganze Daschen voll. Was willste denn damit,
sprech' ich for ihn. Spricht er, ich muß
in Polen doch for meine Kinner sorjen.
(Witzel amüsiert sich, lacht kenntnisreich. Die lähmende Bestialität
des ganzen Geschehens kommt am «offenherzigsten» in diesen mit
niedrigster Witzigkeit vorgetragenen Sätzen zum Ausdruck, die in
schlampigem «Kasselaner» Vorstadtjargon behaglich breitgetreten
werden.)
Soo, sprech' ich, du willst for deine Kinner
sorjen, denn sorje mal for sie. Du bist
ja düchtig. Wir richten dir in Auschwitz
ein' eichnen Laden ein — prima
mit Schaufenstern oder vielleicht sogar, sprech' ich,
in Warschau, ein großes Geschäft, weil du's bist.
Da kannste sorjen for deine Familie — naiv, wie?
(Er freut sich, lacht. Gerstein kann nicht weiteressen, er ist aufge-
standen, bemüht, sich nichts merken zu lassen. Aber selbst Sal-
zer ist Witzels biederer Idiotenzynismus aufs Gemüt geschlagen, er
sagt gereizt —)
SALZER: Gut, Witzel — hier haben Sie 'ne Zigarette,
hauen Sie ab. Wir haben noch zu reden.
WITZEL *(nimmt die Zigarette, geht ab):* Danke sehr, Obersturmführer.
SALZER: Sie essen ja gar nichts, Gerstein — Sie hatten
doch Hunger und Durst, als Sie kamen.
GERSTEIN *(wendet sich um):* Mir läßt die Himmler-Rede keine Ruhe:
die wechseln bald den ganzen Kurs. Wir sind
dann die Inquisitoren, deren sie sich schämen,
wie sich die Kirche heute ihrer Hexenmörder schämt.
SALZER *(kleinlaut):* Ja, daß Blobel exhumieren muß,
läßt allerdings vermuten, daß der Führer glaubt,
die Ukraine wieder zu verlieren. Verdammt.
GERSTEIN *(nimmt wieder ein Stück Brot, versucht möglichst beiläufig*
anzubringen): Deshalb *dürfen* Sie dem Führer

den Papst nicht auch noch auf den Hals hetzen!
Deportieren Sie nicht vor übermorgen:
er protestiert bestimmt — den Ärger haben *Sie*.
SALZER *(müde, sentimental und etwas besorgt)*:
Ach, Gerstein, Sie haben leicht reden.
Ich wünschte auch, ich wäre hier in Rom,
um Kirchen anzusehen und Museen,
ich möchte mit den Kindern in Ostia baden
oder der Frau in Via Veneto was Schönes kaufen ...
statt dessen — ja, lieber Gott,
soll ich denn päpstlicher sein als der Papst?
Hält er bis heute abend still,
muß ich bei Nacht verladen.
*(Das Telefon läutet. Salzer deutet vielsagend auf den Apparat und
meint, indem er darangeht:)* Wenn man vom Teufel spricht —
um diese Zeit: passen Sie auf,
da kommt der Papst schon ...
(Am Apparat:) Ja, stellen Sie um.
(Zu Gerstein:) Der Stadtkommandant!
Jawohl, Salzer. Heil Hitler, Herr General — so,
aha, *eben* sprechen wir davon —
tatsächlich, ja!
Donnerwetter, also doch ein Protest!
*(Er winkt Gerstein heran, der mit größter Spannung neben Salzer
getreten ist, so daß er dem Gespräch folgen kann.)*
Habe ja gleich damit gerechnet, jawohl ...
Sind ... — wie bitte? Danke, ja ... ja.
Sind Herr General im Besitz des vollen Wortlauts?
So, schon unterwegs zu mir — gut,
gehorsamsten Dank, Herr General.
Aha — soo! Das ist schon weniger gefährlich.
Kommt also *nicht* vom Papst persönlich.
Wird aber ausdrücklich angedroht, so.
Meine Meinung? — Herr General wissen ja,
ich habe die Aktion nur widerwillig durchgeführt.
Aber leider befreit dieser Brief des Bischofs
an Herrn General uns keineswegs
von der Pflicht, zu deportieren ... Sehr wohl.
Bleibt *nicht* dabei? — Das fürcht' ich auch.
Selbstverständlich, Herr General, sehr wohl.
Die Juden werden, solange ich sie noch
im Keller habe, ganz besonders gut behandelt.
Müssen wir abwarten, jawohl.
Gehorsamsten Dank, Herr General, jawohl.
Heil Hitler, Herr General.
(Er legt auf, sieht Gerstein an.)
GERSTEIN: Melden Sie das besser sofort in Berlin.
Gibt es Geschrei, macht man Sie haftbar.
SALZER: Verdammt, *was* soll ich machen!
(Dann sehr laut:) Wenn doch dieser verdammte Pope

endlich einmal klar und verbindlich
sagen wollte, wo er steht! Läßt er uns
(wieder leiser) freie Hand, so wie bisher,
und hat er nur durch diesen Brief des Bischofs
der lieben Christenpflicht genügen wollen —
dann muß ich heute abend deportieren.

GERSTEIN: Um Gottes willen, Salzer — das *ist* doch der Protest!

SALZER *(fast mißtrauisch):* Gerstein, wie können Sie so was sagen:
das ist der Kommentar eines Bischofs,
das ist doch kein Protest! Die lachen
mich ja aus in Berlin, wenn ich *deshalb*
das Gesindel wieder laufen lasse.
Von Freilassung kein Wort ...

GERSTEIN *(etwas vorsichtiger):* Ich will Sie ja nicht irremachen, Salzer:
ich glaube aber nie im Leben, daß der Papst
Ihnen hier in Rom freie Hand läßt ...

SALZER *(wieder verärgert):* Das glaube ich ja *auch* nicht, Gerstein!
Jetzt, nach diesem Brief des Bischofs,
glaub' ich bestimmt, daß Pius noch
um seine Lämmer zetert ... und
der Führer wird nachgeben, natürlich.
Was bedeuten schon elfhundert Juden!
Aber *meine* Sache, Gerstein — meine
Sache ist das nicht! *Ich* habe
keine Lust, mich noch einmal zu weigern.
Solange die Kirche nur allgemeine
Redensarten vom Stapel läßt ...
*(Gerstein ist schon während der letzten Sätze Salzers von höchster
Unruhe befallen worden, er sieht dauernd auf die Uhr, geht hin und
her und will sobald wie möglich zu Riccardo. Fast auffällig abrupt
verabschiedet er sich jetzt. Draußen ist es ganz hell geworden.)*

GERSTEIN: Also, Salzer — es wird Zeit für mich,
leben Sie wohl. Behandeln Sie den Popen gut.

SALZER *(ohne Mißtrauen, lächelnd, immer amüsierter):*
Ich kenn' sonst keinen, der so nervös ist wie Sie!
Wie ein Wolf im Zoo — so treibt Sie's
immer auf und ab. Wie eingesperrt.
Auch jetzt, Gerstein, Sie merken das gar nicht:
Warum nur plötzlich wieder diese jüdische Hast!

GERSTEIN *(argwöhnisch, dann gelassen):*
Wieso denn? — Bin ich wirklich so nervös?
Ich will noch etwas sehen von Rom —
(eine Anspielung) wer weiß, ob ich noch jemals
am Tiber stehn darf als Deutscher.
Sie haben mich sehr deprimiert ...
*(Er tut so, als sei Salzer es gewesen, der so «defaitistische» Reden ge-
führt hat.)* Was Sie mir da erzählten, Salzer ... und daß
die Amis schon in Neapel sind,
die Russen schon in Kiew:
Ihre miese Stimmung hat mich infiziert.

SALZER: Lieber Gott, ich war doch nur
  durch das Verhör ein bißchen durcheinander.
GERSTEIN (gibt ihm die Hand): Und schönen Dank für Ihre Butterbrote.
SALZER: Ach, Gerstein, schade, daß Sie fahren.
  Der Dank ist ganz auf meiner Seite —
  Sie kennen doch den Weg zum Flugplatz?
  Grüßen Sie mir Finnland — Heil!
WITZEL (tritt ein und meldet): Obersturmführer, der Abt ist draußen,
  will Sie dringend sprechen.
SALZER (während Gerstein deutlich zurückschreckt):
  Der hat mir noch gefehlt — na,
  was bleibt uns übrig, als ihm freundlich
  guten Tag zu sagen. Meinetwegen.
  (Witzel ab.)
SALZER (zu Gerstein): Sie hatten recht: da ist schon
  der Protest. Der Mann
  kommt jeden dritten Tag, ein zäher
  Halunke, der immer was 'rausholt.
WITZEL (meldet offiziell): Obersturmführer — Hochwürden, der Herr
  Generalobere, Monsignore . . .
  (Salzer hat sich schnell das Koppel umgeschnallt und die Mütze auf-
  gesetzt. Jetzt wendet er sich zur Tür und blickt dem Abt entgegen, der
  rasch und sicher eintritt. Gerstein schüttelt hinter Salzers Rücken
  verneinend seinen Kopf und legt den Finger auf die Lippen, sobald
  Witzel die Tür hinter dem Besucher geschlossen hat.)
ABT (der sich nicht merken läßt, daß Gerstein ihn erst vor einigen Stunden verlassen hat): Grüß Gott, Herr Salzer — leider
  muß ich Sie schon in aller Frühe stören.
  Aber Sie haben Besuch . . .
SALZER (freundlich lachend): Guten Morgen, Pater General — ja, Besuch
  aus Berlin: ein lieber Kollege —
  und hier der Herr Generalobere der Salvatorianer,
  der im Auftrag Seiner Heiligkeit
  jede Woche einen Kommunisten
  von uns bösen Nazis erlösen muß.
  (Alle drei lachen, Gerstein erleichtert.)
GERSTEIN: Freut mich, Sie noch kennenzulernen,
  Monsignore — Kamerad Salzer hat mir schon
  sein Leid geklagt: Sie seien ein sehr
  zäher Unterhändler . . .
ABT (geschmeichelt): So, so — hat er das beklagt. Ja,
  das ist ein Lob für mich! Heut komm' ich
  wieder wegen eines Kommunisten — was Sie
  so kommunistisch nennen: ich meine
  den achtzehnjährigen Tagliaferro,
  den Sie in Mailand verhaftet haben — lieber Gott,
  wenn der Kommunist ist, ja,
  dann bin ich Mohammedaner.
  (Er lacht.) Sein Vater ist der erste Jurist
  in Mailand, er hat sich gestern an den Papst

gewandt: geben Sie den Lümmel frei,
sein Vater schlägt ihn hinter die Ohren,
wenn er noch einmal Flugblätter verteilt,
der dumme Junge . . .

GERSTEIN *(ebenso enttäuscht wie Salzer erleichtert, daß der Abt nicht
wegen der Juden gekommen ist, sagt schnell):*
Entschuldigen Sie bitte, Monsignore —
Salzer, ich muß nun wirklich gehen:
auf Wiedersehen, auf Wiedersehen!

ABT *(schlau, hält Gersteins Hand fest und fragt unwiderstehlich):*
Wiedersehen! — Wie war doch gleich Ihr Name?

GERSTEIN: Ich heiße Gerstein. Ich fliege jetzt nach Deutschland.

ABT: Aha, Herr Gerstein, so . . . — ich habe das vorhin,
wie immer, nicht gleich verstanden.
Also, guten Flug, schönes Wetter!

GERSTEIN: Ich danke Ihnen, Monsignore. — Wiedersehen.
(Salzer bringt Gerstein zur Tür.)

SALZER: Meinen Sie nicht auch, daß Ihre Sorge
(mit einer Kopfbewegung zu dem Abt) etwas übertrieben ist?
(Ruft dem Abt zu:) Nehmen Sie doch Platz, Pater General.

GERSTEIN *(leise, danach mit einer Bewegung zum Abt hin):*
Ich will es Ihnen wünschen, Salzer — aber:
nee. Es wird sich bis — bis zu ihm
noch nicht 'rumgesprochen haben.
Also, meine Herren, guten Morgen . . .

SALZER *und* ABT *(gleichzeitig):* Heil Gerstein, Wiedersehen, gute Reise . . .

VORHANG

VIERTER AKT

IL GRAN RIFIUTO

> Und wie ich schaute, sah ich eine Fahne
> die ging so schnell im Kreise um und um,
> als wäre sie zu stolz, sich festzulegen,
> und hinter ihr ein langer Menschenschweif
> und so viel Volk, daß ich nicht glauben konnte,
> es seien je so viele schon verblichen.
> Schon hatt ich den und jenen auch erkannt,
> als ich von *dem* den Schatten sah und kannte,
> der feig den großen Auftrag von sich wies.
>
> *Dante, Inferno, 3. Gesang*

Im Päpstlichen Palast. Ein kleiner, fast leerer Thronsaal, der häufig als intimer Audienzsalon und zu geschäftlichen Gesprächen benutzt wird. Er ist scharlachrot ausgeschlagen — in der Farbe der Kardinals-kleidung, die bekanntlich die Bereitschaft symbolisieren soll, «selbst bis zum Vergießen des eigenen Blutes» für den Glauben einzustehen Der Papst allerdings trägt Weiß. Seine Soutane ist so weiß wie die Taube mit dem Ölzweig in seinem Wappenschild, das mit der Tiara und den zwei gekreuzten Schlüsseln in den Teppich über dem goldenen Thronsessel eingewebt ist.

Dieser Wandbehang zieht sich empor bis zum Baldachin, der so weit oben unter der Decke schwebt, daß er hier nicht mehr sichtbar ist. Zu beiden Seiten des nur wenig erhöhten Thrones hohe, schmale Türen, die ebenfalls rot-gold ausgeschlagen sind. An der linken Wand eine Barockkonsole mit astronomischer Uhr und Schreibzeug. Darüber ein großes, messingbeschlagenes Kruzifix. Einige goldene Hocker an den Wänden. Keine Wachen.

Der Kardinal im Gespräch mit Fontana sr.

Der Graf, eine Vortragsmappe unter dem Arm, trägt zum Frack den Christusorden. Seine Eminenz, obwohl hier daheim, ist unpersön-licher als bei seinen Besuchen im Haus Fontana und im Kloster, spar-samer, gedämpfter in Worten und Gesten.

KARDINAL *(klagend):* . . . jedenfalls, nicht wahr,
    hat doch Herr Hitler erst im September . . .
FONTANA: Ach so, erst neulich . . .
KARDINAL: Ja! — Ganz vertraulich hat er
    dem Chef bestellen lassen, ja,
    er betrachte die Bomber wie jede
    andere Waffe auch, nicht wahr.
    Die Deutsche Reichsregierung habe diese Waffe
    zuerst in Anwendung gebracht und hoffe,
    den jetzigen Gegenstoß der Alliierten
    in Kürze ihrerseits
    mit höchster Schlagkraft zu vergelten, ja.
    Wir werden's sehen, nicht wahr.

FONTANA: Natürlich, der Stolz verbietet Hitler,
   den Papst als Bittsteller ins Weiße Haus zu schicken.
KARDINAL *(nicht ohne Schadenfreude):*
   Der Chef ist aber sehr gekränkt, wie immer,
   wenn man ihn als Vermittler abweist, ja.
   Er schreibt doch so gern Briefe,
   in denen nichts drin steht,
   an Mr. Roosevelt, nicht wahr.
FONTANA *(temperamentvoll):* Er sollte an *Hitler* schreiben, Eminenz!
   Empörend, was der Halunke mit den Juden
   sich hier — sogar in Rom erlaubt.
KARDINAL: Sie meinen, daß Herr Hitler weiß,
   wie sein Gesindel sich hier aufgeführt hat?
   Darüber wird heut auch zu sprechen sein, ja.
   Ich habe für die Juden gebetet . . .
FONTANA *(kalt):* Eine Ehrenrettung, Eminenz — daß der Papst
   endlich protestiert. Ich hörte
   es heute früh durch den Vertrauten,
   den mein Sohn in der SS hat.
KARDINAL *(höchst erstaunt, ja erschrocken):*
   Protestiert? — Ausgeschlossen,
   der Chef hat doch nicht protestiert, Graf!
   Er kommt. Nein, *davon* weiß ich nichts.
FONTANA *(befremdet):* Aber ja! Heut früh, er hat . . .

*Die letzten Worte haben der Kardinal und Fontana geflüstert, denn
die rechte Flügeltüre ist von einem Schweizer lautlos geöffnet worden.
Schon ist der PAPST rasch und wortlos eingetreten, die Tür ist wieder
geschlossen. Seine Heiligkeit steht jetzt, zunächst nur ein hoher weißer Glanz, vor den beiden Herren, die das rechte Knie gebeugt haben
und den Ring küssen. Der Kardinal hat sich zuerst erhoben, den Grafen zieht der Papst huldreich zu sich empor, nahe, noch näher, an sein
kaltes, lächelndes Gesicht. Nach den ersten Worten des Heiligen Vaters, der ohne Übergang mit den Geschäften beginnt, retiriert Fontana
allmählich einige Schritte. Während Seine Heiligkeit sich mehr und
endlich fast ausschließlich an den Grafen wendet und sich später auf
den Thronsessel setzt, auf dem er auch seine Brille putzt, tritt der Kardinal links neben den Papst. Der Schauspieler, der Pacelli gibt, soll bedenken, daß Seine Heiligkeit viel weniger Person als Institution ist: Große Gesten, ein lebendiges Spiel seiner außerordentlich schönen Hände
und lächelnde aristokratische Kälte genügen, dazu hinter goldener
Brille die eisige Glut seiner Augen, das übrige sollte weitgehend der un-
alltäglichen, getragenen Sprache des Pontifex Papa überlassen bleiben,
der hier, keineswegs ein Greis, im 68. Lebensjahr auf der Höhe seines
Wirkens steht.*

PAPST: Lieber Fontana! Wir freuen uns, Sie zu empfangen, um Ihren
   Rat und auch den Unseres ehrwürdigen Bruders zu hören — von
   brennender
   Sorge um Unsere Fabriken erfüllt. Auch Kraftwerke, Bahnhöfe

Talsperren, *jeder Betrieb* fordern gebieterisch Schutz.
Wir taxieren natürlich die Chance, Gehör zu finden,
sehr realistisch ein, was Industrie und Bergwerke betrifft. —
Mit Unserer Ewigen Stadt verhält sich's anders:
an Rom wird man sich nicht noch einmal versündigen!
Herr Weizsäcker war so entgegenkommend, den Marschall Kesselring
um Reduzierung der deutschen Garnison
auf etwa tausend Mann zu bitten.
Die Deutschen, das muß man sagen,
zeigten in diesem Punkt wesentlich mehr Freundlichkeit
als die Zerstörer von San Lorenzo.
Doch auch im Weißen Haus wird man sich hüten,
Uns noch einmal herauszufordern. Wir haben
mit Entschiedenheit erklärt, daß Wir als Bischof
dieser Stadt, als Sprecher einer halben Milliarde Katholiken,
die auf Sankt Peter schauen,
energisch protestieren werden — unmittelbar.
(Klagend:) Bomben auf Rüstungsbetriebe zu werfen ist aber Kriegsrecht!
Sie haben Uns empfohlen, Graf Fontana,
Männer um Roosevelt, Industrielle und Militärs in USA . . .
FONTANA: Und auch in London, Heiligkeit.
PAPST: Gut, ja — Papiere zu verkaufen.
Wie aber wollen Sie Geldgeber von Einfluß, lieber Graf,
dazu verlocken, sich an der Industrie Italiens
zu beteiligen, die so gefährdet ist?
FONTANA: Sehr gute Papiere, die besten, die wir haben,
sind so begehrt wie eh und je, Heiligkeit.
Ich denke da vor allem an Papiere im Besitze
der Gesellschaft Jesu, die . . .
PAPST *(als habe er physische Gefahr abzuwehren):*
Nein, lieber Graf, o nein — nein!
Wir wollen uns hüten, mit den Jesuiten
neuen Streit zu beginnen! — Nein, wie unersprießlich. —
KARDINAL: Behüte Gott, der Orden Jesu, ja!
Warum versteckt er seine Bücher vor uns, nicht wahr!
Achttausend Patres in Amerika sind widerspenstig, ja.
PAPST *(lenkt sofort ein):* Nur was das Geld betrifft, versteht sich, Graf.
Sonst sind sie fromme Diener unserer Sache, der Herr
bewahre Uns, das nicht zu sehen, Eminenz.
KARDINAL *(hochachtungsvoll):* Ja, nicht wahr, sonst ja. Und geizig
sind sie auch nicht:
Die Diözese in New York allein,
allein die Diözese in New York
führt an den Stuhl noch mehr ab als
das ganze alte Abendland zusammen, ja, nicht wahr.
Doch daß sie uns nicht ihre Bücher zeigen!
PAPST *(maliziös):*
Der Zeitpunkt, sie zu zwingen, wird schon kommen, Eminenz.
FONTANA *(lächelnd, indem er seiner Vortragsmappe zwei Schecks ent-*

nimmt): Heiligkeit, es liegt mir fern, den Jesuiten,
dem Orden meines Sohnes,
undankbar zu sein: einer der beiden Schecks,
die ich Euer Heiligkeit heute überbringen darf,
kommt ja vom Orden Jesu — eine Summe . . .
*(er reicht dem Papst beide Schecks, der Papst nimmt die Brille ab, um
die Zahlen zu lesen)* die den Zorn Euer Eminenz
über die Selbständigkeit der Patres glätten dürfte.
KARDINAL *(lachend, sehr neugierig auf die Schecks):*
Seh' ich so unversöhnlich aus, nicht wahr!
PAPST *(verzieht keine Miene, gibt Fontana die Schecks zurück. Fontana
reicht ihm einen Stift und hält ihm die Vortragsmappe hin, auf der der
Papst die Schecks abzeichnet; er hat die Schecks an den Kardinal wei-
tergereicht):*
Lieber Graf — Eminenz: sagen Sie beide in Unserem Namen
den Spendern Dank für diesen Peterspfennig . . .
KARDINAL *(der die Summen mit einem Blick addiert hat, sieht den
Papst und dann Fontana an):*
O ja! — Das macht ja . . . ja, nicht wahr!
Ich werde Bruder Spellman danken.
(Er gibt Fontana die Schecks zurück, Fontana steckt sie in seine Mappe.)
FONTANA: Die erste Summe, Heiligkeit, ist nur erklärlich,
weil die Spender an den vier großen
Flugzeugfabriken der USA beteiligt sind.
Ich denke, es ist genug, daß sie so viel
verdienen an den Bombern. Es muß nicht sein,
daß diese Flieger auch noch
Italiens Industrie zerstören! Die Jesuiten
schadeten sich selbst. Sie *müssen*
ihre Aktien aus der Toskana in aller Stille
abstoßen an Mitglieder der USA-Regierung
und auch an einflußreiche Herren in London.
PAPST *(will nicht gehört haben, was er weiß):*
Die Patres, sagen Sie, haben Renditen
durch die Bomber: Lieber Graf!,
wir wollen das doch so nicht sehen.
Flugzeuge sind eine segensreiche Einrichtung.
Daß man sie jetzt in diesen bösen Zeiten
mit Bomben statt mit Passagieren befrachtet,
das ist nicht Schuld der lieben Patres, nicht wahr,
die bona fide ihre Gelder in diesen Werken
investierten. Wer arglos ist, wird leicht mißbraucht!
Wenn *solche* Summen sich daraus ergeben,
so wollen Wir uns darein schicken,
gemäß den Worten des Apostels:
Als die Sünde übergroß geworden,
ward auch die Gnade überwältigend.
FONTANA *(hartnäckig, nicht ohne sehr dezente Ironie):*
Die Gnade, Heiligkeit, bleibt groß genug,
auch *dann,*

wenn Sie dem Orden gütigst anempfehlen,
Aktien aus der Toskana abzustoßen.

PAPST *(mißtrauisch)*: Mit Verlust?

FONTANA: Nicht mit Verlust. Die Patres haben
die Papiere ja meist zum Nennwert übernommen
und werden noch daran verdienen.

KARDINAL *(temperamentvoll)*: Weigert der Orden sich, so sollten
Heiligkeit ihm streng verbieten, ja
sein Quecksilber aus Almadén
an Stalin zu verkaufen, nicht wahr.

PAPST *(gereizt, weil er ungern daran erinnert wird)*:
Das ist doch unzumutbar, Eminenz!
Herr Stalin ist im Augenblick ein glänzendes Geschäft
für die Gesellschaft Jesu.
Der Orden hat das Monopol!
An *wen* soll er verkaufen,
wenn Rußland als Kunde ausfällt?
Die USA kaufen von den Jesuiten in Texas.
Sie könnten auch beim besten Willen
nicht noch alles übernehmen, was der Orden
in Spanien aufbringt.
Und da die Deutschen und wir Italiener
das Quecksilber aus seinen Minen
in der Toskana beziehen, so können Wir
dem Orden nicht *verbieten*,
auch Stalin zu beliefern:
Er müßte sonst weit unter Preis verkaufen!
*(Der Kardinal ist außerordentlich eingeschüchtert worden. Fontana
fängt diesen Ausbruch ab und empfiehlt mit aller Vorsicht —)*

FONTANA: Heiligkeit brauchten nicht persönlich einen Zwang
auf die Gesellschaft Jesu auszuüben.
Herr *Franco* könnte ja den Patres einen Riegel
vorschieben, denn schließlich, Almadén liegt doch in Spanien!
Warum erlaubt er denn den Jesuiten,
das Quecksilber nach Moskau zu verkaufen?

PAPST *(verächtlich)*: Ach, Herr Franco! — So wie er Hitler eine Division
verkauft hat, Soldaten, die für Stahl und Kohle
in Rußland verbluten —
so wird er sich vom Orden Jesu
auch die Lizenz bezahlen lassen,
die Rüstungswerke Stalins zu beliefern.
Wir sehen das *gar nicht* gern — um so weniger,
als ja die Russen dringend auf diese Lieferungen
angewiesen sind: ihre eigenen Gruben nämlich
in Nikitowka sind nahezu erschöpft.
Ganz abgesehen davon,
daß ja die Deutschen bis vor kurzem
das Donezbecken innehatten.

FONTANA *(beschwörend)*:
Es muß etwas geschehen, Heiligkeit,

sonst werden die Minen des Ordens
in der Toskana bombardiert.
Ich *muß* die Jesuiten bitten dürfen,
Papiere aus Idria und Monte Amiata . . .

PAPST: Versuchen Sie's! Versuchen können Sie's, Fontana.
Denn Unser Herz hängt sehr
an den Familien der Proletarier,
die durch Zerstörung der Fabriken,
der Bergwerke vor allem,
nicht nur ärmer würden, sondern radikal —
sie würden Anarchisten — gar nicht auszudenken.

KARDINAL *(ehrlich mißvergnügt):*
Ja, nicht wahr — jetzt, nach dem Sturze
Mussolinis, der immerhin dem Kommunismus
die Stirn geboten hat und ein Garant
sozialer Ordnung war, ist doch ein Vakuum
entstanden, das mich mit großer Angst erfüllt, nicht wahr.
Gottlob sind noch die Deutschen hier im Lande,
die lassen einen Streik nicht zu, auch keine Faulheit.
Was aber wird, wenn ihre Truppen abziehn, ja, nicht wahr!

PAPST: Dann haben wir Amerikaner hier, Eminenz.
Wir wollen den Gesandten des Präsidenten
am Nachmittag empfangen.
Nur kommt Uns Mr. Taylor leider immer
und immer wieder mit der Bitte Mr. Roosevelts,
die Schändlichkeiten Hitlers zu verdammen.
Nicht die Deutschen haben San Lorenzo bombardiert!
Die Deutschen haben jedes Buch und jedes Pergament
von Monte Cassino in die Engelsburg gerettet,
(vergrämt) dann kamen die Bomber Mr. Roosevelts und
warfen diesen Ort des Friedens
in Schutt und Staub. — Um so *taktloser,*
daß die Deutschen
die Juden jetzt auch aus Rom verschleppen.
(Aufs höchste indigniert.)
Haben Sie davon gehört, Graf — Eminenz?
Es ist sehr ungezogen!

FONTANA: Rom ist erschüttert, Heiligkeit.

KARDINAL: Ja, nicht wahr, eine ruchlose Frechheit!

FONTANA: Darf ich mir erlauben, auch im Namen
jener Israeliten, die in meinem Hause
Zuflucht suchten, Euer Heiligkeit ein Wort
des tiefgefühlten Dankes auszusprechen . . .

PAPST *(voller Güte, spontan, herzlich):*
Aber lieber Fontana — das versteht sich doch,
daß Wir alles tun, was Gott in Unsere
Kraft gegeben hat, um, wie immer,
den Unglücklichen beizustehen.

FONTANA: Es ist eine wahre *Erlösung,* daß Heiligkeit
jetzt so energisch mit öffentlicher Stellungnahme

drohen. — Darf ich in Demut fragen, ob
der deutsche Stadtkommandant schon reagiert hat?
*(Der Papst sieht mißtrauisch-verständnislos den Kardinal und dann
Fontana an.)*
KARDINAL: Der Stadtkommandant? — Worauf denn reagiert?
PAPST *(mißtrauisch)*: Reagiert? — Worauf denn, Graf?
FONTANA *(etwas unsicher, er ahnt schon, was folgt)*:
Ja, ich hörte doch von meinem Sohn,
Bischof Hudal habe heute früh
dem deutschen Kommandanten angedroht,
daß Heiligkeit *Protest*
erheben werde, zum erstenmal seit Kriegsbeginn.
PAPST *(mit Schärfe)*: Der Bischof hat gedroht? — In Unserem Namen!
Eminenz, haben Sie Hudal ermächtigt,
im Namen des Heiligen Stuhles oder gar
in Unserem Namen . . .
KARDINAL: Gott ist mein Zeuge, Heiligkeit! Ich hörte
von dem Protest erst eben, hier, vom Grafen . . .
Ich will nicht, kann nicht glauben, nicht wahr . . .
FONTANA *(erregt)*: Ich kenne den Wortlaut nicht! Der Bischof
hat vielleicht nicht *im Namen*
Seiner Heiligkeit Protest erhoben, sondern
erst angekündigt, daß eine Stellungnahme
des Heiligen Vaters zu erwarten sei.
Mein Sohn sagt . . .
PAPST *(sehr ungehalten)*: Ihr Sohn, Graf Fontana — wo
ist Ihr Sohn? Gehört er nicht nach Lissabon?
KARDINAL *(erschrocken, beflissen)*: Der Minutant erwartet mich unten,
im Staatssekretariat, Heiligkeit.
PAPST *(äußerst verärgert)*: Herauf mit ihm! Er soll Uns Auskunft geben,
wieso er sich erlaubt,
als Mitglied Unseres Außenamtes seine Hände
ständig in diese Geschäfte zu stecken.
Die Juden und die Deutschen
sind Angelegenheit der beiden Patres,
die Wir eigens dazu berufen haben.
*(Der Kardinal ist sofort zur Tür gegangen und hat einem Schweizer
den Befehl zugeflüstert. Sein Gehorsam geht, angesichts des päpstlichen Zorns, soweit, jetzt auch gegenüber Fontana senior ein steiner-
nes Gesicht aufzusetzen.)*
FONTANA: Vergebung, Heiligkeit, für meinen Sohn.
Sein Eifer ist Verzweiflung. Er war
Augenzeuge in Berlin, als dort die Nazis
Judenkinder auf Lastwagen geworfen haben . . .
PAPST *(ungehalten, winkt ab, spricht jetzt temperamentvoll und na-
türlich)*: Augenzeuge! — Graf, ein Diplomat
muß manches sehen und — schweigen.
Ihr Sohn hat keine Disziplin.
Was muß der Nuntius in Berlin mit ansehen
oder der in Preßburg: er hörte schon im Juli

vorigen Jahres, daß man die Juden aus der Slowakei
vergast hat im Distrikt Lublin.
Läuft er deshalb aus Preßburg weg?
Nein, er tut weiter seine Pflicht, und siehe da:
er hat erreicht, daß keine Juden mehr,
auch nicht die ungetauften,
nach Polen abgeschoben werden.
Wer helfen will, darf Hitler
nicht provozieren.
Heimlich wie unsere beiden Patres,
verschwiegen, klug wie Schlangen:
So muß man der SS begegnen.
Wir haben Hunderte von Juden in Rom versteckt.
Tausende von Pässen ausgestellt!
Herr Hitler ist nicht mehr gefährlich.
Man sagt in Portugal und Schweden, daß er mit Stalin
über Frieden spricht — Gerüchte, die Uns ganz lieb sind,
weil Wir wissen, daß nichts daran ist, die jedoch,
hoffen Wir, das Weiße Haus und London
ein wenig kompromißbereiter stimmen: man soll
verhandeln, soll nicht
vabanque mit ganz Europa spielen
und Herrn Stalin zum Erben Hitlers machen.
Wir überlassen den an Ort und Stelle
tätigen Oberhirten, selber zu entscheiden,
bis zu welchem Grade im Falle bischöflicher
Kundgebungen Vergeltungsschläge zu erwarten sind.
Wenn wir schweigen, lieber Graf,
so schweigen wir *auch*
ad maiora mala vitanda.
FONTANA *(erregt):* Der Nuntius Eurer Heiligkeit
in Preßburg hat aber doch durch den Protest
Unzähligen das Leben retten können, ohne daß
sich die Mörder dafür rächten.
PAPST: Denken Sie an Unsere letzte Weihnachtsbotschaft:
Ein einziges Flehen um Nächstenliebe.
Und das Ergebnis: die Mörder haben sie ignoriert.
FONTANA: Heiligkeit, auch ich war tief betrübt,
daß diese Botschaft ohne Wirkung blieb.
Doch leider haben Eure Heiligkeit die Juden
expressis verbis in dieser Botschaft nicht erwähnt —
so wenig wie den Bombenterror gegen
offene Städte. Hitler und Churchill gegenüber
scheint mir massivste Deutlichkeit am Platze.
*(Der Papst wendet sich ungeduldig ab und Riccardo, der eingetreten
ist, zu.)*
(Freundlicher, lächelnd:) Ihr Sohn! — Da ist er, dieser Hitzkopf.
(Riccardo ist befangen, in der Annahme, der Papst habe doch prote-
stiert, und deshalb im Gefühl, ihn gestern abend sehr verkannt zu
haben. Er küßt den Ring, der Papst lächelt.)

RICCARDO: Heiliger Vater . . .
  *(Dann verneigt er sich vor dem Kardinal, der ihn kalt an den Papst
  verweist.)*
PAPST: Wir haben Freude an ihm, Riccardo,
  und betrachten seinen Eifer mit Liebe. Wer für
  Verfolgte eintritt, spricht immer auch in Unserem Auftrag.
  Allein — Wir hören eben mit Bestürzung,
  daß er oder Bischof Hudal in Unserem Namen
  gegen die Verhaftung der Juden protestiert hat, wie?
  Eminenz — bitte den Pater General.
  (Kardinal, an der Tür, gibt einen Befehl an den Schweizer.)
RICCARDO *(begreift nicht, sehr höflich)*: Ich? — Nein, Heiligkeit, ich hörte
  von meinem Gewährsmann in der SS,
  daß Heiligkeit durch Bischof Hudal
  Protest angedroht hätten.
PAPST *(erzürnt)*: Was maßen Sie sich an,
  mit der SS zu konspirieren?
KARDINAL *(böse)*: Der Heilige Vater, ja, nicht wahr, hört eben
  das erste Wort von seiner angeblichen
  Stellungnahme — ja.
PAPST: Lassen Sie ihn, Eminenz!
RICCARDO *(wie vernichtet, zu seinem Vater gewendet, aber nicht leise)*:
  Also doch: man hat — hat gar nichts getan!
  (Er glaubt es noch nicht.) Heiligkeit haben doch mit Protest gedroht?
  Ich verstehe nicht . . .
  (Er hat verstanden, sagt leidenschaftlich, fast mit einem Schrei:)
  Heiligkeit, die Juden werden deportiert, ermordet.
KARDINAL: Schweigen Sie . . .
PAPST *(lächelnd)*: Aber nein doch. — Gott segne dich,
  Riccardo, sprich, dein Herz ist gut.
  Nur darfst du nicht mit der SS verhandeln.
  Der Pater wird uns sagen, was geschehen ist.
  Halte du dich zurück!
  In deinem Alter kann allein
  Bescheidenheit uns ehren.
RICCARDO: Es geht mir nicht um meine Ehre, Heiligkeit.
  Mir geht es um die Ehre des Heiligen Stuhles,
  die mir teuer ist . . .
FONTANA: Riccardo!
  (Papst schweigt, der Kardinal antwortet schnell für ihn.)
KARDINAL: Ach, um die Ehre der Kurie geht es ihm!
  Haben Sie nie davon gehört, nicht wahr,
  daß wir ganze Ämter errichtet haben, ja,
  Büros und Komitees,
  nur um zu helfen, um zu retten — ja,
  ich denke doch, wir hätten das
  schon mehrfach erörtert, nicht wahr?
RICCARDO *(verliert immer mehr die Beherrschung)*:
  Diese Hilfe erreicht nur manche Juden in Italien, Eminenz!
  Auch das ist oft genug erörtert worden.

(Jetzt auch an den Papst gewandt.)
Der Terror wütet aber doch in allen Ländern!
Eine Million achthunderttausend Juden
sind allein in Polen
bereits ermordet worden! — Da diese Zahl,
Heiligkeit, im Juli offiziell
durch den Gesandten Warschaus beim Weißen Haus
dem päpstlichen Legaten in Washington
bestätigt wurde — *kann* Gott nicht wollen,
daß Eure Heiligkeit sie ignorieren!
KARDINAL *(entrüstet)*: Gehen Sie hinaus, nicht wahr,
    wie reden Sie in Gegenwart des Heiligen Vaters!
    Graf, verbieten Sie doch Ihrem Sohn . . .
    (Während der letzten Worte Riccardos hat der Papst sich erhoben,
    setzt sich aber wieder. Es dauert einen Augenblick, bis er sprechen
    kann, mit äußerster Kraftanstrengung.)
PAPST: «Ignorieren!» Wir haben nicht die Absicht,
    vor Riccardo Fontana — sein Herr Vater
    sagt nichts dazu? — Rechenschaft zu geben. — Dennoch
    wären Wir erfreut, hier auch einmal zu Wort zu kommen.
    (Mit steigender Erbitterung und dem Versuch, abzulenken:)
    Wissen Sie, exempli causa, Herr Minutant,
    daß Wir Uns schon vor Wochen bereitgefunden haben,
    den Juden Roms, die man verhaften wollte,
    mit Gold, mit sehr viel Gold aus ihrer Not zu helfen?
    Die Banditen Hitlers versprachen gegen Lösegeld
    den Juden Freiheit.
    Man hat Uns dann mit einer Summe, die nicht mehr
    realistisch war, erpressen wollen.
    Wir hätten sie *dennoch* gezahlt!
RICCARDO *(hat sich fassungslos an seinen Vater gewendet, jetzt zum*
    Papst, leise): Heiligkeit — haben also gewußt,
    seit Wochen schon —
    was die SS hier mit den Juden vorhat?
PAPST *(erregt, ausweichend)*:
    Was reden Sie! Der Pater General kann Uns bezeugen,
    was alles schon geleistet worden ist,
    die Klöster stehen offen . . .
    (Der bekannte Ordensgeneral ist eingetreten, der Papst wendet sich
    ihm schnell zu. Der Monsignore kniet, küßt den Ring, verneigt sich
    vor dem Kardinal, wird sofort ins Gespräch gezogen. Eminenz ver-
    meidet, Riccardo, der neben seinen Vater getreten ist, anzusehen.
    Er hat, bevor die Wache sich zurückziehen konnte, in die Hände ge-
    klatscht und vier Hocker von den Wänden herbeiholen und um den
    Papst gruppieren lassen. Eminenz setzt sich, dann auch der alte Fon-
    tana, der sehr nervös und erschöpft ist.)
PAPST *(zum Abt, kalt)*: Pater General, bitte: Geben Sie Auskunft,
    was Bischof Hudal gegen die Verhaftung
    der Juden in Unserem Namen unternommen hat.
    Kam er selbst auf diese lobenswerte Idee?

ABT: Herr von Kessel an der deutschen Botschaft
hat mich heimlich im Morgengrauen aufgesucht
und bat, durch Seine Exzellenz, den Bischof,
dem deutschen Kommandanten anzudrohen,
daß Heiligkeit Protest erheben werde.
PAPST *(erfreut, erleichtert):*
Sieh da! Ein Deutscher tut das — wie sympathisch.
Das sind schon Zeiten, wo der Hochverrat
die letzte Waffe der Gerechten ist! Ein Deutscher
schämt sich der SS! So, Kessel heißt der Mann,
Wir wollen Uns den Namen merken —. Nun, dieser Brief
des Bischofs wird das Seine tun und retten,
wenn überhaupt etwas zu retten ist.
RICCARDO *(mit der Rücksichtslosigkeit dessen, der ohnehin alles ver-*
loren hat): Nichts wird er retten, dieser Brief, Heiligkeit!
Nur Sie selbst . . .
FONTANA *(tritt zwischen Riccardo und den Papst):*
Darf ich an meines Sohnes Stelle sprechen, Heiligkeit?
PAPST: Was gibt es, Graf?
FONTANA: Heiligkeit, wenn ich in Demut bitten darf:
Drohen Sie Hitler, eine halbe Milliarde Katholiken
zum christlichen Protest zu *zwingen,*
wenn er den Massenmord noch fortsetzt!
PAPST *(spürt, daß er diesem bewährten Berater sachlich antworten muß.*
Er ist geniert, gereizt, er spricht, als habe er das oft erklärt, und doch
überwindet er sich, auf Fontana zuzugehen und ihm die Hand auf die
Schulter zu legen):
Fontana! Ein Berater von Ihrem Blick — wie bitter,
daß jetzt auch Sie Uns mißverstehen. Sehen Sie nicht,
daß für das christliche Europa
die Katastrophe naht, wenn Gott nicht Uns,
den Heiligen Stuhl,
zum *Vermittler* macht?
Die Stunde ist düster: zwar wissen Wir,
den Vatikan rührt man nicht an.
(Hitler hat es erst kürzlich wieder garantiert.)
Doch Unsere Schiffe draußen, die Wir steuern sollen?
Polen, der ganze Balkan, ja Österreich und Bayern noch?
In wessen Häfen werden sie geraten?
Sie könnten leicht im Sturm zerschellen.
Oder sie treiben hilflos an Stalins Küsten.
Deutschland *ist* heute Hitler. Phantasten,
die da behaupten, der Sturz des jetzigen Regimes
in Deutschland
habe *nicht* den Zusammenbruch
der Front zur Folge.
Hitlers Generalen, die ihn beseitigen wollen,
trauen Wir weniger zu als gar nichts.
Sie wollten schon im Frühjahr vierzig handeln.
Wie handelten sie denn?

Sie ließen sich von Hitler dekorieren und schlugen
ganz Europa kurz und klein.
Wir kennen ihresgleichen aus Berlin:
Die Generalität hat keine Meinung,
wenn Hitler fällt, wird sie nach Hause gehen . . .

KARDINAL: Und Stalin hätte freie Fahrt nach Warschau,
Prag, ja Wien — ja, bis zum *Rhein*, nicht wahr.

PAPST *(hat sich wieder gesetzt)*: Ob sich der Präsident darüber klar ist?
Stalin läßt sich nicht einmal sprechen von ihm.
Seit Casablanca führt die Vernunft
im Weißen Haus nicht mehr allein das Zepter.
Und Mr. Churchill ist zu schwach. Er scheint
auch nicht gewillt, im Westen
eine zweite Front zu bilden. Er sieht es gern,
wenn sich die Russen an den Deutschen
erst gründlich erschöpfen, so wie
die Deutschen an den Russen.

KARDINAL: Wir können auch nicht bös darüber sein, nicht wahr.

PAPST *(klopft bei jedem Wort auf die Lehne seines Thrones)*:
Hitler allein, lieber Graf, verteidigt jetzt Europa.
Und er wird kämpfen, bis er stirbt,
weil ja den Mörder kein Pardon erwartet.
Dennoch, der Westen *sollte* ihm Pardon gewähren,
solange er im Osten nützlich ist.
Wir haben öffentlich im März erklärt, nichts,
gar *nichts* zu tun zu haben mit den Zielen
der USA und Großbritanniens.
Die sollen sich mit Deutschland erst vertragen.
Der spanische Außenminister hat das leider
vor aller Welt schon propagiert.
Wie dem auch sei: die Staatsräson verbietet,
Herrn Hitler als Banditen anzuprangern,
er muß verhandlungswürdig bleiben.
Wir haben keine Wahl.
Der Geheimdienst Hitlers hier in Rom
hat mit dem Ordensgeneral der Jesuiten
— bedauerlich, Herr Minutant, daß Sie
von den Bemühungen Ihres Chefs nichts wissen . . .

RICCARDO: Ich weiß davon, Heiligkeit.
Doch kann ich nicht verstehen,
daß wir auch nur erwägen,
Hitler als Werkzeug zu benutzen.

PAPST: Ein Werkzeug, das wir fallenlassen werden,
so schnell es geht . . .

KARDINAL: Gott sei gelobt, daß Ihre Meinung,
Herr Minutant, gänzlich bedeutungslos ist.

RICCARDO *(feindselig)*: Der Heilige Vater hatte mich gefragt, Eminenz!
Soll ich antworten, Heiligkeit?

PAPST *(kalt)*: Sachlich, ja, sachlich. Sachlich.

RICCARDO *(ein Vorstoß, mit dem er nur erreicht, daß keines seiner*

Worte hier noch Gehör findet):
Heiligkeit, es sei daran erinnert, daß wir Jesuiten
seit Jahren Spezialisten für Rußland
ausgebildet haben, die im Gefolge Hitlers,
das heißt der deutschen Wehrmacht,
die Russen missionieren sollten.
KARDINAL *(empört):* Ja — und? Hätten denn Sie, Herr Minutant,
schon vor der Invasion gewußt,
daß Stalin sich so lange halten könnte!
RICCARDO *(weiter zum Papst):* Auch die Kommentare
vieler Bischöfe zum sogenannten Kreuzzug Hitlers
sind . . . Gotteslästerungen.
Es ist *auch* Schuld des Vatikans, Heiligkeit,
wenn für Europa jetzt der rote Sturm naht.
Wer Wind sät — Rußland
ist schließlich überfallen worden!
PAPST *(macht zwei fahrige Handbewegungen. Er schweigt, sei es, weil
er so erregt ist, daß ihn wie früher die Sprache wieder im Stich läßt;
sei es, daß er es für unter seiner Würde hält, zu antworten.)*
KARDINAL *(sofort nach Riccardos Worten):*
Heiligkeit — bitte, brechen Sie das Gespräch ab!
Es ist so unerhört, nicht wahr, was sich der Minutant . . .
(Zu Riccardo:) Ich hielt Sie für begabt, ja. *Polemiker*
sind aber im Staatssekretariat
höchst unbrauchbar, nicht wahr. Sie reden
wie — eine Londoner Zeitung, ja.
PAPST *(seine Stimme scheint wie mit Rost überzogen, dann mit ätzen-
der Ironie):* Graf Fontana, Ihr Sohn scheint Uns . . .
außerordentlich erholungsreif . . .
FONTANA: Heiligkeit — Riccardo hat in Berlin
durch den verhafteten Prälaten Lichtenberg
und auch aus eigener Anschauung —
PAPST *(sarkastisch, aber noch zitternd vor Empörung):*
Ja, das tut Uns weh für ihn — Riccardo,
gehen Sie ein Vierteljahr nach Castelgandolfo,
ordnen Sie Unsere Bibliothek — wenn Ihre Nerven
dem gewachsen sind. Vor allem laufen Sie
spazieren, stundenweit, und sehen Sie auf
die Campagna und auf Wasser.
Ein Morgen am Albaner See stimmt so harmonisch.
Die kühle Klarheit der Oktobertage
eröffnet mit der weiten Sicht aufs Meer
auch manchen Blick ins eigene Innere . . .
Fahren Sie gleich heute hinaus.
Wir beurlauben Sie sehr gern . . .
KARDINAL: Ja, nicht wahr, und nur wenig Lektüre,
damit Sie Ihre Nerven schonen — lesen Sie
das neue Meisterwerk Ferreros über den
Wiener Kongreß — bestürzend aktuell, nicht wahr.
(Ernst, zum Papst, etwas weitschweifig, um die Situation zu retten:)

Die Herren im Foreign Office und in Washington, ja,
sollten es auch lesen müssen, wie die Schulbuben,
nicht wahr! Denn *das* muß doch in Deutschland
erhalten werden, ja: — ein Mann
wie Talleyrand, der zwar wie jeder Diener Napoleons
Blut an seinen Händen hatte, der aber
trotzdem als Verhandlungspartner
angenommen wurde. Wie er in Wien
die Allianz von gestern, Frankreichs Gegner,
zersplitterte und Österreich und England
heimlich gegen Alexander arrangierte: *das* ist
der klügste Ratschlag an die Gegenwart, nicht wahr.
Übrigens — Herr Minutant, ich darf Sie
wohl in aller Güte belehren, da Sie doch
um das Wohl des Kreml so besorgt sind:
Es geschah *auch* zum Wohle Rußlands, ja,
daß seinen Expansionsgelüsten Einhalt geboten wurde!
Der Friede in Europa hielt jahrzehntelang.
Das Gleichgewicht hielt ein Jahrhundert, nicht wahr.

RICCARDO *(verneigt sich gegen den Kardinal mit kaum merklicher Ironie.)*

PAPST *(als seien die Fontanas nicht mehr im Raum, spontan, erfreut, ein anderes Thema zu haben):*
Ja, Eminenz, *das* waren noch Diplomaten,
damals, beim Wiener Kongreß! Wenn man an deren
Weisheit die Forderung von Casablanca mißt,
dies primitive unconditional surrender!
Damit erreichen doch die Alliierten nur,
daß sich die armen Deutschen noch stärker als bisher
identisch mit ihrem unseligen Hitler fühlen.
Warum erklärt man nicht, wir geben Frieden,
sobald Herr Hitler beseitigt ist?
Das wäre eine Basis, die auch Uns erlaubte,
Herrn Hitler anzuklagen, ohne daß der Protest
sich gegen Deutschland richten müßte.
Wenn schon Herr Hitler nicht, die *Deutschen*
müssen unbedingt verhandlungswürdig bleiben!

KARDINAL: Ja, Heiligkeit, ich zweifle nicht daran,
daß auch ein deutscher Talleyrand sich fände,
zum Beispiel Herr von Hassell oder ...

ABT: Selbst mit *dem* wird man nicht verhandeln, Eminenz!
Die Deutschen haben sich auch *zu* verhaßt gemacht.

PAPST: Sehr richtig, lieber Pater General — dennoch:
kein Friede in Europa ohne das Reich
als Mittelstück des Kontinents, das
Ost und West genügend distanziert.
Große Herren bleiben nur befreundet,
wenn ihre Grundstücke nicht aneinandergrenzen ...

KARDINAL: Ja, teilt man das Reich einfach als Beute, nicht wahr,
so hätte das die gleichen Folgen wie die Teilung

Polens zwischen Hitler und Stalin oder wie
der Tilsiter Friede 1807: der nächste Krieg
wär' darin schon beschlossen, nicht wahr.

PAPST: Das sagen Wir ja immer dem Gesandten des Präsidenten,
Eminenz!
Herr Hitler darf nur fallen, sofern
das Reich sein Ende als Prellbock
zwischen Ost und West, als *kleine* autonome
Militärmacht überlebt — nicht stark,
doch stark genug, daß es nicht völlig
okkupiert und zerrissen werden kann.

KARDINAL: Was sich die Deutschen heute — hier erlauben,
sie schleppen doch auch Katholiken fort, nicht wahr! —
Diese Frechheit, ja, *soll aber* eine Lehre sein:
haltet sie auf den Knien, die Deutschen!

FONTANA *(erbittert)*: Jahrzehntelang, Eminenz! Für immer, für immer
muß man die Deutschen auf den Knien halten.

KARDINAL *(kühl zu Fontana. Sein erster Satz gilt auch Riccardo, dessen Mutter, wie hier bekannt ist, eine Deutsche war. Dann redet er
sich heiß)*: Ja, nicht wahr, Protestantismus — will sagen:
Größenwahn und — gute Musik,
damit beschenken sie die Welt: man muß
das klug dosieren, sonst hat man sie
bald wieder auf dem Hals, nicht wahr.
Wenn ihr Krieg gegen Moskau weiter nichts
bezweckt, als daß der Russe bis . . . bis
nach Schlesien und Stettin marschiert —
es sieht ja beinahe schon so aus,
dann haben sie das Recht verwirkt,
noch jemals Waffen in die Hand zu nehmen.
Dann soll man ihnen, nicht wahr, wie in
den Zeiten *vor* Bismarck, ja, ihrem barbare
de génie — nicht *mehr* Gewehre geben,
als nötig sind, damit sie sich
in ihrem Spaß an Krieg und Totschlag
gegenseitig zur Ader lassen können, ja.
Das war doch tausend Jahre lang
ihr Hauptplaisir: Europa ist ganz gut
dabei gefahren, nicht wahr . . .

PAPST *(ungeduldig)*: Tempi passati, Eminenz — schon lange.
Gewiß, der Terror gegen Juden ist *ekelhaft*,
doch darf er Uns nicht *so* verbittern,
daß Wir vergessen, *welche* Pflichten
den Deutschen auch als Schirmherrn Roms
in nächster Zukunft auferlegt sind.
Und nicht nur um die Grenze nach Osten,
auch um das Gleichgewicht zu halten,
muß Deutschland lebensfähig bleiben.
Das Gleichgewicht des Kontinents ist wichtiger
als seine Einigung.

Sie entspräche kaum den alten Völkern.
Gott lenkte doch die Ströme Europas
sehr selten in *eine* Richtung, in *ein* Bett:
dann schwoll der Strom zum rasenden Gefälle,
dann überschwemmte er die alten Ordnungen:
so unter Philipp, unter Napoleon, unter Hitler.
Nein, jedem Land den *eigenen* Strom, die
eigene Richtung, die Begrenzung, auch die Grenze:
das ist gesünder, regulierbar.
— Allianzen ja — doch keine Einheit.
Was hat sich Gott dabei gedacht,
als er im Winter neununddreißig
verhinderte, daß London und Paris,
wie es geplant war,
Finnland im Kampfe gegen Moskau stärkten?
Es war geplant, dann wurde nichts daraus.
Damals, kaum beachtet, entschied sich das Geschick der Welt:
Frankreich und England gegen Stalin —
das hätte Hitler, der schon damals wußte,
daß er mit Rußland brechen werde,
an die Seite Großbritanniens gebracht.
Der Kontinent wär' unter Hitlers Führung
als Einheit aus dem Ringen hervorgegangen.
Großbritannien hätte sich sein Empire bewahrt.
Warum hat Gott das nicht gewollt?
Warum ließ er es dazu kommen,
daß sich das Abendland nun selbst zerfleischt?
Wir sahen darin lange keinen Sinn — heut'
aber wissen Wir,
Hitler als Triumphator würde *alles*, alles,
auch Uns, erdrücken. Er ist nur dann gerade noch
erträglich, wenn er so eben überlebt.
Auch diese Stunde war die Stunde Gottes.
Der Herr hat Uns zum Heil entschieden.
Gott sei gelobt. — Wir müssen schließen,
Unsere liebe Kongregation erwartet Uns.
Wir wollen die Heiligsprechung
des elften Innozenz betreiben:
Uns liegt sehr viel daran, daß dieser hohe
Vorgänger aufs neue ins Blickfeld
des bewußten Europäers rückt:
Unter seiner Führung schloß die Christenheit
— eine Allianz, um den Türken standzuhalten.
Gott helfe, daß der Angriff aus dem Osten
auch diesmal scheitert, weil Europa
noch rechtzeitig erkennt,
daß es vor *dieser* Drohung
seine internen Fehden begraben muß.
*(Er schickt sich an zu gehen, nach einigen Schritten sagt er, als er spürt,
daß die Fontanas sich ihm in den Weg stellen wollen:)*

Und betet, ihr Lieben im Herrn, auch
für die Juden, von denen viele
schon bald vor Gottes Antlitz treten werden.
FONTANA: Heiligkeit — in allem schuldigen Respekt
vor dem, was Ihnen Schweigen auferlegt:
Ich flehe Sie in Demut an, ich bitte . . .
PAPST *(der sich sofort nach einiger Verlegenheit gefangen hat):*
Ja, glaubten Sie vielleicht, Fontana,
Wir wollten völlig kommentarlos
Uns diesen Frevel unter Unsern Fenstern
gefallen lassen? Natürlich nicht! Selbstredend
wird ein Aufruf bezeugen, daß der Papst
mit höchster Anteilnahme den Opfern an die Seite tritt . . .
Eminenz — *dazu* bleibt Uns noch Zeit, Wir wollen
das gleich tun! Den Schreiber bitte . . .
Niemand soll sagen, Wir hätten das Gesetz der Liebe
politischem Kalkül geopfert — nein!
Wie stets, so ist auch heute Unser Sinnen bei den Armen.

*Als habe er nie etwas anderes vorgehabt, gibt sich jetzt der Papst den
Anschein, öffentlich gegen die Verhaftung der Juden zu protestieren.
Der Kardinal hat den Schreiber hereingerufen, einen gotisch langen,
spinnenzarten Mönch, der so gehorsam und willenlos wirkt wie ein
Beamter in der vierten Generation und dessen auserlesene Artigkeit
jeden normalen Menschen aufs tiefste beschämt. Er hat in Deutschland über das Liliensymbol bei den späten Präraffaeliten promoviert.
Während der feingeistige Benediktiner die vorgeschriebenen drei Knie-
fälle zu einem Zeremoniell ganz eigener Art gestaltet, um dann am
Konsoltisch Platz und Federhalter zu nehmen, «sammelt» der Stellvertreter Christi sich. Die Kälte und Härte seines Gesichts, von den
Werbetextern der Kirche gern als «überirdische Vergeistigung» bezeichnet, haben gleichsam den Gefrierpunkt erreicht — er blickt, wie er sich
gern fotografieren ließ, über alle Umstehenden hinweg, weit hinaus,
hoch empor.
Es ist unvermeidbar, daß die Szene plötzlich irreal, ja phantasmago-
risch wirkt. Worte, Worte, eine vollständig degenerierte Sprache als
klassisches Mittel, zu reden, ohne etwas zu sagen — eine Erleichterung,
daß es bei diesem Bühnenbild technisch unmöglich ist, im Hintergrund
einige der Opfer zu zeigen: zerlumpte Familien vom Säugling bis zum
Greis, einige von Hunderttausenden europäischer Familien, auch katholischer, auch einige der Nonnen, der Mönche — auf dem Weg ins
Gas, verlassen von allen, verlassen selbst noch vom Stellvertreter
Christi. Geschehen in Europa 1941–1944.*

PAPST *(diktiert):* Zum . . . Heiligen Vater . . . dringt eindringlicher und
mitleiderregender denn je der Widerhall des . . .
des Unglücks, welches der gegenwärtige Konflikt
durch seine Dauer . . . ständig vermehrt.
KARDINAL: Das wird den Deutschen noch sehr leid tun, ja.
*(Die Fontanas sehen sich schweigend an, das Gesicht des Paters ist
unbeweglich.)*

PAPST *(geht jetzt beim Diktat auf und ab):*
Nachdem der Papst sich, wie man weiß, vergebens
bemüht hat, den Ausbruch des Krieges zu verhindern,
indem er . . . indem er . . . die Leiter der Völker warnte,
zu der heute so entsetzlichen Gewalt der Waffen zu
greifen, hat er es nicht unterlassen,
von allen in seiner Macht stehenden Mitteln
Gebrauch zu machen, um die Leiden zu lindern, die . . .
die in . . . in *irgendeiner* Form
Folgen des ungeheuren Weltbrandes sind.
Mit dem Anwachsen so vieler Leiden hat sich die
universale und väterliche Hilfstätigkeit des Papstes
noch vermehrt — Semikolon. Vermehrt; sie kennt
— das ist *gesperrt* zu drucken — . . .
SCHREIBER *(mit sehr dünner Stimme):*
Sehr wohl, Heiligkeit: das ist gesperrt zu drucken.
PAPST *(mit großer Geste und erhobener Stimme):*
. . . kennt keinerlei Grenzen, Komma, weder der
Nationalität, Komma, noch der Religion,
noch der *Rasse.*
(Zu den Fontanas:) Zufrieden, ihr Lieben im Herrn?
KARDINAL *(scheinbar beeindruckt):* Auch der *Rasse,* Heiliger Vater, ja,
das ist ja *brennend* aktuell, nicht wahr.
Doch sollte man hier noch, wenn ich
in Dankbarkeit und Demut, ja, nicht wahr,
anfügen darf — ergänzen, ja bitte:
(Zum Schreiber gewandt, mit Pathos:) Diese vielgestaltige und rastlose
Aktivität Pius' XII.,
(er verneigt sich, auch der Pater) hat sich in diesen letzten Zeiten
noch vertieft durch die nun auch
in Rom, der Ewigen Stadt,
vorgenommene Verhaftung
der Israeliten, die . . .
PAPST *(heftig, abwinkend):* Nein, Eminenz, nein doch, nein!
Nicht so direkt und nicht so detailliert:
das wäre ja schon eine Stellungnahme
zum Kriegsgeschehen. Der Heilige Stuhl
soll dem *neutralen* Geiste eine Wohnstatt bleiben.
(Ungeduldig:) Nicht so direkt . . . also, Schreiber:
was kam, bevor von Rom und von
den Juden da direkt gesprochen wurde?
SCHREIBER *(aufstehend, sich verneigend, sehr dünne Stimme):*
Diese vielgestaltige und rastlose
Aktivität Pius' XII.
(Kniefall, dann weiter stehend) hat sich in diesen letzten Zeiten
noch vertieft durch . . .
durch war das letzte Wort, Euer Heiligkeit.
PAPST: Nun sagen Wir: durch die erhöhten . . . ja:
durch die *erhöhten* Leiden
so . . . so *vieler* Unglücklicher.

Eminenz, Wir denken, das ist *umfassender*,
als wenn Wir nur die Juden hier erwähnen.
KARDINAL: Das ohne Frage, ja, nicht wahr, Heiligkeit:
umfassender gewiß.
PAPST *(versöhnt)*: Wenn Sie da, liebe Eminenz und Bruder,
schon Unserer Wenigkeit gedachten,
so wäre doch erst recht
der Gebete aller Gläubigen mit
Freude zu gedenken. — Also, Schreiber:
(Er diktiert jetzt sehr schnell.)
Möge diese segensreiche Tätigkeit, Komma,
vor allem durch die Gebete der Gläubigen
der ganzen Welt . . . lieber Graf!
FONTANA *(geht auf den Papst zu, der im Vordergrund steht und sagt*
kalt): Bitte, Heiligkeit?
PAPST *(freundlich, intim)*: Der eine von den Schecks, Fontana,
die Sie Uns heute überbrachten, erinnert Uns
an die Papiere der Ungarischen Eisenbahn:
Sie sorgen doch dafür, lieber Graf, daß Uns
da nichts verlorengeht, auch wenn
die Rote Armee Ungarn besetzen sollte?
FONTANA: Ich biete die Aktien in Zürich an,
Heiligkeit, durch Strohmänner:
ein Teil ist schon verkauft, nicht einmal
so ganz besonders ungünstig.
Nur darf nicht ruchbar werden,
wer sie abstößt.
PAPST: Wir verstehen ja. Schnell weg. *Verdient*
werden muß da nichts: nur weg mit den Papieren!
Wer weiß, ob Hitler Ungarn schützen kann . . .
(Riccardo hat sich inzwischen an den Pater gewandt und versucht,
ihn von dem Kardinal hinweg in den rechten Vordergrund zu ziehen.
Das gelingt ihm, während Pius weiterdiktiert und Fontana zurück-
tritt.)
PAPST: Was hatten Wir gesagt?
SCHREIBER *(verneigt sich, dann dünnstimmig, fast singend)*:
Gebete der Gläubigen der ganzen Welt.
Ich dachte, wenn ich Euer Heiligkeit
diese Formulierung höflich in Vorschlag bringen darf:
PAPST *(zusagende Handbewegung.)*
SCHREIBER: . . . die mit einmütigem Sinn und brennender
Inbrunst nicht aufhören, ihre Stimme zum Himmel zu
erheben . . .
(Kardinal und Papst blicken sich an.)
PAPST: Ja, das ist sehr in Unserem Sinne, gut.
Wie sagtest du: Himmel zu erheben — ja,
Komma, für die Zukunft noch *größere* Ergebnisse
zeitigen und in Bälde den Tag herbeiführen, an dem das
(sehr betont, fast liturgisch singend)
Licht des Friedens wieder über der Erde

erstrahlt, die Menschen die Waffen niederlegen,
jede Zwietracht und jeder Groll erlöschen
und sich die Menschen als Brüder wiederfinden,
um endlich in Rechtschaffenheit für das
gemeinsame Wohl zusammenzuarbeiten. Punkt.
*(Während des langen letzten Satzes ist der Papst nahe an den Schrei-
ber herangetreten. Nach dem Wort «niederlegen» geht er auf den
Kardinal und auf Fontana zu, um dabei das Diktat fast singend zu
beenden. Inzwischen hat Riccardo leidenschaftlich den Abt bedrängt.)*

RICCARDO: Diese Redensarten! — Pater General,
Sie wissen wie ich, daß sie von Hitler
nicht einmal wahrgenommen werden *sollen*!
Helfen Sie! Ich muß noch heute —
wir müssen *beide* an den Funk heran!

ABT *(während er sich von Riccardo schon wieder abwendet, leise, gedrängt)*: Wahnsinnig sind Sie! Schweigen Sie . . .

KARDINAL *(schon während Riccardo mit dem Abt sprach)*:
Dieser Aufruf, Heiligkeit, ja, nicht wahr,
berechtigt zu der Hoffnung, daß . . .
*(Der Papst hat gehört, daß der Abt auf Riccardo eingesprochen hat.
Er wendet sich vom Kardinal ab und sagt lächelnd, aber nicht freund-
lich —)*

PAPST: Nun, Herr Minutant, noch immer nicht
mit Uns zufrieden?
*(Auch der Kardinal wendet sich Riccardo zu. Bevor Riccardo, äußerst
erregt, antworten kann, sagt sein Vater —)*

FONTANA: Heiligkeit, dieser Artikel,
der mit keiner Silbe die Verhaftung erwähnt,
kann nicht als Hinweis auf die Judenfrage
verstanden werden.

PAPST *(am Ende seiner Geduld)*: Haben Wir nicht expressis verbis
von Menschen *aller Rassen* gesprochen,
Graf Fontana?

KARDINAL: Der Aufruf wird in die Geschichte eingehen, ja.

ABT: Wir tun, was wir können.

FONTANA: Pater General — der Heilige Stuhl hat,
wie Sie sehr wohl wissen, auch noch andere Mittel,
um sich Gehör zu schaffen.
Heiligkeit, sprechen Sie Hitler *ultimativ* an.
Oder nur in einem Brief, den Weizsäcker
ihm überbringen soll.

PAPST *(erregt, mit einem Blick auf den Schreiber, dem er winkt, sich zu
entfernen.)*

SCHREIBER *(verneigt sich)*: Euer Heiligkeit haben — wenn ich in Demut
daran erinnern darf, noch nicht unterzeichnet.
*(Während er auf den Papst zugeht, der in äußerster Gereiztheit nach
der hingehaltenen Schreibmappe greift, hat Riccardo sich den Judenstern, den er bei sich trug, an die Soutane geheftet. Das sieht jetzt
der Papst. Er findet keine Worte. Er greift oder tastet eher, den Blick
auf Riccardo konzentriert, nach dem goldenen Schreibgerät, das ihm*

der Mönch hinhält, um die Feder ins Tintenfaß zu tauchen. Es sollte ein Gänsekiel sein, so, wie der Papst auch am 1. November 1950 das Dogma von der Himmelfahrt Marias mit Gänsefeder unterzeichnet hat. Er taucht wie abwesend die Feder in die Tinte, und während er zur Unterschrift ansetzt, sagt der —)

KARDINAL *(atemlos erbittert):* Herr Minutant — nun vergessen Sie sich!
Entfernen Sie — dies — da! Gehen Sie,
was erlauben Sie sich im Angesicht des Heiligen Vaters!
Blasphemie... an einem Priesterkleide...
Blasphemie.

FONTANA *(bittend):* Riccardo — nicht, bitte...

RICCARDO *(unbeirrt, leidenschaftlich):* Heiligkeit, Sie unterzeichnen da
für Hitler eine Blankovollmacht,
so mit den Juden zu verfahren,
wie seit je...
(Während der Papst in höchster Erregung schnell unterzeichnet, gleitet ihm die Feder aus den Fingern, er beschmutzt sich die Hand mit Tinte und hält sie vorwurfsvoll so, daß man das sieht.)

KARDINAL *(hat sofort nach Riccardos Worten ausgerufen):*
Schweigen Sie! Heiliger Vater,
ich bitte Sie in Demut, brechen wir
diesen Auftritt ab!
(Der Papst hat sich soweit gefangen, daß er wieder reden kann. Es geht stockend, wenn auch ohne Stottern, das den Kardinal Pacelli öfter, den Papst nur selten befallen hat.)

PAPST: Im Namen der Opfer... — auch diese... diese
Anmaßung noch! — Und diese Ungezogenheit — da
mit dem Stern am Kleid der Diener Christi!
(Er sieht jetzt wieder auf seine mit Tinte bekleckste Hand und zeigt sie, sonst so peinlich gepflegt, tiefgekränkt den Umstehenden, wie eine Wunde. Der Kardinal drängt den Schreiber mit einem Befehl hinaus und deutet dann, zu Riccardo gewendet, entsetzt auf die Brust, an die Stelle, wo bei Riccardo der Davidstern angeheftet ist.)

RICCARDO *(hat auf den Vorwurf des Papstes sofort geantwortet):*
Hier dieser Stern, den jeder Jude,
zum Zeichen, daß er vogelfrei ist,
vom sechsten Lebensjahr an zu tragen hat —
ich werde ihn *so lange* tragen...

PAPST *(zitternd vor Zorn):* Das wird er *nicht* tun!
Wir verbieten ihm — verbieten —
an der Soutane... dies — da...
(Er bricht ab, weil die Sprache zu versagen droht.)

RICCARDO *(fast ruhig, sachlich):* Ich werde diesen Stern so lange tragen,
bis Euer Heiligkeit vor aller Welt
den Mann verfluchen, der Europas
Juden viehisch ermordet.

PAPST *(stumm, in seiner offensichtlichen Machtlosigkeit Riccardo und der Sprache gegenüber.)*

KARDINAL: Frevel und Torheit! — Gehen Sie hinaus.

RICCARDO *(sich steigernd):* Torheit? — Nein, Heiligkeit; der König

174

von Dänemark, ein wehrloser Mann,
hat Hitler angedroht, er werde diesen Stern
tragen wie *jedes* Mitglied seines Hauses,
wenn man die Juden in Dänemark
dazu zwinge! . . . Sie wurden *nicht*
dazu gezwungen! Wann, endlich,
wird der Vatikan *so* handeln,
daß uns Priestern wieder erlaubt ist,
ohne *Scham* zuzugeben, daß wir
Diener *der* Kirche sind, die in der Nächstenliebe
ihr oberstes Gebot erblickt.

KARDINAL: Im Gehorsam! Im unbedingten Gehorsam
    sieht der Jesuit das oberste Gebot, Herr Minutant!

RICCARDO: Ja, im Gehorsam vor Gott.

KARDINAL: . . . der sich der Stimme, nicht wahr, des Willens
    Seiner Heiligkeit bedient, ja. Gehorchen Sie!

PAPST *(schweigt ostentativ.)*

KARDINAL: Was haben Sie gelobt als Mitglied der Gesellschaft Jesu?

RICCARDO: Eminenz, Vergebung: gelobt nicht jeder Kardinal,
    getreu der Farbe seines Purpurmantels,
    bis zum Verlust des eigenen Blutes
    für seinen Glauben einzustehn?
    Unser Glaube aber, Eminenz, beruht
    auf Nächstenliebe — gedenken Sie der Deportierten,
    eh' Sie mich richten.

KARDINAL: Ich richte Sie nicht, ich bete für Sie, ja, nicht wahr!
    Doch dieser Frevel da — an der Soutane . . .
    Gehen Sie doch endlich
    dem Heiligen Vater aus den Augen.

PAPST *(macht wieder den Versuch zu gehen, ehrlich erschüttert, hoch erregt):* Aufruhr in *diesen* Räumen,
    Ungehorsam und Anmaßung, Protestantismus —
    Pfui — das ist der Dank für alles,
    was Wir dem Minutanten Gutes taten.

FONTANA: Ich bitte, mich zu entlassen, Heiligkeit!

PAPST: Sie bleiben, Graf. Sie sind geprüft genug
    mit diesem Sohn, Sie sollen nicht für seine Torheit büßen.

FONTANA: Bitte, Heiligkeit, entlassen Sie mich.

PAPST *(souverän, kalt):* Sie bleiben, punktum. — Sie, Pater General,
    (er wendet sich an den Abt. Der Schreiber ist lautlos eingetreten, er trägt jetzt eine große Messing- oder Kupferschale mit Wasser und Handtuch)
    haften Uns dafür, daß dieser Unfug — da
    ein Ende nimmt. Begleiten Sie den Minutanten
    nach Hause. — Gott schütze ihn, er weiß nicht,
    was er redet, Wir haben ihm verziehn.
    Natürlich kann er nicht ins Amt zurück,
    auch nicht nach Lissabon . . .
    (Riccardo steht dabei, als gehe ihn das alles längst nichts mehr an; man weiß nicht einmal, ob er zuhört. Der Mönch tritt mit der Schale

dem Papst entgegen. Fontana, ein gebrochener Mann, fällt vor dem Papst auf die Knie, der Mönch scheint vor Entsetzen im Stehen zu sterben.)

FONTANA: Heiligkeit, bitte ... Ich bitte, Heiliger Vater ...

PAPST *(geniert):* Stehen Sie doch auf, Fontana, was können *Sie* dazu?
Das Benehmen Ihres Sohnes kann doch uns beide
nicht entzweien.
(Endgültig glasklar und hart:) Non possumus.
Es kann und wird nicht sein,
daß Wir an Hitler schreiben. Er würde —
und in seiner unseligen Person würden
die Deutschen in corpore
nur provoziert und denunziert.
Doch soll man Uns, wie Roosevelt das auch soll,
als einen fairen Makler ansehn.
Nun endlich Schluß damit, ad acta.
(Während des letzten Satzes auf den Thronsessel zurückgekehrt, will er damit beginnen, sich in der hingehaltenen Schüssel die Hände zu waschen — als Riccardo, schon an der Tür, fest und ruhig sagt —)

RICCARDO: Gott soll die Kirche nicht verderben,
nur weil ein Papst sich seinem Ruf entzieht.
(Der Papst ist, keines Wortes fähig, aufgestanden. Es gelingt ihm nicht, zu verbergen, daß diese Worte ihn im Innersten getroffen haben. Alle sehen auf die offen gelassene Tür, durch die Riccardo schnell und schroff hinausgegangen ist. Jeder ist entsetzt, kein Wort, nur Gesten und Mienen zeigen es. Fontana, der natürlich auch nichts von Riccardos Vorhaben weiß, fühlt, daß es für ihn hier um mehr geht als nur um ein unverzeihliches «Ärgernis». Völlig hilflos geht er drei Schritte auf die Tür zu, in großer Angst, als wolle er Riccardo folgen — dann dreht er sich um, wie vernichtet. Er sieht zu Boden, er hält sich an dem Konsoltisch aufrecht. Ein Schweizer mit Hellebarde wird jetzt an der Tür sichtbar; der Kardinal gibt ihm in höchster Erregung einen Wink, die Tür wird von außen wieder geschlossen. Jetzt setzt sich der Papst und beginnt, sich die Hände zu waschen. Sagen kann er nichts, es ist gut, daß er das Zittern seiner Hände beim Waschen verbergen kann. Der Kardinal beobachtet ihn sehr betroffen, dann geht er auf ihn zu und sagt in der intimen Anrede, deren er sich selten bedient —)

KARDINAL: Heiliger Vater, laßt Euch doch nicht ...
so kränken durch die Sottisen.
Es sind doch *Ungezogenheiten,* nicht wahr!
(Der Papst lächelt ihm schmerzlich und dankbar zu. Jetzt kann er sprechen. Er sagt zu dem Abt, und das glättet sein aufgebrochenes Gewissen ein wenig —)

PAPST: Lieber Abt, ist in den Klöstern
für die Flüchtlinge auch Brot genug?

ABT *(tröstend, wie zu einem Schwerkranken):*
Für die ersten Wochen, Heiligkeit, ist zweifellos
in allen Klöstern reichlich Proviant.

PAPST *(erbittert, so verkannt zu sein):* Summa iniuria!

Als wollten Wir nicht allen, *allen* helfen!
Was Uns zu tun vergönnt war, ist geschehen.
Wir sind — Gott weiß es — unschuldig am Blut,
das da vergossen wird. — Wie die Blumen
(mit gehobener Stimme, deklamatorisch)
des Landes unter der dicken Schneedecke des Winters
auf die lauen Lüfte des Frühlings warten,
müssen die *Juden* betend und vertrauend
zu harren wissen der Stunde
himmlischer Tröstungen. — Wir wollen,
(er hat sich die Hände abgetrocknet, jetzt erhebt er sich)
die wir in Christi Namen hier versammelt sind,
zum Abschluß beten . . . Fontana, bitte,
so treten doch auch Sie in unsern Kreis, bitte.
*(Fontana reiht sich ein, widerwillig, zwischen den Abt, der links und
den Kardinal, der rechts vor den Stufen des Thrones niedergesunken
ist. Der Mönch hat Wasserschale und Handtuch auf dem Tisch ab-
gesetzt und kniet dort, sehr tief. Der Papst tritt die zwei Stufen hinab, beugt sich zu Fontana und sagt milde—)*
PAPST: Fontana — wer wüßte das besser als Wir,
Vater sein: eine Krone von Dornen.
(Fontana muß den hingehaltenen Fingerring küssen.)
*Dann tritt der Papst, wieder völlig Regisseur der Situation, zurück auf
den Thron: «Die hagere und hohe Gestalt richtete sich auf . . . und
wandte die Augen zum Himmel . . . Mit den weit ausgebreiteten Armen
schien der Papst die ganze Menschheit in einer väterlichen Umarmung
umfangen zu wollen.»*

PAPST *(während schon nach den ersten Worten der Vorhang fällt)*:
Exsurge, Domine, adiuva nos, et libera nos
propter nomen tuum —
sit super nos semper benedictio tua —

VORHANG

FÜNFTER AKT

AUSCHWITZ oder DIE FRAGE NACH GOTT

> Bei schlechtem Wetter oder starkem Wind trieb der Verbrennungsgeruch viele Kilometer weit und führte dazu, daß die ganze umwohnende Bevölkerung von den Juden-Verbrennungen sprach, trotz der Gegenpropaganda von seiten der Partei und der Verwaltungsdienststellen. Weiterhin erhob die Luftabwehr Einspruch gegen die weithin in der Luft sichtbaren nächtlichen Feuer. Es mußte aber auch nachts weiter verbrannt werden, um die eintreffenden Transporte nicht abstoppen zu müssen. Das Fahrplanprogramm der einzelnen Aktionen, das in einer Fahrplankonferenz durch das Reichsverkehrsministerium genau festgelegt war, mußte unbedingt eingehalten werden, um eine Verstopfung und Verwirrung der betreffenden Bahnlinien zu vermeiden, insbesondere aus militärischen Gründen.
>
> Eine junge Frau fiel mir auf, da sie übereifrig half, die Kleinkinder, die älteren Frauen auszuziehen, immer hin und her rannte . . . Sie sah ganz und gar nicht nach einer Jüdin aus. Sie drückte sich bis zuletzt um die noch nicht mit dem Auskleiden fertigen Frauen mit mehreren Kindern herum, redete ihnen gut zu, beruhigte die Kinder. Mit den letzten ging sie in den Bunker. Im Türrahmen blieb sie stehen und sagte: «Ich habe von Anfang an gewußt, daß wir nach Auschwitz zur Vergasung kommen, vor der Aussortierung als Arbeitsfähige drückte ich mich, indem ich die Kinder an mich nahm. Ich wollte den Vorgang bewußt und genau erleben. Hoffentlich geht es schnell vorüber. Lebt wohl!»
>
> *Aufzeichnungen des Auschwitzer Kommandanten Höß*

Den folgenreichsten Ereignissen und Entdeckungen unserer Zeit ist gemeinsam, daß sie die menschliche Vorstellungskraft überfordern. Keine Phantasie reicht aus, um Auschwitz oder die Vernichtung Dresdens oder Hiroshimas oder Erkundungsflüge im Weltall oder auch nur industrielle Kapazität und Geschwindigkeitsrekorde vor Augen zu führen. Der Mensch kann nicht mehr erfassen, was er fertigbringt.
Daher hat die Frage, ob und wie Auschwitz in diesem Stück sichtbar gemacht werden soll, uns lange beschäftigt. Dokumentarischer Naturalismus ist kein Stilprinzip mehr. Eine so überhöhte Figur wie der Doktor, der keinen bürgerlichen Namen trägt, die Monologe und anderes mehr machen deutlich, daß Nachahmung der Wirklichkeit nicht angestrebt wurde — und auch im Bühnenbild nicht angestrebt werden darf. Andererseits schien es uns gefährlich, im Drama zu verfahren wie etwa Celan in seinem meisterhaften Poem «Todesfuge», das die Vergasung der Juden völlig in Metaphern übersetzt hat, wie

Schwarze Milch der Frühe wir trinken sie abends
Wir trinken sie mittags und morgens wir trinken sie nachts . . .

Denn so groß auch die Suggestion ist, die von Wort und Klang ausgeht,

Metaphern verstecken nun einmal den höllischen Zynismus dieser Realität, die in sich ja schon maßlos übersteigerte Wirklichkeit ist — so sehr, daß der Eindruck des Unwirklichen, der von ihr ausgeht, schon heute, fünfzehn Jahre nach den Ereignissen, unserer ohnehin starken Neigung entgegenkommt, diese Realität als Legende, als apokalyptisches Märchen unglaubhaft zu finden, eine Gefahr, die durch Verfremdungseffekte noch verstärkt wird. Hält man sich so weit wie möglich an die historische Überlieferung, so sind Sprache, Bild und Geschehen auf der Bühne schon durchaus surrealistisch. Denn selbst die Tatsache, daß wir Auschwitz heute besichtigen können wie das Kolosseum, kann uns kaum davon überzeugen, daß vor siebzehn Jahren in unserer realen Welt diese riesige Fabrikanlage mit geregeltem Bahnverkehr eigens errichtet wurde, um durch normale Menschen, die jetzt etwa als Briefträger, Amtsrichter, Jugendpfleger, Handelsvertreter, Pensionäre, Staatssekretäre oder Gynäkologen ihr Brot verdienen, andere Menschen zu töten.

1. SZENE

Die Bühne ist so dunkel wie möglich. Es wäre gut, wenn die Wachstube im Vordergrund links noch nicht gesehen würde.
Daß die Monologe im Innern eines Waggons gesprochen oder «gedacht» werden, ohne daß die Sprecher selbst hervortreten, merkt man zunächst durch die Geräuschkulisse: man hört einen fahrenden, dann rangierenden Güterzug. Fahles Morgenlicht erleuchtet spärlich die Szene, so daß nur die Konturen der Deportierten sichtbar werden, die ganz rechts und weit im Hintergrund dichtgedrängt zwischen Koffern und Kisten am Boden kauern.
Außer dem monotonen Anschlagen der Waggonräder, die auch während der Monologe hörbar bleiben, vorerst keine realistischen Effekte wie Kinderweinen, Sprechen und so weiter.

Die Monologe

DER ALTE:
Nicht im Waggon sterben, nicht vor den Augen der Enkel.
Längst hat die Angst ihr Gesicht ausgewischt,
Ihre Fragen erstickt. Sie spüren, was ich nun weiß:
Das Ende der Fahrt ist auch unser Ende. —
Wo immer es sein wird, Du entsetzlicher Gott,
Dein Himmel ist über uns, und die Henker
Sind Menschen, von *Dir* ermächtigt.
Siehst Du auch zu? Ja, Du wirst zusehen. — So treu
Habe ich Dir gedient inmitten der vielen, die
Dich mißachteten, so gewiß war ich Deiner Allmacht:
Wie *könnte* ich zweifeln, Unbegreiflicher, daß
Du auch hier die Hände im Spiel hast! War
Mein Trost bis ins Alter nicht die Gewißheit,

Daß niemand, *niemand* Dir das Steuer entreißt?
Es ist dieser Glaube an Dich, der mich vernichtet. —
Laß Dich *warnen* um Deines Namens willen:
Zeige nicht Deine Größe, indem Du Kinder
Im Angesicht ihrer Mütter verbrennst, damit
Du in den Schreien der Gequälten Deinen Namen wiederhörst.
Wer könnte im Rauch der Krematorien
Deine Weisung zur Umkehr erblicken?
Du maßloser Gott — ist der Mensch Dir
Am ähnlichsten, wo er maßlos ist? Ist er
Ein solcher Abgrund von Ruchlosigkeit, weil Du
Ihn nach Deinem Bilde geschaffen hast? —
Ich kann nicht mehr hadern, Du Schrecklicher,
Nicht mehr beten, nur noch flehen:
Laß mich nicht im Waggon sterben,
Nicht vor den Augen der Enkel.

DIE FRAU:
Sie grinsten, als sie die Jäckchen und die Windeln
in meinem Koffer fanden. Sie hörten
höflich an, ich sei im achten Monat.
Und freundlich fragten sie nach meinem Mann. —
Als hätten sie dich nicht zwei Tage vorher
aus deiner Werkstatt weggerissen und die Treppe
hinabgestürzt, bis Blut aus deinem Mund kam.
Wie du dich umsahst — dein Gesicht. Ach, wüßte ich,
was du noch sagen wolltest! Meintest du
unser Kind? *Was* meintest du?
Und wie sie lachten, wie sie lachten, als du
mir zuriefst, daß du wiederkämst.

Wie einig waren wir mit unserm Alltag, keinem
waren wir feind, wir freuten uns des schmalen
Küchenbalkons und suchten uns Sonne
auf der Piazza neben dem Traubenverkäufer und Kühle
im Stadtpark und am Sonntag Unterhaltung im Kino.
Und jetzt — *niemals* Familie, nie zu dritt sein!
Nie Essen und Gespräch am eigenen Tisch und einen Raum,
der uns schützt, und gefahrlose Wege und Träume
und täglich Milch und abends Licht und ein Bett
und den Mann, der seine Arbeit liebt und mir Trost
gibt und Wärme in der Nacht. Und Schutz.
Wir hatten vergessen, wie bedrohlich die Welt ist.

Wie bedroht schon das Kind im Leib seiner Mutter und
bedroht noch der Greis, der nur sterben wollte
in seinem Zimmer wie das weidwunde Tier im Dickicht
nach der Treibjagd des Lebens. — Wir sprachen immer
von dir, wir suchten dir Namen und kauften glücklich
Monat für Monat deine ersten Kleider, dein Körbchen.

Es kann nicht sein. Es kann *das* nicht geschehn.
Du lebst! — Ich spüre deine Hände, dein Herz.
In einem Monat kommst du auf die Welt,
dann bist du schutzlos!
Madonna, Mutter Gottes — laß *das* nicht geschehn!
Laß mir mein Kind noch — laß uns leben!

Das Mädchen:
Keine Hoffnung, Geliebter, daß du mich findest.
Kalt wie die Pracht in San Giovanni ist Gott.
Ihn rührt nicht, daß die Schwangere neben mir
niemals zur Mutter wird, daß ich dir niemals gehöre.
Gott ist kalt, die Hände werden mir steif, wenn ich sie falte.
Und die Götter der Alten sind tot wie ihre Sagen und wie
das antike Geröll im Museum des Vatikans, im
Beinhaus der Kunst. — Ach, sonst bliebe doch
Hoffnung, daß du mich findest, wie
Orpheus Eurydike fand.

Aber dieser Waggon ist kein Boot zum Hades.
Die Schienen nach Polen sind nicht der Styx. Selbst die
Unterwelt ist den Göttern entrissen und von Wächtern
besetzt, die ein Gesang nicht rührt.

Nie mehr wirst du mich finden, nie, solang du
auch suchst. Such nicht so lange. Nimm ein Mädchen,
das dir mehr gibt als ich. Sei vergeßlich. Seid glücklich.
Und wartet nicht mit der Liebe! Liebende werden verfolgt,
sind immer gefährdet. Versäumt euren Tag nicht,
wie wir ihn versäumten in der Campagna.
Versäumt nicht den Abend am Meer,
wenn der Strand, der schwarze Sand von Ostia,
noch warm ist, ein Lager für euch.

Vergiß es nicht ganz, nicht so schnell:
Dunkel um uns und Schutz und
die Brandung, die unser Herz überschwemmte und
deine Worte, unsre zärtlichen Laute hinaustrug,
wo kein Mensch sie vernahm. Ich wurde an deinem
Körper so klein, geborgen wie nie mehr, geborgen —
und dein Mund brach mich auf. Ach, daß die Nacht,
die uns geschenkt war, uns dann doch nicht gehörte!
Warum — verzeih mir, Liebster — wehrte ich
deinen Händen. Wärst du doch bei mir jetzt, ich bin
so entsetzlich verlassen. Doch wir versäumten die Stunde.
Wäre ich bei dir am Strand! Risse doch eine Sturmflut
uns hinaus in die Wellen, aber zusammen.
Ich bin so allein. Nimm noch einmal
Sand von Ostia in deine Hände und
wirf ihn ins Meer,

meine Asche, und ruf meinen Namen,
wie damals, in Ostia —

*Nach dem letzten Monolog starke Rangiergeräusche, der Zug hält, und
jetzt, mit dem Öffnen der Schiebetüren, beginnt das durch verschiedene
Chroniken berühmt gewordene «Geschrei», mit dem die Kapos die
Züge ausladen mußten: Sehr naturalistisch wiederzugebende, sich oft
wiederholende Befehle wie*
    «'raus da, los, los»
    «Gepäck bleibt hier»
    «Schneller, schneller»
    «Kranke zurückbleiben»
    «Zurückbleiben»
    «'raus da, beeil dich, Mensch»
*Kinderweinen. Eine Frau schreit: «Rachele — Rachele — wo bist du —
Rachele.»*
*Dazwischen Hundegebell, Trillerpfeifen — und das Dampfablassen der
Lokomotive. Die aufgescheuchten Menschen werden von den Kapos
sehr schnell und brutal aus dem imaginären Waggon herausgeholt und
verschwinden im Dunkel der Bühne.*
Stille.

2. SZENE

*Es wird während der ganzen Szene nicht hell, nur dämmerig. Die
«Wolke», sichtbar auf fast allen erhalten gebliebenen Zeichnungen
von Häftlingen, lag ständig über Auschwitz, so wie der pestilenzartige
Gestank brennenden Fleisches und wie die Myriaden von Fliegen, und
sie beschäftigte auch die Bevölkerung der Umgegend und die Reisen-
den auf der Bahnstrecke Krakau-Kattowitz, die zu den Fenstern dräng-
ten, wenn der Zug am Lager vorüberfuhr.*
*Der stagnierende Rauch und der bis zu dreißig Kilometer weit sichtbare
Feuerschein und Funkenregen der Krematorien und der zehn riesigen
Scheiterhaufen, auf denen gleichzeitig etwa tausend Leichen im Freien
verbrannt werden konnten, schufen die Höllenatmosphäre, die diese
Todesfabrik schon in ihren Bahnanlagen und Vorhöfen umwitterte. Was
im Innern der Unterwelt geschah, am Krematorium, das ist nicht ein-
mal vorstellbar, geschweige denn atmosphärisch anzudeuten.*
*Das Bühnenbild ist durchaus gespenstisch traumhaft, könnte auch diese
Wirklichkeit noch so «real» vermittelt werden. Sparsame Andeutun-
gen genügen:*
*Auf der Vorderbühne ganz links die Wachstube, an die sich rechts ein
paar unmenschlich gepflegte Blumenbeete mit einer Bank anschließen.
Die erhöhte Hinterbühne fällt nach rechts hinten leicht ab, so daß die
Deportierten auf dem Weg zur nicht mehr sichtbaren Gaskammer möglichst lange sichtbar bleiben. Eine Schräge verbindet rechts Hinter- und
Vorderbühne. Den Hintergrund bildet das häufig fotografierte und
heute (1959) noch unverändert erhaltene Torhaus, durch das die Züge
mit den Häftlingen in Auschwitz einfuhren: ein stallartiger, trister,*

langgestreckter Bau mit wenigen Fenstern und einem niedrigen Wachturm in der Mitte, der an einen Silo erinnert.

Die Wachstube ist zwei Stufen erhöht und nach dem Zuschauerraum offen. Die Rückseite bildet ein zunächst noch verdunkeltes, sehr großes Fenster, davor Schreibmaschine, Telefon, Bürostühle. Ganz links begrenzt den Raum ein schmales Feldbett, daneben ein kurzbeiniger Tisch mit Kaffeegeschirr, Brötchen und zahlreichen Schnapsflaschen, die nirgends gefehlt haben, wo unter dem Abstinenzler Adolf Hitler Menschen ermordet wurden.

Diese ganze Szenerie ist für Auschwitz nur dann charakteristisch, wenn der schaurige Hintergrund, Rauch und Feuer, ständig darüber lastet. Man muß spüren, daß diese triste Hütte mit dem Gärtchen hier vergleichsweise noch humane Fassade ist — eine Fassade, die aber mehr bloßstellt als verbirgt, was hinter ihr vorgeht.

Leider kann man sich nicht damit beruhigen, daß es Geistesgestörte oder Triebverbrecher gewesen seien, die ein Lager wie Auschwitz in Gang hielten. Normale Mitmenschen hatten hier ihren «Arbeitsplatz». Um daran wieder zu erinnern, wollen wir ausführlich mit Helga beginnen.

Ein lauter, altmodischer Wecker klingelt. HELGA, eine SS-Nachrichtenhelferin («Blitzmädel»), stellt ihn sofort ab, wirft die Wolldecke zurück und richtet sich im Feldbett auf, sie war bei brennender Schreibtischlampe eingeschlafen. Sie ist ebenso jung wie apart und nur mit Turnzeug bekleidet: auf ihrem Hemd ist unter der handlichen linken Brust ein Sportabzeichen aufgenäht, und das weiße Höschen ist links oben mit schwarzen SS-Runen verziert. Vorläufig dreht sie den Beschauern aber noch ihren Rücken zu, dann kommt langsam das rechte, dann das linke Bein, sehr schöne nackte Beine, zum Vorschein, endlich steht sie vor dem Bett und fängt sofort an, traurig Hans Leips «Lilimarleen» zu summen. Sie läuft barfuß zum Tauchsieder, stellt ihn in eine Kanne und holt sich dann von ihrem Drehstuhl an der Schreibmaschine die Strümpfe, die sie genußvoll anzieht, denn sie sind rar im vierten Kriegsjahr. Jetzt ist sie ganz wach und flink. Sie zieht nach der Bluse und dem schwarzen Schlips ihr halb männliches graues Kostüm an, das ihre Modejournal-Figur noch unterstreicht, schließt die Tür auf, schnuppert kurz hinaus in Nebel und Rauch und setzt dann ihr «Schiffchen» ins blonde Haar. Ihr Nachtdienst ist um 7 Uhr zu Ende, also sehr bald.

Sie legt die Decke zusammen, gießt heißes Wasser in einen Filter und will beim Frühstück wieder in dem dicken Buch, das neben ihrem Bett lag, zu lesen beginnen, als Sturmbannführer Dr. Fritsche mit zwei Herren der Industrie auftaucht. —

Noch einiges über Helga. Die spezifisch weiblichen Fähigkeiten, völlig der Meinung derer zu sein, die auf sie Eindruck machen, und nichts zu sehen, was den Blick trüben könnte, hat sie nicht einmal besonders entwickeln müssen, da sie ihr, wie alles betont Weibliche, in solchem Maße angeboren sind, daß sie selbst Auschwitz «in Ordnung» fände, wenn sie je darüber reflektiert hätte. Natürlich reflektiert sie niemals. Deshalb ist sie für die Herren hier, die nachts doch hin und wieder Gespenster sehen, ein besonders verlockendes Schlafmittel. Sie hat nichts gemein mit den Megären, die im Lager Aufseherinnen genannt werden, obwohl sie selbstverständlich genau weiß, wozu sie als Telefonistin und am Fernschreiber beiträgt. Weit mehr noch als etwa der Kommandant Rudolf Höß, beweist Helga ganz unbewußt und einfach durch ihre Warmherzigkeit und ihren fraulichen Reiz, wie menschlich der Mensch noch als Berufsverbrecher bleibt und daß «menschlich» eine völlig unbrauchbare, weil allzu vieldeutige Vokabel geworden ist. Helgas Lieblingsbeschäftigung, wenn kein Mann sich mit ihr beschäftigt, ist es, davon zu träumen, daß sie weit weg von hier leben könnte, etwa in der Lüneburger Heide. Sie möchte nämlich eine treue und glückliche Braut sein, anstatt ihren Verlobten, einen schönen, aber einfallslosen Krematoriumsknecht im Leutnantsrang, immer wieder mit dem «Doktor» zu betrügen, dem sie so völlig hörig ist, daß sie ein Höchstmaß an Angst und Skrupel überwindet, nur um mittags eine Stunde in seinem Bett zu sein. Sie haßt diesen Mediziner, weil sie seinem lasziven Charme ausgeliefert ist — und wie sie alles Böse und allzu Intelligente haßt. In ihrem Bedürfnis nach Reinheit und Anstand würde sie sogar das Abschlachten von Juden verabscheuen, wenn ihr je der Gedanke gekommen wäre, das könnte ebenso verwerflich sein wie etwa Ehebruch oder Abhören des englischen Rundfunks. Doch ist sie, wie fast alle jungen Mädchen, vollkommen dressierbar, nicht nur schmelzendes Material unter der Hand des Liebhabers, sondern wie auch viele Sekretärinnen bis in ihre intimsten Sympathie- oder Antipathiekundgebungen nichts als der Papagei ihres Chefs.

Deshalb wird sie zwei Jahre später, 1945, sofort und ganz ohne Opportunismus begreifen, daß es «nicht schön» war, was man mit den Juden gemacht hat — es ist dann aber auch ein ausgeprägt männlicher Jude und Besatzungsoffizier, der ihr das klarmacht. Übrigens gibt sie dann selbst im Bett vorsichtshalber nicht zu, bis in die allerschaurigsten Einzelheiten gewußt zu haben, wozu sie in Auschwitz beitrug — sie wußte «natürlich» überhaupt nicht, daß man Menschen dort systematisch tötete; und der Amerikaner glaubt ihr das nicht nur, weil sie entzückend ist: er hält allen Ernstes für möglich, was sie sagt, ebenso wie seine Richterkollegen in Nürnberg sich sogar von Julius Streicher anhörten, Mordaktionen seien ihm unbekannt gewesen.

Dem Doktor zur Hand gingen nicht nur die süßen charakterlosen Mädchen, sondern auch die säuerlich charaktervollen Bürger, gemäß der sachlich unbestreitbaren Feststellung des Fürsten Talleyrand, daß ein verheirateter Mann, der Familie hat, stets bereit sei, für Geld alles zu tun — wem Gott ein Amt schenkt, schenkt er auch Kollegen. Die Herren, die jetzt zu Helga gehen, sind uns, obwohl «erfunden», nicht nur aus der zweiten Szene des ersten Aktes schon bekannt — bekannt sind sie uns längst, ob wir sie täglich auf der Rutschbahn ins deutsche Wirtschaftswunder erblicken oder im Spiegel des eigenen Badezimmers.

Man merkt ihnen bereits an diesem Morgen an, daß sie den Krieg zu ihrer gesundheitlichen und finanziellen Zufriedenheit überleben werden. Alle scheinbar unentbehrlich auf ihrem Posten und deshalb vor dem Fronteinsatz bewahrt, sind sie in Wahrheit auswechselbar wie Autoreifen. Deshalb genügt es, einen für alle drei zu betrachten.

Nehmen wir den in Uniform: Herr DR. FRITSCHE ist ein blasser Brillenträger, seinem Reichsführer Himmler ähnlich wie ein unretuschiertes Amateurfoto einer Meisteraufnahme. Er hat gesundes «Häftlings-Ma-

terial» beiderlei Geschlechts aus den Transporten gegen Empfangs-
bestätigung an die Industrie zu verteilen, die sich in nächster Nähe
von Auschwitz niedergelassen hat — und hat nach einigen Monaten die
von so ehrenwerten Firmen wie IG-Farben erbarmungslos ausgeschröpf-
ten Arbeiterwracks gegen Quittung wieder entgegenzunehmen und an die
Gaskammer abzuliefern. Skrupel wegen dieser Tätigkeit hat Herr Fritsche nie verspürt, denn er ist von Hause Jurist und weiß, daß hier nichts
geschieht, was nicht auf dem Dienstwege korrekt verordnet wurde. Niemals käme ihn die Laune an, einen Häftling zu schlagen, und er hofft, daß
auch seine Untergebenen Auspeitschungen nur durchführen, wenn ein
Häftling durch Simulation oder Faulheit die gesetzlichen Voraussetzungen zur Prügelstrafe geschaffen hat. Der Beweis, daß eine Krankheit
nicht simuliert war, ist erbracht, sobald der Häftling daran gestorben
ist.
Herr Fritsche sieht und hört sich den Vollzug von Disziplinarstrafen
grundsätzlich nicht an, vermeidet es auch, am Krematorium zuzusehen,
da er ohnehin manchmal fürchtet, «schlapp zu machen und in unsere
bürgerlichen Vorstellungen zurückzufallen». Solche Anwandlungen be-
kämpft er durch ausgedehnte Spaziergänge im Schutze zweier Wolfs-
hunde und durch Lektüre des NS-Schulungsbriefes, obwohl Herr Fritsche politisch gänzlich desinteressiert ist. Er hat sich unter Entbehrun-
gen hochstudiert und ein armes Mädchen geheiratet, strebt deshalb in
seiner Karriere auch den raschen finanziellen Aufstieg an, würde sich
aber niemals ungesetzlich bereichern; die goldene Armbanduhr aus
dem Besitz eines kremierten Amsterdamer Juden gelangte auf dem Ver-
ordnungswege an seinen Unterarm. Da der Führer kürzlich wieder mit
scharfem Hohn gegen die Juristen gesprochen hat, die alle von gestern
seien, sieht auch Dr. Fritsche nicht mehr viel Sinn in einer Richter-
laufbahn — die Tätigkeit eines Anwalts erscheint ihm als völlig absurd. Nicht etwa, daß er ein Gefühl dafür hätte, wie grotesk es ist, wenn
ausgerechnet seinesgleichen — und das wurde bekanntlich nach 1950
in Westdeutschland sehr häufig praktiziert — über Menschen zu Gericht sitzen, die beispielsweise ein Fahrrad gestohlen haben. Nur sagt
sich Sturmbannführer Fritsche, daß die moderne Rechtspflege nach dem
Endsieg vermutlich kaum mehr als die zwei folgenden Strafmaße zulassen wird: Tod oder Abkommandierung zur Bewährung in den er-
oberten Ostgebieten; das Großdeutsche Reich soll sich nicht mit über-
flüssigen Fressern in Gefängnissen belasten. Aus dieser Überlegung
und weil es gern gehört wird, spricht Herr Fritsche von dem Erbhof,
den er mit seiner Familie in der — kürzlich leider vorübergehend wieder verlorengegangenen — Ukraine zu bewirtschaften gedenkt und
für seine Verdienste auch zweifellos erhalten wird. Natürlich hat er
von Landwirtschaft keine Ahnung. Er ist gegenüber allem Lebendigen,
zum Beispiel Helga, ausgesprochen kontaktarm. Aus Angst vor einem
Hufschlag vermeidet er sogar, einem Pferd nahe zu kommen. 1952 ist
er Finanzfachmann einer der bedeutendsten deutschen Bauspar-
gesellschaften, 1960 ist er Oberlandesgerichtsrat und pensionsberech-
tigt — ein Berufswechsel, den er, herzkrank geworden, aus Sorge um
die Sicherheit seiner Familie vollzogen hat, trotz vorübergehender
finanzieller Einbußen . . .

Soweit das möglich ist, trotz Nebel und stagnierendem Rauch, ist es heller geworden. Während Helga sich Kaffee kocht, taucht Fritsche im Wintermantel mit Mütze und Ohrenschützer auf und will gerade in die Wachstube gehen, um sich zu wärmen. Da kommt von links ein finster aussehender Offizier mit Stahlhelm, Peitsche, Lampe und Wolfshund auf ihn zu.

OFFIZIER: Sturmbannführer — eine Meldung!
   (Er macht den Hund an der Bank fest.)
FRITSCHE: So früh am morgen? — Was gibt's?
OFFIZIER: Sturmbannführer, am Außenbahnsteig eine
   tolle Überraschung: der Papst persönlich hat uns
   einen Priester . . .
FRITSCHE: *Was* reden Sie vom Papst?
OFFIZIER: Der Papst hat den getauften Juden
   einen Priester als Fahrbegleiter mitgegeben.
   Die Juden kommen doch aus Rom! Er sollte
   ihre Fahrt begleiten, als Seelsorger natürlich.
   Und . . .
FRITSCHE: Und was?
OFFIZIER: Und irgendein Idiot in Rom
   hat diesen Mann wie das Gesindel selbst verfrachtet.
   Mitten zwischen das Pack,
   mitten in den Waggon, obwohl er
   die Soutane trägt, ein Italiener, kein Jude
   und angeblich sogar verwandt mit den Pacellis.
FRITSCHE: Verflucht! Verfluchte Schweinerei!
OFFIZIER: Er sprach mich an, es war noch dunkel,
   ein Glück, daß ich nicht gleich den Hund . . .
FRITSCHE: Wo steckt er jetzt?
   Hat er vom Lager schon was gesehen?
OFFIZIER: Vom Lager nichts, bisher. Er ist noch draußen
   am Bahnsteig eins. Ich habe ihn sofort
   zur Rückfahrt der Gendarmerie,
   die den Transport ab Passau übernahm,
   und auch den Eisenbahnern anvertraut.
   Er frühstückt jetzt mit denen und . . .
FRITSCHE: Schweinerei! Bewacht ihn nicht zu sehr.
   Er muß sich bis zur Abfahrt so bewegen können,
   am Außenbahnsteig, daß er
   nicht zuviel Neugier zeigt und uns
   wie die vom Roten Kreuz behelligt.
OFFIZIER: Ich fürchte nur, er hat
   auf dem Transport schon viel zu viel gesehen!
FRITSCHE: Kommen Sie, einen Schnaps auf diesen Schock.
   (Sie gehen durch das Vorgärtchen, Fritsche klopft fast schüchtern an.)
HELGA: Herein.
FRITSCHE *(befangen)*: Ah — Heil und Sieg! Dürfen wir uns
   ganz kurz bei Ihnen wärmen, Fräulein Helga?

HELGA: Ja, gerne, guten Morgen. Kalt, was?
  Bedien dich, Heinz, hier stehen Zigaretten.
  Herr Fritsche, bitte schön.
OFFIZIER *(nimmt eine Zigarette)*:
  Danke dir, Helga, wie geht's dir denn?
  Ich brauch' jetzt keinen Schnaps,
  ich bin jetzt dienstfrei.
HELGA: Und Sie, Herr Fritsche? Kaffee?
FRITSCHE: Nein, danke, nur ein' Schnaps, ich muß zum Bahnsteig.
  (Zu dem Offizier, während Helga Decken zusammenlegt:)
  Nur weg hier, weg mit dem Priester.
  Ich will sofort um acht
  Berlin anrufen. Will er nach Rom zurück,
  der Kerl? — Der hat uns hier gefehlt!
OFFIZIER: Nach Breslau will er, mit deutschem Geld.
  Er soll den Bischof dort besuchen,
  dann fährt er nach Berlin zur Nuntiatur.
FRITSCHE: Wie denn? Er will sich wohl beschweren?
OFFIZIER: Nein, davon spricht er nicht. Er war dort angestellt.
  Natürlich hat er Wut auf den Idioten,
  der ihn in Norditalien oder Rom
  verfrachtet hat wie einen Judenjungen.
  Jetzt ist er friedlich.
FRITSCHE: Der das gemacht hat, wird sich bald
  in Rußland an der Front vergnügen dürfen.
  Ein unverantwortlicher Blödmann!
  Sich ausgerechnet jetzt, wo unsre Lage
  im Süden schon prekär genug ist,
  dort aufzuführn wie in der Ukraine.
  Unglaublich, wo der Führer erst neulich wieder
  ausdrücklich betont hat, daß die Kirche
  nicht vor dem Endsieg angegriffen wird!
  Und Himmler — haben Sie das gehört?
OFFIZIER: Nein, Sturmbannführer.
FRITSCHE: Himmler hat kürzlich seine Mutter mit dem Segen
  der Kirche Christi beigesetzt! — Schön, was?
  Also, weg hier, weg mit dem Schwarzen!
  Ab nach Berlin, da wissen sie,
  was einem Herrn des Vatikans gebührt.
  So — noch einen Schnaps auf diesen Schreck.
  Helga, seien Sie so lieb, spenden Sie Trost.
HELGA: Ich soll immer trösten, wer tröstet mich. —
FRITSCHE: So — nachher ruf' ich Berlin an.
  Also, Heil Helga, schönen Dank!
HELGA: Wiedersehen.
OFFIZIER: Ich gehe mit, ich will mich schlafen legen.
HELGA: Heil, Herr Fritsche. Heil, Heinz — schlaf dich aus,
  ich habe auch die Nacht noch nachzuholen . . .
  *(Sie gähnt und lacht, Fritsche und der Offizier ab. Helga knipst die
  Schreibtischlampe aus und zieht die Verdunklungsrouleaus an der*

rückwärtigen Fensterfront hoch. Eine Kreissäge singt; dieses Geräusch aus einer der Lager-Werkstätten untermalt von Zeit zu Zeit besonders prägnante Worte des Doktors.
Von rechts, elegant über die Rabatten des kleinen Gärtchens springend, schon auf den zwei Stufen zur Tür, ein Stöckchen in der Hand und ein Buch unter dem Arm ist «der schöne Teufel» aufgetaucht. Schon steht er im Raum, lachend und liebenswürdig, tückisch und gewinnend, sehr groß und schlank. Helga erschrickt bis ins Innerste, aber man spürt, es ist ein Schrecken, den sie mehr liebt als ihren Seelenfrieden. Sie fährt zurück, aber er hat sie schon an sich gerissen und küßt ihr den Mund, als sie sagt —)

HELGA: Du! — Geh weg, laß mich, du Teufel.
Ich hasse dich, ich *hasse* dich — laß!
Wenn man uns sieht, nicht doch!
Das Fenster, du Schuft, geh doch zu deiner Jüdin!
(Sie hat, nach den ersten Küssen, versucht, ihn von sich zu stoßen, er lacht leise und zärtlich und zieht sie in dem Handgemenge, während sie erbittert, aber hoffnungslos um sich schlägt, in seine Arme wie in einen Schraubstock.)

HELGA *(gequält, schwach, schmiegt sich schon an ihn, der sie ins Ohr beißt)*: Du bringst uns alle drei ins Unglück, alle drei.
Schlaf doch mit Häftlingen, bis man dich aufhängt.

DOKTOR *(mit zärtlicher Ironie, über die sie endlich lächeln muß)*:
Eifersüchtig auf so ein armes Frauchen?
Ich hasse dich doch auch nicht, weil du nachts
bei deinem Günter die Verlobtenpflicht erfüllst.
Du hast ja doch nur mittags für mich Zeit —
heut' mittag? — Wer klopft an meine Tür,
wer huscht in meine Hütte, um zu fragen,
nur um zu fragen, ob Herr Doktor ihr
die Anna Karenina leihen kann?

HELGA: Du hast ja nun die Jüdin.

DOKTOR: Du kommst doch nur, mein Kätzchen,
um zu fragen, ob ich den *Schmöker* habe . . .
Da ist doch nichts dabei!
Was kannst denn du dafür, daß ich
dann grade unter meiner Dusche stehe.

HELGA *(macht sich los, geht drei Schritte weg von ihm)*:
Laß mich doch endlich — man kann uns sehen.

DOKTOR: Ja eben, also weg vom Fenster.
(Er nimmt sie auf den Arm, sie schlägt mit den Beinen, er dreht sich zweimal mit ihr im Kreis.)
Du hast ja Strümpfe an, zum erstenmal!

HELGA *(die sich jetzt friedlich an ihn schmiegt)*:
Es ist so kalt, heut' morgen. Ach, du —
(Er legt sie rasch aufs Feldbett und stützt sein linkes Knie zwischen ihre Füße.)

DOKTOR *(zärtlich)*: Ich freu' mich sehr auf heute mittag. Guck, hier . . .
(Er hat eine Perlenkette aus der Tasche gezogen und läßt sie über ihrem Gesicht pendeln. Sie achtet nicht darauf, sie sagt gequält —)

HELGA: Er meldet dich! Er bringt uns um.
DOKTOR: Hör endlich auf! Dein Günter freut sich,
    wenn er mal keinen umzubringen hat.
    Er hat heut' mittag Dienst am Krematorium,
    und wir erhitzen uns im Bett.
    Na und ? — Du wirst sehr ängstlich und
    sehr klein sein, mein nacktes Kätzchen —
    (leise) und plötzlich wild, so wild, daß du
    vergessen kannst, mit *wem* du wild bist.
    Guck hier.
    (Er schwenkt die Kette.)
HELGA: Du bist so schrecklich.
DOKTOR: Reizt dich die Kette nicht? Ich fand die Perlen,
    als wir gestern morgen eine fette
    jüdische Auster ausgenommen haben.
    Ich schenk' sie dir zur Hochzeit. —
HELGA: Ich will von diesem Zeug nichts haben.
    Was soll ich Günter sagen!
DOKTOR: Du hast sie halt geerbt.
    Heut' mittag wird sie eingeweiht.
    (Er steht auf, geht nervös im Raum auf und ab und sagt gewinnend
    ironisch): Du brauchst dich dann nicht mehr zu schämen
    am hellen Mittag. Ich ziehe dir die Perlen an.
    Und deine linke Hand bleibt übrigens auch bekleidet —
    mit dem Verlobungsring . . .
HELGA: Daß du mich noch verspottest!
    Ich *will's* ja nicht, ich *will's* nicht mehr.
    Ich *will's* nicht.
DOKTOR *(sehr gelassen)*: Es tut dir gut, ich seh's dir an: als wenn
    man einen trüben Spiegel blankgeputzt hat.
    (Sie schüttelt heftig den Kopf und muß lächeln; dann umarmt sie ihn
    und zieht ihn aufs Bett.)
HELGA: Du bist ein Teufel!
DOKTOR: Wie sehe *ich* nach diesen Scherzen eigentlich aus?
HELGA: Sehr ruhig, nicht mehr nervös und
    nicht so *böse*, vor allem nicht mehr böse!
DOKTOR: Böse? Wieso denn böse?
HELGA *(die ihn fester umarmt)*: Dein leichtes Lachen
    ist nicht echter als meine Treue zu Günter —
    und meine Liebe zu dir, diese abscheuliche Liebe!
    Du, wahrhaftig, ich weiß nicht, ob ich
    dich überhaupt liebe. Oft bis zum Wahnsinn, ja.
    Aber dann kommt der Haß, dann hasse
    ich dich aus vollem Herzen, wirklich . . .
    Laß uns doch ehrlich sein, bitte — und die Verlobung lösen.
DOKTOR: Aber du schläfst doch jede Nacht mit ihm!
HELGA *(fängt an zu weinen)*: Hör auf — nicht jede Nacht!
    Und nur, um nachmittags bei dir zu sein. Warum
    schickst du mich immer wieder fort? Ich will nicht
    wissen, ob ich dich liebe — ich weiß nur,

ich bin dir ausgeliefert, ich *muß* bei dir sein.
Bitte, laß uns doch heiraten . . .

DOKTOR *(der sich allmählich von ihr gelöst hat und aufsteht und wieder unruhig hin und her geht):*
Heiraten, Kinderzeugen — lieber Gott!
Das ist die einzige Sünde, die ich nicht begehe,
niemals, das versprech' ich dir!
Herzchen, bleib ja bei deinem Günter.
Mein Klima ist zu schroff für dich.
Der Günter ist besser.
Schenk dem Führer Soldaten und
gebärlustige Mädchen.
(Mit viel Selbstironie.) Bis deine Töchter mannbar sind,
hab' ich den Zwillingen hier abgeguckt,
wie sie entstanden sind. Dann kann
ich unserer blonden Herrenrasse, dem Viehzeug,
das Grundrezept für Zwillinge verschreiben,
und dann vermehren sie sich wie die Ratten.
Mein Name kommt ins Lexikon:
mein letzter Ehrgeiz und der albernste.
Genügt das nicht, mein Herzchen?
Muß ich noch selber ehelich pflügen, ackern und säen?
Ich leiste doch genug für den Bestand
der rassereinen Menschheit.
Ich schaffe Leben ab
und schaffe Leben neu —
und schaffe immer *Leiden.*
Die einen leiden, weil ich sie ins Gas,
die andern, weil ich sie ins Leben stoße.
Doch Kätzchen, seine eigenen Kinder,
die hat der Onkel Doktor viel zu lieb,
als daß er sie der Weltgeschichte
erst auszuhändigen gedenkt.
(Er zieht sie zu sich heran und sagt fast leidenschaftlich:)
Und wenn wir über Tisch und Teppich turnen:
nur keine Angst, ich mache dir kein Kind.

HELGA: Bitte, hör auf, du wirst mir sonst so fremd . . . ach,
(leise, dann so stockend, daß sie es fast nicht über die Lippen bringt)
du, sag mal, warum hast du
denn ausgerechnet was mit dieser Jüdin, der ihre . . .
sie hatte doch zwei Kinder. *Weiß* sie,
daß *du* die Kinder . . .

DOKTOR *(macht sich los von ihr, aber ohne Erregung — sachlich):*
Vom Geschäft mag ich nicht reden bei dir.
Sei nicht so kindisch eifersüchtig . . . oh,
da stehen Brötchen! Klein und blond wie deins
und auch so appetitlich. Ich habe Hunger.
(Er küßt sie, nimmt sich ein Brötchen, ißt und will zur Tür gehen.)
Wir wollen Italiener aussortieren.

HELGA *(stellt sich ihm in den Weg, zeigt zum erstenmal eine gewisse*

Festigkeit, aber nicht lange): Ich bin nicht eifersüchtig, wenn du sagst,
warum du ausgerechnet diese Frau . . .
DOKTOR *(überdrüssig):*
Es *reizt* mich einfach, Menschenskind, es reizt mich.
HELGA *(töricht und fraulich):* Ich reize dich wohl nicht genug?
DOKTOR: Du Dummchen — mein kleines Milchbrötchen!
Verstehst du das denn nicht: ich will *probieren,*
ob diese arme Frau auch dann noch mit mir schläft,
wenn ich ihr sage, wo ihre Kinder hin sind —
und daß *ich* hier der Herr bin
über Leben und Tod. Das will ich mal probieren.
HELGA *(macht sich los von ihm):*
Wie grauenvoll du bist. Schenk ihr das Leben,
dann schenk ihr wenigstens das Leben . . .
DOKTOR: Was hätte sie davon, ihre Sippe ist doch tot!
HELGA *(laut, empört):* Das hofft sie aber,
deshalb kommt sie. *Nur* deshalb!
Das täte jede Frau, ich jedenfalls.
DOKTOR: Mag sein, daß sie zuerst nur deshalb kam.
Vielleicht, um sich mal heiß zu waschen
und für ein Abendbrot — mag sein.
HELGA: Was hast du dann davon, wenn du das weißt!
DOKTOR *(lächelnd):* So simpel ist das heute halt nicht mehr.
Jetzt kommt sie auch . . .
(Lacht und bricht ab.)
HELGA: Du wirst mir immer unheimlicher — du. Ja —
(Entringt sich stockend:) Wenn du zu ihr so bist wie — wie zu mir,
dann *muß* sie dich ganz einfach lieben,
selbst wenn sie dich und sich dabei
in alle Ewigkeit verflucht.
DOKTOR: Ewigkeit!
HELGA: Ich komme nie mehr zu dir, nie mehr.
DOKTOR *(küßt sie, lächelt):* Schön, also, wie immer. Um halb zwei.
Ich habe solchen Heißhunger nach deinem Fell, mein Kätzchen.
HELGA *(schreit, Tränen in den Augen):*
Nie mehr, hab' ich gesagt, nie mehr.
DOKTOR *(hat sie wieder in den Arm genommen, leise, zärtlich):*
Schlaf dich erst aus. — Klopf nicht erst an.
Sieh dich nur um. Und folgt dir jemand,
gehst du einfach weiter — einmal ums Haus
und wieder 'rein.
HELGA *(kleinlaut):* Ich muß es mir *sehr* überlegen.
DOKTOR *(lächelt):* Wir überlegen's dann zusammen. Tschüß.
*(Helga hat ihn zur Tür gebracht, er steht außerhalb des Häuschens.
Er beißt von der Semmel ab und sagt die letzten Worte zu ihr. Un-
beobachtet von ihnen hat sich auf der Hinterbühne links schemen-
haft eine Wand von Deportierten aufgebaut, sie sind ohne Gepäck,
das stets am Zug zurückgelassen werden mußte. [Wir weichen nur
insofern von der historischen Überlieferung ab, als hier die Frauen
und Kinder noch nicht von den Männern getrennt sind, während tat-*

sächlich die Familien sofort am Bahnsteig, also vor der Selektion, auseinandergerissen wurden.]

Die «Begleitmusik», so oft Deportierte die Schräge hinunter nach rechts geführt werden: das ruhige und leise Wiederkäuen einer Betonmischmaschine. Jetzt von rechts eine Trillerpfeife — etwa dort, wo der Widerschein des Feuers sichtbar ist, der nicht naturalistisch dargestellt werden darf. Ein Kapo löst sich von der im Hintergrund verharrenden Gruppe, zählt wortlos sechs Deportierte aller Altersklassen ab und schickt sie nach rechts hinunter. Einen Moment blicken Helga und der Doktor jetzt auf diese ersten Opfer, die sich, fast gelähmt vor Angst, vorwärts schleppen, bis sie hinten rechts verschwinden. Dann gewinnt der Feuerschein an Intensität, die Betonmischmaschine mahlt leiser. Ihrer Monotonie entspricht der stereotype Vorgang der Ermordung.

Helga hat es jetzt eilig, hier wegzukommen. Plötzlich zeigt sie nach links und sagt —)

HELGA: Du — guck mal! Dort!
   Dort hinten — der Priester.
DOKTOR *(indem er sich losmacht und zwei Schritte nach rechts geht)*:
   Na und? — Geh jetzt schlafen, Helga.
HELGA: Nein, hör doch, du — Fritsche
   hat angeordnet, daß der Priester
   — ich nehme an, es handelt sich um den —
   das Lager gar nicht betreten darf!
   Er wurde aus Versehen deportiert!
DOKTOR *(umkehrend)*: Das werden sie alle, was heißt das schon!
HELGA: Er soll kein Jude sein!
DOKTOR: Wer Jude ist, bestimme ich — sagt Göring.
   Mach's gut, ich weiß ja schon.
HELGA: Bis bald. — Wie stark das heute riecht. Scheußlich.
DOKTOR: Der Nebel läßt den Rauch nicht hoch. —
   Träum süß, mein Milchbrötchen.
   (Helga geht rasch ab durch den Vorgarten, biegt nach links um das Häuschen und verschwindet, nachdem man ihren Kopf noch für die Dauer der wenigen Schritte hinter dem Fenster gesehen hat. Der Doktor blickt, während er mit seinem Stöckchen an einen seiner sehr eleganten, geschmeidigen Reitstiefel klopft, auf Riccardo, der, zusammen mit Frau Luccani, ihrem Schwiegervater und den Kindern, noch kaum zu erkennen ist. Man hört das scharfe Geräusch eines in der Nähe anfahrenden Lastwagens. Das beklemmende «Licht», gasiger Qualm und Feuerschein, konzentriert den Betrachter jetzt ganz auf den Doktor, der, den Rücken zum Zuschauer, breitbeinig und doch grazil dasteht. Er blickt unverwandt auf Riccardo, der einmal scheu und angstvoll, als fühle er diesen Blick, herüberschaut und dann schnell das Töchterchen der Luccanis auf den Arm nimmt.)
DOKTOR: Du! — Euer Heiligkeit.
   Der Schwarze da, komm doch mal her.
   (Frau Luccani nimmt ihren Sohn fester an sich, alle Deportierten sehen auf den Doktor, nur Riccardo nicht. Es ist sehr ruhig geworden.)
   Los, komm her!

(Er geht ungeduldig nach dem linken Hintergrund auf die Gruppe zu und winkt Riccardo, der ihm jetzt nicht mehr ausweichen kann und, das kleine Mädchen auf dem Arm, zögernd aus der Reihe tritt. Der Doktor geht schweigend wieder zurück, so weit wie möglich auf die Vorbühne ganz rechts, und bedeutet Riccardo, ihm zu folgen. Riccardo folgt zögernd. Frau Luccani sieht ihn und ihr Kind davongehen und schreit fassungslos —)

JULIA: Nicht weggehen! Bleibt hier, bleibt bei uns!
(Sie weint. Ihr Schwiegervater nimmt sie beruhigend am Arm und spricht auf sie ein. Riccardo ist auf ihren Schrei hin stehengeblieben und blickt zurück. Er hat Angst.)

DOKTOR *(drohend, wie zu einem Hund)*: Komm her, sag' ich.
(Riccardo folgt ihm noch ein Stück. Sie stehen sich jetzt gegenüber, ganz im Vordergrund. Riccardo blutet an der Stirn, im Gesicht. Er ist mißhandelt worden.)

DOKTOR *(freundlich-ironisch)*: Selbstgemacht, den hübschen Fratz?

RICCARDO *(böse)*: Die Deutschen haben ihren Vater totgeschlagen.
Sie fanden komisch, daß er Brillenträger war.

DOKTOR: Schlimme Menschen, diese Deutschen.
(Er tippt Riccardo mit seinem Stöckchen, das er dandyhaft handhabt, kurz und beinahe kameradschaftlich vor die Brust.)
Wo hast du deinen Davidstern?

RICCARDO: Beseitigt, weil ich fliehen wollte.

DOKTOR: Ich hab' gehört, du seist kein Jude? Du hast
doch am Außenbahnsteig angegeben, der Papst
habe dich den Juden als Betreuer zugeteilt.

RICCARDO: Das gab ich an, um zu entkommen.
Man glaubte mir und ließ mich laufen.
Ich bin Jude, wie die anderen.

DOKTOR: Alle Achtung! Ein feiner Jesuitentrick.
Wieso fing man dich trotzdem wieder ein?

RICCARDO *(verächtlich)*: Niemand hat mich gefangen.
Ich schlich mich selber unter die Gefährten.

DOKTOR *(höhnisch)*: Siehe da, wie edel!
Freiwillige fehlen uns. Und Priester auch.
Falls hier mal jemand sterben sollte.
Das Klima hat in Auschwitz seine Tücken.
Du bist natürlich gar kein Jude . . .

RICCARDO *(schweigt.)*

DOKTOR *(setzt sich auf die Bank, sehr ironisch)*: Ein Märtyrer, also . . .
Und warum bist du dann geflohen?

RICCARDO: Hätten *Sie* keine Angst, wenn Sie
hier eingeliefert würden?

DOKTOR: Warum denn Angst? — Ein Internierungslager.
Und wenn man schon dem lieben Gott
so nahe steht wie du!

RICCARDO *(sehr eindringlich)*: Menschen brennen hier . . .
der Brandgeruch von Fleisch und Haaren —

DOKTOR *(siezt ihn jetzt)*: Sie reden dummes Zeug. Was Sie da sehen,
ist lauter Industrie: Schmieröl und Roßhaar,

Arzneien und Stickstoff, Gummi und Granaten.
Hier wächst ein zweites Ruhrgebiet heran.
IG-Farben, Buna haben hier Filialen,
Krupp demnächst.
Luftangriffe erreichen uns nicht.
Arbeitskräfte sind preiswert.

RICCARDO: Ich weiß seit einem Jahr, was hier geschieht.
Nur reichte meine Phantasie nicht aus.
Heut' hätte ich den Mut nicht mehr . . . mitzugehn.

DOKTOR: So! — Sie wissen also Bescheid. Na schön . . .
Ich verstehe Ihren Ehrgeiz, gekreuzigt zu werden,
mache mir aber den Spaß, im Namen Gottes,
des Vaters und des Sohnes und des heiligen Geistes,
Ihre Wichtigtuerei zurückzuweisen.
Ich hab' mit Ihnen ganz was andres vor.
*(Riccardo hat das Kind, das er auf dem Arm trug, neben sich gestellt,
es schmiegt sich noch enger an ihn.)*

DOKTOR *(zu dem Mädchen)*: Der Onkel Doktor hat Bonbons
für dich — komm — hier . . .
(Er hat eine Tüte aus der Tasche gezogen. Das Kind greift gierig zu.)

KIND *(schüchtern)*: Danke.
*(Der Doktor nimmt das Kind und will es neben sich auf die Bank set-
zen, als es die Tüte in der Hand hält. Doch sträubt sich das Mädchen
jetzt und schmiegt sich wieder an Riccardo.)*

DOKTOR *(höhnisch)*: Sehr anschmiegsam.
(Freundlich zum Kind:) Wie heißt du denn?
(Das Kind schweigt.)

DOKTOR: Schade, daß die Kleine keinen Zwillingsbruder hat.
Zwillingsforschung ist mein Hobby.
Die andern Kinder leben, selbst bei Andrang,
hier niemals länger als sechs Stunden.
Auch ihre Mütter nicht: wir haben Arbeitsvieh genug
und sind so großzügig,
Kinder, die jünger sind als fünfzehn,
gemeinsam mit den Müttern zu vergasen.
Damit ersparen wir uns viel Geschrei. — Was ist?
Sie sagten doch, Sie wüßten, wie's hier zugeht.

RICCARDO *(heiser vor Grauen)*: Machen Sie's kurz.

DOKTOR: Wie? Sie wollen doch nicht auch schon sterben?
Das könnte Ihnen so passen:
eine Viertelstunde inhalieren — und dann
zur Rechten Gottes als ein Heiliger sitzen. Nein!
Ich kann Sie doch nicht *so* bevorzugen
vor allen anderen Zeitgenossen,
die ohne Trost in Rauch aufgehen.
Solang' Sie *glauben* können, lieber Pastor,
ist ja das Sterben nur ein Jux.
*(Ein Handgemenge im Hintergrund: die Deportierten sollten weiter-
geführt werden, die Schlange rückte vor. Da will Frau Luccani aus-
brechen, zu Riccardo hin. Sie schreit —)*

JULIA: Laßt uns zusammen! Ich will nicht. — Mein Kind!
(Ein Kapo springt herbei, will sie in die Reihe zurückstoßen. Luccani sen. greift ungeschickt ein.)
DER ALTE: Nicht! Schlagen Sie die Frauen nicht. Nicht schlagen, ihre Kinder!
(Das Kind will Riccardo mitziehen zu seiner Mutter, Riccardo zögert. Der Doktor schreitet ein.)
DOKTOR: Laß sie los!
(Zur Frau:) Wer wird denn weinen, wenn man auseinander geht!
(Die Deportierten rücken weiter vor, der alte Herr will zurückbleiben, wird weitergeschoben, er ruft mit matter Stimme —)
DER ALTE: Julia — Julia — ich warte . . . komm doch.
(Er wird weggeschoben, der Hintergrund ist leer, nachdem diese Gruppe, auch der Industrielle, der den Alten stützte, und eine Schwangere rechts verschwunden sind. Bald verstummt die Betonmaschine.)
JULIA *(zum Doktor, flehend):*
Lassen Sie uns bei dem Priester! Sie sehen doch,
wie das Kind an ihm hängt. Er hat uns
auf dem Transport so beruhigt. Bitte lassen Sie uns
gemeinsam sterben, den Priester und uns —
IHR JUNGE *(den sie mit sich aus der Reihe gezogen hatte, scheut vor dem Doktor zurück):* Komm, Mama, komm —
DOKTOR *(zu Julia):* Aber, aber! Hier stirbt doch keiner.
(Zu Riccardo:) Sagen Sie der Frau die Wahrheit!
Dort die Schornsteine, lauter Industrie.
Sie müssen schaffen hier, hart arbeiten.
Doch tut man Ihnen nichts zuleide.
(Er streicht dem Jungen beruhigend übers Haar.)
Komm, Junge. Jetzt gibt's zu Essen,
hinterher ein' Pudding!
JULIA *(eben noch halb verrückt vor Angst, jetzt voller Vertrauen zum Doktor):* Wissen Sie nicht, wo mein Mann ist?
Wo ist mein Mann denn hingekommen?
DOKTOR: Nun geht. Hier — euer Schwesterchen,
nehmt's mit.
Ihr Mann? — Nun, der ist sicher noch in Rom.
Oder auch in einem anderen Lager,
ich kenne doch nicht alle hier.
(Zu Riccardo:) Los, geben Sie der Frau ihr Kind!
(Zu Julia:) Hier, nehmen Sie Ihr Kind. — Wir haben noch zu reden.
JULIA *(zu Riccardo):* Bleiben Sie bei uns, bitte bleiben Sie!
Heut' früh waren Sie plötzlich weg, so lange.
Ich war so dankbar, als Sie wiederkamen.
RICCARDO *(streichelt das Mädchen, küßt es und gibt es der Mutter):*
Ich komme nach, ich komme — so wahr Gott bei uns ist.
DOKTOR: Also bitte, in einer Viertelstunde
ist euer Freund wieder bei euch . . .
(Er zieht den Kapo heran und übergibt ihm die Familie.)
Wer sich nicht 'ranhält,
kriegt nichts mehr zu essen.
Beeilt euch — los!

(Alle ab, außer Doktor und Riccardo.)
RICCARDO *(schwankt.)*
DOKTOR *(gönnerhaft):* Sie sind sehr müde, wie ich sehe.
Nehmen Sie doch Platz ...
*(Er weist auf die Bank und tänzelt hin und her. Erschöpft setzt sich
Riccardo.)*
RICCARDO: Was sind Sie für ein — ein Teufel!
DOKTOR *(freut sich außerordentlich):*
Teufel — wundervoll! Ich: der Teufel.
Sie: mein Hauskaplan.
Abgemacht: retten Sie meine Seele ...
Doch zunächst muß ich Sie verbinden — bitte.
Kommen Sie — wer hat Sie da gekratzt?
*(Riccardo bleibt sitzen, während der Doktor in das Hüttchen geht,
und hält sich das durchblutete Taschentuch über die Stirn, um neues
Blut abzuwischen.)*
DOKTOR *(in der Tür):* Los, kommen Sie. Ich habe noch viel vor
mit Ihnen, Herr Hauskaplan ...
RICCARDO: Was wollen Sie eigentlich von mir?
DOKTOR: Ein ernstgemeintes Angebot.
Wissen Sie eigentlich, was Sie sonst erwartet?
*(Er steht in dem Hüttchen und hantiert an einer Hausapotheke. Ric-
cardo hat sich die Stufen hochgeschleppt und läßt sich auf den nächsten Stuhl fallen.)*
DOKTOR *(während er ihm Heftpflaster aufklebt, beruhigend, fast seriös):*
Neulich haben die brutalen Idioten sich hier
den Spaß gemacht, einen Pater aus Polen
zehn Tage lang zu quälen, im Hungerbunker,
weil er freiwillig wie Sie
für einen Häftling mit Familie sterben wollte. Sogar
eine Krone aus Stacheldraht hat ihn zuletzt verziert.
Na gut, er hatte, was er wollte, was ihr alle wollt:
Seine Qual in Christo — und sicher wird Rom
ihn später selig sprechen. Er starb ganz individuell, ein
schönes, altmodisches Einzelschicksal. —
Sie aber, lieber Freund, Sie würden nur vergast.
Ganz schlicht vergast, und *keiner,*
kein Mensch, kein Papst, kein Gott
wird's je erfahren. Man vermißt Sie bestenfalls
wie den Gefreiten an der Wolga,
den U-Boot-Fahrer im Atlantik.
Sie sterben hier, wenn Sie's nicht lassen können,
wie eine Schnecke unterm Autoreifen — sterben,
wie halt der Held von heute stirbt, namenlos und
ausgelöscht von Mächten, die er nicht einmal kennt,
geschweige denn bekämpfen könnte. Also sinnlos.
RICCARDO *(höhnisch):* Gott sollte ein Opfer übersehen, nur weil es
nicht mit Pomp und Pathos ermordet wurde?
So primitiv ist Ihre Vorstellung doch nicht!
DOKTOR: Aha, Gott übersieht die Opfer nicht! Wirklich?

Im Grunde gilt meine ganze Arbeit
nur dieser einen Frage . . . Ja, ich tue da
wahrhaftig, was ich kann:
Ich schicke seit Juli 42, seit fünfzehn Monaten,
Werktag wie Sabbat, Menschen zu Gott.
Glauben Sie, er zeige sich erkenntlich?
Er lenkt nicht einmal einen Blitz auf mich.
Verstehen Sie das? Sie *müssen* das doch wissen . . .
Kürzlich an *einem* Tag neuntausend Menschen.

RICCARDO *(stöhnt auf, sagt gegen besseres Wissen)*:
    Das ist nicht wahr, das *kann* nicht . . .

DOKTOR *(gelassen)*: Neuntausend an einem Tag. — So niedliches
    Geschmeiß wie dieses Kind auf Ihrem Arm da . . .
    Trotzdem: in einer Stunde bewußtlos oder tot.
    Jedenfalls ofenfertig . . . Kleinkinder
    kommen oft bewußtlos in die Öfen, ein
    interessantes Phänomen, Säuglinge vor allem.
    Bemerkenswert: das Gas bringt sie nicht immer um.

RICCARDO *(hat sich die Hände vors Gesicht geschlagen, jetzt stürzt er
    zur Tür, der Doktor reißt ihn zurück, lacht.)*

DOKTOR: Sie können doch nicht *immer* stiften gehen!
    Zittern Sie doch nicht so. Mein Ehrenwort:
    ich lasse Sie *leben* . . . Was könnte es
    mir schon bedeuten, eine Nummer mehr oder weniger
    durch den Kamin zu pusten.

RICCARDO *(schreit)*: Leben — um *Ihr* Gefangener zu sein!

DOKTOR: Nicht mein Gefangener. Mein Partner.

RICCARDO: Glauben Sie doch, eine Welt zu verlassen,
    auf der Sie und Auschwitz möglich sind —
    das ist kaum schwerer, als darin zu leben.

DOKTOR: Der Märtyrer will lieber sterben als überlegen,
    wahrhaftig: Valéry hat recht. Der Engel,
    sagte er — mag sein, daß Sie ein Engel sind —,
    (lachend) unterscheidet sich von mir, vom Teufel,
    nur durch die Überlegung, die ihm noch bevorsteht.
    Dieser Überlegung setze ich Sie aus
    wie einen Schwimmer dem Ozean.
    Wenn die Soutane Sie dann noch über Wasser hält:
    dann laß ich mich wahrhaftig noch von Ihnen
    heimholen in den Schoß der Kirche Christi.
    (Lacht.) Wer weiß, wer weiß. Erst aber sollen Sie
    sich üben in der berühmten Geduld des Negativen.
    Erst sehen Sie mir hier ein rundes Jährchen zu
    bei diesem kühnsten Experiment,
    zu dem sich je ein Mensch entschlossen hat.
    Nur eine theologische Natur wie ich —
    (er tippt Riccardo an den Kragen)
    (das Halseisen hab' ich auch schon mal getragen)
    konnte riskieren, sich die Last dieses Frevels
    aufzupacken . . .

RICCARDO *(schlägt sich verzweifelt an die Stirn, schreit):*
Warum — warum denn! Warum tun Sie das?
DOKTOR: Weil ich Antwort wollte — Antwort!
Und so riskierte ich, was keiner noch
riskiert hat, seit die Welt sich dreht . . .
Ich tat den Schwur, den alten Herrn
so maßlos, so völlig ohne Maß
zu provozieren, daß er Antwort geben mußte.
Sei es auch die negative, die allein,
wie Stendhal meinte, ihn noch
entschuldigen kann:
daß er nicht existiert.
RICCARDO *(sarkastisch):* Ein Mediziner-Witz — den Millionen
mit ihrem Leben zahlen. Sind Sie denn . . .
nicht einmal — ein Verbrecher?
Sind Sie nur ein Idiot? So primitiv
wie Virchow, als er sagte, er habe zehntausend
Leichen seziert, aber keine Seele gefunden . . .
DOKTOR *(verletzt):* Seele! Ist *das* nicht primitiv!
Ist es nicht ungeheuer leichtfertig,
sich ständig mit diesen Redensarten zu entziehen?
(Er imitiert einen betenden Priester.)
Credo quia absurdum est — noch immer?
(Ernst:) Hören Sie die Antwort: kein Seufzer
kam vom Himmel, kein Seufzer,
seit fünfzehn Monaten,
seit ich hier die Touristen auf Himmelfahrt verschicke.
RICCARDO *(ironisch):* Soviel plumpe Roheit — nur um das zu tun,
was jedem harmlosen Schulmeister ohne solchen Aufwand gelingt,
wenn er beschränkt genug ist, es zu versuchen:
das Unfaßbare hinwegbeweisen . . .
DOKTOR: Finden Sie's denn tröstlicher, daß Gott persönlich
den Menschen am Bratspieß der Geschichte dreht?
Geschichte! *Die* Theodizee — wirklich?
(Er lacht wie ein Folterknecht.)
Geschichte: Staub und Altäre, Jammer und Notzucht.
Und jeder Ruhm ein Spott auf seine Opfer.
Wahrhaftig: Schöpfer, Schöpfung und Geschöpf
sind widerlegt durch Auschwitz.
Das Leben als Idee ist tot.
Das könnte der Anfang einer großen Umkehr sein,
einer Erlösung vom Leid.
Es gibt nach dieser Einsicht nur mehr
eine Schuld: Fluch dem, der Leben schafft.
Ich schaffe Leben ab, das ist die aktuelle
Humanität, die einzige Rettung vor der Zukunft.
Mir ist es ernst damit, sogar privat.
Ich habe meine Kinder stets aus Mitleid
gleich im Kondom begraben.
(Schweigen.)

RICCARDO *(versucht zu spotten, schreit zuletzt, um nicht zu weinen):*
  Erlösung vom Leid! Das humanistische Kolleg
  eines Lustmörders: retten Sie — retten Sie
  ein einziges Kind,
  damit man sieht, daß Sie ein Mensch sind.
DOKTOR *(gelassen):* Was berechtigt *Priester*, auf die SS herabzusehn?
  Wir sind die Dominikaner des technischen Zeitalters.
  Kein Zufall, daß so viele meinesgleichen, Prominente,
  sehr gut katholischer Provenienz sind.
  Heydrich war Jude, schön. Eichmann und Göring — Protestanten.
  Doch Hitler, Goebbels, Bormann, Kaltenbrunner . . .?
  Höß, der Kommandant, hat Priester werden sollen . . .
  und Himmlers Patenonkel —: Weihbischof in Bamberg!
  (Er lacht.) Die Alliierten haben feierlich erklärt,
  jeden von uns zu hängen, sie hätten uns denn.
  Logisch: nach dem Krieg wird der SS-Rock
  das Sterbehemd für Galgenvögel sein.
  Die Kirche aber, die den Mord an
  Andersdenkenden Jahrhunderte hindurch
  im Abendlande praktiziert hat, spielt sich
  als *die* moralische Instanz des Erdteils auf.
  Absurd! — Thomas, der Heilige von Aquin,
  ein Mystiker, ein Gottesspinner wie Heinrich Himmler,
  der auch viel gutgemeinten Unsinn redet,
  hat ebenso die Unschuldigen verketzert
  wie die Idioten hier die Juden . . .
  Aber ihr werft ihn nicht aus euerem Tempel!
  Dann könnten auch die deutschen Lesebücher
  in kommenden Epochen Reden Himmlers
  zur Ehrung kinderreicher Mütter bringen . . .
  (Er ist königlich belustigt.)
  Ein Kulturkreis, der um die Seele seiner Jugend
  mit einer Kirche wirbt, auf deren Konto
  die Herren Inquisitoren fallen — endet folgerichtig,
  wenn er zu seiner Leichenfeier die Fackeln
  aus unseren Menschenöfen holt.
  Geben Sie das zu? — Natürlich nicht.
  (Spuckt aus, trinkt einen Schnaps.)
  Der eine ist ehrlich — der andere gläubig.
  (Böse:) Erst Ihre Kirche hat gezeigt, daß man
  die Menschen verheizen kann wie Koks.
  Allein in Spanien habt ihr ohne Krematorien
  dreihundertfünfzigtausend Menschen eingeäschert,
  fast alle lebendig: *dazu* braucht man —
  den Beistand Christi.
RICCARDO *(sehr empört, laut):*
  Ich weiß wie Sie, sonst stände ich nicht hier,
  wie oft die Kirche schuldig wurde,
  auch heute wieder. — Ich kann mit Ihnen
  nicht mehr reden, wenn Sie Gott

für die Verbrechen seiner Kirche haftbar machen.
Gott steht nicht *über* der Geschichte.
Er hat am Los des Endlichen teil. In ihm
summiert sich jeder Schmerz des Menschen.

DOKTOR *(fällt ihm ins Wort)*: Jaja, das hab' ich auch einmal gelernt.
Sein Leiden in der Welt fesselt das böse Prinzip.
Wieso eigentlich? Wo bin ich — wo bin ich *je*
gefesselt gewesen. Luther
machte sich weniger vor: Nicht der Mensch,
sagte er, sondern Gott hänget,
rädert, würget, und krieget . . .
(Er schlägt Riccardo lachend auf die Schulter, Riccardo weicht zurück.)
Ihr Ärger amüsiert mich: *Sie* sind ein Partner,
ich hab's gleich gesehen. Sie helfen im Labor,
und abends zanken wir uns
um das Produkt von schwachen Nerven,
das Sie vorläufig noch Gott nennen —
oder um einen anderen philosophischen Quark.

RICCARDO: Ich denke nicht daran, Ihnen als Hofnarr
die Stunden aufzuheitern, in denen Sie
sich selber ausgeliefert sind.
Nie sah ich einen Menschen so tief im Elend,
denn *Sie* wissen, was Sie tun . . .

DOKTOR *(peinlich berührt)*: Da muß ich Sie *wieder* enttäuschen:
Wie Ihr ganzer Glaube verzweifelter Selbstbetrug ist,
so auch Ihre Hoffnung,
daß ich mich elend fühlte. Gewiß,
die Langeweile plagt mich immer.
Deshalb erfrischt mich unsre Streiterei,
und deshalb bleiben Sie am Leben.
Doch elend? Nein. Ich studiere
zunächst den homo sapiens: gestern sah ich,
wie einer der Arbeiter im Krematorium
unter den Leichen, die er zerhacken muß,
damit sie durch die Ofentüren passen,
seine Frau entdeckte; *wie* reagierte er?

RICCARDO: Sie sehen nicht aus, als ob *dies* Studium
Sie so besonders heiter stimmte . . .
wohler als dieser Arbeiter fühlen
auch Sie sich nicht.

DOKTOR: Nein? Ich habe auch noch meine Bücher.
Mich beschäftigt eben, wie lang es nach dem
Ende Napoleons gedauert hat,
bis dieser Schurke, der zu Metternich bemerkte,
er schere sich den Teufel um den Tod
einer Million Menschen,
zum Idol der Nachwelt wurde.
Interessant hinsichtlich Hitlers . . .
Natürlich hat der ekelhafte Vegetarier nicht
wie Napoleon alle seine Schwestern verführt.

So nette Züge fehlen ihm durchaus.
Immerhin ist er sympathischer,
(er nimmt das Buch in die Hand, auf dem «Hegel» steht)
als die Philosophen, die die Greuel
der Weltgeschichte solang' durch ihre Hirnwindungen
drücken, bis sie versöhnlich anzusehen sind.
Las kürzlich Nietzsche wieder,
den ewigen Primaner, weil ein Kollege
Herrn Mussolini Hitlers Geschenk zum
60. Geburtstag bringen durfte:
(Lacht schallend.) Nietzsche komplett, auf *Bibel*druck-Papier . . .
RICCARDO: Was kann denn Nietzsche dafür, daß doch
    die Schwärmer und die Schweine — und die Mörder
    in seinen Garten eingebrochen sind.
    Nur Verrückte nehmen ihn wörtlich . . .
DOKTOR: Richtig, nur die Verrückten, nur die Männer der Tat.
    Denen paßt es, daß er
    die Mannestugenden am Raubtier maß —
    vermutlich deshalb, weil er selbst
    so wenig von der Bestie in sich fühlte,
    daß es nicht einmal dazu reichte,
    ein Mädchen umzulegen.
    Grotesk: die blonde Bestie oder die Folgen
    lebenshemmender Schüchternheit:
    ein Massaker für Millionen.
    (Er lacht wie gekitzelt.) Nee, der finessenreichste Kritiker Europas
    hat Hitler doch gewiß nicht fasziniert. *Den*
    hat das Vieh erregt, das schöne Raubtier,
    weil der Erfinder dieses Monstrums
    ein Deutsch geschrieben hat, so hochberauscht,
    so fürstlich-arrogant, als habe er
    Champagner in der Feder.
    (Ohne Übergang.)
    Champagner können Sie hier auch haben und Mädchen.
    Heut' mittag, wenn die Familie da,
    mit der Sie kamen,
    im Krematorium vergeht —
    vergehe *ich*
    zwischen den Beinen einer Neunzehnjährigen.
    Das ist ein Trost, der Ihren Glauben aufwiegt,
    weil man ihn wirklich «hat»,
    mit Herze, Mund und Händen.
    Und hier auf Erden hat, wo man ihn braucht.
    Aber das kennen Sie ja . . .
RICCARDO *(beiläufig)*: Gewiß, ein schöner Trost — nur
    hält er nicht sehr lange vor . . .
DOKTOR *(zieht Handschuhe an, lächelnd, fast triumphierend)*:
    Verstehen uns prächtig. Sie werden
    im Labor zwei nette Mädchen haben, ·
    interessanter werden Ihnen die neuesten Bücher sein . . .

Habent sua fata divini — die Heiligen
fallen auf die Schnauze.
Licht der Vernunft fällt auf die Evangelien.
Ich pilgerte im vorigen Jahr nach Marburg,
um Bultmann zu hören. Kühn für einen Theologen,
wie er das Neue Testament entrümpelt.
Selbst die Verkündigung mutet dem Menschen
nicht mehr zu, das mythische Weltbild
noch für wahr zu halten ...
*(Schon während der letzten Sätze draußen wieder das Mahlen der
Betonmaschine. Noch werden keine weiteren Deportierten sichtbar.
Aber ganz rechts im Hintergrund hoch und drohend erneut der Widerschein eines mächtigen Feuers. Die Geräusche zweier Lastwagen. Trillerpfeifen.)*

RICCARDO *(ist aufgesprungen, reißt die Tür auf, ist draußen, zeigt auf
das Licht aus der Unterwelt und ruft verächtlich, während der Doktor
ihm langsam gefolgt ist):* Da — dort — ich bin ja ... mitten drin.
Was brauch ich noch zu glauben
an Himmel oder Hölle.
(Näher an den Doktor, leiser:)
Sie wissen das. Sie wissen, schon für Johannes
war das Gericht kein kosmisches Ereignis.
(Laut, er schleudert es hin:) ——
Ihre Fratze aus Trieb und Dreck und Idiotie ...
fegt jeden Zweifel weg — jeden. Da es
den Teufel gibt, gibt es auch Gott:
sonst hätten *Sie* ja längst gesiegt.

DOKTOR *(packt ihn am Arm, lacht überschäumend):*
So gefallen Sie mir. Der Veitstanz des Fanatikers.
*(Er packt ihn auch am anderen Arm, da Riccardo nach dem Hinter-
grund stürzen will, wo wieder Deportierte aufgetaucht sind, die
schweigend verharren. Nur ein Kapo streift um sie herum.
Der Doktor zwingt Riccardo, dessen erschöpfte Kräfte schnell zusam-
mensacken, auf die Bank. Riccardo bedeckt sein Gesicht mit den
Händen und stützt die Arme auf seine Knie.)*

DOKTOR *(stellt einen Fuß neben ihn auf die Bank und sagt «kameradschaftlich»):* Total verkrampft. Sie zittern. Sie können
sich vor Angst nicht auf den Beinen halten.

RICCARDO *(weicht zurück, da ihm das Gesicht des Doktors zu nahe war.
Überdrüssig sagt er):* Als hätte ich das je geleugnet.
Mut oder nicht — das ist zuletzt
doch nur noch eine Frage der Eitelkeit.

DOKTOR *(während Riccardo ihm zunächst kaum zuhört, da er auf die
wartenden Opfer blickt):*
Ich gab mein Wort, daß Ihnen nichts passiert.
Ich hab' was anderes vor mit Ihnen ...
Der Krieg ist verloren, die Alliierten hängen mich.
Sie machen mir in Rom Quartier, in einem Kloster.
Der Kommandant ist mir noch dankbar,
wenn ich den Gast des Heiligen Vaters,

den wir nicht grade eingeladen hatten,
hinausgeleitet habe. — Einverstanden? — Moment...
(Er tritt auf das Häuschen zu, blickt sich um.)

RICCARDO *(wie aus einem Traum)*:
Nach Rom? — Ich soll — nach Rom zurück?

DOKTOR: Wir machen eine schöne Autofahrt bis Breslau,
*(er tritt ins Häuschen, ans Telefon, wählt, horcht, legt auf und sagt
währenddessen, halb zu Riccardo, halb in den Hörer)*
mit einem Mädchen, blond wie die Sonne ...
und Christi Stellvertreter — Helga, hallo!
Helga? — Schläft schon ... und Pius hat Sie wieder.
(Er verläßt das Häuschen, Riccardo ist sehr aufgewühlt.)

RICCARDO: Nein — nie! Sie wollen nur,
daß ich noch einmal *fliehe*, das ist alles.
Ich käme keine hundert Meter weit. Ich soll
nur auf der Flucht erschossen werden ...

DOKTOR *(zieht seine Brieftasche und zeigt ihm einen Paß)*:
Verstehe gut, daß Sie von Zweifeln
an meinem Angebot geplagt sind. Aber hier:
ist das ein Paß des Stuhles Petri?

RICCARDO: Wahrhaftig — und woher?

DOKTOR: Es fehlen nur die Daten, die füll' ich aus,
wie ich sie brauche. — Nun unser Pakt:
Sie machen mir zu Rom Quartier, bis ich
nach Südamerika entkommen kann.

RICCARDO: Wie wollen Sie desertieren?
Rom hat deutsche Besatzung.

DOKTOR: Eben deshalb fällt's mir so leicht,
dorthin zu pilgern. Mit einem ganz
legalen Fahrbefehl. In einer Woche
bin ich da — dann tauche ich mit Ihrer
Hilfe unter. Einverstanden?

RICCARDO *(schweigt.)*

DOKTOR *(ungeduldig, drängend, überzeugend)*:
Ja — denken Sie denn immer nur an sich,
an Ihre Seele oder wie Sie's nennen!
Fahren Sie nach Rom und hängen Sie Ihre Botschaft
an die Petersglocke ...

RICCARDO *(stockend)*: Was könnte ich dem Papst schon Neues melden.
Details, gewiß. Doch daß man Juden
in Polen vergast — das weiß die Welt
bereits ein volles Jahr.

DOKTOR: Ja — aber der Stellvertreter Christi
muß *reden*! Warum schweigt er?
(Eifrig:) Was Sie noch gar nicht wissen werden:
vorige Woche fielen zwei, drei Fliegerbomben,
die niemanden getötet haben, in die Gärten
des Vatikans: das ist seit Tagen die
Riesensensation der Welt!
Die USA, die Briten und die Deutschen,

alle bemühen sich zu beweisen,
daß sie es nicht gewesen sein *können.*
Da sieht man's wieder: der Papst ist selbst
den Ketzern heilig. Nutzen Sie das aus,
fordern Sie ihn auf — was
ist Ihnen? Setzen Sie sich.
(Er faßt Riccardo bei der Schulter. Riccardo ist auf die Bank gesunken.)
Sie sind weißer als die Wand der Gaskammer.
(Pause.)

RICCARDO *(auf der Bank, mühsam)*: Ich *habe* den Papst
schon um Protest gebeten, aber er macht Politik.
Mein Vater stand mir bei . . . mein Vater.

DOKTOR *(mit Höllengelächter)*: Politik! — Ja, *dazu* ist er da;
der Pfingstredner!

RICCARDO *(ist einen Augenblick wie abwesend. Dann noch in Gedanken)*: Richten wir ihn nicht.
*(Während der letzten Sätze ist die Betonmischmaschine verstummt.
Rechts, aus dem Hintergrund, von den Scheiterhaufen her, die Trillerpfeife. Der Kapo treibt die Wartenden nach rechts, ein Vorgang, der
sich nicht unterscheiden soll vom letzten Gang der Luccanis und der
anderen Italiener.
Der Doktor befiehlt den Kapo mit Trillerpfeife zu sich, die Deportierten sind die Schräge hinab verschwunden, der Widerschein des Feuers flammt sehr hoch auf.)*

KAPO *(kommt zurück, steht stramm)*: Sturmbannführer!

DOKTOR *(zeigt auf Riccardo)*: Dieser Mann geht mit zum Krematorium.
Keine Späße mit ihm, verstanden.
Er ist mein persönlicher Patient.
Er soll dort arbeiten —
(Ironisch zu Riccardo:) Ich werde Sie nicht vergessen, Pater.
Sie haben satt zu essen dort und einen
normalen Arbeitstag von ungefähr neun Stunden.
Da können Sie Studien treiben, Gottesforschung.
In vierzehn Tagen nehme ich Sie ins Labor,
als mein Gesellschafter, wenn Sie wollen.
Sie *werden* wollen.
(Zum Kapo:) Bei deiner Asche: Kein Haar — kein Haar!
wird ihm gekrümmt. Ich spreche noch
mit eurem Vorgesetzten. So, haut ab.

KAPO: Jawoll, Sturmbannführer!
*(Ab nach rechts mit Riccardo, die Schräge hinab. Doktor schaut ihm
regungslos nach.)*

VORHANG

Das gleiche Bühnenbild. Wieder früh morgens, etwa eine Woche später. Es schneit. Man hört eine Betonmischmaschine.
Helga steht in der Wachstube und kämmt sich, einen Handspiegel vor dem Gesicht. Fritsche mit den Zivilisten Baron Rutta und Oberingenieur Müller-Saale, die Aktentaschen tragen.

FRITSCHE: Sie kommen ja sehr früh! Ich kann Sie
    leider noch nicht ins Kasino führen. Bitt' schön.
    (Er läßt die Zivilisten vorangehen.)
RUTTA: Wir haben den Tag gern vor uns, Sturmbannführer,
    und freuen uns auf die Besichtigung.
    Herr Müller kann ja den Vertrag mal zeigen.
    Mit Ihren Korrekturen liegt er dann
    zum Mittagessen fix und fertig vor.
FRITSCHE *(an der Tür, an der die Zivilisten stehengeblieben sind)*:
    Hier finden wir ein' Tisch und einen Schnaps. —
    Der Winter kam verteufelt plötzlich. Ich denke
    nicht gern an unsre Front im Osten.
    (Er klopft an und öffnet fast schüchtern.)
HELGA: Herein!
FRITSCHE *(befangen)*: Bitte ... Hier bringe ich Besuch aus Essen.
    Die Herren gehen gleich hinüber ins Kasino —
    wir wollten nur ein' Schnaps zusammen trinken.
    — Sie hatten eine lange Fahrt. — Bitte schön.
RUTTA *(charmant)*: Stören wir Sie sehr? Ich wünsche
    wohl geruht zu haben. Guten Morgen!
HELGA: Ich hatte Nachtdienst, wenig Schlaf, nicht schlimm.
MÜLLER: Littler, Fräulein, schön' guten Morchen.
FRITSCHE: Herr von Rutta und Herr Müller-Saale —
    und Fräulein Helga, unsre schönste Kraft,
    wenn ich gewissermaßen mal so sagen darf.
    Wir haben Dienst und frieren, liebe Helga.
RUTTA *(übertrieben charmant)*: Wir kennen uns! Nicht wahr, in Berlin!
    Wo haben wir uns nur getroffen? — Wie reizend ...
HELGA: In Falkensee, im Gästehaus — natürlich!
RUTTA: Aber ja! Und jetzt in Auschwitz. —
    Macht die Arbeit Spaß?
HELGA: Arbeit bleibt immer Arbeit.
    Doch mein Verlobter ist auch hier.
MÜLLER: Aha, die Liebe hat Sie hierher gelockt.
    Beneidenswärt is Ihr Verlobter,
    das muß ich saachen! Entschieden ...
HELGA: Soll ich Kaffee machen — oder einen Schnaps?
RUTTA: Sehr aufmerksam von Ihnen, Fräulein Helga.
    Herr Müller nimmt 'n Schnaps, wie ich ihn kenne?
MÜLLER: 'n Fähler wär das nich. 's is iber Nacht
    ja scheißlich kalt geworden.
RUTTA *(lacht sinnlos)*: Und ich, zwar auch kein Spielverderber,

doch eine Tasse Kaffee wär' mir lieber.

HELGA: Gern, das Wasser ist gleich heiß.

(Fritsche lächelt sie etwas blöde an, möchte gern charmant sein, weiß aber nicht wie. Sie stellt Gläser und Tassen hin, die Herren haben ihre Mäntel ausgezogen, Rutta trägt einen Pelz und Gamaschen, man placiert sich. Müller-Saale hat einen Ordner aus der Tasche genommen, Rutta einen Bauplan, den er auf dem Bett ausbreitet. Er deutet auf Helga.)

RUTTA: Mein Kompliment, Herr Fritsche! Ich hätte
in Auschwitz soviel Reize kaum vermutet.

FRITSCHE *(lächelt, als sei Helga seine Braut):*
Ja — Kraft durch Schönheit!

(Das Telefon läutet, Helga nimmt ab.)

HELGA: Innenbahnsteig eins — ja. Ist hier — bitte.
Herr Fritsche, für Sie . . .

MÜLLER *(komisch-sachlich, schon während Helga ans Telefon geht):*
Se wärn nach Dienstschluß, mecht ich meinen,
en scheenen Anblick gut gebrauchen können.

FRITSCHE *(weiterhin vollkommen einfallslos, horcht nach dem Gespräch):*
Ja, wir sind glücklich, ein paar Damen . . .
Entschuldigen Sie . . . danke.

(Er hat den Hörer genommen, während Rutta auf dem Feldbett den Plan ausbreitet.)

Hier Fritsche — jawohl, Kommandant. *Gerstein?*
Ach, soll *der* ihn holen?
Ich habe doch Besuch aus Essen —
Ich kann den Pater nicht zu Ihnen bringen.
Ich schlage vor, wir rufen ihn hierher
und Gerstein nimmt ihn selber in Empfang.
Jawohl. Natürlich. Hätte gar nicht sein brauchen.
Ein unerhörter Leichtsinn.
Hab' *ich* ja gleich gesagt. Danke.

(Er legt auf, murmelt:) Ein schöner Reinfall.

(Dann unvermittelt, zum Feldbett gewendet, hochachtungsvoll):
Donnerwetter! Die Zünderwerkstatt.

RUTTA: Nicht wahr — das ist doch ideal! Kapazität
fünfhunderttausend Zünder monatlich.
Wann kann denn Krupp nach Ihrer Meinung
in Auschwitz mit der Produktion beginnen?
Arbeitskräfte haben Sie doch genug.

FRITSCHE: Mehr als genug! — Moment bitte.

(Er horcht hinaus, jetzt horchen alle, Helga brüht den Kaffee auf. Entfernt ein Lautsprecher:)

Achtung, eine Durchsage: Der Internierte Riccardo Fontana Nr. 16670 meldet sich sofort in der Wachstube Innenbahnsteig eins. Ende der Durchsage.

FRITSCHE: Das ist ein Priester aus Rom, ein Arier.
Den hat die Kirche den Italienern mitgegeben,
weil einige katholisch waren. Nun kommt er 'raus.
Zehn Tage war er hier . . . nur aus Versehen.

MÜLLER *(sehr ungläubig)*: Un' kommt nu mir nischt — dir nischt 'naus?
Is das nicht sähr riskant?

FRITSCHE: Wir binden ihm als Bürgen zwei Polen
auf die Seele, inhaftierte Patres,
redet er — sterben die.
Da wird er seinen Mund schon halten.

RUTTA: So! — ja mit Bürgen machen sie's
in Essen auch: Arbeiter aus Belgien
oder Frankreich, denen man
eine Heimfahrt nicht verweigern kann,
die müssen in der Firma
einen Bürgen stellen, einen Landsmann.

MÜLLER: Das zieht genauso wie beim Dichter Schiller.
(Man lacht.)

FRITSCHE *(blöde)*: Haha, die Bürgschaft — ach so! Ostarbeiter,
Polacken, Ukrainer, dürfen die denn auch heimfahren?

MÜLLER: Das fählte noch, wo kämen mer da hin?
*(Nun ist auch der Kaffee fertig. Der Aufruf geht zum zweitenmal
durch den Lautsprecher. Während Müller-Saale mit Helga redet,
führt Fritsche ein Telefongespräch.)*

MÜLLER: Was sin' denn Sie für 'n Landsmann, Fräulein Helga?

FRITSCHE *(zu Rutta, während er den Hörer abnimmt)*:
Entschuldigen Sie bitte, Baron ... ja? Hier Sturmbannführer Fritsche: lassen Sie sofort zur Wachstube Innenbahnhof eins das Bündel
16670 bringen, eine Soutane. Was? So 'ne schwarze Kutte vom katholischen Pfarrer! Nicht so schnell finden? Sind Sie verrückt, 16670 vorige Woche eingeliefert. Habe ausdrücklich befohlen, den Kram nicht
zum großen Haufen zu werfen. Sehen Sie sich gefälligst um. Will ich
meinen. Gut. Sofort.

MÜLLER: Is Ihre Mutter Sächsin oder wär aus Sachsen
hat Ihnen beigebracht, so thaadellosen Gaffee
zu brau'n?

HELGA: Freut mich, daß er Ihnen schmeckt. In Hamburg
könn' wir's auch.

RUTTA: Wirklich ausgezeichnet. — Herr Müller, lesen Sie
uns bitte den Entwurf mal vor? Wir geh'n
dann zu Herrn Fritsche ins Büro ...

MÜLLER *(liest vor)*: Also, kurz und grob: Grundlaache des Vertraachs,
das Auschwitzer Gebäude hundertzwanzig
mal hundertachtzehn Meter
wird die SS an Friedrich Krupp verbachten.
Zwotens: Die Schaltstation, von Krupp erbaut,
von Krupp auch eingerichtet, wird der SS-Verwaltung übereichnet.

FRITSCHE: *Uns* übereignet?

RUTTA: Nur die Schaltstation, Herr Fritsche. Die Maschinen,
nicht wahr, Herr Müller, bleiben Eigentum von Krupp?

MÜLLER: Jawoll, Bungt 3: Maschinen
bleim Eigendum von Krupp.
Vierdens, die Kündjungsfrist ein Jahr zum Jahresende. —
Ich glauwe, es is in Ihrem Sinne, Sturmbannführer,

wenn wir die Bacht, die Krupp pro Taach
pro Häftling an die SS abführt,
in dem Vertraach nu' gar nich erscht erwähnen?
FRITSCHE: Natürlich nicht, Herr Müller, selbstverständlich.
RUTTA: Im übrigen hat unser Oberstleutnant, ich meine
Doktor von Schwarz vom OKH
die Pläne ja schon vorige Woche
beurteilt und ist einverstanden.
FRITSCHE: Schön, das wär's. Noch eine Zigarette, dann muß ich gehn.
(Man raucht und trinkt.)
RUTTA: Herzlichen Dank zunächst! Kollege Streifer
von IG-Farben hat weiß Gott nicht übertrieben,
als er rühmte, wie musterhaft SS und Industrie
in Auschwitz harmonieren.
FRITSCHE: Ja, auch Siemens beschäftigt Zwangsarbeiter
aus einigen KZ.
MÜLLER: Alfried von Bohlen wollte im September
'nen Herrn ja schon nach Auschwitz schicken.
Und Herr von Bohlen weiß, daß sein Büro in Breslau,
das technische Büro, aufs engste
mit Auschwitz Verbindung hält . . .
RUTTA *(unvermittelt)*: Die Leute sind hier leicht zu kontrollieren!
FRITSCHE: Hier ja! Wie aber kann denn Krupp
in Essen die zwanzigtausend Ausländer
im Zaume halten?
RUTTA: Viele parieren. Und wenn nicht:
die Stapo — dein Freund und Helfer.
Die holt den einen oder andern ab.
Post — manche kriegen Post und schreiben Briefe —
die Post der Leute aus dem Osten
wird zweimal wöchentlich verbrannt.
Schon eine Last, das Pack.
Wir nehmen sie nicht mal gern.
*(Man freut sich, Helga lacht nicht mit. Draußen ist, mit Stahlhelm,
unruhig suchend Gerstein aufgetaucht, sieht lauernd in das Häuschen, zögert. Sein Gesicht ist umdüstert und bedrückt — er weiß, daß
er den gefährlichsten Einsatz seines Lebens wagt. Jetzt nimmt er gewaltsam einen gelassen-überlegenen Ausdruck an, er klopft, tritt
ein, salutiert.)*
GERSTEIN: Sturmbannführer — mich schickt der Kommandant
zu Ihnen, störe ich? Ich habe den Befehl,
hier einen Pater Fontana abzuholen.
FRITSCHE *(freundlich)*: Heil Hitler, Gerstein . . . Meine Herren . . .
ich komme nach. Fräulein Helga
ist so freundlich, Sie zu begleiten . . .
Ich weiß Bescheid, Gerstein.
HELGA: Ja, ich gehe auch — morgen, Herr Gerstein.
GERSTEIN: Ach, Fräulein Helga, wie gehts denn, guten Tag.
RUTTA: Tausend Dank zunächst, Herr Fritsche.
MÜLLER *(während alle drei sich ihre Mäntel anziehen, man hilft sich)*:

Schön wars in Ihrem Wiechwamm, Fräull'n Helga,
also, von Ihnen möcht' ich mein' Gaffee
jeden Morchen haam. Littler!
RUTTA *(zu Gerstein):* Heil Hitler.
GERSTEIN: Heil Hitler.
HELGA *(ruft im Weggehen):* Da steht noch Kaffee, Herr Gerstein.
FRITSCHE *(zu den Zivilisten):* Ich komme sofort nach.
   (Zu Gerstein:) Der Schwarze wird bald kommen. — Unser Doktor,
   es ist nicht zu glauben! hat sich
   den Spaß gemacht, den Pater
   am Krematorium einzusetzen, als Dentist.
   Nur so aus Spaß! Er will ihm, wie er sagt,
   die zweite Kommunion verpassen.
   Nur der Doktor ist schuld, daß dieser Kerl
   das Lager überhaupt betreten durfte.
   Ich wollte ihn sofort nach Hause schicken.
GERSTEIN: Wo ist denn jetzt der Doktor?
FRITSCHE *(lacht mißbilligend):*
   Der war mal wieder wahnsinnig in Fahrt.
   Schläft noch, sie schlafen alle noch. Ich kann
   mich auch kaum auf den Beinen halten:
   wir haben gestern Höß abgefeiert,
   (vertraulich) bis vier Uhr früh. — Sie wissen doch?
GERSTEIN: Nun ja, man trägt's ihm aber doch nicht nach.
FRITSCHE *(kichert):* Der Doktor sagt, Höß darf von nun an
   das Kriegsverdienstkreuz
   mit Feigenblatt und Eichel tragen. Im Ernst:
   er wird sogar befördert — wird Inspekteur
   sämtlicher Lager im Reich. Doch immerhin:
   ein starkes Stück vom Kommandanten,
   hier eine Jüdin zu beschlafen.
   Wissen Sie, das war sein Trost —
   er hat ja täglich bei den Öfen inspiziert
   und ist im Grunde ein *furchtbar* guter Kerl.
GERSTEIN *(ohne im geringsten ironisch zu wirken):*
   Ja, Höß hat Gemüt, er wird euch fehlen hier.
   Er ist auch heute schon auf Posten, wie immer.
   (Möglichst beiläufig:) Hat man die Jüdin liquidiert?
FRITSCHE *(eifrig):* Nee, denken Sie — lebt noch. Verdächtig, was?
   Ich nehme an, daß Kaltenbrunner
   die Schickse aufbewahrt,
   damit er Höß für immer in der Hand hat.
   Na ja, Sie bringen doch den Pater 'rüber?
GERSTEIN: Zu Ihnen, Sturmbannführer?
FRITSCHE *(weit abweisend):* Nee — nicht zu mir! Ich will
   (entschieden) mit dieser Sache *nichts* zu tun haben.
   Bringen Sie ihn zu Höß.
   Dort soll er unterschreiben, daß er
   hier nichts gesehen hat außer Blumenbeeten.
GERSTEIN: Der schweigt schon, wenn er hier nur rauskommt.

FRITSCHE: Das hat's noch nie gegeben, daß einer freigelassen wurde.
GERSTEIN: Ich habe mich ja auch gewundert.
Na schön, die müssen wissen was sie tun.
Zufällig war ich am Apparat, als der Nuntius anrief.
Ich ging dann gleich zu Eichmann,
der ebenso erschrak wie ich.
FRITSCHE: Ein furchtbarer Leichtsinn vom Doktor,
den Schwarzen überhaupt hier einzuliefern.
Er nimmt sich wirklich zuviel raus! — Gestern abend
hat er Ley und Heydrich imitiert: es hat mich angewidert.
Es hat doch schließlich alles seine Grenzen.
GERSTEIN: Heydrich — na, das ist allerdings geschmacklos.
Ley ist ja wirklich ein Marzipanschwein, aber Heydrich!
*(Ein Kapo, ängstlich, verhärmt, bringt ein verschnürtes Kleiderbündel,
an dem eine Nummer hängt: 16670.*
*Fritsche und Gerstein verlassen die Hütte, der Kapo muß die Kleider
hineinbringen.*
Eine Fabriksirene tutet, Fritsche sieht auf seine Uhr und stellt sie.)
FRITSCHE *(lacht):* Marzipanschwein ist gut. Und immer besoffen.
Die Soutane! — Hier, in die Hütte,
leg's dahin. So, Gerstein, der Schwarze . . .
KAPO: Jawoll.
FRITSCHE: . . . wird auch gleich kommen. Sind immerhin 2 Kilometer
vom Krematorium bis hierher.
GERSTEIN: Und trotzdem noch so penetrant, der Fleischgeruch?
Was sagen die Bewohner der Umgebung?
FRITSCHE: Die wissen Bescheid, natürlich.
Was Sie da riechen, kommt nicht von den Öfen.
Das sind die offenen Verbrennungsgruben.
Wir kommen mit den Öfen nicht mehr aus.
Ich muß jetzt gehen, ich will auch *nichts*
mit dieser Angelegenheit zu tun haben.
Das kann noch Ärger geben.
CARLOTTA *(kommt, scheu an den beiden Uniformierten vorüberge-
hend, mit Wassereimer und Bürste auf die Hütte zu, geht hinein und
beginnt kniend den Boden zu scheuern. Sie sieht auf einem Stuhl
Helgas Handspiegel, schiebt, noch immer auf den Knien, ihr Kopftuch
ein wenig zurück und betrachtet ihr geschorenes Haar, ihr verschmutztes und verhärmtes Gesicht. Das scheint ihr nach der Deportation zum
erstenmal möglich zu sein. Sie beginnt lautlos zu weinen —
Als Gerstein später die Hütte betritt, bemüht sie sich sehr, das nicht
zu zeigen.)*
FRITSCHE: Sagen Sie bitte in Berlin,
ich sei vollkommen unschuldig daran.
Ich habe gleich geahnt, der bleibt nicht hier,
(zeigt auf das Kleiderbündel) und deshalb sein Kostüm da
nicht zu dem großen Haufen werfen lassen.
(Im Gehen:) Also: ich hab' keine Schuld, Heil Gerstein.
Und füttern Sie ihn noch ein bißchen auf,
nachher, in der Kantine. Heil.

GERSTEIN: Danke, Heil Hitler, Sturmbannführer, besten Dank.
  (Zähneknirschend:) Arschloch ...
  (Die Nervosität treibt ihn herum, er zündet sich eine Zigarette an,
  wird dann aufmerksam auf das schrubbende Mädchen und geht in
  die Hütte, um vor seiner eigenen Unruhe davonzulaufen. Als er ein-
  tritt, schreckt das Mädchen zurück, jede Bewegung verrät Angst vor
  dem Uniformierten. Gerstein nimmt ein Stück Brot aus der Tasche,
  packt es aus und reicht es Carlotta.)
GERSTEIN: Wo kommen Sie her? — Hier, essen Sie das.
  Schon lange hier?
CARLOTTA *(ohne aufzustehen, ohne das Brot anzunehmen):*
  Aus Rom — danke, seit acht Tagen.
GERSTEIN: Aus Rom? Dann kennen Sie den Pater,
  der da gerufen wird, Pater Fontana?
  Nehmen Sie doch das Brot.
CARLOTTA: Wir kennen ihn alle.
  (Ablehnend, in Angst, ausgehorcht zu werden.)
  Wie kommen Sie dazu, mir Brot zu schenken?
GERSTEIN *(legt das Brot auf den Stuhl):*
  Wie ich dazu komme! — Sie haben doch Hunger.
  Soll ich einen Brief für Sie besorgen?
CARLOTTA *(nach einer Pause, kalt):* Nein, danke.
GERSTEIN: Sie trauen mir nicht.
  Geben Sie dem Pater eine Nachricht mit,
  er wird nach Rom entlassen.
CARLOTTA *(erfreut, dann traurig):* Entlassen? — auch. Er gehört ja
  auch eigentlich ... nicht zu uns.
GERSTEIN *(nimmt einen Zettel und einen Umschlag vom Schreibma-*
  schinentisch, schraubt seinen Füller auf und legt alles auf den Stuhl):
  Schreiben Sie hier, damit es keiner sieht.
  Der Pater bringt den Brief nach Rom.
CARLOTTA *(weiterhin ablehnend, aber mit italienischem Pathos, zu-*
  letzt versackt ihre Stimme in Tränen):
  An *wen* soll ich denn schreiben!
  Mein Bräutigam fiel in Afrika — für Deutschland,
  bei der Eroberung von Tobruk. Zum Dank dafür
  habt ihr dann meine Eltern und mich und alle,
  meine Schwester und ihre Kinder, deportiert.
  Sagen Sie mir lieber, sind sie schon — tot?
  Sagen Sie's doch. Wir kamen am 20. Oktober.
  Am Bahnsteig wurden wir getrennt. Nur etwa hundert
  kamen hier ins Lager. Die andern brachte man
  auf Autos weg. Wohin? Autos mit dem Roten Kreuz.
  Sie müssen doch *wissen*, wohin!
GERSTEIN *(hilflos):* Ich gehöre nicht zu den Lagerwachen, wahrhaftig,
  ich weiß es nicht. Ich komme gar nicht ins Innere.
  (Die Betonmischmaschine beginnt zu mahlen, sie horcht einen Mo-
  ment hinaus. Er lenkt ab.)
  Ihr Bräutigam war kein Jude? — Dann schreiben Sie doch
  seinen Eltern. Sie sollen durch den Vatikan versuchen ...

CARLOTTA: Nein, meine Schwiegereltern sind ja schuld,
daß ich katholisch wurde.
GERSTEIN: Und Sie bereuen das — warum?
CARLOTTA: Es waren *Katholiken,* katholische Faschisten,
die mich den Deutschen ausgeliefert haben,
die mir das letzte Bild Marcellos nahmen
und den Verlobungsring —: vielleicht die Strafe,
daß ich mein Volk verlassen habe
und zur Kirche übergelaufen bin.
GERSTEIN: Das dürfen Sie nicht sagen! Katholiken
werden auch verfolgt — schon viele Priester
in Polen und Deutschland sind ermordet worden.
Und Pater Riccardo, der freiwillig mitging . . .
CARLOTTA *(weiter abweisend):*
Das sind doch einzelne, sind Außenseiter . . .
GERSTEIN: Natürlich. Und doch — die Mehrheit der Italiener,
die große Mehrheit lehnt den Terror ab, die Kirche wie das Volk.
CARLOTTA *(indem sie sich ostentativ der Arbeit wieder zuwendet):*
Lehnt den Terror ab — wie *Sie,* nicht wahr.
Tut aber nichts dagegen oder wenig, wie *Sie.*
Christen! — Alles Christen.
Marcello, *der* war Christ. Er konnte
einen anderen Glauben achten und ließ ihn mir.
Ich hörte aber doch auf seine Eltern,
die ihn quälten, bis ich katholisch wurde.
(Sehr bitter:) Als Katholikin fühlte ich mich dann sicher — in Rom.
Nur deshalb habe ich mich nicht versteckt.
Können Sie nicht doch herausfinden,
ob meine Familie noch lebt?
GERSTEIN: Wahrhaftig, ich kann es nicht, ich weiß es nicht.
Schreiben Sie Pater Riccardo wenigstens Ihren Namen auf.
CARLOTTA *(plötzlich umgestimmt, beginnt dann, auf der Erde kau-*
ernd, hastig einen Brief, wobei sie den Stuhl als Pult benutzt; später,
allein in der Hütte, weint sie wieder, zerreißt das Geschriebene, kurz
bevor Gerstein mit Riccardo die Hütte betritt, um Gerstein dann die
Papierschnitzel zu geben.)
Bitte, ich möchte *doch* einen Brief schreiben.
Ich danke Ihnen. Und entschuldigen Sie.
GERSTEIN *(lächelt ihr zu, tritt ans Fenster, sagt schnell zu sich, aber*
ganz laut): Da kommt — das ist doch: Jacobson!
(Er reißt die Tür auf und springt ihm fast entgegen. Als er spürt, daß
Jacobson vor Erschütterung, ihn hier zu finden, nur seinen Namen
ausrufen kann, während seinen «Totenkopf» ein Lächeln zerreißt,
das jeden Augenblick in Schluchzen umzustürzen droht, bringt er
trotz größter Gefahr nicht gleich übers Herz, Jacobson zu sagen, war-
um er gekommen ist.)
JACOBSON: Gerstein! — Sie . . .?
(Leise:) Das hab' ich manchmal gehofft.
GERSTEIN *(ist drei Schritte zurückgegangen, um die Tür zur Hütte zu*
schließen): Herrgott, Jacobson! *Sie* hier — ich denke,

Sie sind in England. Wo hat man Sie geschnappt?
Sie hatten doch Riccardos Paß.
JACOBSON: Am Brenner.
Weil angeblich das Foto im Paß,
ein altes Foto —
mir nicht ähnlich war. Trotzdem blieb ich dabei,
trotz Quälereien,
sonst hätte man mich gleich ermordet.
Ich blieb dabei, daß ich der Pater bin,
Verstehen Sie: Ich *heiße* Pater Fontana.
Ich *bin* der Pater, verstehen Sie.
*(Er hat sich während seiner Worte mehrfach absichernd umgesehen,
doch spürt man, daß er sich mit dieser Rolle, seiner einzigen Hoff-
nung, fast identifiziert. Hektisch und heiser:)*
Ich muß am Außenbahnsteig das Gepäck
der Vergasten sortieren. Da finde ich oft Schmuck,
für den ich bei den Eisenbahnern Brot eintausche.
Deshalb leb' ich noch, und weil ich *hasse.*
Ich will hier raus.
Sonst wär ich längst ins Draht gegangen.
Nun haben *Sie* mich rufen lassen . . .
GERSTEIN: *Sie* doch nicht, Jacobson!
(Verzweifelt:) Begreifen Sie doch: Riccardo *Fontana* ist im Lager!
Seinetwegen komm' ich.
Wie konnte ich denn ahnen,
daß *Sie* in Auschwitz sind.
JACOBSON *(verständnislos)*: Wieso? Der Pater — hier?
Ist doch kein Jude! Wie kommt er . . .
GERSTEIN: Man hat aus Rom die Juden deportiert,
da ist er mitgegangen, freiwillig.
Seit einer Woche ist er in Auschwitz,
jetzt wird er freigelassen.
JACOBSON *(ungläubig — dann bemüht herzlich)*:
Freigelassen — aus Auschwitz? Unglaublich!
Aber . . . das freut mich für den Pater.
GERSTEIN: Daß wir uns hier treffen, Jacobson!
Es ist mir unerträglich, so hilflos vor Ihnen zu stehen.
JACOBSON *(nicht fähig, seine aufsteigende Verbitterung zu verber-
gen)*: Ja, ich bin kein Pater, Gerstein —
ein Pater ist ein Ultimatum wert.
GERSTEIN *(lacht kurz und böse)*: Ultimatum? Von wem denn?
Glauben Sie mir, ich habe diesen Auftrag,
Riccardo freizulassen, nur *fingiert.*
JACOBSON: Dann fingieren Sie doch
auch einen Auftrag — *die* da, das Mädchen
oder mich oder *irgendeinen* von uns rauszuholen!
GERSTEIN: Sie wissen, Jacobson, ich kann das nicht.
Ich bin Leutnant, nichts weiter.
Mein Leben ist in diesem Augenblick
mehr gefährdet als Ihres — Jacobson!

JACOBSON *(sieht weg)*: Verzeihung — Sie tragen die gleiche Uniform.
GERSTEIN: Wie hätte ich sonst kommen können?
  Dieser Rock — daß ich ihn nicht mehr los werde,
  ist *meine* Abzahlung der Schuld,
  die auf uns allen lastet. Unser Widerstand . . .
JACOBSON: Widerstand? — Warum, Gerstein,
  reicht es nicht einmal *dazu*,
  die Schienen nach Auschwitz aufzureißen.
  Wo bleibt denn euer Widerstand?
  (Leise, inständig, verzweifelt:)
  Oder sind Sie noch immer — Einzelgänger?
  Wie *lebt* ihr denn überhaupt — und wißt doch,
  was hier geschieht, Tag um Tag, seit einem Jahr!
  Ihr lebt, ihr eßt, ihr macht Kinder —
  und wißt — und wißt doch alle von den Lagern.
  (Er faßt Gerstein bei den Schultern, Tränen in der Stimme.)
  Macht Schluß, macht endlich Schluß, *irgendwie!*
  (Zusammenhanglos:)
  Die Alliierten, warum werfen sie nicht Waffen ab für uns.
  Ach Gerstein, ich will Sie nicht anklagen, weiß Gott,
  daß ich noch lebe, danke ich ja Ihnen . . .
  Es ist nur . . . Ich war schon abgestumpft genug, zu vergessen —
  Nun kommt mit Ihnen das Bewußtsein wieder,
  daß es noch eine Welt jenseits des Lagers gibt.
  Gerstein, Sie können doch noch etwas für mich tun —
GERSTEIN: Wenn ich irgend kann . . .
JACOBSON *(schnell)*: Sie sagen, ich hätte mich als Pater ausgegeben
  und Sie dann angegriffen, als — als der richtige kam.
  Erschießen Sie mich.
GERSTEIN: *Jacobson!*
JACOBSON *(flehend)*: Erschießen Sie mich — Gerstein.
  Ich hätte Sie angegriffen — das ist doch glaubhaft!
  Bitte, Gerstein — helfen Sie mir. Ich selber habe
  den Mut nicht mehr, ins Draht zu gehen — die sind
  dann auch nicht immer gleich tot.
GERSTEIN: Sie haben ein ganzes Jahr überstanden,
  sicher halten Sie durch! Jacobson —
  ein Jahr noch — höchstens noch ein Jahr,
  dann hauen die Russen Sie heraus.
JACOBSON: Ein Jahr!
GERSTEIN: Die Ukraine haben sie schon wieder.
JACOBSON: Gerstein, warum tun Sie's nicht! — warum nicht.
GERSTEIN *(schüttelt den Kopf, kann nichts sagen.)*
JACOBSON *(wendet sich ab)*: Dann will ich gehen, damit ich Sie . . .
  und den Pater nicht noch gefährde.
GERSTEIN *(hilflos, bewegt, hält ihn auf)*:
  So nicht, Jacobson, gehen Sie so nicht weg.
JACOBSON: Viertausend, fünftausend — mehr noch
  an manchen Tagen werden hier vergast.
  Erschrecken kann ich nur noch vor der Welt, die das erlaubt.

(Gefaßter, sachlich:) Und das ist hier die größte Teufelei: wer flieht,
der bringt zehn andere in den Bunker.
Einmal ist das passiert:
da hat man zehn zum Hungertod verurteilt.
Wir haben sie schreien hören, sieben Tage.
Der Pater Kolbe soll der letzte gewesen sein.
Das hielt mich zurück, als sich — am Bahnsteig dort —
vielleicht die Chance geboten hätte, neulich
in einem der Waggons herauszukommen,
die Schuhe der Vergasten nach Breslau bringen.

GERSTEIN: Der Pater soll offiziell entlassen werden,
glaubt man hier. Dafür muß keiner büßen —
außer mir, wenns aufkommt.
*(Riccardo, sprachlos erschüttert, Gerstein hier zu sehen, ist hinter Ja-
cobson aufgetaucht, den er nicht gleich erkennt. Riccardo ist in den
acht Tagen schon völlig von der «Arbeit», die er im Krematorium
verrichten muß, geprägt worden.)*

GERSTEIN: Riccardo —!
Ich bin beauftragt durch den Nuntius, Sie zurückzuholen.

RICCARDO: Gerstein! — Sie hätten nicht mehr
nach mir suchen sollen. *Jacobson — Sie!*

JACOBSON: Wie konnten Sie — hierhergehen, Pater.
Ich lebe doch auf Ihren Namen.

RICCARDO: Jacobson — verzeihen Sie, ich glaubte,
Sie seien damals durchgekommen.

JACOBSON: Freiwillig, hierhergehen, unbewaffnet —
wem wollten Sie denn damit helfen?

GERSTEIN *(drängend, da Riccardo offenbar noch nicht begriffen hat):*
Riccardo, Sie werden *entlassen!*

RICCARDO: Entlassen?
(Er setzt sich, plötzlich «fertig», auf die Stufen zur Wachstube.)
Ich kann nicht mehr.
Ich habe mir schon hundertmal gesagt,
es war nur Anmaßung, hierherzukommen.
Ich halte nicht durch, ich halte ja nicht durch.
(Er weint lautlos, keiner kann sprechen.)
Seit einer Woche . . .
verbrenne ich zehn Stunden lang täglich Tote.
Und mit jedem Menschen, den ich verbrenne,
verbrennt ein Stück von meinem Glauben,
verbrennt Gott.
Leichen — ein Fließband mit Leichen,
ein Äserweg ohne Ende, die Geschichte . . .
Wüßte ich, daß — ER zusieht —,
(mit Ekel) ich müßte . . . IHN hassen.

GERSTEIN *(unsicher, zieht Riccardo hoch):*
Wir begreifen IHN alle nicht mehr, Riccardo.
Aber jetzt will ER Sie doch *retten.*

RICCARDO *(müde):* Woher wissen Sie das. Und warum *mich.*
Ich sprach auch nicht von mir . . . die Familien.

(Murmelnd, kein Zusammenhang mehr:)
Ich habe — ich hätte nur Angst vor einer Rettung
(zeigt unbestimmt nach oben)
durch IHN. — Dies Tier, das seine Jungen frißt.
JACOBSON *(stärker als vorher, entschlossen):*
Pater, sprechen Sie für uns, helfen Sie!
Sagen Sie dem Papst, er *muß* jetzt *handeln.*
RICCARDO: Ich käme nie mehr bis zum Papst — der Papst!
(Plötzlich:) Wie denkt ihr euch das denn: nach Rom?
GERSTEIN *(fieberhaft):*
Sie sollen überleben, Riccardo, *leben*, irgendwo ...
RICCARDO: Leben —? Von dort —
kann man nicht mehr zurück, um weiterzuleben.
(Zeigt auf Jacobson:) Und er? Und — alle anderen?
Ich kam mit einem Auftrag, der *muß* mich halten.
Zwar weiß ich nicht mehr, ob der noch gilt,
ich weiß es nicht. Doch wenn er nicht gilt,
gilt auch mein Leben nichts ... Laßt mich.
JACOBSON: Pater, Sie bringen Gerstein in Gefahr,
wenn Sie nicht mitgehen — er hat ja
den Auftrag nur fingiert.
GERSTEIN: Das hätten Sie nicht sagen sollen.
JACOBSON: Damit er endlich geht, es eilt doch!
RICCARDO *(ist zusammengezuckt):* So — ich habe mir das fast gedacht.
Gerstein, Sie waren sonst so umsichtig,
bei aller Kühnheit —
(Verzweifelt:) Warum jetzt dieser *Wahnsinn*, mir zu folgen.
GERSTEIN *(düster):* Weil ich Sie auf dem Gewissen habe.
Ich brachte Sie doch erst auf diesen Weg.
RICCARDO *(tritt schnell an ihn heran):*
Und was hätt' *ich* auf dem Gewissen, wär' ich nicht hier?
Wünschen Sie, daß ich mich auch entziehe — nein:
wahrhaftig, Sie sind nicht schuldig, weil ich hier bin.
Doch bin auch ich nicht schuld — nicht wahr?,
wenn Ihnen etwas zustößt, weil ich bleibe.
Verstehen Sie doch: ich *darf* nicht gehen.
Warum führen Sie mich überhaupt noch in Versuchung,
Sie sehen doch, ich bin ihr kaum mehr gewachsen.
(Leise:) Ich — sühne, ich muß es tun.
GERSTEIN *(erregt):* Sie haben längst gebüßt, Riccardo.
Sie kommen ja schon aus dem Feuer.
RICCARDO: Gerstein — bitte: nehmen Sie *ihn* mit.
JACOBSON: *Mich* —?
GERSTEIN: Und wenn er dabei umkommt?
JACOBSON *(bestimmt):* Pater, das nehme ich nicht an.
RICCARDO: Jacobson, ich bleibe nicht für *Sie.*
Es geht doch nicht um meine —
nicht um Ihre *Person.*
Ich vertrete hier die Kirche.
Ich *darf* nicht gehen, wenn ich auch wollte.

Weiß Gott, ich wollte.
Mir sind Sie nicht verpflichtet, Jacobson.
Wenn Sie nicht gehen, dann geht keiner.
*(Er sagt in bedrückende Pausen, während Gerstein, da es ihm un-
erträglich ist, die beiden zurückzulassen, nur noch passiv — aber doch
mit düsteren Ahnungen dabeisteht:)*
Ziehen Sie noch einmal meine Soutane an —
wenn Gerstein einverstanden ist . . .
JACOBSON: Das kann ich nicht annehmen — von Ihnen nicht,
erst recht von *ihm* nicht.
*(Er hat auf Gerstein gedeutet — von dem beide jetzt die Antwort er-
warten. Um seine Angst vor dem Wagnis nicht merken zu lassen,
schiebt er die Entscheidung von sich.)*
GERSTEIN: Ich sage nichts dazu. Entscheidet selbst.
RICCARDO: Sie können alles tun, was ich nicht kann.
Sie können schießen, sabotieren —
Sie werden ohnehin nicht überleben.
Gerstein soll Sie ja nicht befreien,
damit Sie sich verstecken.
GERSTEIN *(kann nicht länger dazu schweigen)*:
Die praktische Seite: kennt Sie — oder Sie
persönlich jemand von der Lagerleitung?
JACOBSON: Nein.
RICCARDO: Mich kennt nur der Chefarzt.
GERSTEIN *(weicht zurück, fassungslos)*: Der Doktor!
Halt! Daß Sie der Doktor *kennt*, Riccardo,
erschwert die Flucht so sehr —
daß wir uns fragen müssen: sollen wir's riskieren.
Er wohnt am Lagereingang.
Dem bin ich nicht gewachsen.
RICCARDO *(drängend)*: Der Doktor — und keiner kann *beweisen*,
daß Sie mich kannten, Gerstein,
und daß Sie Jacobson schon kannten.
GERSTEIN *(mit höchster Ungeduld)*:
Ja, das ist *meine* Chance, *meine* Sache.
(Er zeigt auf Jacobson.) Welche Chance aber — bleibt *ihm*,
wenn ihn der Doktor bei mir findet?
Wir bringen Jacobson nur in Gefahr.
(Pause, beide sehen Jacobson an. Er zögert, dann leise —)
JACOBSON: Lieber noch ein Wagnis — und dabei draufgehen,
als in der Bahnkolonne warten, bis man mich irgendwann
ganz automatisch zur Vergasung abzählt.
Gerstein, ich schwöre Ihnen: von *mir*
erfahren die Banditen niemals, daß Sie mich kannten.
GERSTEIN *(ungeduldig)*: Es geht jetzt nicht um *mich*.
Es geht um Sie. Entscheiden Sie:
Entweder zurück zu Ihrer Arbeit —
denn dort am Bahnsteig könnten Sie ja
vielleicht *doch* überleben . . .
Dann melde ich dem Kommandanten,

der Pater habe sich geweigert,
nach der Entlassung Schweigen zu bewahren
und könne deshalb nicht entlassen werden.
Oder: Der Weg zum Lagertor, zum Kommandanten —
der Weg, der Sie vielleicht
dem Doktor in die Klauen führt.
Was das bedeuten würde, wissen Sie.
Die Chancen stehen 1:1.

JACOBSON: Und — was wird dann aus Ihnen?

GERSTEIN: Ich rede mich — vielleicht — heraus. Wahrscheinlich.
Entscheiden Sie allein für Ihre Person.

JACOBSON *(schnell und fest):* Dann will ich es versuchen.
(Gerstein reagiert von nun an schnell, unsentimental und hartnäk-
kig bis zum Schluß, bei völliger Hoffnungslosigkeit.)

GERSTEIN: Nicht hier, dort in der Hütte. Gut.
Versuchen wir's.
Dort, die Soutane liegt schon da.

RICCARDO *(bemüht sachlich):*
Ist mein Brevier dabei? — das lassen Sie mir,
dann gehe ich. — Carlotta!
(Riccardo und Gerstein gehen in die Hütte. Jacobson bleibt zurück
— hat plötzlich Angst.)

CARLOTTA *(herzlich):* Pater, Sie kommen frei!

GERSTEIN *(drängend zu Jacobson):* Kommen Sie doch, Jacobson, es eilt.

RICCARDO: Ich bleibe bei euch, Carlotta.
Ihr Vater lebt noch.
Ich sah ihn gestern abend beim Appell . . .

GERSTEIN *(zu dem noch zögernden Jacobson, sehr gereizt):*
Ziehen Sie sich um, Mensch, ziehen Sie sich um!

CARLOTTA: Wie sah er aus? Und meine Mutter,
meine Schwester, die Kinder . . .
(Jacobson zieht jetzt seine Jacke aus und über ein verschmutztes, zer-
rissenes Unterhemd die Soutane. Während noch Riccardo aus der
Tasche seiner Soutane das Brevier und den Rosenkranz zieht, ver-
sucht er sein Gesicht vor Carlotta zu verbergen — er weiß, daß die
Frauen schon kremiert sind.)

GERSTEIN: Ich nehme Ihren Brief mit — fertig?

RICCARDO: Nein, Carlotta, die Frauen sah ich nicht.
Ihr Vater hält sich tapfer.

CARLOTTA *(kramt die Papierschnitzel aus der Kitteltasche):*
Danke, ich . . . konnte diesen Brief nicht schreiben.
Nehmen Sie bitte — das, damit man es
bei mir nicht findet.

GERSTEIN *(hilflos):* Der Pater bleibt bei euch.

CARLOTTA *(befangen, will den Rosenkranz nicht, will aber Riccardo*
auch nicht zurückstoßen):
Nein, Pater, nicht — behalten Sie ihn selbst.
Sie bleiben?

RICCARDO *(der ihre Ablehnung nicht versteht und ihr den Rosenkranz*
in die Hand legt, lächelnd): Ja.

GERSTEIN *(zu Riccardo in Furcht)*:
   Wenn uns der Doktor trifft, Riccardo —
   dann sehen Sie uns beide — dort — morgen wieder.
   (Riccardo gibt Gerstein wortlos die Hand; Jacobson, der schon die
   Soutane trägt, faßt Riccardo bei der Schulter.)
JACOBSON: Ich danke Ihnen.
   (Fanatisch:) Durchhalten! Wir kommen. Wir rächen euch.
RICCARDO *(bemüht zu lächeln)*: Dann müßt ihr euch aber beeilen ...
   Lebt wohl. Gerstein, mein Vater soll nicht wissen,
   wo ich bin. Sagen Sie ihm,
   mein Leben habe sich erfüllt —
   Die Wahrheit wissen Sie.
   Carlotta!
   (Schnell ab, kurze Gebärde, die seine Erschütterung zeigt — erst vor
   der Hütte. Gerstein ist bis zur Tür mitgegangen, dreht sich dann um.
   Langes Schweigen.)
GERSTEIN *(eindringlich zu Carlotta)*:
   Nur nicht krank werden, arbeitsfähig bleiben.
   Unbedingt arbeitsfähig bleiben.
   Sie können euch nicht alle fertigmachen.
JACOBSON: Ich muß mich schämen,
   weil ich gehe und Sie bleiben.
CARLOTTA: Ich freu' mich doch für Sie.
JACOBSON: Hüten Sie sich vor der Traurigkeit.
   Wer hier erst weint, der ist verloren.
   (Carlotta nickt ihm stumm zu, geht schnell hinaus, neues Wasser zu
   holen, vor allem aber, um den beiden das Weggehen zu erleichtern.
   Gerstein gibt mit krampfhafter Beherrschung seine Anweisungen,
   Jacobson hat eben noch die schwarze über die gestreifte Hose gezo-
   gen und wechselt jetzt die Holzsandalen gegen die Schuhe.)
GERSTEIN: Wir gehen jetzt zum Kommandanten.
   Möglichst wenig reden.
   Acht Tage sind Sie hier, verstehen Sie, acht Tage.
   Sie müssen unterschreiben,
   daß Sie beim Leben zweier Patres schweigen,
   Tun Sie das. Los, gehen wir.
   Möglichst wenig reden.
   Sie waren also am Krematorium eingesetzt.
   Versuchen wir's.
JACOBSON: Acht Tage war er hier? — Ich habe
   (zeigt auf seinen Unterarm) doch eine völlig andere Nummer ...
GERSTEIN *(düster)*: Danach wird Sie jetzt keiner fragen. Fertig!
   (Schon an der Tür, fährt zusammen.)
   Da hinten — der Doktor! Nur schnell vorbei jetzt.
JACOBSON *(scharf und leise)*: Er kommt hierher. — Aus.
GERSTEIN *(ebenso)*: Nehmen Sie sich zusammen.
   (Im Befehlston:) Pater, bitte gehen Sie voran.
   (Möglichst gelassen zum Doktor, der ein «Schiffchen» trägt und sich
   mit einem behelmten SS-Mann, der eine Maschinenpistole schußbe-
   reit hält, schlaksig, sein Stöckchen in beiden Händen, vor ihm aufge-

baut hat. Der Doktor ist sehr elegant, von den großen, geschmeidi-
gen Handschuhen bis zu den hohen geschmeidigen Stiefeln und dem
weiten schwarzen Cape. Die Kreissäge, sehr nahe, hat seinen «Auf-
tritt» eingeleitet.)

DOKTOR: So eilig, Gerstein? Grüß Gott!

GERSTEIN: Heil Hitler, Sturmbannführer — ich hole
Häftling Fontana ab, den Pater.
(Ohne Übergang, ein zweckloser Versuch abzulenken, bemüht ver-
traulich): Übrigens, Doktor, da haben Sie hier ein Mädchen . . .
(Verlegen, sieht sich um.) Sie kommt aus Rom.
Wo ist sie denn? Ach ja, holt neues Wasser.
Ihr Verlobter ist für Deutschland gefallen.

DOKTOR: Dann muß er nicht mehr um sie weinen.

GERSTEIN *(im Jargon):* Heben Sie das Mädchen auf, Doktor.

DOKTOR *(lacht):* Meinetwegen, wenn sie pikant ist,
nehm' ich sie ins Privat-Labor.
Eine Römerin, die neulich unser Laubhüttenfest,
die große Herbstlese, überstanden hat,
ist jedenfalls was Seltenes im Lager.
Aber ich bin ja aufgestanden, Gerstein,
um unsern *Pater* zu verabschieden.
(Gähnt wie ein Scheunentor.)
Einen Lärm macht ihr am frühen Morgen!
(Sieht Jacobson grinsend ins Gesicht.)
Ziemlich eilig, wie? — Rührend, rührend.
Gehören die Hebräer denn neuerdings zur Una Sancta?

GERSTEIN *(mit gut gespielter Sicherheit, barsch):*
Hebräer? Was soll das heißen!
Mir hat doch Sturmbannführer Fritsche . . .

DOKTOR *(durch diesen Namen gereizt):*
Ach, kommen Sie doch nicht mit Dr. iuris neutrum Fritsche.
Was geht denn das den Fritsche an!

GERSTEIN: Ich habe Auftrag von Obersturmbannführer Eichmann . . .

DOKTOR *(sehr höhnisch):* Soo!

GERSTEIN: Diesen Jesuiten, Diplomat des Heiligen Stuhles,
der aus Versehen eingeliefert wurde . . .

DOKTOR: Aus Versehen — das werden sie alle,
was heißt das schon . . .

GERSTEIN *(unbeirrt):* . . . dem Nuntius in Berlin zu überbringen.
Nun, hier ist er.

DOKTOR: Wer? — Der Nuntius? Ist *das* der Nuntius?
(Mit weit ausholender Verbeugung vor Jacobson:)
Exzellenz! — stimmt's, daß der liebe Gott erkrankt ist?
Man sagt, er habe wieder Depressionen — wie damals,
als seine Kirche die Juden und die Protestanten
in Spanien verfeuert hat.

GERSTEIN: Das ist Pater Riccardo Fontana.

JACOBSON *(versucht mitzuspielen):*
Ich glaube auch, Gott hat jetzt großen Kummer.

DOKTOR *(spielt mit seinem Stöckchen, genießt, was er sagt):*

Oder die Syphilis, die vielen Heiligen da oben,
die hier unten Huren waren — und Sodomisten
wie der heilige Franz...
Da haben Sie schön in die Kacke gegriffen,
Gerstein, alter Schlauberger — ich durchschaue
Sie spätestens seit unserer Fahrt
nach Tübingen. Ich habe aber *Spaß* an Christen
von Ihrer Spitzfindigkeit.

GERSTEIN *(empört)*: Das verbitte ich mir, Sturmbannführer.
Ich verlange eine Erklärung.

DOKTOR: So, Sie verlangen! Sie verlangen,
daß ich mich für dumm kaufen lasse.
Sie halten mich für einen Adolf Eichmann.
Das sollen Sie mir büßen, Gerstein.

GERSTEIN: Ich *verstehe* Sie überhaupt nicht.

DOKTOR: Sie verstehen ausgezeichnet, daß ich den Pater *kenne.*

GERSTEIN *(zu Jacobson)*: Sie *kennen* den Sturmbannführer, Pater?

DOKTOR *(schiebt mit seinem Stöckchen Jacobson beiseite)*:
Den *echten* Pater kenne ich, den echten.
Als der hier ankam vor acht Tagen,
da wollte er mich gleich bekehren.
Ein charmanter Conferencier Christi,
der mich als Hauskaplan ergötzen soll,
(zeigt nach dem Widerschein des Feuers)
sobald der Weihrauch aus den Öfen
ihm derart in die Nase steigt,
daß er auf seinen Glauben hustet.
(Er tippt Jacobson mit dem Stöckchen ins Gesicht.)
Was hat denn *der* für Reize,
daß Sie ihn haben wollen?
Warme christliche Bruderliebe?

GERSTEIN: Es ist sehr billig, Sturmbannführer,
mich immer wieder anzurempeln,
weil ich zur Kirche gehe, wie's mir paßt.

DOKTOR: Wirklich rührend: ein Mitglied der Bekenntniskirche
kommt her, um einen Pater freizuschwindeln —
und schmuggelt einen Juden aus dem Lager.

GERSTEIN *(scheinbar erbittert belustigt)*:
Schmuggeln! — lächerlich, am hellen Tag
einen Inhaftierten an Höß vorbeizuschmuggeln?
Ich bring' ihn jetzt zum Kommandanten!
Was unterstellen Sie mir eigentlich?
Habe *ich* den Häftling aufgerufen?
Wenn er *nicht* der Gesuchte ist —
woher soll ich das wissen?

DOKTOR *(pfeift auf der Trillerpfeife, lacht böse)*:
Woher? Woher *Sie* das wissen?
Das werden Sie schon noch erzählen.
(Carlotta kommt wieder mit dem Wassereimer und setzt ihre Arbeit in der Hütte fort.)

GERSTEIN *(fieberhaft, fällt ihm ins Wort)*:
  Als hätt' ich mich dazu *gedrängt,*
  selber den Pater ans Lagertor zu bringen!
  Ich wollte draußen warten.
  Nur weil sich Sturmbannführer Fritsche
  mit Besuch aus Essen entschuldigen ließ,
  nur deshalb,
  hat Fritsche mich gebeten, auch Höß,
  den Pater hier am Bahnsteig zu erwarten.
  — Da ist übrigens das Mädchen wieder —
  (Er zeigt auf Jacobson, Doktor hat wieder gepfiffen.)
  Wenn Sie Bedenken haben . . .
DOKTOR: Bedenken! Ich *verhafte* Sie, Gerstein:
  Ihr wart doch alle drei vorhin zusammen
  und habt das ausgeheckt.
  Ich wollte nur erst hören, was für ein Ausmaß
  an Imbezillität Sie uns hier zutrauen.
  Rom hat gar nicht nach ihm gefragt,
  sonst hätten Sie ihn nicht — für *den* da
  eingetauscht. Los: sein Koppel. *Verhaftet!*
  *(Die letzten Worte hat er zur Wache gesagt. Gerstein zieht die Pistole,
  man weiß nicht, ob er schießen will, die Wache schlägt sie ihm aus der
  Hand und schleudert sie mit dem Stiefel beiseite. Wache grinst, Gerstein gibt zögernd sein Koppel ab. Doktor hat sich gleich nach seinen
  letzten Worten dem von einer anderen Wache herangeführten Riccardo zugewendet, der auf einige Schritte Distanz stehengeblieben ist.
  Carlotta in der Hütte ahnt, daß draußen Schlimmstes geschieht. Sie
  öffnet jetzt die Tür und beginnt, die drei Stufen zu scheuern.
  Riccardo, bemüht, die Situation zu erfassen, folgt kaum dem Geschwätz des Doktors.)*
  Grüß Gott, lieber Pater, nun, haben Sie
  die Wirklichkeit mit der Idee versöhnt gefunden,
  dort bei den Öfen? Diese Feuertaufe
  reiht Sie den großen *testes veritatis* ein.
  Ich hoffe, Sie zeigen sich als Hauskaplan erkenntlich,
  daß ich es Ihnen möglich machte,
  die Schädelstätte des absoluten Geistes
  aus nächster Nähe zu studieren?
  Etwas angegriffen, wie? Nun, wer wie Sie
  die Weltgeschichte als Therapie verehrt . . .
  (Lacht herausfordernd.)
RICCARDO *(gelassen und verletzend)*:
  Sie siegen nie, das macht Sie so geschwätzig.
  Ihresgleichen *triumphiert* nur — vorübergehend.
  Was soll ich hier?
JACOBSON *(hat sich dazu durchgekämpft, jetzt schnell aufzugeben, um
  wenigstens Gerstein zu entlasten. Er tritt vor)*:
  Melde, daß ich den Sturmführer betrogen habe:
  Ich gab mich für den Pater aus.
  Weil *der* sich nicht gemeldet hat,

bin *ich* zur Wachstube gegangen.
        Er war nicht hier . . . er kam nicht, deshalb —
DOKTOR *(nach dem letzten Satz, der allzu plump Riccardo informieren
        soll, in Wut):* Ein Wort noch — und du kommst *lebend*
        in den Ofen. Kehrt — kehrt, sage ich.
        (Jacobson gehorcht.)
DOKTOR: Knien — in die Knie. Soo!
        Und nun die Fresse in den Dreck.
        *(Jacobson liegt auf dem Boden, das Gesicht nach unten.
        Triumphierend zu Gerstein, indem er auf Riccardo zeigt:)*
        Nun, Herr Collega — *der* wollte wohl nicht mit?
        Oder wollten *Sie* ihn nicht?
        (Ironisch:) Das ist doch der, um den der Papst
        schon nächtelang in der Sixtina flennt.
GERSTEIN *(auf Riccardo zeigend):*
        Ich sehe *den* zum erstenmal — wie
        soll ich wissen, wer der echte ist?
        Es ist nicht *meine* Sache, das zu prüfen.
DOKTOR *(blickt auf Carlotta):* Ach, fragen wir doch mal das Fötzchen.
        Komm mal her du! — los, komm her.
        Oho, der Ignatius von Loyola!
        Die Exerzitien — Krematoriumslektüre.
        Wurde ja immer gern an Scheiterhaufen vorgelesen.
        *(Er hat mit einem raschen Griff Riccardo das Brevier aus der Tasche
        gezogen — mit dem anderen Arm packt er Carlotta, die zögernd nä-
        her gekommen ist.)*
RICCARDO *(spricht sie schnell an, dann zum Doktor):*
        Carlotta — *Sie?* Wir wurden gemeinsam deportiert . . .
        Sie kennen mich doch noch?
CARLOTTA *(versucht mitzuspielen):*
        Herr Pater — wie gut, daß Sie noch leben.
DOKTOR *(ohne hinzuhören, zu dem Mädchen, während er, Stöckchen
        unterm Arm, gierig in den Exerzitien blättert):*
        Kommst aus Rom, mit Familie, bist katholisch?
CARLOTTA: Ja.
DOKTOR: Wo steht denn das mit den Mädchen hier . . .
        *(Liest jetzt genußvoll vor, der Hintergrund und er selbst bestätigen
        Loyolas Text.)*
        Der Teufel auf dem Thron aus Feuer und Rauch lockt als
        Verführer — kennen wir, aha, hier: «Ich schaue mit den
        Augen der Einbildungskraft die gewaltigen Feuergluten
        und die Seelen in *brennenden* Leibern eingeschlossen.
        Ich rieche mit dem Geruchssinn Rauch, Schwefel, Unrat
        und faulende Dinge.»
        Und mit den Mädchen, Pater, wo steht das?
        Die Sünde der Fleischeslust, meine Liebe zum Fleisch,
        (lacht) zur Welt . . . *der* wären Sie ja
        auch noch auszusetzen, Pater.
        Soll ich euch beide mal zusammenstecken?
        (Ohne Übergang zu Carlotta, indem er das Brevier schließt:)

Du hast doch Putzdienst hier seit sieben Uhr?
Warst du auch *pünktlich* heute?
CARLOTTA *(in Angst)*: Ja, ich war pünktlich.
DOKTOR: Dein Verlobter ist gefallen?
CARLOTTA: Ja, bei Tobruk.
DOKTOR: Soso — wie heißt — wie hieß er denn?
CARLOTTA: Marcello . . .
DOKTOR *(sehr schnell)*: So, du warst pünktlich hier —!
Kamst aber später als der Pater, was?
CARLOTTA *(verwirrt, wagt nicht zu antworten, stammelt)*:
Ich — weiß nicht — ich war . . .
RICCARDO *(ruhig, zeigt auf Jacobson, will ihr helfen)*:
Ob der Pater schon hier war, als Sie kamen, Carlotta?
DOKTOR *(sehr gereizt)*: Pater, gehen Sie doch nicht so unter Ihr Niveau!
(Beiläufig zu Carlotta, indem er auf Riccardo zeigt:)
Also: *wann* kam dein Seelenfreund hierher?
CARLOTTA: Der Pater — ich weiß nicht — ich . . . konnte nicht —
*(Obwohl von ihrer Antwort gar nichts mehr abhängt, aus Lust am
Quälen, zwingt sie der Doktor mit eisernem Griff erst in die Knie,
dann fast auf den Rücken. Das kommt sehr überraschend. Sie schreit
auf.)*
DOKTOR: Nun — weißt du's oder nicht?
CARLOTTA: Ich sah nicht auf, ich hab' doch nur —
den Boden gescheuert — ich . . .
DOKTOR *(hat sie wieder hochgerissen, mit lächelndem Sadismus)*:
Soll ich dich deiner Sippe nachschicken?
Guck, dort die Scheiterhaufen.
Dort — der Draht: soll ich dich dorthin —
oder dorthin jagen —
*(Während Carlotta sofort bei seiner eigentlich nur hingeredeten Be-
merkung über das Ende ihrer Familie seelisch zusammenbricht —
diese Nachricht brauchte nur noch zu allem anderen hinzukommen,
flüstert sie, ein manisches Stammeln und schon den Wahnsinn in den
Augen —)*
CARLOTTA: Tot — alle tot — tot — alle tot — tot . . .
(Während sie stammelt —)
DOKTOR *(fast beiläufig)*: Nun — du hast die Wahl. Red schon:
War der zuerst hier — oder der da?
CARLOTTA *(sieht ihn schweigend an, das Gesicht wild verzerrt. Jetzt
stammelt sie)*: Ich weiß es nicht, ich weiß es nicht, ich weiß es nicht . . .
*(Der Doktor hat sie losgelassen, Carlotta ist schon einige Schritte vor
ihm zurückgewichen, der Wachstube zu, während sie wie hypnoti-
siert auf «die schlaueste aller Bestien» [Canaris über Heydrich]
blickt, die in ihm zum Vorschein gekommen ist. Jetzt schreit sie auf,
schreit wie eine kreißende Frau in der Narkose, restlos enthemmt.
Der Schauspielerin bleibt überlassen, ob sie noch Worte dabei her-
ausschleudert — die einfachsten, die abgegriffensten vielleicht werden noch artikuliert —)*
Nein — nein — laßt mich — nicht — nicht . . .
(Schon beim ersten gellenden Aufschrei, der selbst den Doktor ge-

bannt hat, ist sie mit einem Sprung bis an die Stufen der Hütte ge-
flohen. Ein Vorgang, so unverfremdet kreatürlich, so gänzlich unbe-
zähmbar, daß er alles zerschlägt, was bisher versucht wurde, um die
uns noch so nahestehenden Greuel der «Endlösung» auf der Bühne zu
entrücken, zu stilisieren.

Carlottas Schreien ist in spastisches Gelächter umgeschlagen. Sie
schleudert ihr Kopftuch weg, das sie sich abgerissen hatte, um ziel-
los damit herumzuwüten. Ihr zuckender Blick irrt über die Männer
hin und, den Rosenkranz in den Händen, stürzt sie in die Wachstube,
lacht grell und tierisch in Helgas Handspiegel, kauert sich damit in
eine Ecke und versucht bei kurzem aufstoßendem Lachen und Schluch-
zen sich den Rosenkranz als Kette um den Hals zu legen. Er entglei-
tet ihren Händen.

Der Doktor hat sich gefaßt, mechanisch seine Pistolentasche geöffnet,
murmelt —)

DOKTOR: Übergeschnappt —

(und geht sicher und schnell in die Hütte, um zu tun, was stets mit
Deportierten getan wurde, die vor der Vergasung die Nerven ver-
loren.
Er legt das Brevier aus der Hand, hebt den Rosenkranz auf und hält
ihn Carlotta hin. Ein irres Lächeln geht über ihr Gesicht, denn er
strahlt sie mit jener «suggestiven Herzlichkeit» an, und ihre ver-
rückten Augen finden in seinen wieder Halt.)

CARLOTTA *(springt auf, versucht seine Hand zu fassen, den Rosenkranz,*
ruft befreit, weil sie «ihn» wiedergefunden hat und umarmen will):
Marcello! — Marcello!
(Lacht irre:) Ich hatte Angst,
du kämst nicht mehr zurück, aus Afrika.
So lange, Marcello, du warst so lange fort.

DOKTOR *(indem er ihrer Umarmung ausweicht, mit zwingender Zärt-*
lichkeit): Komm mit — komm doch, nicht hier.
(Sie folgt ohne Zögern. Er rührt sie nicht an, er streckt nur den Arm
nach ihr aus — eine leichte, grazil andeutende Aufforderung, mit ihm
zu gehen, während er sich rückwärts auf die Tür zu bewegt, ohne
ihren Blick aus dem seinen loszulassen. Das geht alles sehr schnell.)

CARLOTTA *(an ihm vorbei, schon draußen auf der letzten Stufe, ängst-*
lich): Marcello — Marcello!
(Da zieht er, hinter ihr, in der Tür, mit einer überraschenden Be-
wegung die Pistole und tötet sie durch Genickschuß.
Er steckt, ohne einen Blick auf die Leiche, seine Pistole ein, und in
diesem Moment, während selbst die beiden Wachen dem Geschehen
folgen, hat Riccardo sich nach Gersteins Pistole gebückt, hebt sie
auf, zielt mit dem Schrei —)

RICCARDO: Vernichte ihn!

(— auf den Doktor — und wird von der Maschinenpistole des seitlich
hinter ihm stehenden SS-Mannes niedergeschossen, bevor er selbst
noch entsichern und abdrücken konnte.
Riccardo sinkt in die Knie, sackt dann nach hinten ab. Die Wache
hebt Gersteins Pistole auf und hält sie erschrocken grinsend dem Dok-
tor hin. Gerstein hat einen Moment die Augen mit der Hand bedeckt.)

DOKTOR: Auf *mich* gezielt? — allen Ernstes.
Ja, danke Ihnen, Scharführer.
(Beugt sich über Riccardo.)
Hm, Pater, schießen ist fast so schwer wie beten —
in Auschwitz.
Schade, hätte gern noch ein paar Wochen
mit Ihnen disputiert ...
dem Herrgott jetzt schon etwas näher?
RICCARDO *(richtet sich auf, will etwas sagen, sinkt zurück, kaum ver-*
ständlich): In hora mortis meae voca me.
DOKTOR *(richtet sich auf, höhnisch)*: Amen. Hast du ihn wirklich
rufen hören — im Krematorium?
(Zu Jacobson, mit einem Fußtritt:) Steh auf — los, zum Lagerfeuer
(zeigt auf Riccardo) und nimm das mit hier — los, nimm das mit.
(Jacobson erhebt sich. Gerstein hat sich über Riccardo gebeugt und
öffnet dem Sterbenden die Jacke, womit er demonstriert, auf wessen
Seite er steht. Der Doktor schiebt sich wortlos zwischen Gerstein und
Riccardo. Jacobson, auf den Knien, seine Arme unter Riccardos Arme
geschoben, versucht vergebens, Riccardo aufzuheben.)
GERSTEIN: Er ist nicht tot. Sie sind Arzt, helfen Sie.
(Schreit:) Er *lebt* noch!
DOKTOR *(ohne Gerstein anzusehen, gelassen)*:
Das Feuer ist ein guter Arzt. Das wird
den Juden *und* den Christen ausglühn.
(Winkt der Wache, die ihn gerettet hat.)
Schaffen Sie den da zum Kommandanten.
Nehmen Sie sich in acht vor ihm —
ich komme nach.
WACHE: Jawohl, Sturmbannführer.
(Gerstein ist, nach einem letzten Blick auf die Freunde, gefolgt von
dem SS-Mann, schnell nach links hinter der Hütte verschwunden.
Die andere Wache hat mit Tritten und mit Stößen ihrer Maschinenpi-
stole versucht, den noch immer halb knienden, sehr entkräfteten und
vor Entsetzen betäubten Jacobson, dem Riccardos Kopf im Schoß liegt,
zum Aufstehen zu bewegen. Man hört die Kreissäge, sehr nahe.)
DOKTOR *(mit schneidender Ungeduld)*: Helfen Sie doch dem Krüppel!
(Zeigt auf Carlotta:) Und lassen Sie *das* auch noch holen.
WACHE: Jawoll, Sturmbannführer.
(Er faßt widerwillig Riccardo bei den Schultern, Jacobson nimmt Ric-
cardos Füße auf. Ab nach rechts.
Der Doktor geht langsam nach links, wohin Gerstein abgeführt
wurde. Kaum hinter den Fenstern der Wachstube vorbei, hat er
sich der Exerzitien erinnert, kehrt zurück, geht an der toten Carlotta
vorüber ins Häuschen, blättert in dem Buch, lächelt, steckt es unter
den Arm und verläßt die Bühne wie ein Dozent seine Vorlesung.)

Die gleichmütige Stimme eines Ansagers auf Tonband verliest:

«Am 28. Oktober 1943 schreibt Herr von Weizsäcker, Hitlers Botschafter beim Heiligen Stuhl, ans Auswärtige Amt in Berlin:

Hier schaltet sich, während der Widerschein der Flammen immer tiefer in sich zusammensinkt, das gravitätisch gepflegte Organ eines wohlerzogenen älteren Gentleman der Politik ein:

«Der Papst hat sich, obwohl dem Vernehmen nach von verschiedenen Seiten bestürmt, zu keiner demonstrativen Äußerung gegen den Abtransport der Juden hinreißen lassen. Obgleich er damit rechnen muß, daß ihm diese Haltung von seiten unserer Gegner nachgetragen wird, hat er auch in dieser heiklen Frage alles getan, um das Verhältnis zu der deutschen Regierung nicht zu belasten. Da hier in Rom weitere Aktionen in der Judenfrage nicht mehr durchzuführen sein dürften, kann also damit gerechnet werden, daß diese für das deutsch-vatikanische Verhältnis unangenehme Frage liquidiert ist.

Der Osservatore Romano hat nämlich am 25. Oktober ein offiziöses Kommuniqué über die Liebestätigkeit des Papstes veröffentlicht, in welchem es in dem für das vatikanische Blatt bezeichnenden Stil, das heißt reichlich gewunden und unklar, heißt, der Papst lasse seine väterliche Fürsorge allen Menschen ohne Unterschied der Nationalität und Rasse angedeihen. Gegen die Veröffentlichung sind Einwendungen um so weniger zu erheben, als ihr Wortlaut von den wenigsten als spezieller Hinweis auf die Judenfrage verstanden werden wird.»

Und nun wieder der gleichmütige Ansager, das Feuer ist aus, die Bühne dunkel, man sieht nur das tote Mädchen noch nahe der Rampe:

«So arbeiteten die Gaskammern noch ein volles Jahr. Erst im Sommer 1944 erreichte die sogenannte Tagesquote der Ermordungen ihren Höhepunkt. Am 26. November ließ Himmler die Krematorien sprengen. Zwei Monate später wurden die letzten Häftlinge in Auschwitz durch russische Soldaten befreit.»

VORHANG

Kurzes Zwischenspiel . . .

... über das Thema Sparen: Ein Wort, zwei Silben, sechs Buchstaben – welcher Klang! Man höre:

Am Anfang ein kurzes, verächtliches Zischen: «sch!», rasch gebremst von einem noch überheblich polternden «phh!»; dann schon das freudige, langanhaltende «aah!», mittendrin mal ein grollendes, knurrendes «rrr», gleich wieder das fragende, erregte «eh?» und schließlich ein zufriedenes, genießerisches «nnnh».

Das ist «sparen». Es steht auch im Wörterbuch vor «Vermögen» und «Wohlstand».

HISTORISCHE STREIFLICHTER

So wenig üblich es ist, ein Drama mit einem historischen Anhang zu belasten, so gern wäre auch hier darauf verzichtet worden. Als Bühnenstück bedarf die Arbeit keines Kommentars. Da aber die Ereignisse nicht wie eine Reportage dem geschichtlichen Ablauf nachgeschrieben, sondern zu einem Spiel verdichtet wurden, haben die im Stück genannten zeitgeschichtlichen Figuren und ihre Angehörigen, die heute noch leben, das Recht, darüber informiert zu werden, welche — oft schwerer auffindbaren — Quellen den Verfasser veranlaßt haben, einen Menschen, eine Szene in diesem oder jenem Licht zu sehen. Hier abgedruckt wird freilich nur ein Bruchteil der vorliegenden Materialsammlung, die vielleicht einmal — sollte sich allgemeines Interesse dafür zeigen — im Rahmen einer selbständigen historischen Arbeit völlig ausgewertet wird.

Daß die Memoiren, Biographien, Tagebücher, Briefe, Gespräche und Gerichtsprotokolle der Zeit, soweit sie schon zugänglich sind und das Thema berühren, studiert wurden, ist so selbstverständlich, daß sie hier nicht eigens aufgezählt werden. Die folgenden Anmerkungen zu umstrittenen Geschehnissen und Aussagen sollen aber beweisen, daß der Verfasser des Dramas sich die freie Entfaltung der Phantasie nur so weit erlaubt hat, als es nötig war, um das vorliegende historische Rohmaterial überhaupt zu einem Bühnenstück gestalten zu können. Die Wirklichkeit blieb stets respektiert, sie wurde aber entschlackt.

Wer die von Leichen und Trümmern bedeckten Rollbahnen geschichtlicher Ereignisse zurückverfolgt; wer die widerspruchsvollen, die selbstgefälligen oder verstörten Aussagen der Sieger und Opfer abwägt, der erfährt bei jedem noch so bescheidenen Versuch, durch den Schutt und die Zufälligkeiten der sogenannten historischen Tatsachen zur Wahrheit, zum Symbol vorzustoßen, daß der Dramatiker «kein einziges Element aus der Wirklichkeit brauchen kann, wie er es findet, daß sein Werk in *allen* seinen Teilen ideell sein muß, wenn es als Ganzes Realität haben soll».

Wer diese Forderung Schillers ignoriert; wer nicht «dem Naturalism in der Kunst offen und ehrlich den Krieg» erklärt, der muß heute vor jeder Wochenschau kapitulieren, schon deshalb, weil sie uns «den rohen Stoff der Welt» viel drastischer und vollzähliger vorstellen kann als die Bühne, die nur wahr bleibt, wenn sie — was nicht erst der Verfremdungstheoretiker Brecht entdeckte — «die Täuschung, die sie schafft, aufrichtig zerstört» (Wallenstein).

Zu der folgenden Materialsammlung ist noch zu sagen, daß innerhalb ihrer — sich oft überschneidenden — Themengruppen nach Möglichkeit die Reihenfolge eingehalten wurde, die der Ablauf des Dramas bestimmt. Eine strengere Gliederung war undurchführbar, weil in den verschiedenen Szenen oft die gleichen Fakten wiederkehren — manchmal aber als Widerspruch oder sogar in gegensätzlicher Auslegung, wie es die Lebendigkeit von Rede und Gegenrede verlangt. Das ist nicht Wissenschaft und soll es nicht sein. Da jedoch weder der Vatikan noch der Kreml freien Zugang zu seinen Archiven gestattet, kann die Wissenschaft in absehbarer Zeit diese Geschehnisse nicht lückenlos darstellen. Die bereits greifbaren Fakten intuitiv zu einem Ganzen zu verbinden, zu einem Ganzen der Kunst und der Wahrheit, bleibt das hohe und selten erreichte Ziel der Dichtung, die sich *gerade* angesichts eines so erdrückenden Rohmaterials und aller kompilatorischen Mühen nicht ihre spezifische Freiheit nehmen lassen darf, die allein dem Stoff erst die Form gibt.

Während über den Prälaten Lichtenberg [1] und sein öffentliches Bekenntnis zu den Verfolgten nach 1945 viele Berichte in Deutschland erschienen sind, wurde über das Martyrium des polnischen Paters Kolbe hier fast nichts bekannt. Geboren 1894 in der Gegend von Lodz, starb der Franziskaner, der vor dem Krieg in Japan als Missionar gearbeitet hatte, im August 1941 im Hungerbunker von Auschwitz unter folgenden Umständen: einer seiner Mitgefangenen war aus dem Lager geflohen, obwohl ein solches Vergehen dadurch bestraft wurde, daß man 10 andere Häftlinge zum Tode durch Verhungern verurteilte. Man zählte 10 Männer willkürlich aus dem «Block» des Entflohenen ab, unter ihnen den Häftling F. Gajowniczek, der Frau und Kinder hatte. Er begann zu weinen — und Kolbe trat vor und bat, an seiner Stelle in den Tod gehen zu dürfen. Er begründete seinen Entschluß damit, daß er nicht mehr arbeitsfähig sei. Obwohl das offensichtlich ein Vorwand war, muß sogar die SS beeindruckt gewesen sein: der Häftling Nr. 16 670 durfte an Stelle des Häftlings Nr. 5 695 (der den Krieg überlebt hat) in den Hungerbunker gehen. Man sperrte die Häftlinge, denen man teilweise noch die Knochen brach, nackt in die völlig leere, fensterlose Betonzelle, die heute eine Gedenkstätte ist, und verweigerte ihnen auch Wasser. In den Berichten heißt es: «Gandhi trank Wasser während seiner Hungerstreiks. Wie man verdurstet, darüber können Überlebende von verirrten Wüstenkarawanen etwas berichten ... Die Hungerqual degradiert die Gefolterten zu Bestien, denn die menschliche Ausdauer hat ihre Grenzen — außerhalb sind nur Verzweiflung oder Heiligkeit.» [2]

Pater Maximilian hat seine Sterbensgenossen noch getröstet. Der Häftling Borgowiec, der die Todeszellen zu reinigen hatte, sagte aus, daß die SS-Leute Kolbes Blick nicht ertrugen. Als einmal Verhungerte hinausgetragen wurden, schrien sie ihn an: «Sieh auf die Erde, nicht auf uns.» [3] Er starb ihnen zu langsam, vielleicht hat auch seine Haltung ihnen diese letzte Gnade abgezwungen: sie gaben ihm endlich eine Spritze. Ein Bericht sagt, er sei noch allein am Leben gewesen; ein anderer, zwei weitere Genossen hätten noch gelebt.

In Rom hat am 24. Mai 1948 der Informationsprozeß für die Seligsprechung Pater Maximilians begonnen.

Aus den Briefen über Kurt Gerstein, im Besitz der Witwe:

Kirchenrat O. Wehr, Bevollmächtigter der Evangelischen Kirche der Rheinprovinz für das Saarland, am 24. Januar 1949 aus Saarbrücken:

«Kurt Gerstein ist dem Unterzeichneten seit Jahrzehnten aus der Jugendarbeit der Bibelkreise höherer Schulen bekannt durch seinen bestimmenden Einfluß als evangelischer Jugendführer auf die männliche Jugend in den entscheidenden Jahren ihrer Entwicklung. In der Zeit des Kampfes der Kirche gegen den Totalitätsanspruch des NS-Staates hat er eine klare Linie gehalten. Mir ist persönlich bekannt, daß er nicht nur eine Reihe Schriften für die männ-

---

1 Erst nach der Uraufführung erfuhr ich, daß nicht nur der Dompropst Lichtenberg, sondern auch der heutige protestantische Propst zu Berlin, Dr. Heinrich Grüber, den Nazis zweimal die Bitte vorgetragen hat, mit deportierten Juden ins Getto gehen zu dürfen. Sein Versuch, mit Hilfe der Männer der Abwehr zu den Camps de Guerre zu kommen, ist gescheitert und endete mit Grübers Inhaftierung.
2 Maria Winowska: «Der Narr Unserer Lieben Frau, P. Maximilian Kolbe, 1894–1941». Freiburg i. B.–Konstanz–München 1952.
3 Ebd.

liche Jugend geschrieben hat im Kampf um ihre innerste Intaktheit in der NS-Zeit, sondern daß er auch als Bergassessor am Bergamt in Saarbrücken alle Möglichkeiten wahrgenommen hat, die vertraulichen Rundbriefe der Bekennenden Kirche überall in Deutschland zu verbreiten, bis ein Teil des allzu sorglos in seinem Büro nach einer solchen Verteilungsweise aufbewahrten Materials ihm zum Verhängnis wurde. Alle damaligen Bemühungen (1936), auch die des Ministers Schacht, die Verhaftung dieses einzigartig qualifizierten Bergassessors zu verhindern, scheiterten. Nach seiner Entlassung aus dem KZ überraschte er mich eines Tages mit dem Plan, in die SS einzutreten. Darüber kann ich aus persönlicher Aussprache mit ihm folgendes sagen:

Der diesen Entschluß auslösende Anlaß war der Tod seiner Verwandten, der Tochter des verstorbenen Pfarrers Ebeling an der evangelischen Kirchengemeinde Alt-Saarbrücken, in der Heilanstalt Hadamar. Nach der durch mich erfolgten Beisetzung der Urne des in Hadamar durch Vergasung umgebrachten Fräulein Bertha Ebeling teilte er mir seinen Entschluß mit, er wolle dahinter kommen, was über die umlaufenden Gerüchte solcher und anderer verbrecherischer Aktionen den Tatsachen entspräche. Meine sehr starken Bedenken gegen diesen Plan, in das Lager der dämonischen Mächte hineinzugehen, begegnete er mit leidenschaftlich bewegter Entschlossenheit. Bei der den ganzen Menschen Kurt Gerstein charakterisierenden impulsiven Aktivität konnte es nicht zweifelhaft sein, daß es ihm mit seinen ganz ungewöhnlichen Gaben und Fähigkeiten gelingen würde, dahin zu kommen, wohin er wollte: in die Reichsführung der SS. Der Erfolg bestätigte es. Er wurde seitdem rastlos umhergetrieben von Gedanken und Plänen, zu helfen und zu verhindern, bis zu den verwegenen Plänen im Herbst 1944. Er war verschiedentlich auf seinen Dienstreisen bei mir und unterrichtete mich über alles, auch über seine Erlebnisse bei der Besichtigung der Vergasungslager im Osten und über den satanisch-nihilistischen kalten Zynismus der kleinen und großen Mörder und Mördergehilfen, wie über die ihn seitdem nicht mehr loslassenden Eindrücke von den verzweifelten Opfern ...

Eine Gestalt wie die Kurt Gersteins muß notwendigerweise im Zwielicht, oder besser, im eindeutigen Licht bürgerlicher Maßstabsbeurteilung erscheinen, ja, er muß als schlechterdings unglaubwürdig erscheinen. Die geradezu unheimliche Meisterschaft der Tarnung seiner innersten christlichen Existenz durch einen zur Schau getragenen äußeren Habitus, zu keinem anderen Zweck als zu helfen, spottet aller normalen Maßstäbe. Für die Meisterschaft in der Tarnung seines eigentlichen Wollens habe ich genügend Beispiele. Eine diesem Manne wirklich nach seinem innersten Wesen und Wollen gerecht werdende Beurteilung wird allen moralischen, politisch-psychologischen Versuchen unzugänglich bleiben.

Mir ist aus den seelsorgerlichen Gesprächen mit ihm, zu denen er mich aufsuchte, die Konstantheit seines innersten Wesens niemals zweifelhaft gewesen.»

Pastor Martin Niemöller, Präsident der evangelischen Landeskirche, schrieb am 26. April 1948 an den Staatsanwalt Erbs, Frankfurt a. M.:

«Ich habe Gerstein vor meiner Inhaftierung Juli 1937 viele Jahre hindurch aus der Arbeit der Bibelkreise und der Bekennenden Kirche gekannt. Er war ein etwas ‹sonderbarer Heiliger›, aber durchaus lauter und einlinig. Auf sein Wort war Verlaß, und er setzte sich für seine Überzeugung stets und bis zu den letzten und allerletzten Konsequenzen ein. Ich halte ihn für absolut glaubwürdig und glaube deshalb, daß es völlig ausgeschlossen ist, daß er jemals auch nur in die Versuchung gekommen wäre, sich für den Nationalsozialismus, geschweige denn für seine Verbrechen einzusetzen. – Nach meiner festen Überzeugung ist er ein Opfer seiner Konsequenzen und bis in die letzten Folgerungen durchgeführten gegnerischen Haltung geworden, für die er Ehre, Familie und Leben dranzugeben bereit war und drangegeben hat. – Ich bezweifle kein Wort seiner von ihm selbst gegebenen Darstellung und bin überzeugt, daß jeder Zweifel daran ihm unrecht tut.»

Domkapitular Prälat Buchholz, der jahrelang die zum Tode verurteilten Katholiken in Plötzensee vor ihrer Hinrichtung betreute, am 10. Juli 1946:

«Durch einen früheren politischen Häftling von Tegel, einen Industriellen, dessen Name mir leider entfallen ist ... und an dessen Freilassung Herr Gerstein persönlich mitgewirkt hat, wenn ich nicht irre durch Beiseiteschaffung der Akten, bin ich mit ihm bekannt geworden. Durch diesen Herrn aus Tegel wurde ich im September 1944 zu einem Abend in die Wohnung des Herrn Gerstein eingeladen, wo ich noch eine Reihe von anderen Herren traf, die alle entweder politisch gemaßregelt oder als politische Häftlinge durch die Gestapo-Gefängnisse gegangen waren. Von meinen Bekannten wurde mir versichert, daß alle Herren durchaus zuverlässig waren und daß alle, besonders auch Herr Gerstein, den Wunsch hätten, von mir nähere Einzelheiten zu hören über das, was den meisten nur gerüchtweise bekannt war: über die Massenhinrichtungen in Plötzensee. Ich habe davon dann auch ohne jede Hemmung in voller Offenheit ausführlich berichtet, zumal auch jene furchtbare Nacht erwähnt im September 1943, wo 186 politische Häftlinge durch Erhängen hingerichtet worden sind ... Als er [Gerstein] dann ... Namen und Lage der Todeslager aufzählte, von der ‹Tagesleistung› in den einzelnen Verbrennungsöfen und Gaskammern berichtete ... da war uns allen, denen diese Dinge zum Teil nicht unbekannt waren, diese genaue Schilderung doch so ungeheuerlich, daß wir sie kaum zu glauben vermochten ... Wie ehrlich es Herrn Gerstein hiermit gewesen ist, habe ich in der Folge feststellen können bei mehreren Besuchen bei mir, wo es ihm immer wieder Erlösung und Erleichterung war, über alle diese Dinge rückhaltlos mit einem Geistlichen sprechen zu können. Ebenso darf als Beweis für die wahre Gesinnung des Herrn Gerstein bezeichnet werden, daß er mir nicht nur jede Hilfe für meine politischen Häftlinge versprach, sondern mir auch kofferweise Lebensmittel, Zigaretten usw. brachte, die ich heimlich an sie weitergeben konnte.»

Bischof Dibelius in Berlin leitete 1942, als Gerstein ihm sofort nach seiner Rückkehr aus den Todeslagern berichtet hat, diese Nachrichten an den Bischof von Upsala weiter.

Die von Gerstein im Stück genannte Möglichkeit, den Erfolg eines Staatsstreiches durch die Falschmeldung zu sichern, die SS habe Hitler ermordet, basiert auf einem Plan des Attentäters vom 20. Juli, Graf Stauffenberg. Feldmarschall von Witzleben jedoch hatte Stauffenberg verboten, auch nur vorübergehend diese Version in die Welt zu setzen.

Gersteins Mut und Geschicklichkeit, die sein jahrelanges, nahezu selbstmörderisches Doppelspiel in der SS überhaupt ermöglicht haben, sprechen dafür, daß er bei seinem Versuch, dem Nuntius Einzelheiten aus Treblinka zu berichten, auch bis zu Orsenigo selbst vorgedrungen ist. Die Gewalt seine Anliegens und Gersteins listige Entschlossenheit machen es unwahrscheinlich, daß er sich von einem subalternen Priester aus der Nuntiatur hinausweisen ließ. Doch auch die Witwe Gernsteins weiß nicht genau, ob er Orsenigo persönlich gesprochen hat. Wie dem auch sei, unser Bestreben, in diesem Stück die vielen, schon heute fast unglaublichen Ereignisse des Hitler-Krieges und die Zahl seiner Opfer zu *untertreiben*, weil keine Aussicht besteht, daß künftig, wenn alle Augenzeugen tot sind, die historische Wahrheit in ihren schrecklichen Maßlosigkeiten noch geglaubt wird – hat auch dazu geführt, den beschämenden Hinauswurf aus der Nuntiatur zu beschönigen. Wir haben das Bestreben, zu mildern und die Geschehnisse nach dem Maßstab menschlicher Vorstellungsfähigkeit zu verkleinern. So wird unterstellt, daß der Hausherr einen offensichtlich in Not geratenen Menschen wenigstens einmal angehört hat. Soldaten kommen im Zeitalter der allgemeinen Wehrpflicht besonders oft in ähnliche Konflikte wie Gerstein. So hat Pius XII. ihnen auch die Tür geöffnet und Tausenden von deutschen und alliierten Kriegern wenigstens Massenaudienzen gewährt. Deshalb wagt man nicht, anzunehmen, daß ausgerechnet der Botschafter des Stellvertreters Christi in Hitlers Hauptstadt einen Flüchtling 1942 nicht mehr, wie er noch 1939 getan hat, empfing, sondern schon an der Haustür abweisen ließ. Das dürfte dann nämlich für viele so schreckliche Folgen gehabt haben, daß sie nicht mehr darüber berichten können – wie zufälligerweise Gerstein es noch konnte. Übrigens ist diese Frage für das Stück belanglos. Hier repräsentiert Orsenigo die Vertretung der Kurie schlechthin in Hitlers Hauptstadt und muß nun einmal, da er als Nuntius die größte Verantwortung übernommen hatte, in diesem Trauerspiel für alle jene klerikalen Würdenträger einstehen, die beispielsweise die Meinung vertreten – wie der Bischof und spätere Kardinal Graf Preysing –, daß «Leben und Handeln» des Kommentators der Hitlerschen Rassegesetze «von den Grundsätzen des katholischen Glaubens bestimmt waren»[4]. Dagegen zeugt Riccardos Anwesenheit für jene meist namenlosen Priester, die sofort – und schließlich unter Aufopferung ihres Lebens – das Gesetz der Nächstenliebe über alle Nützlichkeitserwägungen stellten.

Auch bliebe die Exposition des Dramas unverändert, wenn Gersteins Erscheinung z. B. in die Räume des Syndikus des Bischofs Preysing verlegt würde, dem Gerstein aus Treblinka berichten durfte, «mit der ausdrücklichen Bitte um Weitergabe an den päpstlichen Stuhl»[5].

Historisch gesehen konnte Gerstein dem Vatikan ohnehin nur detaillierte Angaben über die Verfahrensweise der Mörder und die Zahl der Opfer machen. Daß es Mordfabriken gab, war dem Vatikan schon bekannt, der Heilige Stuhl hatte zahlreiche Informanten; offiziell hat ihn am eifrigsten und zuerst die polnische Exilregierung auf den verschiedensten Wegen mit Nachrichten versehen.

Nie werde ich glauben, daß Gerstein Selbstmord beging. Wer sich mit diesem Mann eingehend beschäftigt hat und hört, welche seltsamen Angaben seiner Witwe aus Paris gemacht worden sind, der muß zu der Überzeugung kommen, daß Gerstein einer der noch ungezählten Deutschen und Franzosen ist, die nach der Befreiung 1944 in Frankreich ohne Gerichtsverfahren ermordet

4 Wilhelm Stuckart und Hans Globke: ‹Kommentare zur deutschen Rassengesetzgebung›. München–Berlin 1936.
   5 Kurt Gerstein: ‹Augenzeugenbericht zu den Massenvergasungen›. Hg. von Hans Rothfels in: *Vierteljahreshefte für Zeitgeschichte* (Stuttgart) 2/1955.

wurden. Nicht viele, die dort noch nach dem Einzug der Amerikaner als Widerstandskämpfer gegen wehrlose Landsleute und deutsche Gefangene wüteten, führen den Ehrentitel Widerstandskämpfer zu Recht: ein düsteres Kapitel, das noch auf seinen Chronisten wartet. Am 11. April 1952 erklärte der französische Justizminister, daß seit der Befreiung Frankreichs 10 519 Franzosen hingerichtet worden seien, davon nur 846 nach einem ordentlichen Gerichtsverfahren.[6]

Möglich ist es auch, da keiner seiner Mitgefangenen sich heute angeblich mehr an Gerstein erinnern kann, daß er von fanatisierten SS-Leuten erhängt wurde, als sie merkten, wie ernst er auch gegenüber den Alliierten die «Rechenschaftsverpflichtung» nahm, von der er in einem Brief an seinen Vater spricht. Dieser Brief, zuerst veröffentlicht von Gert H. Theunissen in einer dokumentarischen Hörspielreportage über Gerstein, wurde am 5. März 1944 in Helsinki geschrieben: «Du wirst zu irgendeinem Zeitpunkt für Deine Zeit, für das Geschehen in ihr, mit geradestehen müssen. Wir würden uns auch nicht mehr verstehen und uns nichts mehr Wesentliches zu sagen haben, wenn ich Dir nicht sagen könnte und dürfte: Unterschätze diese Verantwortung und diese Rechenschaftsverpflichtung nicht. Sie kann eher kommen, als man meint. Ich weiß von dieser Verpflichtung, zugegeben, ich werde davon zerfressen ...»[7]

Im Herbst des gleichen Jahres schrieb er an seinen Vater: «Mir ist es wohl zugefallen, all diese Dinge zwischen Weiß und Schwarz, zwischen Gut und Böse, bis in die letzten Konsequenzen durchzudenken und — versteh das bitte recht! — durchzuleiden.»

ZUM KONKORDAT

Dr. h. c. Rudolf Pechel erzählte mir, der Nuntius habe in Kreisen der deutschen Opposition als ausgesprochener Faschist und Mussolini-Anhänger gegolten. Dennoch hat er Pechel wohlwollend angehört, der ihm vertraulich als Privatmann die Bitte hoher Militärs vortrug, seinen Einfluß geltend zu machen, daß kein der Hitler-Regierung besonders nahestehender Geistlicher zum obersten katholischen Wehrmachtsseelsorger ernannt werde.

Der Nuntius hat einmal aus eigenem Entschluß im November 1939, als er von Verbrechen der Gestapo in Polen durch den Klerus, durch Wehrmachtsangehörige und «von seiten protestantischer Akademiker, die in die Nuntiatur kamen, um unter Tränen von den Grausamkeiten zu berichten»[8], gehört hatte, eine sehr mutige Beschwerde beim Auswärtigen Amt vorgebracht und mit aller Entschiedenheit eine Untersuchung gefordert. Leider nahm er selbst seiner Intervention ihren amtlichen Charakter und betonte ausdrücklich, er komme nicht als Nuntius, auch nicht als Doyen des Diplomatischen Corps, sondern als Privatmann. Schon damals hat Weizsäcker, wie noch vier Jahre später in Rom, geraten, sich «für derartige Fälle nicht zu interessieren, um nicht die Sache, die man verteidigen wolle, selbst zu schädigen»[9]. Die deutsche Reichsregierung

6 Gerald Reitlinger: ‹Die Endlösung. Hitlers Versuch der Ausrottung der Juden Europas 1939–1945›. Berlin 1956.

7 Helmut Franz: ‹Kurt Gerstein. Außenseiter des Widerstandes der Kirche gegen Hitler›. In: Polis (Zürich 1964) Bd. 18, S. 106.

8 Alberto Giovannetti: ‹Der Vatikan und der Krieg›. Köln 1961, S. 126.

9 Ebd., S. 128.

verweigerte dem Berliner Nuntius das Recht auf Zuständigkeit für die von Deutschland während des Krieges einverleibten Gebiete, weil sie damit den Vatikan erpressen wollte, die neuen Grenzen öffentlich anzuerkennen. Das hat Rom nie getan. Weizsäcker hat deshalb noch 1943, im März, dem Nuntius den berühmt gewordenen Brief des Kardinalstaatssekretärs Maglione an Ribbentrop höflich wieder in die Tasche gesteckt — eine schwerwiegende Beschwerde, die alle Verbrechen gegen die polnische Kirche detailliert aufzählte und forderte, sie abzustellen. Damals saßen über 1000 polnische Priester in Dachau, und der Vatikan wußte, daß schon viele von ihnen ermordet worden waren. Wie weit die völlig zwecklosen Schikanen der Nazis auch gegen das polnische Volk gingen, sieht man an einer Verordnung: Männer unter 28, Frauen unter 25 Jahren durften nicht heiraten. Sucht man eine Begründung dafür, daß der Nuntius Orsenigo nach 1945 im Vatikan persona non grata war: gegen Orsenigo spricht sie nicht.

Zu einer Kündigung des Konkordats mit Hitler hätte Orsenigo Pius XII. vermutlich schon deshalb nicht bewegen können, weil es der Kardinalstaatssekretär Pacelli gewesen ist, nicht Papst Pius XI., der — wie übrigens auch Mussolini — auf schnellen Abschluß eines Konkordats mit Hitler-Deutschland drängte. Reichskanzler Brüning, der es besser als andere wissen mußte, sagte 1935 in Paris zum Grafen Harry Kessler:

«Hinter der Verständigung mit Hitler stehe nicht der Papst, sondern die vatikanische Bürokratie und ihr Augure Pacelli. Ihnen schwebe ein autoritärer Staat und eine autoritäre, von der vatikanischen Bürokratie geleitete Kirche vor, die miteinander einen ewigen Bund schlössen. Daher seien Pacelli und seinen Leuten katholische parlamentarische Parteien in den einzelnen Ländern, wie das Zentrum in Deutschland, unbequem und würden von ihnen ohne Bedauern fallengelassen. Der Papst teile nicht diese Ideen.»[10]

Neun Jahre später schrieb, wie Professor Friedrich Heer zitiert, der Jesuitenpater Delp, kurz bevor er in Plötzensee erdrosselt wurde, während das Oberhaupt seiner Kirche persönlich keinen Finger rührte, um seinem Konkordatspartner Hitler diesen und andere Deutsche im Priesterrock vor der Hinrichtung zu entreißen: «Eine . . . ehrliche Kultur- und Geistesgeschichte wird bittere Kapitel zu schreiben haben über die Beiträge der Kirchen zur Entstehung des Massenmenschen, des Kollektivismus, der diktatorischen Herrschaftsformen.»[11]

Post festum unterstellte Pacelli, als Stichwort zur «Geschichteschreibung», den· Konkordatsabschluß freilich einen edlen Beweggrund: «Meinst du, ich weiß nicht, daß man gesagt und geschrieben hat», äußerte er 1946 gegenüber dem Journalisten Morandi, «ich hätte niemals das Konkordat mit dem ‹Dritten Reich› schließen sollen? Wenn Hitler trotz des Reichskonkordats die katholische Kirche so sehr verfolgt hat, bedenke doch, was er ohne das Konkordat gewagt hätte. Nimmst du vielleicht an, daß seine Schergen nicht hier in den Vatikan eingedrungen wären?»

Nun war 1934, als beispielsweise Hitlers SA die Festordner und Musikanten bei der Ausstellung des Heiligen Rocks in Trier stellte, kaum ersichtlich, daß er die Kirche verfolgen — oder neun Jahre später Rom besetzen wollte. (Wobei Pacelli nie mit einer Besetzung des Vatikans gerechnet hat.) Pius XI.,

10 Harry Graf Kessler: ‹Tagebücher 1918–1937›. Hg. von Wolfgang Pfeiffer-Belli. Frankfurt a. M. 1961, S. 742.

11 Friedrich Heer: ‹Die Deutschen, der Nationalsozialismus und die Gegenwart›. In: Die neue Gesellschaft (Bielefeld) Jg. 7/1960, S. 172.

der schon im Jahre des Konkordatsabschlusses von der Konvertitin Dr. Edith Stein über den Terror gegen die Juden in Deutschland unterrichtet wurde, ohne freilich auf diesen Brief, der ihm persönlich überreicht worden war, jemals zu antworten — Pius XI. hat immerhin gesagt, das Konkordat sei eine Plattform, Proteste vorzubringen. Daraus ist wenig gemacht worden, wenn man absieht von den meist sehr lahmen Beschwerden, die der Nuntius in rein kirchlichen Angelegenheiten Herrn von Weizsäcker vortrug.

Immerhin hatte auch der elfte Pius Herrn von Papen, den Hitler zu Vorbesprechungen über das Konkordat nach Rom entsandte, gleich in der ersten Audienz mit den Worten begrüßt, wie «beglückt er sei, in Hitler eine Persönlichkeit an der Spitze der deutschen Regierung zu sehen, die den kompromißlosen Kampf gegen Kommunismus und Nihilismus auf ihre Fahnen geschrieben habe. In der Tat, die Atmosphäre war so herzlich und die Zustimmung so allgemein, daß es in einer für die Arbeitsweise des Vatikans ungewohnten Schnelligkeit gelang, die Grundlinien eines Entwurfs festzulegen.»[12] Mussolini, der von Hitler damals noch keine gute Meinung hatte und insbesondere seine Rassetheorien verspottete, riet Herrn von Papen «zu möglichster Beschleunigung: ‹Der Abschluß des Konkordats mit dem Hl. Stuhl wird Ihrer Regierung auch außenpolitisch den Kredit geben, den sie bisher nicht hat.›»[13]

Nach dem Krieg, als die Lage, wie Friedrich Heer 1960 schrieb, so heikel war, «daß nur ein gigantisches Verdeckungsmanöver das Gesicht des offiziellen Christentums in Deutschland zu retten, wiederzugewinnen vermochte», und als «im Schatten der Ruinen jenes mächtige Gebäude der Lebenslüge der deutschen Christenheit»[14] entstand — nach 1945 wurde der Berliner Vertreter des Heiligen Stuhls erwartungsgemäß als Sündenbock in die Wüste gejagt. Allen Gepflogenheiten zuwider verweigerte Pius XII. Orsenigo sogar den üblichen Nachruf im *Osservatore Romano*, als der Bischof, entfernt von Rom, anfangs der fünfziger Jahre starb. Noch Ernst von Weizsäcker hatte versucht, für den Nuntius in Rom eine Lanze zu brechen, aber ohne Glück.

Zur Haltung der Bischöfe im Jahre 1933 siehe u. a. *Hochland*, Februar 1961.[15] Herr von Papen schreibt hinsichtlich der Eröffnungsfeier des Reichstages nach den Wahlen am 5. März 1933 in der Garnisonskirche: «Wenn wir heute in ‹Hitlers Tischgesprächen› lesen, er hätte den Staat gegen den Fluch der beiden Konfessionen erobert, und darum habe er aus grundsätzlichen Erwägungen nicht in die Potsdamer Kirche gehen können, dann ist dies . . . eine historische Unwahrheit. Damals war er sich gewiß der Gegensätzlichkeit zu den Kirchen bewußt, aber von Fluch und Haß war nicht die Rede. Er hoffte, einen Mittelweg zu finden.»[16]

Am 14. Juli 1933 sagte Hitler in der Sitzung des Reichskabinetts: «Dieses Reichskonkordat, dessen Inhalt mich überhaupt nicht interessiert, schafft uns eine Vertrauenssphäre, die bei unserem kompromißlosen Kampf gegen das internationale Judentum sehr nützlich ist . . .»

Wäre Pacelli der große Diplomat gewesen, für den man ihn heute hält — aber Brünings Meinung über ihn wird viel treffender sein —, so würde er als

12 Franz von Papen: ‹*Der Wahrheit eine Gasse*›. München 1952, S. 314.
13 Ebd., S. 316.
14 Heer, a. a. O., S. 173.
15 Ernst-Wolfgang Böckenförde: ‹*Der deutsche Katholizismus im Jahre 1933*›. In: *Hochland* (München-Kempten) Jg. 53/1960/61, S. 215–239.
16 Papen, a. a. O., S. 306–307.

zehnjähriger Beobachter der innerdeutschen Verhältnisse kaum so schnell Hitler auf den Leim gegangen sein. Im Juni 1945 erklärte er, das Konkordat habe Schlimmeres verhindert. Der frenetische Jubel der katholischen Bischöfe 1933/34, während sie doch aus unmittelbarer Nähe zusahen, wie mörderisch Hitler mit seinen inneren Gegnern umsprang, beweist, daß man dem Konkordat diesen Sinn erst 1945 unterlegt hat, nicht aber, als man es abschloß. Denn was hat es schon verhindert, da man doch niemals mit seiner Kündigung gedroht hat, um die Kirche in Polen oder deutsche Katholiken vor der Gestapo zu schützen? Giovannetti erzählt, wie selbst Japan 1942 sich hartnäckig das Konkordat mit Rom erkämpfte, aus den gleichen propagandistischen Gründen, aus denen die Alliierten, auch Roosevelt persönlich, diesen Abschluß mit Japan zu hintertreiben suchten.[17] Hitler hat sogar ausdrücklich gesagt, *nach* dem Sieg sei das Konkordat entbehrlich. Wer könnte da behaupten, die Nazis wären nicht zurückgeschreckt, wenn Pius sie im Krieg mit dem Interdikt bedroht hätte —? Würden sie 35 Millionen Deutsche und die große Mehrzahl ihrer Verbündeten als Angehörige einer «staatsfeindlichen» Kirche gegen sich aufgebracht haben?

DER VATIKAN UND DIE «ENDLÖSUNG»

Welche Gründe auch immer den Papst veranlaßt haben, niemals in seinen vielen Reden expressis verbis auch nur die Deportation der Juden zu erwähnen — es bleibt unverständlich, daß Seine Heiligkeit sich auch dann noch zu keinem Protest gegen Hitler aufraffen konnte, als Deutschland eindeutig geschlagen war, aber Auschwitz erst die höchste Tagesquote der Ermordung noch erreichen sollte. Rom und damit der Vatikan standen sogar schon unter dem Schutz amerikanischer Besatzungstruppen, als — im Juni 1944 — die im April aus Auschwitz-Birkenau entflohenen Häftlinge Rudolf Vrba und Alfred Wetzler dem päpstlichen Nuntius in der Slowakei bei einer fünfstündigen Zusammenkunft einen sehr ausführlichen Bericht mit Plänen des Lagers, der Gaskammern und Zufahrtsbahnen überreichen konnten. Die Ungeheuerlichkeiten dieses Berichtes, der schon im August in Genf veröffentlicht und dadurch später heimlich auch in Deutschland gelesen wurde, beispielsweise von der Redakteurin Ursula von Kardorff, wurden alsbald aus einer ganz anderen Quelle ergänzt und bestätigt, als nämlich am 24. Juli 1944 Reporter der Alliierten die Welt durch neue Enthüllungen über die Lager schockierten. Die englischen Illustrierten *London Illustrated News* und *Sphere* brachten sogar Sondernummern über Majdanek bei Lublin heraus. Die Fotos von menschlichen Gebeinen, von Gaskammern, vom Lagerkrematorium mit seinen fünf Öfen, von Kartotheken und Kleidern der vergasten Kinder und Frauen haben Hitler, wie Fritz Hesse von Hitlers Intimus Hewel erfuhr, zu einem «Wutanfall auf das liederliche und feige Pack vom SD . . . der die Spuren der beiden Lager nicht rechtzeitig vernichtet habe»[18], hingerissen. Den Vatikan konnten selbst diese Fotos nicht zu einem Protest «hinreißen», obwohl er annehmen mußte, daß von 380 000 ungarischen Juden, die vom 15. Mai bis 30. Juni nach Auschwitz deportiert worden waren, viel noch nicht vergast sein konnten, aber doch bald an der Reihe sein würden. Tatsächlich wurde, wie Reitlinger berichtet, nicht vor Juli 1944 in

17 Giovannetti, a. a. O., S. 234–259.
18 Fritz Hesse: ‹Das Spiel um Deutschland›. München 1953, S. 377.

Auschwitz «die volle Leistungsfähigkeit aller vier Krematorien»[19] und der viel «rationelleren» offenen Verbrennungsgruben ausgenutzt, um die vergasten und erschossenen Ungarn zu verbrennen.

Aber schon am 15. Mai, am ersten Tag der Deportationen, hatte der päpstliche Nuntius, Monsignore Angelo Rotta, den ungarischen Ministerpräsidenten «darauf aufmerksam gemacht ... daß die ganze Welt genau wissen würde, was sie zu bedeuten hätten»[20]. Erst am 25. Juni übergab Rotta Horthy eine Botschaft des Papstes, die auf den Reichsverweser wesentlich mehr Eindruck machte als die Vorstellungen der ungarischen Bischöfe, die «weniger gegen die Deportierungen selbst als gegen die sie begleitenden Grausamkeiten protestierten. So war der Hirtenbrief des Fürstbischofs Seredi eine recht langatmige Angelegenheit, die sich hütete, die Deportationen beim richtigen Namen zu nennen. Erst hielt man die Veröffentlichung des Hirtenbriefes zurück, und am 8. Juli wurde er auf Grund der Zusicherung, daß es zu keinen weiteren Deportationen aus Budapest kommen würde, überhaupt widerrufen. Diese Tatsache spricht ebenso wie Eugene Levais gesammeltes Material dafür, daß die Bischöfe höchstens dazu bereit waren, ihren Einfluß von der Kanzel herab geltend zu machen, falls es sich um ‹magyarisierte› Juden handelte, von denen viele getauft waren. Man darf auch nicht übersehen, daß die uneingeschränkte Mitwirkung der [ungarischen] Gendarmerie bei der Aussiedlung der Juden niemals möglich gewesen wäre, wenn die Kirche in der Vergangenheit den Antisemitismus klar und deutlich abgelehnt hätte.»[21]

Bereits diese sehr verspätete Botschaft Pius' XII., die nicht einmal an Hitler selbst gerichtet war, bewirkte also, daß dem Nuntius immerhin zugesagt wurde, getaufte Juden würden nicht mehr deportiert. Wie groß der Kredit des Papstes gewesen ist, ist hier erneut bewiesen. Denn seine Botschaft, fährt Reitlinger fort, «war der Ausgangspunkt eines weltweiten Appells an das Gewissen des Reichsverwesers»[22]. Die Deportierungen aus Ungarn fanden ein Ende, bevor viel mehr als die Hälfte der Juden verschleppt war. Horthy wurden nicht nur vom amerikanischen Staatssekretär Cordell Hull Repressalien angedroht, auch der König von Schweden und das Internationale Rote Kreuz boten sich an, den ungarischen Juden zur Auswanderung zu verhelfen. Und am 7. Juli protestierte Mr. Eden im britischen Unterhaus gegen die geplante Ermordung der ungarischen Juden. Sogar bei Himmler, schließt Reitlinger dieses Kapitel, hatten «die Proteste der Außenwelt ... die Überzeugung reifen lassen, daß man die Gefühle der Menschlichkeit in zwölfter Stunde in den Dienst der deutschen Kriegsmaschinerie stellen könne. Die Verwirklichung dieses Wunschtraums sollte auf deutscher Seite dem Kommando Eichmanns zufallen, das seit seiner Ankunft in Ungarn mit dem Leben der Juden Schacher trieb.»[23]

Mit welcher Roheit die ungarische Gendarmerie, die fast allein die Deportationen in die Wege leitete, da das Kommando Eichmann nur wenige Männer umfaßte, gegen ihre Landsleute vorging, das kann man nachlesen in den Aufzeichnungen von Edith Bruck. Ihr Vater gehörte zu jenen Juden, die bei der brutalen Austreibung ihrer Familie Kriegsauszeichnungen aus dem Ersten

19 Reitlinger, a. a. O., S. 485.
20 Ebd., S. 488–489.
21 Ebd., S. 489.
22 Ebd.
23 Ebd., S. 492.

Weltkrieg vorzeigten, in der unberechtigten Hoffnung, das könne ihn und die Seinen retten vor der Auslieferung an die Deutschen, mit denen er im Ersten Weltkrieg Schulter an Schulter gekämpft hatte.

Mr. Reitlinger stellt im Hinblick auf den erfolgreichen Protest der Slowaken gegen die Deportationen die Frage: «Kann man wirklich glauben, daß Hitler nicht imstande gewesen sein sollte, diese Regierung von seinen Gnaden unter Druck zu setzen?»[24] Die Regierung, möchte ich sagen, konnte er leicht unter Druck setzen, nicht aber den päpstlichen Nuntius, der tatsächlich 1942 die restlichen slowakischen Juden gerettet hat, nachdem etwa 52 000 schon deportiert waren, von denen nur 284 das Kriegsende erlebten.

Der Vatikan, die Bischöfe in Deutschland und die Nuntiaturen waren eben die einzige Instanz, die Hitler nach dem ihm unerwünschten Eintritt der USA in den Krieg noch respektiert hat. 1940 untersagte er ausdrücklich Rosenberg, nach einem Gespräch mit Mussolini, jede Provokation des Vatikans, und im August 1941 ließ er die Euthanasie-Aktion auf Grund der kirchlichen Proteste abstoppen. «Es ist wahrscheinlich», schreibt Reitlinger, «daß Hitlers persönliche Diktatur in keiner Frage deutlicher herausgefordert wurde als in dieser — in der er mit abstoßender Feigheit handelte.»[25]

Seinen Respekt versteht man um so mehr, wenn man folgende Sätze liest, die im November 1937 im *Angriff*, der «Tageszeitung der Deutschen Arbeitsfront», gestanden haben und später ein Pamphlet einleiteten, das 1938 im Zentralverlag der NSDAP, mit einem Porträt des Staatssekretärs Pacelli auf der Titelseite, erschienen ist: «Warum der Vatikan uns wichtig ist. Schon wieder mal der Vatikan! Wozu das eigentlich? Warum macht ihr soviel Lärm um diesen lächerlichen kleinen Erdenwinkel in der Hauptstadt des römischen Imperiums? So fragt mancher Leser der nationalsozialistischen Presse. Roosevelt, Ibn Saud, Chamberlain, Dimitroff, Herriot, vor allem der Duce, das sind Männer der Gegenwart, von denen die Weltpolitik und die Politik des Reiches abhängt. Aber diese römischen Prälaten, diese leisetretenden Nuntien und beweihräucherten Kardinäle: — alles Theater!

Diese Ansicht beruht auf einem Kurzschluß. Chamberlain und Herriot, Roosevelt und Dimitroff sind sehr einflußreiche Personen. Heute haben sie mitzureden. Und morgen — kräht kein Hahn mehr nach ihnen. Aber die Männer um den Papst, diese schweigsamen Prälaten der römischen Kurie mit den edelsteinbesetzten Brustkreuzen, sie wechseln nicht. Sie sind jahrzehntelang dieselben, sie werden manchmal durch andere aus derselben Schule abgelöst, und sie treiben alle dieselbe Politik, Jahrhundert für Jahrhundert. Sie regieren beinahe 400 Millionen ‹Gläubige› in aller Welt, sie verfügen über einen in der ganzen Welt verteilten Besitz von unausdenklichem Ausmaß, sie beeinflussen eine Presse, wie keine andere Großmacht sie besitzt ... Wir können sagen, die Kenntnis dieses ewigen Gegners ist für den Aufbau der deutschen Volksgemeinschaft wichtiger als die Kenntnis irgendeiner anderen weltlichen Großmacht. Wir Nationalsozialisten wissen es am besten, daß der Glaube, der Berge versetzt, die Geschichte macht, nicht das Geld, nicht die Wirtschaftsgesetze und nicht die Waffen allein. Darum wissen wir die Bedeutung einer Macht zu erkennen, die einen anderen Glauben hat. Wir haben das erst wieder während

24 Ebd., S. 443.
25 Ebd., S. 146–147.

des Wahlkampfes um die Rückkehr Österreichs in das Reich erfahren. Radio Moskau und Radio Vatikan haben damals einträchtig Wahlsabotage getrieben und die einsichtige Haltung deutscher Kirchenfürsten in der unwürdigsten Weise beschimpft. Vergeblich! Aber sie geben ihr Spiel immer noch nicht verloren und stören von neuem die deutsche Politik draußen und drinnen. Darum verstärkte Wachsamkeit!»[26]

Monsignore Giovannetti, Mitglied des Päpstlichen Staatssekretariats, bestätigte 1960 in seinem Werk ‹Der Vatikan und der Krieg› an Hand vieler Beispiele «die Bedeutung, die man während des Krieges von allen Seiten dem Heiligen Stuhle beimaß. Man konnte in der Schweiz in jenen Tagen nicht zu Unrecht von einem wahren Kampf um die Eroberung des Vatikans seitens der beiden kriegführenden Blocks sprechen: es war ein Kampf um den Papst — ein diplomatisches Ringen um die Gunst des Vatikans.»[27]

Robert E. Sherwood berichtet: «In Anbetracht der ernsthaften katholischen Opposition gegen die Hilfe für die Sowjetunion entschloß sich Roosevelt, seinen Sonderbeauftragten bei dem Papst Pius XII., Myron C. Taylor, nach Rom zu schicken. Es gab viele Protestanten, darunter einige bedeutende Kirchenmänner, die tief beunruhigt wurden durch jedes Anzeichen einer heimlichen Verständigung zwischen dem Weißen Haus und dem Vatikan ... Es gab einige ungeduldige Leute, welche glaubten, der Präsident überschätze die Bedeutung der katholischen Stimmung, aber es war nun einmal seine Art, immer dort mit äußerster Behutsamkeit vorzugehen, wo es sich um religiöse Empfindlichkeiten handelte; in diesen Dingen wußte er erheblich besser Bescheid als seine Ratgeber.»[28] Hopkins hatte schon im August 1941 an den britischen Informationsminister geschrieben: «Wir haben hier in unserer öffentlichen Meinung einige Schwierigkeiten im Hinblick auf Rußland. Die Amerikaner nehmen die Hilfe für Rußland nicht sehr günstig auf. Die ganze katholische Bevölkerung ist dagegen, alle Nazis, alle Italiener und eine Menge Leute, die aufrichtig glauben, daß Stalin eine große Bedrohung für die Welt ist ... Die Leistungen der russischen Armee sind allen unseren Militärs ein bißchen in die Knochen gefahren. Den Angelsachsen fällt es sehr schwer, zu glauben, daß sonst noch jemand außer ihnen selbst zu kämpfen versteht.»[29]

Hitler hatte instinktiv besser als Roosevelt gewußt, daß der Papst nicht entfernt das Format hatte, das seinem ungeheuren Kredit in der Welt entsprach. Dennoch schickte er seinen Staatssekretär des Auswärtigen als Botschafter zum Heiligen Stuhl. Und selbst der arrogante Ribbentrop fand es nützlich, Anfang November 1943, als einige Fliegerbomben unbekannter Herkunft in den Garten des Vatikans gefallen waren, persönlich den Konsul Moellhausen in Rom telefonisch zu beauftragen, den Papst zu einer Anklage der Bombardements zu bewegen. Da er Pius persönlich kannte und auch wußte, daß er nicht einmal die Verschleppung der Juden verurteilte, so setzte er gleich hinzu, das übliche «säuselnde» Gerede des Papstes sei natürlich nichts wert, er müsse schon präzise sprechen. Der ehemalige Jesuitenschüler Goebbels, der mindestens so realistisch wie Hitler die Macht des Vatikans im Kriege einschätzte, bedauerte dann am 9. November 1943, daß der Osservatore Romano «zu dem ganzen Vor-

26 ‹Männer um den Papst. Wer macht die Politik des Vatikan?›. Berlin 1938.
27 Giovannetti, a. a. O., S. 259.
28 Robert E. Sherwood: ‹Roosevelt und Hopkins›. Hamburg 1950, S. 302.
29 Ebd., S. 293.

fall in einer leider sehr gemäßigten Form Stellung»[30] genommen habe. «Der Papst möchte offenbar die Absicht einer Vermittlertätigkeit zwischen dem Reich und den feindlichen Westmächten vorläufig noch nicht aufgeben.»[31] «Das Herabfallen einiger feindlicher Bomben auf die Vatikanstadt», hatte er zuvor diktiert, «ist immer noch eine Riesenweltsensation. Die Engländer haben sich unter dem Druck der Kommentare in der neutralen öffentlichen Meinung jetzt wiederum gezwungen gesehen, die Schuld von sich abzuweisen und den Versuch zu machen, sie uns zuzuschieben.»[32]

Einige Bomben, die niemanden trafen, eine Riesenweltsensation! Werner Stephan, der von 1933—45 in der Presse-Abteilung des Propaganda-Ministeriums war, berichtet, Goebbels habe sich, als Galen seine Brandreden gegen die Nazi-Verbrechen schleuderte, als Redner in Münster angesagt, habe sich dann aber doch nicht getraut, in die Bischofsstadt zu gehen: «Er hätte als Exekutor eines von Hitler erlassenen Haftbefehls gegen den widersetzlichen Bischof kommen müssen. Das hätte in einer Massenversammlung von Parteigenossen und begeisterungsfähigen Mitläufern Effekt gemacht. Aber Goebbels vermochte nie die andere Seite zu vergessen: Galen wäre ein Märtyrer geworden, *der Millionen zum rücksichtslosen Einsatz gegen das totalitäre Regime hätte begeistern können.* Der Propagandaminister wußte nur zu gut, was gerade *dieser* Gegner bedeutete!»[33] Warum, so fragt man sich hier wieder, hat der Papst diese seine Macht nicht eingesetzt, um der Menschlichkeit den Weg zu ebnen! Vielleicht haben niemals zuvor in der Geschichte so viele Menschen die Passivität eines einzigen Politikers mit dem Leben bezahlt!

«The question of the absence of any threat to excommunicate the instruments of Hitlers extermination policies is a graver one and frankly I am inclined to think that the fact the victims were Jews was one of the reasons why this threat was never made. Here again, however, neutrality and diplomatic immunity had become an obsession and I do not think this need have happened had there been a better Pope», schrieb Gerald Reitlinger an den Verfasser.

Goebbels hat 1938 die Referenten seines Ministeriums vor dem Kirchenaustritt gewarnt und betonte in einer Rede vor den Leitern der Propagandaämter, daß er selbst alle seine Kinder habe taufen lassen. Noch im Krieg beurlaubte er seine Sekretärin, der er Sonntagfrüh diktieren wollte, für die Dauer des Gottesdienstes. Am Ostersonntag 1943 trug er ins Tagebuch ein: «Der SD hat der katholischen Kirche in Berlin die sogenannte Clemens-Kirche weggenommen. Papen schreibt mir einen Brief und bittet mich darum, der katholischen Gemeinde diese Kapelle zurückzugeben. Ich tue das sofort und stelle den SD zur Rede, wie er dazu komme, in Berlin eine Handlung zu vollziehen, die ganz meinen Richtlinien entgegengesetzt ist.»[34]

Hitler und die mächtigsten Männer seiner Regierung, Himmler, Göring und Goebbels, waren zu schlau, während des Krieges den Vatikan durch Schikane gegen die Kirche in Deutschland herauszufordern. In seinen Tischgesprächen äußerst respektlos gegenüber der Kirche, schrieb Hitler (auch Göring) an protestierende Bischöfe einlenkende Briefe, denn der Widerspruch des Klerus «hielt

30 Joseph Goebbels: ‹Tagebücher aus den Jahren 1942–43›. Mit anderen Dokumenten hg. von Louis P. Lochner. Zürich 1948, S. 471.
31 Ebd.
32 Ebd., S. 470–471.
33 Werner Stephan: ‹Joseph Goebbels. Dämon einer Diktatur›. Stuttgart 1949, S. 145–146.
34 Goebbels, a. a. O., S. 313.

sich», wie Friedrich Heer schreibt, «im Rahmen des Dienstes an der gottge-
wollten rechtmäßigen Obrigkeit, im Rahmen des Dienstes am Führer und
Reichskanzler, dem immer noch — für seinen Kreuzzug gegen den Bolschewismus — die Massen des gläubigen Volkes zur Verfügung gestellt wurden, in die
Schlacht geführt durch Feldgeistliche beider Konfessionen»[35].

Daß Hitler manchen namenlosen Priester ermorden ließ, störte offensichtlich
nicht ernsthaft sein Einvernehmen mit dem Vatikan. Auch hierzu Friedrich Heer:
«Geistliche und Laien, Priester und politische Menschen, die den Widerstand zu
denken und zu praktizieren wagten, hatten weder im Gefängnis noch vor dem
Schafott auf die Anteilnahme ihrer kirchlichen Führung zu rechnen. Der christliche Widerstand gegen Hitler ... trug dergestalt naturgemäß von Anfang an
den Charakter des Singulären, des Außergewöhnlichen, des Unerwünschten,
des ‹Ungehorsams›.»[36]

Nur der tückische, nicht sehr intelligente Bormann neigte dazu, auch während des Krieges Erlasse herauszugeben, die selbst den Vatikan ärgern mußten. Aber sosehr Hitler diesen seinen «treuesten Parteigenossen» schätzte, bei
Eskapaden gegen die Kirche pfiff er Bormann energisch zurück. Der Referent
für kirchliche Angelegenheiten im Auswärtigen Amt sagte, Hitler habe im Krieg
dreimal persönlich kirchenfeindliche Maßnahmen wieder abgestellt.

Auch Herr von Papen berichtet darüber: «Die berühmten Predigten des Bischofs von Münster Graf Galen gingen von Hand zu Hand, und ich erfuhr
durch Lammers, daß er sie Hitler gezeigt habe. Es war also nicht schwer, ihn
auf diese kritische Lage anzusprechen. Hitler zeigte Verständnis für meine Dar-
legungen und schob, wie auch schon früher, alle Schuld auf die Parteiheiß-
sporne. Er habe einen strengen Erlaß durch Bormann herausgegeben, daß dieser
‹Unfug› zu unterlassen sei. Störungen des inneren Friedens könne er jetzt nicht
brauchen.»[37] Das war nicht geheuchelt, der Erlaß setzte sich durch. Selbst Himmler, der einmal gegenüber Frau von Weizsäcker prahlte: «Wir werden nicht
ruhen, bis das Christentum ausgerottet ist»[38] — war schlau genug, seinen Ver-
nichtungstrieb auf Menschengruppen zu konzentrieren, deren Ausrottung
nicht die Beziehungen des Hitler-Staates zum Heiligen Stuhl unterbrach: Juden, Slaven, Zigeuner, Jehovas Zeugen, Kommunisten. Für verfolgte polnische
Priester ist der Berliner Nuntius wiederholt bei Herrn von Weizsäcker eingetreten, manchmal mit Erfolg. Die polnischen Geistlichen galten auch als zuver-
lässiger. Während die oppositionellen Priester aus Polen ins KZ kamen und
manchmal fürchterlich gemartert wurden, wie etwa Pater Kolbe, empfahl Gauleiter Forster aus Danzig dem «Führer», jene Polen, die «eindeutschenswert»
seien, nicht von Priestern aus dem Altreich, sondern weiterhin von ihren polnischen Geistlichen betreuen zu lassen. «Denn bei dem Druck, dem sich die
polnischen Pfarrer ausgesetzt fühlten, seien sie jeder Einflußnahme zugänglich
und erkundigten sich am Ende einer jeden Woche sogar auf dem Landratsamt,
worüber sie in der Kirche predigen sollten. Noch besser wäre es seines Erach-
tens, den polnischen Bischof für einen engen Kontakt zum Gauleiter zu gewinnen, um durch ihn die erwünschten Themen und Weisungen an die Pfarrer er-
gehen zu lassen. So sei es möglich, auch während der ganzen Übergangszeit

35 Heer, a. a. O., S. 173.
36 Ebd.
37 Papen, a. a. O., S. 546.
38 Ernst von Weizsäcker: ‹Erinnerungen›. Hg. von Richard von Weizsäcker. München–Leipzig–Freiburg i. B. 1950, S. 351.

Ruhe und Ordnung im Lande zu sichern.»39 Hitler warnte, sich zuviel davon zu versprechen, denn auch Karl der Große habe ohne Erfolg versucht, mit Bischöfen die Kirche zu einer «deutschen» Politik zu gewinnen.

Der italienische Außenminister Graf Ciano, der von Himmler sagte, er sei «der einzige Mann, der wirklich den Puls des deutschen Volkes fühlte»40 — hat Himmlers Bemerkungen über den Vatikan und Pacelli, im Mai 1939, auch offenbar nicht für Heuchelei gehalten: «Himmler redete ausführlich über die Beziehungen zur Kirche. Der neue Papst genießt Sympathien und man hält einen modus vivendi für möglich. Ich ermunterte ihn auf diesem Weg, indem ich darauf hinwies, daß eine Verständigung zwischen dem Reich und dem Vatikan auch viel dazu beitragen könnte, die Achse volkstümlich zu machen.»41 Tatsächlich dürfte Himmler, dem Reitlinger nachsagt, daß er weder lügen noch seiner Einbildungskraft freien Lauf lassen konnte, ohne sich lächerlich zu machen, es damals ehrlich gemeint haben, vielleicht nicht *nur* aus Opportunismus. Er ließ ja auch seine Mutter 1943 kirchlich beisetzen, gestattete SS-Offizieren, öffentlich an der Kommunion teilzunehmen, und hat möglicherweise nur aus innerer Schwäche heraus und weil es in gewissen Parteikreisen, denen aber Hitler kaum Einfluß auf sein Handeln einräumte, gern gehört wurde, von der Ausrottung des Christentums gesprochen. Als im Winter 1942 erwogen wurde, die an Tuberkulose erkrankten Polen heimlich zu vergasen, ließ Himmler sich durch den Einwand zurückhalten, daß die Kirche dazu nicht schweigen werde und «das beabsichtigte Verfahren für unsere Feinde ein ausgezeichnetes Propagandamaterial nicht nur bei den italienischen Ärzten und Wissenschaftlern, sondern beim ganzen italienischen Volk infolge der starken katholischen Bindungen abgibt»42.

Er wußte jedenfalls, was unpopulär war: Die Ausrottung der Juden und Geisteskranken — und weder das eine noch das andere, das später unter seiner Leitung begonnen wurde, hat er anfangs gewollt, *weil* es unpopulär war. Er beugte sich dann nicht ohne Widerspruch Hitlers Anordnungen und hätte zweifellos auch die Priester ermordet, würde Hitler es befohlen haben. Aber er sagte noch nach dem Attentat vom 20. Juli 1944, dessen Fehlschlag (soweit er die Person Hitlers betraf) er so tief bedauerte, daß er sein schlechtes Gewissen gegenüber dem Führer nur durch ausgesuchte Grausamkeiten gegenüber den Verschwörern wieder einigermaßen ins Gleichgewicht bringen konnte — noch 1944 sagte er zu seinem Leibarzt, vor dem er keinen Versuch machte, zu heucheln: «Wir hätten die Kirche nicht angreifen dürfen, denn sie ist stärker als wir. Wenn ich tot bin, sollen diese Geistlichen auch für meine Seele beten.»

Am genauesten, glaube ich, wird Himmler erfaßt durch den Oxforder Historiker Trevor-Roper, der als alliierter Nachrichtenoffizier sofort bei Kriegsende die später abgeurteilten (oder freigelassenen) Prominenten, auch ihre subalternen Gehilfen und ihre Sekretärinnen, persönlich befragen oder ihre Aussagen ganz unmittelbar studieren konnte:

«Zugegeben, in einer zivilisierten Welt werden solche Menschen selten ge-

39 Henry Picker: ‹Hitlers Tischgespräche im Führerhauptquartier 1941–42›. Im Auftrage des Deutschen Instituts für Geschichte der nationalsozialistischen Zeit geordnet, eingeleitet und veröffentlicht von Gerhard Ritter. Bonn 1951, S. 306.
40 Graf Galeazzo Ciano: ‹Tagebücher 1939–1943›. Bern 1946.
41 Ebd., S. 93.
42 Alexander Mitscherlich und Fred Mielke: ‹Wissenschaft ohne Menschlichkeit›. Medizinische und eugenische Irrwege unter Diktatur, Bürokratie und Krieg. Heidelberg 1949, S. 226–227.

duldet, werfen wir jedoch einen Blick zurück auf die Umwälzungsperioden der Gesellschaft, auf Zeiten der Revolution und gewaltsamer sozialer Veränderungen, so finden wir Himmlers Urbild. Es ist der Großinquisitor, der Mystiker in der Politik, der Mann, der bereit ist, einem abstrakten Ideal die Menschheit zu opfern. Die Großinquisitoren der Geschichte waren keine grausamen oder ihren Leidenschaften frönenden Männer. Sie waren oft peinlich gewissenhaft und Spartaner in ihrem Privatleben. Sie waren oft von größter Güte zu Tieren, wie der seliggesprochene Robert Bellarmine, der sich weigerte, die Flöhe in seinen Gewändern zu stören. Da sie auf himmlische Glückseligkeiten nicht hoffen könnten, sagte er, wäre es unbarmherzig, ihnen jene fleischlichen Genüsse zu verweigern, nach denen allein es sie verlangen konnte. Für Menschen aber, die das Falsche wählten, obgleich sie Gelegenheit hatten, das Rechte anzubeten, war kein Mittel zu drastisch. So wurden die Scheiterhaufen geschichtet und angezündet, und die Ungläubigen und ihre Bücher wurden verbrannt, und diese sanften alten Bischöfe gingen nach Hause, zu einem Nachtmahl von Weißfisch und billigem Gemüse, fütterten ihre Katzen und Kanarienvögel und dachten über Bußpsalmen nach, indessen ihre Kapläne sich in den Arbeitsstuben hinsetzten, um ihre Lebensläufe zu verfassen und der Nachwelt ihre frommen Leben, die Ordensregeln und Kasteiungen, das Almosengeben und die Einfachheit dieser beispielhaften Seelenhirten darzulegen, immer in dem Bewußtsein, wie Kardinal Newman sagte, daß es besser wäre, wenn die ganze Menschheit in fürchterlichster Pein unterginge, als daß eine einzige läßliche Sünde begangen würde.

Solch ein Beispiel mag wunderlich scheinen, aber die Natur ist wunderlich in der Gestaltung des menschlichen Gemüts, und Revolutionszeiten tragen Menschen zu hervorragenden Stellungen empor, die in stabilen Zeitläuften in Kerkern oder Klöstern unbeachtet bleiben. Himmler selbst war – darin stimmen alle überein – ein völlig bedeutungsloser Mensch, gewöhnlich, pedantisch und schäbig. Er war geldgierig und des Denkens unfähig, und doch konnte er der Versuchung nicht widerstehen, zu grübeln, sich in der *O Altitude* zu verlieren und sich in die theologischen Einzelheiten der reinen Nazidoktrin zu vertiefen. Hitler selbst war in gewissem Sinne kein Nazi, denn die Lehren des Nazismus, dieses großen Systems teutonischen Unsinns, waren für ihn nur eine politische Waffe; ‹er bekrittelte und bespöttelte die Ideologie der SS›, für Himmler aber waren diese Lehren, war jedes Jota von ihnen die reine arische Wahrheit, die einen Menschen, der sie nicht rein und makellos erhielt, zweifellos zu ewiger Unseligkeit verurteilte. Mit solch engstirniger Pedanterie, mit solch gotischer Antiquitätenliebhaberei studierte Himmler die Einzelheiten dieses traurigen Schundes, daß viele, jedoch fälschlicherweise, angenommen haben, er sei ein Schulmeister gewesen. Auf Speer machte er den Eindruck, ‹halb Schulmeister, halb verschrobener Narr› zu sein. Während des Krieges verwendete Himmler Tausende Männer und Millionen Mark für die Projekte eines Religiös-Wahnsinnigen zu einer Zeit, als Goebbels totale Mobilisierung forderte. In einer Abteilung seines Auslandsnachrichtendienstes studierte eine Gruppe eifriger Forscher so wichtige Angelegenheiten wie die Rosenkreutzer und Freimaurerei, den Symbolismus der Unterdrückung der Harfe in Ulster und die geheime Bedeutung gotischer Spitztürme und der Zylinderhüte in Eton. Die wissenschaftlichen Laboratorien der SS plagten sich erfolglos damit ab, rein arisches Blut zu isolieren. Ein Forscher wurde nach Tibet geschickt, um Spuren einer reinen germanischen Rasse zu finden, von der angenommen wurde, daß sie in diesen nie betretenen Gebirgen die alten nordischen Mysterien bewahrt habe. Überall in Europa gruben Archäologen nach Überresten einer authentisch germanischen Kultur. Als die deutsche Armee sich anschickte, in aller Hast Neapel zu räumen, stellte Himmler die einzige Forderung, daß sie es nicht verabsäumen möge, das ungeheure Steingrab des letzten Hohenstaufenkaisers mitzunehmen. Reiche Geschäftsleute, die in den exklusiven *Freundeskreis* eintreten wollten, hatten zu dieser Zeit die Zulassung durch eine Spende von vielleicht einer Million Mark an das *Ahnenerbe* zu erkaufen, ein ‹wissenschaftliches› Institut, das kostspielige Forschungen über die Herkunft der Arier betrieb! Noch im April 1945, als das ganze Reich in Trümmern zusammenstürzte, erwog Himmler die Kolonisierung der Ukraine durch eine neue religiöse Sekte, die ihm sein Masseur empfohlen hatte, und bei einem Gespräch mit dem Grafen Bernadotte unterbrach er, nachdem er eben festgestellt hatte, er sei der einzige Mann mit gesundem Menschenverstand, den es in Deutschland noch gäbe, die Diskussion über Krieg und Frieden, um eine Stunde lang über Runen zu dozieren. Den Runen, der nicht ausgedeuteten Schrift der Nordmänner des Mittelalters, galt sein besonderes Interesse. Mit den Augen des Gläubigen studiert, meinte er, könnten sie eine Ähnlichkeit mit japanischen Ideogrammen und damit einen Nachweis dafür ergeben, daß die Japaner am Ende Arier seien.

In einem solchen Charakter ist kein Körnchen Spitzfindigkeit wahrzunehmen. Himmler war ein schlichter Gläubiger. Sein Fanatismus war weder eine Mißgeburt aus Furcht und Schwäche, noch auch war seine Unentschlossenheit die Folge von Zweifeln. Die infantile Klarheit seines Glaubens an die Weltordnung war noch von keinem Zweifel angenagt . . .»[43]

Himmlers engster Vertrauter Schellenberg, mit dem er seit 1942 Hochverratspläne besprach, ohne sie auch nur unter vier Augen — nämlich mit Schellenberg selbst — bei ihrem wahren Namen zu nennen, erzählt, was hier als Bestätigung angefügt werden soll: «Himmler besaß die beste und größte Bibliothek über den Jesuitenorden und hatte die umfangreiche Literatur jahrelang in nächtlichen Stunden studiert. So wurde die SS-Organisation von ihm nach den Grundsätzen des Jesuitenordens aufgebaut. Als Grundlagen dienten die Dienstordnung und die Exerzitien des Ignatius von Loyola: das oberste Gesetz war das des absoluten Gehorsams, die Ausführung eines jeden Befehls ohne Widerspruch. Himmler selbst, als Reichsführer der SS, war der Ordensgeneral. Der Aufbau der Führerschaft lehnte sich an die hierarchische Ordnung der Katholischen Kirche an. Bei Paderborn in Westfalen hatte er eine mittelalterliche Burg, die sogenannte Wevelsburg, ausbauen lassen — sie war sozusagen das große ‹SS-Kloster›, wohin der Ordensgeneral einmal jährlich das Geheimkonsistorium einberief. Hier sollten alle, die zur obersten Ordensführung zählten, geistige Exerzitien und Konzentrationsübungen abhalten. In dem großen Versammlungssaal besaß jedes Mitglied einen bestimmten Sessel mit einem Silberplättchen, auf dem der Name des Betreffenden eingraviert war. Die Wurzeln dieser mystischen Neigung Himmlers mögen nicht zuletzt auf seine Einstellung zur Katholischen Kirche zurückgehen, die man als ‹Haß-Liebe› bezeichnen könnte, zum anderen auf die strenge väterliche Erziehung mit ihrer harten katholischen Lebensführung, aus der er sich in eine unkontrollierbare Romantik flüchtete . . .»[44]

Wie stand Hitler während des Krieges dem Vatikan gegenüber? Hierzu noch

43 H. R. Trevor-Roper: ‹Hitlers letzte Tage›. Zürich 1948, S. 28–31.
44 Walter Schellenberg: ‹Memoiren›. Hg. von Gita Petersen. Köln 1959, S. 39–40.

ein paar Streiflichter. «Hohe kirchliche Würdenträger Deutschlands», schreibt Professor Eugen Kogon, «sind von der Gestapo nie in KL eingewiesen worden. Als einmal ein im KL Buchenwald befindlicher Domherr des Olmützer Kapitels dort zum Weihbischof gewählt wurde, entließ ihn die SS sofort aus dem Lager.»45

Die Proteste des Bischofs von Münster haben Hitler außerordentlich verärgert. Er sagte, nach dem Endsieg werde Galen «vor die Gewehre kommen». Anderen erklärte er ironisch, wenn es dem Bischof nicht gelinge, vor Beendigung des Krieges in das Collegium Germanicum nach Rom berufen zu werden, so würde «mit ihm auf Heller und Pfennig abgerechnet»46 werden — nach dem Krieg. Er zügelte seine Wut. Außer im intimsten Kreis tarnte er seine Abneigung gegen die Kirche, solange der Klerus ihn politisch gewähren ließ. Er hatte früh zu Papen gesagt, Rosenbergs ‹Mythus› sei sein Druckpapier nicht wert. Die Idee, die katholische Kirche durch eine neue deutsche Nazi-Kirche zu ersetzen, hat er immer nur belächelt. Er glaubte, in einigen Jahrhunderten werde die Kirche von selbst zerfallen. Diesen Prozeß wollte er beschleunigen, indem er nach dem Krieg dem Beispiel der USA folgen und die Kirche, die noch 1942 etwa 900 Millionen Mark vom Reich erhielt, finanziell nur noch geringfügig unterstützen wollte. Die Kirche sollte ihm dann «aus der Hand fressen». Heydrichs diabolischen Plan, besonders begabte Hitlerjugend-Führer als scheinfromme Theologen in Priesterseminare zu schicken, um den Klerus in späteren Jahren von innen her aufzubrechen und unauffällig der Partei auszuliefern, hat Hitler verboten. Vielleicht war er nicht sicher, diese jungen Agenten immer auf *seiner* Seite halten zu können.

Wie er und Goebbels und Göring im Kriege zur Kirche standen, dafür gibt es zahlreiche Belege. Hier einer aus dem Tagebuch des Propagandaministers vom März 1942: «Ebenso hat Göring einen sehr scharfen Brief an die Bischöfe Galen in Münster und Berning in Osnabrück geschickt. Er hat sie an ihren in seine Hand geschworenen Diensteid dem Staate gegenüber erinnert und ihnen die schwersten Vorwürfe für ihr verräterisches Verhalten gemacht. Es treffen gerade in meiner Anwesenheit die Antworten auf diesen Brief ein. Diese sind verhältnismäßig kleinlaut. Die Herren Bischöfe versuchen sich zwar herauszureden und mit verklausulierten Wendungen zu beweisen, daß sie doch ihren Eid gehalten hätten. Aber das wird natürlich nicht akzeptiert. Ich schlage Göring einen neuen Brief, vor allem an Galen, vor, in dem er ihm ganz eindeutig den Vorwurf macht, daß er durch seine Behauptung von liquidierten Schwerverwundeten im Reiche die schwerste Unordnung angerichtet habe und daß gerade seine Auslassungen vom englischen Propagandadienst gegen das nationalsozialistische Regime verwendet würden. Andererseits aber ist nicht zu verkennen, daß gewisse Maßnahmen der Partei, vor allem der Kruzifix-Erlaß, den Bischöfen ihre Propaganda gegen den Staat allzuleicht gemacht haben. Göring beklagt sich auch sehr. Er steht ganz offen und freimütig den christlichen Konfessionen gegenüber. Er durchschaut sie genau und hat in keiner Weise die Absicht, sie in seinen Schutz zu nehmen. Andererseits aber vertritt er in diesem Punkte genau dieselben Ansichten wie ich, daß es nämlich nicht angängig ist, ein so schwieriges und weittragendes Problem jetzt im Kriege aufzurollen. Auch der Führer hat ihm denselben Standpunkt vermittelt, wie er das mir so

45 Eugen Kogon: ‹Der SS-Staat. Das System der deutschen Konzentrationslager›. München 1946, S. 17.
46 Picker, a. a. O., S. 374.

und so oft getan hat. Der Führer hat in diesem Zusammenhang erklärt, wenn seine Mutter noch lebte, würde sie heute zweifellos in die Kirche gehen, und er wollte und könnte sie nicht daran hindern. —»47

Das war auf dem Höhepunkt von Hitlers Macht, als ganz Europa, außer England, ihm ausgeliefert war. Einige Monate später sagte er zu Himmler, der, erleichtert durch die Ermordung Heydrichs, «auch in der Kirchenfrage» etwas behutsamer sein wollte: «Wenn gefüllte Kirchen mir die Ruhe im deutschen Volke erhalten helfen, so ist in Anbetracht der Kriegsbelastung nichts dagegen einzuwenden.» Hitlers Opportunismus ging so weit, die Oberammergauer Festspiele in den Dienst des Antisemitismus zu stellen. Er sagte 1942: «Es sei eine der wichtigsten Aufgaben, Deutschlands kommende Geschlechter vor einem gleichen politischen Schicksal (wie dem deutschen von 1918 bis 1933) zu bewahren und deshalb das Bewußtsein der rassischen Gefahr in ihnen wachzuhalten. Allein schon aus diesem Grunde müßten die Oberammergauer Festspiele unbedingt erhalten werden. Denn kaum je sei die jüdische Gefahr am Beispiel des antiken römischen Weltreichs so plastisch veranschaulicht worden wie in der Darstellung des Pontius Pilatus bei diesen Festspielen; erscheine dieser doch als ein rassisch und intelligenzmäßig so überlegener Römer, daß er wie ein Fels inmitten des vorderasiatischen Geschmeißes und Gewimmels wirke. In der Anerkennung der ungeheuren Bedeutung dieser Festspiele für die Aufklärung auch aller kommenden Geschlechter sei er ein absoluter Christ.»48

Die Zahlen, die Gerstein in seinem Bericht (siehe bei Poliakov—Wulf 49 und in den *Vierteljahresheften für Zeitgeschichte* 50) nannte, wurden hier, obwohl der Autor nicht daran zweifelte, wie immer im Drama, durch geringere, also glaubhaftere ersetzt, die schon zu diesem Zeitpunkt in die alliierte Presse gelangt sind. So berichtete am 21. Januar 1943 der in Bern stationierte Vertreter des Weltjudenkongresses, Gerhard Riegner, daß in Polen täglich 6000 Juden ermordet würden. Dieser Bericht führte wieder zu einer öffentlichen Protestkundgebung im New Yorker Madison Square Garden. Schon im August 1942 hatte Riegner über Hitlers Ausrottungspläne nach Washington berichtet und diese Nachrichten im November durch vier neue, beeidigte Berichte an Staatssekretär Sumner Welles im State Department bestätigen lassen. Schon am 21. Juli 1942 hatte Präsident Roosevelt anläßlich einer Demonstration im Madison Square Garden an Dr. Wise geschrieben: «The American people not only sympathize with all victims of Nazi crimes but will hold the perpetrators of these crimes to strict accountability in a day of reckoning which will surely come.» Übrigens hatte Hitler am 30. September 1942 öffentlich sein «Versprechen» wiederholt, die Juden in Europa «auszurotten». Am 17. Dezember 1942 erklärten die Alliierten feierlich die Sühnung der Massaker.

Die Schilderung Gersteins über die Vergasung in Belzec wurde hier ergänzt durch Details aus dem berühmten Bericht des Ingenieurs Hermann Friedrich Graebe 51, der als Geschäftsführer der Solinger Baufirma Josef Jung am 5. Ok-

47 Goebbels, a. a. O., S. 137–138.
48 Picker, a. a. O., S. 314–315.
49 Léon Poliakov und Josef Wulf: ‹Das Dritte Reich und die Juden. Dokumente und Aufsätze›. Berlin 1955, S. 101–115.
50 *Vierteljahreshefte für Zeitgeschichte* (Stuttgart) Jg. 1/1953, S. 177–194.
51 Poliakov—Wulf, a. a. O., S. 143–145.

tober 1942 in Sdolbunow/Ukraine bei einer Massenerschießung jüdischer Familien zugesehen hat. Solche Erschießungen in Gruben und Steinbrüchen, etwa am Stadtrand von Kiew, wo am 28./29. September 1941 34 000 Menschen ermordet wurden, waren vor vielen Angehörigen der Wehrmacht ebensowenig geheimzuhalten wie vor der einheimischen Bevölkerung, aus der sich in der Ukraine und im Baltikum oft Freiwillige rekrutierten, um die Treibjagden und Erschießungen unter deutscher Anleitung durchzuführen. Auch in den Tagebüchern Ernst Jüngers finden sich Eintragungen über fürchterliche Gerüchte, die ihn erreichten: 6. März 1942; 31. Dezember 1942; 21. April 1943.[52] Sie erreichten die meisten Europäer... sofern diese daran stark interessiert waren. Einzelheiten hat auch Thomas Mann am 27. September 1942 über die British Broadcasting Corp. in einer seiner monatlichen, beklemmend eindrucksvollen Acht-Minuten-Reden bekanntgegeben. Im gleichen Monat erschien ein Buch, das die ersten fünfundzwanzig der im Oktober 1940 begonnenen Radiosendungen Thomas Manns vereinigte.[53] Schon die darin enthaltene Rede vom November 1941 berichtet von Massenmorden an Juden und Polen. Im Januar 1942 hat Thomas Mann dann berichtet, daß Juden aus Holland vergast worden seien. Einzelheiten, die Zahl der Vergasten und den Ort des Verbrechens: Mauthausen, gab später die holländische Exilregierung bekannt, und wiederum auch Thomas Mann, im Juni 1942 in deutscher Sprache, am Rundfunk und in dem genannten Buch. Auschwitz war als Zentrum der Vernichtungsaktion noch nicht bekannt, obwohl die New Yorker *Neue Volkszeitung* schon am 14. Juli 1941 und am 14. März 1942 über die «Folterhöhle» Oswiecim berichtet hatte, und dann ein Bulletin der jüdischen Telegrafen-Agentur in London am 13. Dezember 1943 von 580 000 in Auschwitz umgekommenen Juden sprach. Diese Agentur gab sechs Monate später, am 2. Juni 1944, die Zahl der in Auschwitz bis Mitte 1942 ermordeten Juden mit schätzungsweise 800 000 an. Da es sich aber um Juden handelte, erregten solche Bulletins bei den kriegführenden Christen beider Parteien nicht im entferntesten das Aufsehen, das ihnen zugestanden hätte und das den täglichen Kriegsereignissen vorbehalten blieb. Ein Volk im Krieg hat mit sich selbst genug zu tun — das erklärt vieles. Ohne Frage durfte man Hitlers in aller Öffentlichkeit abgegebenen «Versprechen», die Juden «*auszurotten*», wie er mehrfach sagte, vollen Glauben schenken. Und ohne Frage wußte seinerseits der deutschen Grenzen sowohl wie innerhalb Deutschlands jede Persönlichkeit von Rang und Einfluß, *daß* sozusagen gesetzmäßig und ständig ausgerottet wurde und die Deportationszüge ins Nichts führten. Im Oktober 1943 konnte man beispielsweise in Amerika lesen, daß 4000 Kinder zwischen 2 und 14 Jahren, 60 in *einem* Waggon, aus Frankreich, getrennt von ihren Eltern und ohne Angabe des «Bestimmungsortes», nach Osten geschafft worden waren.

Am 22. Juni 1943 hatte der Botschafter der polnischen Exilregierung in Washington Jan Ciechanowski den Leutnant Jan Karski empfangen, der als geheimer Sendbote der kommunistenfeindlichen unterirdischen Behörden in Polen zum zweiten Male nach London und den USA geschickt worden war, um den zuständigen Zivil- und Militärbehörden Nachrichten und Augenzeugenberichte zu übermitteln. Auch der Präsident hat ihn empfangen, und Karski hatte Gelegenheit, Roosevelt «ein Bild von den Konzentrationslagern zu ent-

52 Ernst Jünger: ‹*Strahlungen*›. Tübingen 1949, S. 105 f, 250, 309.
53 Thomas Mann: ‹*Deutsche Hörer! 25 Radiosendungen nach Deutschland*›. Stockholm 1942.

werfen, in denen Massenmorde an der Tagesordnung waren. Er erzählte von Oswiecim (Auschwitz), Majdanek, Dachau, Oranienburg, vom Frauenlager in Ravensbrück und gab dem Präsidenten eine nervenkitzelnde Beschreibung davon, wie er selber — als Polizist verkleidet — die beiden Lager Treblinca und Belsec besucht hatte, in denen Juden in Eisenbahnwaggons vergast worden waren. ‹Ich bin überzeugt, Herr Präsident›, fuhr Karski fort, ‹daß die Berichte über die Lage der Juden nicht übertreiben. Unsere unterirdischen Behörden sind völlig überzeugt davon, daß die Deutschen die gesamte jüdische Bevölkerung ausrotten wollen. Zuverlässige Berichte unserer Gewährsleute besagen, daß bis zu dem Tage, an dem ich Polen verließ, allein in Polen 1 800 000 Juden ermordet worden sind … Die Führer unserer unterirdischen Organisation haben mir aufgetragen, den britischen und amerikanischen Militärbehörden mitzuteilen, diese Massenausrottung könnte nur dadurch gebremst oder wenigstens eingedämmt werden, daß man unmittelbare Vergeltungsmaßnahmen ergreift und nach Abwurf von Millionen von Flugblättern, welche die Deutschen darüber aufklären, daß sie zur Strafe für die Ausrottung der Juden bombardiert würden, ein Massenbombardement deutscher Städte durchführt.›»[54]

Tatsächlich haben die alliierten Bomber im Sommer 1943 auch Flugblätter über Deutschland abgeworfen, die von der Ausrottung der Juden, auch über manche Einzelheiten, zum Beispiel die aufgefundenen Massengräber in Charkow, berichtet haben. Oft wurden Jungvolk-Führer, also Zwölf- bis Vierzehnjährige eingesetzt, um diese Flugblätter aufzulesen und zu verbrennen.

Vermutlich hat unter anderen und wesentlich früheren Berichten auch die Schilderung Karskis den Präsidenten bewogen, Pius XII. durch seinen Sonderbeauftragten Myron C. Taylor und auf anderen Wegen bitten zu lassen, der Papst möge die Katholiken ex cathedra gegen die Schandtaten Hitlers aufrufen. Der ehemalige polnische Botschafter in Washington antwortete (Brief an den Verfasser), auf die Frage, ob er Karskis Bericht an den Vatikan weitergeleitet habe, daß er nicht nur den apostolischen Delegaten in Washington (dem heutigen Kardinalsstaatssekretär Cicognani), sondern auch dem amerikanischen Kongreß, den Kardinälen, Bischöfen und Universitäten diese Nachrichten über die Ausrottung der Juden zugeleitet habe — und zwar hat er bis zu seiner Abberufung am 5. Juli 1945 immer und immer wieder diese und neue Informationen aus Polen an die Erwähnten gegeben. Auch schon vor Karskis Ankunft, schon vom Mai 1941 an, hat Botschafter Ciechanowski alles in seinen Kräften Stehende getan, um in Washington die Vorgänge bekanntzumachen.

Wenn Professor Golo Mann in seiner ‹Deutschen Geschichte›[55] behauptet, die Alliierten hätten von den Gaskammern in Österreich und Polen während des Krieges nichts gewußt — sein Vater klagte schon 1942 öffentlich Vergasungen in Mauthausen an —, so setzte er, ganz unbewußt natürlich, damit den Versuch der Engländer und Amerikaner fort, eine Entschuldigung zu finden für die Ignoranz, mit der sie jahrelang den zuverlässigsten Informationen über den Massenmord begegnet sind. Ihr Entsetzen, ihre Wut, als sie 1945 dann die Lager aufbrachen, entsprang nicht zuletzt auch der Schuld, der sie sich selbst anzuklagen hatten. Wer hätte die Juden schon gezählt, die der «Endlösung» (die deshalb natürlich nicht entschuldbar wird) zum Opfer fielen, weil ihnen

54 Jan Ciechanowski: ‹Vergeblicher Sieg›. Zürich 1948, S. 184–185.
55 Golo Mann: ‹Deutsche Geschichte des neunzehnten und zwanzigsten Jahrhunderts›. Frankfurt a. M. 1958.

die Einreise in andere Staaten herzlos und unnötig verweigert wurde? – eine Tragödie für sich. Als ein Halbjude im Januar 1944 der Berliner Journalistin Ursula von Kardorff das «schreckliche Strafgericht» ankündigte, das die Alliierten für das Kriegsende über die Deutschen verhängt hätten, notierte sie in ihr Tagebuch: «Gewiß, wir haben grauenhafte Schuld auf uns geladen, aber die anderen doch auch, die Amerikaner und Engländer, die den fliehenden Juden die Einreise so schwer machten. Sie haben keinen Grund, wie die Pharisäer den Richter zu spielen. Bärchen fragte: ‹Wo waren denn die anderen, als die Juden bei uns nach dem 9. November 1938 fortgehen mußten? Wer hat ihnen denn die Einreise so erschwert, daß viele es wieder aufgaben und nach Kriegsausbruch einem menschenunwürdigen Dasein ausgeliefert wurden?› Sie erzählte, wie sie immer wieder vergeblich versucht hätte, für eine jüdische Freundin, deren Brüder schon in Amerika waren, eine Auswanderungsmöglichkeit zu finden. Wie sie von Konsulat zu Konsulat gelaufen sei, mit Empfehlungen von Diplomaten und einflußreichen Journalisten ausgerüstet. Stundenlang stand sie vor dem amerikanischen Konsulat Schlange. Drei Tage hintereinander, und dann sagt ihr dort eine amerikanische Sekretärin recht erstaunt, sie verstehe nicht, wie sich eine Deutsche für eine Jüdin einsetzen könne, das sei doch verboten.

Ich weiß nicht, ob wir Dr. Meier überzeugten, er ist verzweifelt, weil sein jüdischer Vater in einem Lager bei Darmstadt verhungert ist. Daß er eine Strafe für uns alle erhofft, kann ich ihm nicht übelnehmen. Draußen fallen die Besten für einen Sieg, den ich fürchte – denn wenn Hitler siegt, sind wir verloren. Und wenn er nicht siegt?»[56]

Professor Mann schrieb 1955 über die letzten Monate Carl Goerdelers, im Winter 1944: «Man schämt sich der eigenen Haltung während dieser Monate, schämt sich Deutschlands, der Alliierten...»[57] Und über den berühmten Brief Goerdelers an Kluge: «Hätten die Anglo-Amerikaner damals gewußt, daß solche Briefe in Deutschland von hervorragenden Männern geschrieben wurden! Hätten sie sich ernsthaft bemüht, es zu wissen, und ernsthafte Folgerungen daraus gezogen!»[58]

Im Falle der Judenausrottung haben sie sich nicht einmal bemühen müssen; es wurde ihnen gesagt und immer wieder gesagt, bis sie es nicht mehr hören mochten. Botschafter Ciechanowski schreibt über den Sommer 1942: «Die unglaublichen Einzelheiten in dem System der Ausrottung, das Hitlers Banden praktizierten, waren den Amerikanern zum großen Teil noch unbekannt. Aber dank dem vollkommenen System eines täglichen Kontaktes mit den unterirdischen Organisationen, das sie erfolgreich verwirklicht hatten, war die polnische Regierung über alle diese Geschehnisse eingehend unterrichtet. Aus den Informationen, die ich erhielt und fortlaufend an die amerikanische Regierung und die Presse weiterleitete und in zahlreichen Reden in vielen amerikanischen Städten anführte, ging der ungeheuerliche Plan von Hitlers Massenausrottung polnischer Juden und Juden anderer Länder, die nach Polen verschleppt wurden, klar hervor. Die unterirdische Widerstandsbewegung in Polen forderte dringlich, unsere Regierung möge diese Tatsachen unseren Alliierten und vor allem der amerikanischen Regierung unterbreiten. General Sikorski war in

56 Ursula von Kardorff: ‹Berliner Aufzeichnungen aus den Jahren 1942 bis 1945›. München 1962, S. 106–107.
57 Golo Mann: ‹Carl Goerdeler›. In: Merkur (Stuttgart) Jg. 9/1955, S. 670.
58 Ebd., S. 671.

London damit beschäftigt, und ich in Washington leitete seine Gesuche an den Präsidenten, das State Department und die Stabschefs weiter . . .»[59]

Ciechanowski, der übrigens auch die makaberste Schilderung der verzweifelten Suche nach den — zunächst spurlos — verschwundenen polnischen Offizieren und die Tatsache bekanntgibt, daß eine Viertelmillion polnischer Juden nach Sibirien verschleppt worden ist — erzählt dann, wie er bei Roosevelt persönlich schon 1942 vergebens Vergeltungsmaßnahmen und einen Protest der Großmächte gegen die Massaker durchzusetzen versuchte . . . «Überhaupt mußte einem damals ein ganz allgemeiner Mangel an Einsicht, welche Barbarei die Deutschen vertraten, und eine gewisse Gutmütigkeit gegenüber den Deutschen auffallen. Sie machten sich plötzlich in manchen meiner Beziehungen zu amerikanischen Beamten und Vertretern der öffentlichen Meinung in Amerika bemerkbar . . . und selbst Beamte, die die Möglichkeit besaßen, sich eingehend zu informieren, weigerten sich zu glauben, daß die Deutschen solcher Greuel . . . fähig wären.»[60]

Daß noch ein volles Jahr nach dem Besuch Karskis beim Präsidenten, noch 1944, die Deutschfreundlichkeit in Amerika entschieden zunahm, erklärt Ciechanowski mit drei Gründen: «Je gewisser der Endsieg wurde, um so mehr begann die angeborene Sportlichkeit des amerikanischen Volkes wieder aufzuleben.»[61] Zweitens: «Die Wahlen standen bevor. Die zahlenmäßig starke und straff geleitete Gruppe der Amerikaner deutscher Herkunft hatte auf die Wahlen einigen Einfluß.»[62] Drittens: die deutschfreundliche Stimmung nahm zu, «weil die Angst vor Rußland und dem Kommunismus stieg. Der Gedanke, Deutschland könnte nach seiner Säuberung vom Nationalsozialismus als bequeme Barriere gegen die sowjetische Expansion verwendet werden, gewann immer mehr Anhänger.»[63] Es ist unehrlich, die Augen vor der Tatsache zu verschließen, daß die Juden in corpore von keinem Volk, vielleicht vom dänischen abgesehen, und auch vom Vatikan und vom Roten Kreuz nicht, die gleiche Unterstützung erhoffen konnten, die nicht-jüdischen Verfolgten zuteil geworden wäre. Das ist eine entsetzliche Wahrheit. Herr von Kessel, der zugunsten Weizsäckers in Nürnberg aussagte, wurde vor Gericht gefragt:

«Da Sie sowohl längere Zeit beim Internationalen Roten Kreuz als auch längere Zeit beim Vatikan tätig waren, möchte ich Sie bitten, zusammenfassend zu zwei Fragen Stellung zu nehmen. Haben diese beiden großen humanitären Organisationen je einen prinzipiellen Protest bei Hitler gegen die Judenmaßnahmen eingenommen?

A: Nein, beide nicht.

F: Können Sie das konkret schildern, ob beim Roten Kreuz einmal ein solcher Plan erwogen wurde?

A: Ja, ein Mitglied des Komitees des Internationalen Roten Kreuzes begegnete mir eines Tages in Genf und sagte: Es ist eine furchtbare Geschichte passiert. Ein weibliches Mitglied des Komitees verlangt von uns einen offiziellen Protest gegen die Judenverfolgungen in Deutschland. Wie sollen wir das tun. Die Schweiz ist von dem nationalsozialistischen Herrschaftsgebiet eingeschlossen. Wenn wir protestieren, kündigt Hitler das Genfer Abkommen und

59 Ciechanowski, a. a. O., S. 124.
60 Ebd., S. 126.
61 Ebd., S. 285.
62 Ebd.
63 Ebd., S. 286.

wir müssen unsere gesamte Arbeit einstellen, sowohl für die Alliierten wie für die deutschen Kriegsgefangenen, wie für die besetzten Gebiete, die Notleidenden und die Zivilinternierten. Wir befinden uns in einer entsetzlichen Lage, sagte er ... Ein paar Tage später traf ich denselben Herrn wieder und er sagte: Gott sei Dank, nach stundenlangen Verhandlungen ist es abgelehnt worden, offiziell zu protestieren. Es ist ein furchtbar schwerer Entschluß für uns alle, aber wir können nun wenigstens weiterarbeiten.»

Ob das Rote Kreuz wohl ebenso klug taktiert hätte, wenn ihm beispielsweise mitgeteilt worden wäre, daß in Deutschland — wie in Japan — abgeschossene alliierte Bomberpiloten, die Phosphor auf Zivilisten geworfen hatten, umgebracht würden wie die Juden?

Goebbels notierte am 13. Dezember 1942: «Die Frage der Judenverfolgungen in Europa wird von den Engländern und Amerikanern bevorzugt und in größtem Stil behandelt...»[64] Am 14. 12.: «Jüdische Rabbiner in London veranstalten eine große Protestversammlung unter dem Thema: ‹England erwache!›... Die Juden in London setzen einen Trauertag an wegen der angeblichen Greuel, die wir uns ihnen gegenüber in Polen zuschulden kommen ließen. Auch in Schweden und in der Schweiz hat die Stimmung uns gegenüber außerordentlich nachgelassen.»[65]

Emanuel Ringelblum hat in seiner Chronik des Warschauer Gettos den 26. Juni 1942 als den «Großen Tag» registriert, an dem zum ersten Male der Weltöffentlichkeit die Ausrottung der Juden in Polen bekanntgegeben wurde: «Heute morgen hat der englische Rundfunk über das Schicksal der polnischen Juden berichtet... Monatelang haben wir gelitten, weil die Welt gegenüber unserer Tragödie ohne Beispiel taub und stumm geblieben ist. Wir klagten die polnische öffentliche Meinung und die Verbindungsleute an, die mit der polnischen Exilregierung Kontakt hatten.» So schreibt der Chronist, der dann im März 1944 mit seiner Familie umgebracht wurde. «Warum gaben sie der Welt nicht bekannt, daß die Juden in Polen ausgerottet wurden? Verschwiegen sie absichtlich unsere Tragödie, damit die ihre nicht im Schatten blieb?... Die heutige Sendung hat die Bilanz gezogen: 700 000, die Zahl der bis jetzt umgebrachten Juden, ist genannt worden.»[66]

Der in Paris lebende Historiker Léon Poliakov, der Ringelblums Chronik ins Französische übersetzt hat, bestätigt ebenfalls (Brief an den Verfasser), daß «im Juni 1942 die Informationen über die Judenvernichtung in Polen auch dem Vatikan offiziell mitgeteilt wurden».

Über die sehr weitgespannte Tätigkeit des vatikanischen Informations- und Nachrichtendienstes zugunsten von Flüchtlingen und Kriegsgefangenen in den Jahren 1939–46 unterrichtet: ‹Aperçu sur L'Œuvre du Bureau d'Informations Vatican›, erschienen 1948 Tipografia Poliglotta Vaticana.[67] In Büchern über Pius XII. und den Vatikan überhaupt liest man, der Heilige Stuhl sei die bestinformierte Institution der Erde. So bei Bernard Wall: «... an Orten, die noch kein Geheimagent irgendeiner Großmacht je besucht hat, kann man einen

64 Goebbels, a. a. O., S. 222.
65 Ebd., S. 224–225.
66 ‹Warschauer Getto. Die Augenzeugen›. In: Der Spiegel (Hamburg) Jg. 14 (1960), Nr. 39, S. 82.
67 ‹Aperçu sur L'Œuvre du Bureau d'Informations Vatican, 1939–1946›. Tip. Vat. 1948, p. 65–66.

Priester finden. Er kommt mit Menschen aus allen Gesellschaftsschichten zusammen und kann sich, da er unverheiratet und frei von Familienpflichten ist, vollkommen seinen Aufgaben widmen ... Hinter dem Eisernen Vorhang leben viele Priester, in Gefängnissen und Konzentrationslagern, aber auch solche, die kürzlich aus der Haft entlassen wurden. All diese Nachrichten erreichen Rom, wo sie sorgfältig registriert und aufbewahrt werden ... Hitlers Einfall in Rußland war für den Vatikan keine große Überraschung; es scheint, als hätten die Jesuiten durch ihre polnische Ordensprovinz schon frühzeitig von den Vorbereitungen Kunde gehabt.»[68]

Als der beste Informant des Papstes soll während des Krieges der New Yorker Erzbischof Kardinal Spellman bezeichnet worden sein, der als amerikanischer Militärseelsorger die Welt bereiste und wiederholt in Rom Station machte. Herbert Tichy schrieb 1949 in seinem Werk über den Vatikan: «Wahrscheinlich wußte der Vatikan damals — nicht nur durch Spellmans Bemühungen — erstaunlich gut über die meisten Geheimnisse der kriegführenden Mächte Bescheid. Im Februar 1943, also zweieinhalb Jahre vor Hiroshima, machte der Papst in einer Ansprache an die Päpstliche Akademie einen Hinweis auf die Atombombe. ‹Wir wissen›, sagte er, ‹daß ein Uran-Atom, wenn es mit Neutronen bombardiert wird, sich zersetzt, weitere zwei oder mehr Neutronen freisetzt, die ihrerseits wieder weitere Uran-Atome zerstören und so eine Energiewelle erzeugen. Ein Kubikmeter Uraniumoxyd kann eine Milliarde Tonnen auf eine Höhe von siebenundzwanzig Kilometern heben ... Es ist wichtig, daß die Freisetzung solch unvorstellbarer Kraft chemisch kontrolliert wird, um die Zerstörung unseres Planeten zu verhindern.›»[69]

Weizsäcker stellte es in seinen Memoiren so dar, als habe nicht nur Ribbentrop, sondern auch Hitler ihn allein deshalb an den Vatikan gehen lassen, um ihn los zu sein.[70] Das war nach dem Krieg die brauchbarste Version. Glaubhaft ist sie nicht. Hitler war beunruhigt über Gerüchte, denen zufolge Mussolini sich nicht mehr lange halten könnte. Einen Sicherheitsdienst für Italien hatte er verboten, aus Fairneß gegenüber Mussolini. Seinem Botschafter am Quirinal traute er kaum zu, die Lage diplomatisch zu meistern oder die richtigen Informationen zu liefern. Schon deshalb mochte es ihn beruhigen, auch Weizsäcker noch nach Rom zu senden. Aber auch aus anderem Grund: Wer bei Goebbels liest, wie sehr ihn die Frage beschäftigte, die er auch Hitler vorlegte, ob nicht mit diesem Papst im Hinblick auf Friedensvermittlung «einiges zu machen wäre»[71], der glaubt nicht, daß Weizsäcker nur an den Heiligen Stuhl versetzt wurde, um Boccia zu spielen. Er selbst mag Ende 1943 schon entschlossen gewesen sein, niemals einen Kompromiß zwischen Hitler-Deutschland und den Westmächten zu vermitteln, sondern nur für ein Deutschland ohne Hitler als Friedensvermittler aufzutreten. An einen Vertrauten in Deutschland schrieb er am 29. Dezember 1943: «Carl Friedrich geht es gut. Er könnte wohl noch etwas aktiver werden; das habe ich ihm auch gesagt. Aber natürlich steht ihm Carl im Wege oder wenigstens dem Erfolg seiner Bemühungen. Da ist wohl nichts zu machen?» Mit «Carl Friedrich» war der Papst gemeint, mit «Carl» Hitler.

68 Bernard Wall: ‹Der Vatikan. Reich ohne Grenzen›. Stuttgart 1957, S. 173–174, 189.
69 Herbert Tichy: ‹Auf einem Hügel der Ewigen Stadt ... Erlebter Vatikan›. Wien 1949, S. 197.
70 Weizsäcker, a. a. O., S. 345.
71 Goebbels, a. a. O., S. 246.

Professor Leiber sagte: «Über die Vorgänge in Deutschland war Herr von Weizsäcker, vor allem, solange er das Amt des Botschafters innehatte, aus verständlichen Gründen sehr zurückhaltend ...»

Dem entspricht, was mir einer der wenigen überlebenden Vertrauten des Admirals Canaris erzählte, der während des Krieges zweimal am Vatikan auch über die Judenausrottung gesprochen hat: Er macht darin eine Ausnahme – die meisten Exponenten des innerdeutschen Widerstandes haben es bewußt vermieden – auch Weizsäcker –, der Welt das Ausmaß der im Namen Deutschlands begangenen Verbrechen zu schildern, um draußen nicht jede Kompromißbereitschaft zu zerstören. Man hatte ja inzwischen erfahren müssen, daß die Welt die Deutschen und die Nazis weitgehend identifizierte. Ebenso aber wie nach Hitlers Beseitigung die Fronten noch halten sollten, damit Deutschland verhandlungsfähig bleibe, so sollten von den Verbrechen nicht noch mehr als ohnehin schon bekannt geworden waren, ruchbar werden, damit die Deutschen überhaupt noch als verhandlungswürdig angesehen würden.

Wenn heute immer wieder den Engländern und Amerikanern vorgeworfen wird, sie hätten den oppositionellen Kreisen in Deutschland zu wenig Entgegenkommen gezeigt, so wird dabei verschwiegen, wie raffiniert im Spätherbst 1939 Heydrich und Schellenberg den Secret Service durch den «Venlo-Zwischenfall» getäuscht und geschädigt hatten: wie sollte da bei den Engländern ein zweites Mal Vertrauen in einen Sturz des Hitler-Regimes durch höhere deutsche Offiziere erweckt werden?

Weizsäckers facettenreicher, unauslotbarer Charakter ist, künstlerisch gesehen, einer der faszinierendsten der Zeitgeschichte – es wäre unverantwortlich, diese Gestalt als Nebenfigur in einem Drama zu behandeln, weshalb sie hier lieber ganz ausgespart wurde.

Er hört als einer der ersten durch Canaris von den Massenmorden an Juden: er ist auch später intim vertraut mit dem Abwehrchef, der sicherlich zu den drei bis fünf bestinformierten Deutschen der Hitlerzeit zählt. Trott zu Solz sagte vor Freisler, da er Weizsäcker beim Vatikan in Sicherheit wußte, der Staatssekretär sei das Oberhaupt der Verschwörung gegen Hitler in der Wilhelmstraße gewesen. Und trotz diesem und vielen anderen Beweisen seiner Widerstandtätigkeit handelte Weizsäcker oft vollkommen erbarmungslos; so etwa, als ihm der schwedische Gesandte die Bitte vorträgt, Juden aus Norwegen, die nach Auschwitz verschleppt werden sollen, nach Schweden bringen zu dürfen, und Weizsäcker Ribbentrop berichtet, er habe abgelehnt, diese Frage auch nur zu besprechen. Poliakov–Wulf druckten Dokumente vom September und Oktober 1942 ab, denen zufolge Weizsäcker den ungarischen Gesandten drängte, der «Aussiedlung» der «zur Panikmache»[72] neigenden Juden nach Osten zuzustimmen; und so auch die Tatsache, daß Luther, im Auswärtigen Amt *die* treibende Kraft bei den Deportationen der Juden aus den verschiedenen Ländern Europas, «die von uns zu unternehmenden Schritte» Weizsäcker jeweils «vorher zur Genehmigung vorgelegt»[73] hat. Weizsäcker schreibt selbst, er habe, um nichts unversucht zu lassen, schon im Herbst 1941, als er von den Massakern erfuhr, Ribbentrop «zu einem allgemeinen Vorstoß gegen solche Greuel aufgerufen. Was daraus geworden ist, habe ich nicht erfahren. Im

---

72 Léon Poliakov und Josef Wulf: ‹*Das Dritte Reich und seine Diener*›. Dokumente. Berlin 1956, S. 79.
73 Ebd., S. 87.

ganzen ging das Judenproblem für mich in dem größeren allgemeinen Problem auf: wie kommen wir am schnellsten zu einem Frieden ohne Hitler?»[74] Zu wissen, daß die Juden im Osten massenweise ermordet wurden; dagegen einen Protest einreichen und, da er unbeantwortet bleibt, zwei volle Jahre nicht wieder danach fragen, während man in Deportationserlasse nach dem Osten verwickelt wird oder sogar ausländische Diplomaten drängt, ihre jüdischen Landsleute nach Osten zu verfrachten: versteht sich das von selbst? «Mißverstanden zu werden», resümiert Weizsäcker souverän seine Berliner Tätigkeit, «das gehört zu den Risiken des diplomatischen Berufs. Wer mich nicht von selbst verstand, dem hatte ich auch nichts mitzuteilen.»[75]

«Meine Ratschläge lauteten seit Spätsommer 1938 nie mehr anders, als daß Hitler zu beseitigen sei»[76], schreibt Weizsäcker. Aber er sagte — nicht zu zwölfjährigen Hitlerjungen, sondern zu Diplomaten, die aus Amerika zurückgekehrt waren, am 20. Mai 1942, zur Bestürzung Becks, im Kaisersaal des Frankfurter Römers: «Wenn Sie jenseits des Ozeans das Trommelfeuer feindlicher Propaganda und Lügen überstanden haben, und wenn Sie beobachtet haben, wie unsere Feinde einen Krieg der Worte führen, dann werden Sie jetzt feststellen, daß wir hier in Deutschland einen Krieg der Taten führen. Hier werden Sie keinen ‹American way of life› erleben; hier herrscht noch die gute alte deutsche Art, sich der Dinge anzunehmen. Bei uns gibt es keine Ausschußberatungen, bei uns herrscht das Führerprinzip. Hier gibt es auch keine ‹Plaudereien am Kamin›; vielmehr finden Sie hier Initiative, Entschlußkraft, Befehle, Angriffsfreudigkeit und Schläge gegen den Feind . . . Für uns gilt nur, was der Führer befiehlt; sein Wille ist unser Wille, sein Glaube an den Sieg ist unser Glaube an den Sieg.»

Schon im September 1941 ließ Weizsäcker Ribbentrop bedeuten, er möge ihn an den Heiligen Stuhl versetzen. Als er sich dann, ein Jahr nach der erwähnten Rede, in Rom akkreditierte, weil der Vatikan nach seiner Vorstellung «am meisten Einflußmöglichkeiten und zugleich einen guten Ausguckposten»[77] bot, sei die Kurie «unserer Leitung überhaupt uninteressant» gewesen. Man wird das mit gutem Recht so lange anzweifeln dürfen, wie der Inhalt der Gespräche, die Pius XII. mit Hitlers Botschafter führte, «dem guten Brauch der Kurie folgend»[78], verschwiegen werden. Goebbels jedenfalls sah die Stellung am Heiligen Stuhl *nicht* als Sinekure an, und Weizsäcker selbst hatte bei seiner Abschiedsvisite zu Hitler gesagt, er gehe doch gewissermaßen in Feindesland. Aus Goebbels' Tagebuch kann man ersehen, daß ihm gerade um diese Zeit der Vatikan durchaus nicht gleichgültig war. Er sagte zu Weizsäcker, diesen Posten beim Heiligen Stuhl «würde er sich selbst nicht zutrauen». Weizsäcker erwiderte: «‹Aber ich Ihnen› — was mit bissiger Heiterkeit unser Gespräch abschloß»[79]. Schon die «mahnungsvollen» Ausführungen des Papstes bei der ersten Begegnung, nach der Überreichung des Beglaubigungsschreibens durch Weizsäcker, sind «im Gegensatz zum sonstigen Brauch nie veröffentlicht worden»[80]. Zumindest wird von Weizsäcker der Anschein erweckt, als habe viel dahintergesteckt.

74 Weizsäcker, a. a. O., S. 338.
75 Ebd., S. 349.
76 Ebd., S. 177.
77 Ebd., S. 321–322.
78 Ebd., S. 356.
79 Ebd., S. 355.
80 Ebd.

Der Jesuitenpater Professor Leiber, ein enger Vertrauter des Papstes, hat in einem Aufsatz in *Stimmen der Zeit* über «Pius XII. und die Juden in Rom» geschrieben.[81] Anlaß seiner historischen Arbeit war das Erscheinen des Fotobandes ‹*Der gelbe Stern*›, in dem Weizsäckers Brief vom 28. Oktober 1943 (siehe Schluß des Dramas) abgedruckt ist. Einige Ergänzungen zu dem Aufsatz von Professor Leiber:

Es war eine Beschönigung, als Weizsäcker schrieb: «Da hier in Rom weitere deutsche Aktionen in der Judenfrage nicht mehr durchzuführen sein dürften.»[82]

Nicht nur Pater Leiber bestätigt, daß die Judenverfolgung «bis zum Abzug der Deutschen aus Rom am 4. Juni 1944»[83] andauerte. Pius XII. hat also nicht vorübergehend versagt, sondern nahezu neun Monate lang schweigend zugesehen, daß vor seiner Haustür die Opfer verladen wurden. Man betrachte die damalige strategische Situation: Am 16. Oktober 1943 überschritten die Amerikaner bereits den Volturno, am 13. Oktober hatte die Regierung Badoglio Hitler den Krieg erklärt. Es war nicht so, daß der Vatikan sich noch ernstlich vor Hitler hätte fürchten müssen. Dem Verfasser ist im Vatikan wiederholt bestätigt worden, daß dort niemand ernsthaft Hitler die Dummheit zugetraut hat, den Vatikan zu besetzen und etwa Pius XII. in eine Avignonsche Gefangenschaft zu entführen, so viele Gerüchte dieser Art damals auch einige harmlose Gemüter erhitzt haben. Ein Angebot, die Kurie solle für die Dauer der Besetzung Roms nach Südamerika emigrieren, ist im Vatikan keine Viertelstunde ernstlich diskutiert worden. Hitler hat, als er im intimsten Kreis seiner Wut und Enttäuschung Luft machte über die Verhaftung Mussolinis – so kurz nachdem er mit ihm zusammengetroffen war –, auch für einen Moment erwogen, «bei der Inhaftnahme der verantwortlichen Männer in Rom auch den Vatikan mit in Anspruch zu nehmen»[84]. Dem Hauptquartier war gemeldet worden, der Vatikan entfalte eine fieberhafte diplomatische Tätigkeit. Himmler, wie Schellenberg berichtet, und Goebbels und Ribbentrop, wie Goebbels schreibt, wandten sich sofort «stärkstens dagegen»[85]. «Ich glaube nicht, daß es notwendig ist, in den Vatikan einzubrechen, halte aber andererseits eine solche Maßnahme für außerordentlich verhängnisvoll in bezug auf die Weltwirkung unserer Maßnahmen.»[86] Noch am gleichen Tage ergänzte Goebbels diese Tagebucheintragung: «Jedenfalls sind sich jetzt alle, auch der Führer, schon einig darüber, daß der Vatikan bei den von uns zu treffenden Maßnahmen ausgenommen werden muß.»[87] Bevor die Deutschen im September Rom besetzten, fragte dann der Vatikan offiziell über Weizsäcker an, ob seine Rechte auch gewahrt würden. Hitler ließ diese Anfrage bejahen. Nach dem Einzug der Deutschen nahm der Stadtkommandant General Stahel mit dem Vatikan Verbindung auf und stellte Wachen, die «den Befehl hatten, jede Verletzung des vatikanischen Gebietes zu unterbinden». Vermutlich war es damit natürlich auch für Flüchtlinge schwierig, diesen Schutz des Vatikans zu durchbrechen, wenn sie nicht angemeldet waren.

Der deutsche Botschafter am Quirinal, Rahn, der in seinen Memoiren nicht

81 Robert Leiber: ‹*Pius XII. und die Juden in Rom 1943–1944*›. In: *Stimmen der Zeit* (Freiburg i. B. 1960/61) Bd. 167, S. 428–436.
82 Ebd., S. 428.
83 Ebd.
84 Goebbels, a. a. O., S. 373.
85 Ebd.
86 Ebd.
87 Ebd., S. 381.

wenig die Bedeutung seiner Bemühungen übertreibt, den Vatikan vor Hitler zu schützen, schloß seinen Bericht im Hauptquartier über die Lage im besetzten Rom: «‹Im übrigen vergaß ich zu berichten, daß ich mit dem Vatikan über General Stahel ein kleines Sonder-Konkordat abgeschlossen habe.› Bormann, der bittere Feind der katholischen Kirche, fuhr hoch, und Hitler schaute mich überrascht an. Im Stil einer kaufmännischen Darstellung gab ich dann Bericht über die Verdienste des Vatikans um die Wiederherstellung von Ruhe und Ordnung in Rom, für die unsere einzig verfügbaren zwei Sicherungskompanien allein nie ausgereicht hätten. Dazu sei ich natürlich genötigt gewesen, Sorge zu tragen, daß die Person des Papstes, der römische Klerus und die Kirchengüter unter allen Umständen geschützt würden. ‹Das ist ein Geschäft›, schloß ich, ‹und der Saldo ist mindestens ebenso zu unseren Gunsten wie zu jenen des Vatikans.› Der Ton schien richtig gewählt. Hitler sagte: ‹Ja, auf Geschäfte verstehen sich die römischen Herren.›»[88]

Die meisten italienischen Juden haben sich rechtzeitig nach Süden, zu den amerikanischen Truppen, geflüchtet. Von den päpstlichen Hilfswerken hat das St.-Raphaels-Werk 1500 Juden die Auswanderung nach Amerika vermittelt, 4000 wurden in Klöstern versteckt.

Professor Leiber schreibt, vor dem Hintergrund dieser Hilfsmaßnahmen erhalte der Brief Weizsäckers ans Auswärtige Amt ein anderes Gesicht. Daß Herr von Weizsäcker die Deportationen als «peinlich»[89] empfand, ist peinlich zu lesen. Die Genugtuung, daß der Papst nicht protestiert hat, spricht so deutlich aus seinem Brief, daß wahrhaftig niemand im Absender einen Widerstandskämpfer gegen Hitler vermutet. Wer in Berlin würde Weizsäcker — der übrigens in seinen Erinnerungen dem Abtransport der Juden aus Rom keine Zeile widmet — auf die Schliche gekommen sein, wenn er die «Empörung» des Papstes in seinem Brief noch dramatisiert und den Anschein erweckt hätte, als würde Pius XII. mit äußerster Entschlossenheit gegen die Henker auftreten? Er tat aber sogar das Gegenteil.

Durch seinen ironischen Hinweis auf das herzlose Gewäsch im *Osservatore Romano* hat er Berlin so vollständig beruhigt, daß man acht Monate hindurch in Rom Juden jagte, sooft die Willkür es eingab. Der Brief unterstreicht auch gebührend das diplomatische Geschick des Botschafters in der Behandlung des Heiligen Vaters. Man begreift um so weniger, daß Weizsäcker diesen Brief überhaupt nach Berlin schickte, wenn man liest, daß er zehn Tage zuvor, bei Beginn der Verhaftungen, spontan ans Auswärtige Amt schrieb, die Kurie sei sehr betroffen, der Papst werde aus seiner Reserve herausgedrängt und die Propaganda der Gegner werde «zwischen uns und der Kurie Unfrieden»[90] stiften. Warum mußte er dann später ausdrücklich Berlin auch noch die letzte Angst vor Pius XII. nehmen?

Es ist zu billig, zu unterstellen, er habe damit Berlin zeigen wollen, wie wichtig sein Botschafterposten am Vatikan sei, da ja dieser Stimmungsumschwung im Vatikan natürlich seinen Beeinflussungen zugeschrieben werden mußte. Aber gibt es eine andere Erklärung? — da man doch voraussetzt, daß Weizsäcker tatsächlich die Deportationen nicht wollte. Er war, wie gesagt, schon im Herbst 1941 von Canaris über Massenmorde an Juden unterrichtet worden —

88 Rudolf Rahn: ‹Ruheloses Leben. Aufzeichnungen und Erinnerungen›. Düsseldorf 1949, S. 233.

89 Leiber, a. a. O., S. 432.

90 Poliakov–Wulf, a. a. O., S. 84.

weshalb er an seine Formulierung, «zur Arbeit in Italien selbst verwendet»[91] kaum selber geglaubt haben dürfte. Schließlich verfolgte er die alliierten Nachrichten. Man hatte bekanntlich vor allem Frauen und Kinder, weniger Männer, weggeschleppt. Zur Arbeit? Es dürfte wohl unwahrscheinlich sein, daß er nicht gewußt hat, daß in dem Befehl zur Verhaftung der Juden, den der SS-Führer Kappler aus Berlin erhalten hatte, expressis verbis von der «Liquidierung»[92] der Juden die Rede war, denn Konsul Moellhausen von der Botschaft am Quirinal, der einen Verweis erhalten hatte, weil er in einem amtlichen Telegramm das Wort «liquidieren» benutzte, erzählte Weizsäckers engstem Mitarbeiter, dem Gesandtschaftsrat von Kessel, von seiner Intervention zugunsten der Juden, und beide waren erleichtert bei dem Gedanken, daß die Juden sich durch Lösegeld freikaufen könnten und dadurch wenigstens «körperlich verschont bleiben» würden.

In Nürnberg sagte von Kessel, der Weizsäcker sicherlich davon erzählt hat, vor dem Gerichtshof: «Wenn er [der Papst] nicht protestiert hat, so deswegen, weil er sich mit Recht gesagt hat: wenn ich protestiere, wird Hitler zur Raserei gebracht. Damit ist den Juden nicht nur nicht geholfen, sondern man muß sogar rechnen, daß sie dann erst recht umgebracht werden...» Während der Verhaftungen 1943 war von Kessel anderer Meinung. Man sagt heute im Vatikan, er sei *der* eindeutige scharfe Anti-Nazi in der deutschen Botschaft gewesen. So handelte er auch, gemeinsam mit dem Legationssekretär Gerhard Gumpert von der Wirtschaftsabteilung der deutschen Botschaft am Quirinal. Gumpert verabredete mit Kessel, daß der Ordensgeneral der Salvatorianer, Pancrazius Pfeiffer, einen Brief zum deutschen Stadtkommandanten bringen sollte, in dem «zum ersten Male seit Kriegsbeginn» eine einseitige Stellungnahme des Papstes angedroht werden sollte. Diesen Brief hat Bischof Hudal sofort, ohne Rückfrage bei seiner Obrigkeit, unterschrieben. Der Rektor der deutschen katholischen Kirche in Rom, Hudal, bat, «daß in Rom und Umgebung diese Verhaftungen sofort eingestellt werden; ich fürchte, daß der Papst sonst öffentlich dagegen Stellung nehmen wird, was der deutschfeindlichen Propaganda als Waffe gegen uns Deutsche dienen muß»[93]. Dieser Brief allein – dem ja kein ähnlicher aus der Feder eines italienischen Bischofs an die Seite gestellt werden kann, da niemals ein italienischer Bischof offen gegen die Verfolgung der Juden protestiert hat – sollte genügen, um Bischof Hudal, der heute sehr zurückgezogen in Grottaferata lebt, vor Verleumdungen zu bewahren, nur weil er sich, wie fast der ganze Klerus, anfangs durch Hitler Sand in die Augen streuen ließ. Er hat auch in der Anima Juden versteckt.

Aus diesem Brief des Bischofs zitierte Gumpert, als er sich ans Auswärtige Amt nach Berlin wandte. Auch Weizsäcker hat sich in seinem Brief nach Berlin vom 17. Oktober 1943 darauf bezogen. Er hat aber nicht, wie Gumpert zu seinen Gunsten aussagte, in diesem Brief «nachdrücklich die sofortige Einstellung der Judentransporte» gefordert.

Daß Weizsäcker dann zehn Tage später auch noch den Beruhigungsbrief ans Auswärtige Amt schickte – dafür, wie gesagt, fehlt der parlamentarische Ausdruck.

Er hat sogar den Vatikan noch zugunsten Hitlers «beraten».

Gumpert berichtete darüber in Nürnberg: «Als ich mich später bei Weiz-

91 Ebd.
92 Ebd., S. 80.
93 Ebd.

säcker verabschiedete, weil ich an die Botschaft nach Oberitalien versetzt war, kam er nochmals auf diesen Vorgang zu sprechen und äußerte wörtlich: ‹Das war wieder eine Schweinerei›. Auf die Berichte hin habe man in Berlin doch kalte Füße bekommen und die Abtransporte sofort eingestellt. Er fügte hinzu: ‹Ich kann Ihnen noch sagen, daß ich damals sehr vertraulich mit Montini (dem damaligen Unterstaatssekretär) gesprochen und ihn unterrichtet habe, daß eine Äußerung des Papstes nur bewirken würde, daß die Abtransporte erst recht durchgeführt würden. Ich kenne doch die Reaktion dieser Leute bei uns. Montini hat das übrigens eingesehen.›»

Das ist ein Sumpf: sein engster Mitarbeiter von Kessel bemüht sich, den Vatikan aus der Reserve herauszudrängen. Als wenigstens ein deutscher Bischof darauf eingeht, macht Weizsäcker dieses Anliegen vorübergehend auch zu dem seinen. Er droht Berlin mit einer Stellungnahme des Papstes, in der er also doch offenbar ein Abschreckungsmittel sieht. Gleichzeitig aber sagt er dem intimsten Mitarbeiter des Papstes, eine Äußerung des Heiligen Vaters werde nur bewirken, «daß die Abtransporte erst recht durchgeführt würden». Und Montini beziehungsweise der Papst lassen sich das nur zu gern gesagt sein — obwohl sie wissen, obwohl jedes Kind in Rom weiß, daß die ersten Juden bereits in die Waggons verladen sind; daß die Razzien so oder so weitergehen und Weizsäckers Worte also — gelinde gesagt: gegenstandslos sind.

Als endlich am nächsten Wochenende (25./26. Oktober) der *Osservatore Romano* meldet, daß «die universale und väterliche Hilfstätigkeit des Papstes … keinerlei Grenzen» kennt, sind die ersten 615 Römer am Vortage bereits in Auschwitz angekommen, 468 von ihnen schon im Krematorium.

Pater Leiber sagt, Pius XII. habe nicht protestiert, weil er «in Wirklichkeit umfassender»[94] dachte. Wenn Professor Leiber berichtet, daß z. B. in Rumänien Deportationen unterblieben seien, als der dortige Nuntius eingegriffen habe, so bestätigt das aber nur *die* These dieses Dramas: daß nämlich Hitler vor den Vernichtungen zurückschreckte, sobald hohe deutsche Kleriker (Euthanasie) oder der Vatikan, vertreten durch einen Nuntius, massiv auftraten. Dann schreckte Hitler zurück — in jedem Fall, in jedem. Deshalb hat es nicht die geringste Überzeugungskraft, wenn Leiber folgert, ausgerechnet eine Unterstützung dieser vereinzelten Hilfsmaßnahmen durch ein Machtwort des prominentesten aller Christen würde diese Versuche «mit hoher Wahrscheinlichkeit zum Scheitern verurteilt»[95] haben. Im Gegenteil!

Auch darf man bei der Lektüre seiner sonst so sachlichen Arbeit nicht dem Eindruck verfallen, die SS habe in Rom den Klerus terrorisiert. Die SS wußte genau, daß viele Klöster auch Verstecke für Juden und andere Verfolgte waren. Sie wußten sogar, daß im Lateran von dem italienischen General Bencivenga ein Funkgerät bedient wurde, so wie im Deutschen Haus am Campo Santo Teutonico zeitweise ein amerikanischer Agent mit Funkverbindung gesessen hatte. Trotz dieses offensichtlichen Mißbrauchs klerikaler Gebäude hütete Kappler sich, exterritoriale Häuser aufzubrechen. Freilich gab es Ausnahmefälle: So beschwerte sich Professor Augustin Bea, Rektor des Päpstlichen Bibelinstituts, bei Weizsäcker, daß im Oktober 1943 fünf SS-Männer in seinem Institut einen «ehemals jüdischen» Hausdiener gesucht hatten.

94 Leiber, a. a. O., S. 432.
95 Ebd., S. 433.

Der schlimmste und folgenschwerste Überfall auf ein päpstliches Institut geht aber zu Lasten der italienischen faschistischen Miliz, einer Bande unter ihrem brutalen Räuberhauptmann Koch, der nach dem Kriege hingerichtet wurde. Diese Italiener sollen auch den von Pater Leiber der deutschen SS zugeschriebenen Überfall auf das Kloster St. Paul vor den Mauern verübt haben.

Jedenfalls hat die Kurie noch im gleichen Monat, als die ausländische Presse von den Schandtaten in Rom berichtete und vermutlich in ihrer Enttäuschung über die Passivität des Papstes verzweifelt die lächerliche Begründung dafür erfand, die Deutschen hielten den Heiligen Vater sozusagen in Gefangenschaft, ein offizielles Kommuniqué im *Osservatore Romano* an erster Stelle veröffentlicht. «Das sprach unserer Truppe», sagt Weizsäcker voller Genugtuung, «die Anerkennung aus, die Kurie und die Vatikanstadt respektiert zu haben. In diesem Kommuniqué versprachen wir auch für die Zukunft eine gleiche Haltung.»[96]

So erschienen im *Osservatore Romano*, im Monat des Schreckens, Oktober 1943: besser konnte Herr von Weizsäcker seine Antwort an die Weltpresse auf die alliierte Empörung gegen die Zustände in Rom wahrhaftig nicht placieren.

Weizsäcker blieb im Amt, um Schlimmeres zu verhüten; der Papst schwieg, wie Leiber schreibt, um Schlimmeres zu verhüten — wie kann man das eigentlich noch sagen, da doch Schlimmeres als das Schlimmste, das geschah, die umfassendste Menschentreibjagd der abendländischen Geschichte, weiß Gott nicht vorstellbar ist! Leiber und auch Giovannetti beteuern, ein Papst dürfe nicht konkret und detailliert Vergehen und Verbrechen einer Kriegspartei anprangern, da das von der anderen Partei propagandistisch ausgeschlachtet werde. Nun hat aber Pius XII. solche Vorkommnisse, die ihm zu Herzen gingen, durchaus gezielt und präzise verurteilt. Er hat zum Beispiel persönlich wegen der Bombardierung Roms an Roosevelt geschrieben und gegen die Zerstörung von San Lorenzo protestiert. Er hat auch Protest erhoben gegen den außerordentlich feigen und sinnlosen Bombenanschlag in der Via Rasella, dem 33 deutsche Soldaten, meist Südtiroler, die ohnehin nicht freiwillig Hitlers Uniform trugen, und — 10 Italiener, darunter 6 Kinder, zum Opfer fielen. Warum hat er dann aber nicht auch den ebenso verbrecherischen Racheakt für dieses Attentat, nämlich die Ermordung von 335 Geiseln, oder die Hetzjagd auf die Juden verurteilt? — Vor allem aber: wieso wäre ein Protest gegen die Judenausrottung als parteiischer Eingriff in die Geschehnisse des Krieges zu werten? Was haben Hitlers Maßnahmen zur Ausrottung eines ganzen Volkes in Europa mit dem Zweiten Weltkrieg zu tun? Sie geschahen zu diesem Zeitpunkt und wurden ermöglicht, weil die deutsche Wehrmacht Hitler den Kontinent unterworfen hatte. Haben sie aber eine Schlacht entschieden? Ist Auschwitz oder sind die gigantischen Massengräber erschossener Zivilisten — Stätten des Krieges? Beide Kriegsparteien haben ruchlose Verbrechen im Luftkrieg gegen offene Städte auf sich geladen und Gefangene verhungern lassen oder auch kurzerhand ermordet: da, in diesen Fällen, war es angemessen, so zu reagieren wie Papst Benedikt XV. im Ersten Weltkrieg, nämlich, wie Leiber schreibt, «gegen Unrecht und Gewalt, wo immer sie geschehen mochten, allgemein Verwahrung einzulegen»[97], wenn es auch mit konkreten, nicht mit verschlüsselten Worten

96 Weizsäcker, a. a. O., S. 362.
97 Leiber, a. a. O., S. 432.

hätte geschehen sollen. Die «Endlösung» aber wie die «Euthanasie» sind nicht als Vergehen einer kriegführenden Macht anzusprechen. Man kann einer Legende zugunsten Hitlers keinen größeren Auftrieb geben, als wenn man seinen Plan, ein ganzes Volk zu vergasen, in den Rahmen der Kriegshandlungen und der damit — leider notwendigerweise — stets und allseits verbundenen Verbrechen einbezieht. Und beweist nicht auch die Exkommunizierung der aktiven Kommunisten, die allerdings schon der weise und sehr menschliche Nachfolger vielleicht als Hypothek empfindet, daß Pius XII., wenn er nur wollte, durchaus auf politischem Sektor deutlich werden konnte?

Wenn Pater Leiber an seine Ausführungen den Gedanken anknüpft, daß «die Vorsehung gerade deshalb die Steuerung der Kirche durch die Kriegsjahre nicht Pius XI., sondern Pius XII. anvertraut hat»[98], *weil* Pacelli im Gegensatz zu seinem temperamentvollen Vorgänger nicht leicht zu einer öffentlichen Stellungnahme zu bewegen war, so kann man als Laie in Dingen des Glaubens solche Einsichten in die Pläne der Schöpfung freilich nur schweigend anstaunen.

Und doch drängt sich die Frage auf, ob es nicht ein Trauerspiel ohnegleichen für die Christenheit und eine Tragödie für die Opfer Hitlers gewesen ist, daß unmittelbar am Vorabend des Krieges der elfte Pius abberufen wurde. Er war ein Mann. Bei der Wahl seines Nachfolgers sollen einige Kardinäle zunächst widersetzlich gewesen sein: «Pacelli ist ein Mann des Friedens», hätten sie gesagt, berichtet Kardinal Tardini, «und die Welt braucht jetzt einen Papst des Krieges.»[99]

Hätten sie sich durchgesetzt! Nicht ohne Rührung liest man über eine der letzten Audienzen, die der schon hinfällige Pius XI. ganz kurz vor seinem Tode dem Premierminister Chamberlain und Lord Halifax gab.

Die *Times* schrieb im Februar 1939: «... und dann erzählte der Papst ihnen ... was er von den reaktionären Regimen und den Pflichten der Demokratien, von Rassenverfolgung und von den dringenden Notwendigkeiten, den Flüchtlingen zu helfen, dachte ... Er wies auf ein Diptychon mit den Bildern von Sir Thomas More und Kardinal John Fisher hin, zweier Engländer, die, wie er sagte, seine Gedanken oft beschäftigten: ‹Ich sitze oft hier und denke an die Engländer, ich bin glücklich zu glauben ... daß diese beiden Engländer das Beste in der englischen Rasse vertreten, in ihrem Mut, ihrer Bestimmtheit, ihrer Kampfbereitschaft, ihrer Bereitschaft zu sterben, wenn nötig, für das, was sie für Recht hielten. Ich möchte gern glauben, ich bin tatsächlich sicher, daß diese beiden Eigenschaften: Mut und Bereitschaft, noch immer unter den Engländern leben. Geben Sie mir dies zu?›» Keiner sprach, erschüttert durch diese Worte des alten Mannes ... Er führte die Gedanken an die vor ihnen liegenden Probleme und Kämpfe heran. Die Probleme seien zahlreich, vielleicht größer, als andere Zeitalter sie zu bestehen hatten. Sie hätten eine harte Aufgabe — «aber Sie wissen besser als ich, was in der englischen Rasse drinsteckt ...»

Das war ein Vermächtnis, ein unüberhörbarer Avis au lecteur an die Adresse Hitlers, der sich gerade anschickte, nach Prag zu marschieren. Wer hätte je solche direkten Worte von Pius XII. gehört, der unmittelbar nach Hitlers Ankunft auf dem Hradschin zum Grafen Ciano sagte, daß er gegenüber Deutsch-

98 Ebd., S. 436.
99 Domenico Kardinal Tardini: ‹Pius XII. Als Oberhirte, Priester und Mensch›. Freiburg i. B.–Basel–Wien 1961, S. 34.

land eine nachgiebigere Politik als sein Vorgänger einleiten wollte. Das ist Pacelli, wie Reichskanzler Brüning ihn kennenlernte, wenn er sich die Einmischung des Nuntius in innerdeutsche Angelegenheiten verbat: worauf Pacelli angefangen habe zu weinen. Man wird in sämtlichen, mit großem Fleiß verschlüsselten Reden dieses unausgesetzt redenden Papstes keine Sätze finden, die an Prägnanz denen des schon vom Tode gezeichneten Achille Ratti nahekommen, nach dessen Ableben Mussolini frohlockte: «Dieser halsstarrige alte Mann ist nun tot!» Und er war ebenso zufrieden mit der Wahl Pacellis wie die Nazis.

Beim Tode des Papstes, 1958, veröffentlichte die jüdische Pariser Zeitschrift *L'Arche* einen außerordentlich erbitterten Essay: ‹Les Silences de Pie XII›, der in radikalem Widerspruch zu den üblichen Nachrufen stand und so weit ging, die Meinung zu vertreten, daß der mittelalterliche Antisemitismus der katholischen Kirche einer der Gründe für das Schweigen Pius' XII. gewesen sei. Der Autor, Rabi, begründete diese These mit der Haltung des französischen Klerus und des Vatikans zu den antijüdischen Gesetzen Vichy-Frankreichs: die Kirche habe zwar im Namen der Caritas sich gegen die körperliche Verfolgung der Juden ausgesprochen, ihre soziale Diskriminierung im Namen der Gerechtigkeit aber gutgeheißen. Thomas von Aquin wurde da zitiert . . .

Im ‹Stellvertreter› dagegen wird stets unterstellt, daß Pius XII. und sein Klerus keine antisemitischen Empfindungen hatten – wir wollten uns nur an beweisbare Tatsachen halten. – So zitieren wir auch hier aus dem Bericht des italienischen Bankiers Angelo Donati, dem viele Juden ihre Rettung verdanken, nicht die bitteren persönlichen Erfahrungen dieses tapferen Mannes mit einzelnen Priestern während der Verfolgungszeit: Sie werden voll aufgewogen durch die zahlreichen Hilfsmaßnahmen anderer Geistlicher. Erzählt werden muß dagegen, was Donati über die offizielle Haltung der Diplomaten des Heiligen Stuhles dem Centre de Documentation Juive Contemporaine (Dokument CC XVIII-78) berichtete. Im Herbst 1942 hat Donati dem Papst durch Vermittlung des Ordensgenerals der Kapuziner eine Note über die Situation der Juden in Südfrankreich überreichen lassen und um päpstliche Hilfe gebeten. Sie blieb völlig aus.

Im August 1943 erklärte ihm der englische Gesandte beim Heiligen Stuhl, Sir Osborne, er habe im Laufe des Jahres 1942 wiederholt den Papst bitten lassen, eine formelle Verurteilung der deutschen Greuel auszusprechen. Sir Osborne erzählte Donati, nach der päpstlichen Weihnachtsbotschaft 1942, die in allgemeiner Form alle Scheußlichkeiten des Krieges verurteilte, habe Kardinalstaatssekretär Maglione ihm, Sir Osborne, bei Gelegenheit eines Empfanges gesagt: «Sie sehen, daß der Heilige Vater den Empfehlungen Ihrer Regierung Rechnung getragen hat.» Sir Osborne erwiderte, daß eine solche umfassende Verurteilung, die ebensogut das Bombardement der deutschen Städte gemeint haben könnte, *nicht* dem entspricht, was die englische Regierung erbeten habe.

Diese Berichte werden aus ganz anderen Quellen bestätigt. Siehe vor allem ‹Foreign Relations of the United States Diplomatic Papers 1942, Volume 3›, erschienen in Washington, Mai 1961.

Während der *Osservatore Romano* Stalins Aggression gegenüber Finnland mit den Worten verurteilte («kalt berechnetes Verbrechen», «Gesetz des Dschun-

gels», «die zynischste Aggression der modernen Zeit»[100]), deren äußerste
Schärfe in radikalem Gegensatz zu seinem nichtssagenden Artikel über die
Judendeportation aus Rom und auch zu den ungezielten Kriegsklagen des Hei-
ligen Vaters standen; während der Kardinal Maglione noch im Frühjahr 1940
zu Sumner Welles sagte, Deutschland habe bislang in allen diplomatischen
Verhandlungen mit Rußland den kürzeren gezogen, und die Befürchtungen
Italiens unterstrich, Stalin könne auch auf dem Balkan weitere Fortschritte
machen, kam doch sehr bald der Augenblick, wo man angesichts der erdrük-
kenden Siege Hitlers zeitweise auch im Vatikan die Russen als das kleinere
Übel ansah. Das hat nicht nur der Leibarzt des Papstes überliefert. Das sagte
auch Maglione Weihnachten 1941 zur Fürstin Colonna. Mussolini begrüßte
dann erleichtert, ja heftig erfreut, die Niederlage Hitlers vor Moskau. Ciano
notierte allerdings sehr bald: «Alfieri [Botschafter in Berlin] schreibt, daß die
Mißerfolge an der russischen Front mit ihren Auswirkungen schon jene Grenze
überschritten haben, bis zu der sie uns nützlich sein konnten.»[101]

Der Vatikan, wie immer, sah die Dinge wesentlich nüchterner an als mancher Bischof oder als etwa der türkische Außenminister, der gleich beim Überfall Hitlers auf Rußland ausrief: «Das ist kein Krieg – das ist ein Kreuzzug!»[102]
Der Minister war auf Papens Wunsch auch sofort bereit, über den britischen Botschafter den englischen Premier aufzufordern, die europäischen Strei-
tigkeiten jetzt zu begraben, um «einmütig gegen die Macht zusammenzu-
stehen, deren Programm die Vernichtung des Abendlandes»[103] sei. Der Versuch mißlang. Churchill sagte am nächsten Tag der Welt: «Das Naziregime
läßt sich von den schlimmsten Erscheinungen des Kommunismus nicht unterscheiden ... Es übertrifft jede Form menschlicher Verworfenheit an Grausamkeit und wilder Angriffslust ... Wir haben nur eine Absicht, wir haben nur
ein einziges unverrückbares Ziel. Wir sind entschlossen, Hitler und jede Spur
des Naziregimes zu vernichten ...»[104]

Herr von Papen, der die Frage ignoriert, ob die Russen wohl auch dann bis
zur Elbe marschiert wären, wenn Hitler sie nicht überfallen hätte, konstatiert,
mit dieser Rede habe der Premier «die Politik eingeleitet, die ... zu dem heutigen Zustand Europas»[105] geführt habe – eine Meinung, die sich wachsender
Popularität erfreut und bereits 1959 von allen geteilt wird, die Churchill und
Roosevelt dafür verurteilen, daß sie nicht so einsichtig gewesen sind, das
christliche Abendland gemeinsam mit dem Installateur von Auschwitz zu verteidigen.

Franz von Papen war zweifellos nie der Freund und nur selten der Vertraute
Hitlers, der die engsten Mitarbeiter des Vizekanzlers und späteren Botschafters noch vor Kriegsausbruch ermorden ließ. Daß Papen aber als guter Katholik dennoch überzeugt ist, seine von Hitler auf die Schlachtfelder Rußlands ge-
führten Neffen seien dort «im Kampf gegen den Unglauben und die Mächte
der Finsternis» gefallen, zeigt wieder, wie nützlich für Hitler besonders bei
diesem Feldzug wenigstens der äußere Schein seines Friedens mit dem Vatikan
gewesen ist – wo man Roosevelt natürlich niemals geglaubt hat, wenn er dem

100 Giovannetti, a. a. O., S. 145–146.
101 Ciano, a. a. O., S. 386.
102 Papen, a. a. O., S. 544.
103 Ebd.
104 Winston Churchill: ‹Reden› Bd. 2: ‹1940–1941. Der unerbittliche Kampf›. Gesammelt
von Charles Eade. Zürich 1947, S. 260–261.
105 Papen, a. a. O., S. 544.

Papst, wie Giovannetti es formuliert, «in der Folgezeit immer wieder bezeugte, daß er eine Bekehrung des Bolschewismus zur Demokratie und eine Verleugnung seiner marxistisch-leninistischen Forderung auf Weltrevolution für möglich halte»[106].

Furchtbarer noch als die Nazis und als die Russen aber erschien — das Gespenst einer neuen Verständigung zwischen Hitler und Stalin. Es wird kaum je zu erfahren sein, was genau an den Annäherungsversuchen der beiden Partner daran war. Gerüchte und bloße Täuschungsmanöver haben vielleicht den wesentlichsten Anteil an allem. Hitler selbst mißtraute den meisten dieser Anträge. Herr von Papen, der früh erkannte, daß Deutschland allein Rußland nicht besiegen könnte, sandte aus Ankara im Frühjahr 1942 einen Emissär zu den engsten Mitarbeitern des Papstes, die ihm erklärten, sie sähen keine Aussicht, die westlichen Alliierten zu einem Friedensgespräch zu bewegen. Und Papen kommentiert: «In dieser Phase des Krieges stand — wie wir wissen — ein Kompromiß zwischen Hitler und den Sowjets stark zu befürchten. Schon aus diesem Grunde war man jedem Gedanken an Verständigung völlig abgeneigt.»[107]

Noch im August 1943 notierte Hassell: «Wenn Hitler sich mit Stalin verständigt, so ist das daraus entstehende Unheil unvorstellbar. Anders ein anständiges staatsbewußtes Deutschland.»[108] Und Fritz Hesse behauptet, Stauffenberg habe erst auf die sensationelle Mitteilung Schulenburgs hin, Hitler sei im Begriff, sich über den Tenno mit Stalin zu verständigen, kurzerhand beschlossen, seinen «ursprünglichen Plan umzustoßen und das Attentat und den Putsch sofort auszuführen . . . und nicht zu warten, bis . . . das blutsaufende Ungeheuer von neuem durch das verräterische Spiel des Schicksals die Kraft gewonnen haben würde, sich weiter zu erhalten und die Erde mit deutschem Blut zu tränken.»[109]

Zu welchen Schritten der Papst durch Angst vor Stalin sich bewegen ließ, um Frieden zwischen dem Reich und dem Westen zu stiften, das wird mit letzter Exaktheit vielleicht nie mehr herauszufinden sein, weil es lächerlicherweise seit 1945 als «unmöglich» gilt, zu gestehen, daß man überhaupt noch an einen Frieden mit Hitler dachte — um des Friedens willen. Als ob die oppositionellen Kreise in Deutschland während des Krieges schon jenen Kredit im Ausland gehabt hätten, den man ihnen — als Nekrolog nach 1945 zusprach! Zu ungern ist bislang überhaupt davon Kenntnis genommen worden, daß z. B. auch seitens des hitlertreuen deutschen Geheimdienstes, gefördert von dem im Frühjahr 1943 verstorbenen Jesuitengeneral, dem Polen Graf Ledochowsky, Waffenruhe mit den Westmächten angestrebt wurde. Mitte 1942 hat auch der Weizsäcker-Kreis möglicherweise vorübergehend geglaubt, die Zeit, da England nicht bereit war, seinen Frieden eventuell auch mit Hitler zu machen, sei vorüber. Auch wird man nie objektiv erfahren, ob der spanische Außenminister, der im Februar 1943 an den überheblichen britischen Botschafter in Madrid schrieb, «daß England sich bei nüchterner Betrachtung der Tatsache bewußt werden müsse, daß niemand im Falle eines sowjetischen Sieges über Deutschland Rußland in seinen Grenzen zu halten vermag»[110] — ob Graf Jordana vom

106 Giovannetti, a. a. O., S. 155–156.

107 Papen, a. a. O., S. 554.

108 Ulrich von Hassell: ‹Vom anderen Deutschland›. Aus den nachgelassenen Tagebüchern 1938–1944. Zürich–Freiburg i. B. 1946, S. 321.

109 Hesse, a. a. O., S. 363–364.

110 Sir Samuel Hoare: ‹Gesandter in besonderer Mission›. Hamburg 1949, S. 313.

Vatikan ermächtigt worden war, im April gleichen Jahres, als er Spanien zum Vermittler zwischen dem Reich und den Westmächten anbot, so große Hoffnungen auch auf den Papst zu setzen. Um diese Zeit wandte sich der Vatikan in aller Schärfe gegen die Verfälschung einer Spellman-Rede und erklärte, er habe mit den Kriegszielen der Westmächte nicht das geringste zu tun ...

KRUPP

Die Beschäftigung ausländischer Zwangsarbeiter u. a. durch das namhafteste deutsche Industrieunternehmen wurde zu einem Politikum ersten Ranges auch wegen der *Behandlung* dieser Arbeitskräfte bei Krupp. Obwohl es sich um einen sehr typischen Beitrag zur Zeitgeschichte handelt, kann dieses Kapitel im ‹*Stellvertreter*› nur andeutungsweise erwähnt werden.

Zunächst darf man nicht übersehen, daß es nicht nur viele anständige Großindustrielle gab, wie Bosch und Reusch, sondern daß sogar unselbständige Betriebsleiter durchaus in der Lage waren, human zu bleiben.

So wurde etwa Karl Beckurts, der Leiter des staatseigenen Gustloff-Rüstungswerkes in Weimar, der während des Krieges zahllose Buchenwaldhäftlinge beschäftigte, 1949 von seinem ehemaligen Häftlingsarbeiter Erik Blumenfeld, dem heutigen CDU-Politiker, als Direktor der Norddeutschen Kohle- und Kokswerke nach Hamburg geholt. So konnte auch der damals unbekannte, der Nazi-Partei ferngebliebene Verwalter der im besetzten Polen gelegenen Ölfelder bei Boryslaw — später ab 1953 Krupps Generalbevollmächtigter Berthold Beitz — verfolgte Juden und Polen unterstützen; wie ja überhaupt die Zähigkeit, mit der manche Betriebsleiter die Juden als Arbeiter festhielten, die Deportation dieser Betriebsangehörigen ins Gas verhindert hat.

Hätte nicht ein namhafter Großindustrieller, den Hitler oft besucht hat, sich gegenüber untergeordneten Nazis Respekt verschaffen können? Hier stellt sich das gleiche Problem wie beim Klerus: der namenlose Priester gefährdete sich selbst, wenn er half. Die deutschen Bischöfe und Kardinäle wurden selbst dann nicht verhaftet, wenn sie offen gegen Hitlers Erlasse vorgingen.

Es kam auch damals, wie immer, auf das menschliche Format des einzelnen an. Es blieb auch damals wichtig, in welchem Maße es einem möglich war, selbst in einem Sträfling noch den Mitmenschen zu erkennen. Es gab auch bei Krupp Menschen, die selbst einem minderjährigen jüdischen Mädchen in Lumpen und Holzpantinen, das aus Auschwitz gekommen war und im Walzwerk schuften mußte, hin und wieder ein Stück Brot zusteckten. Das war verboten. Das wurde bestraft — wenn einer aus dem Betrieb es anzeigte. Wie war es möglich, daß es dem Herrn des Hauses bei seinen Gängen durch den Betrieb verborgen bleiben konnte, unter welchen Bedingungen seine ausländischen Hilfskräfte arbeiten und leben mußten? Wie konnte ihm verborgen bleiben, daß Angehörige des Kruppschen Werkschutzes die Deportierten auch prügelten? Sicher hatte er viel zu tun. Aber selbst Hitler gab jedem seiner Wachsoldaten im Krieg das Recht, ihn auf seinen Gängen durchs Hauptquartier «mit seinen persönlichen Sorgen anzusprechen». Aus Sentimentalität! so wird man heute sagen. Wenn aber der größte Arbeitgeber des Großdeutschen Reiches und seine Familienmitglieder im Krieg mehr von dieser «Sentimentalität» gegenüber dem Heer unglücklicher Ausländer in ihren Betrieben hätten durchblicken lassen — vielleicht wären dann nicht im Lager Voerde bei Essen von 132 Kindern

Kruppscher Ostarbeiterinnen 98 gestorben und die Briefe an und von Ostarbeitern in Essen zweimal wöchentlich unterschlagen und verbrannt worden.

Am 26. Juni 1947 sagte Alfried von Bohlen vor dem Nürnberger Gerichtshof, er wisse nur von einem einzigen Fall, in dem versucht worden sei, einen Ostarbeiter zu mißhandeln; das habe sich um die Zeit ereignet, als den Kruppwerken zum ersten Male Ostarbeiter zugeteilt wurden. Daraufhin habe das Direktorium offiziell verboten, Fremdarbeiter zu mißhandeln. Im übrigen habe er, Alfried von Bohlen, darauf vertraut, daß seine Kollegen und Untergebenen eine Wiederholung solchen Unrechts nicht zulassen würden.[111]

Als schon am 16. Dezember 1942 achtzehn holländische Arbeiter, die in Essen-Bergeborbeck arbeiten, einen Brief an Alfried von Bohlen persönlich richteten, mit der Bitte, die unzureichende Ernährung zu verbessern, beauftragte er Max Ihn, die Mißstände zu beseitigen und ihm einen Bericht darüber zuzustellen.

Im Krupp-Direktorium, dem Alfried von Bohlen schon vor Kriegsbeginn als ordentliches Mitglied angehörte und an dessen Sitzungen er — vom April bis Dezember 1943 als Vorsitzender — normalerweise teilnahm, nach 1943 als Alleininhaber der Firma, wurden die großen Schwierigkeiten bei der Ernährung und Unterbringung der Fremdarbeiter oft erörtert; man war immer bemüht, Abhilfe zu schaffen. Doch selbst wenn man unterstellt, daß Alfried von Bohlen nach 1942 nicht mehr davon gehört hat, daß in seinen Betrieben und Lagern Mitglieder des Kruppschen Werkschutzes von ihren Schlagwaffen Gebrauch machten, so bleibt die beunruhigende Frage der Verantwortlichkeit unvermindert bestehen — und sie betrifft nicht nur diesen Mann und diese Firma. Norbert Mühlen hat in seinem Buch ‹Die Krupps› sehr eindrucksvoll den Fragenkomplex angeschnitten, ob «moralische Kurzsichtigkeit, Feigheit, Gefühllosigkeit eines Wirtschaftlers Verbrechen» seien und ob überhaupt «Handlungen von Menschen unter totalitärer Herrschaft nach den Grundsätzen einer Gesellschaft beurteilt werden (können), die die Freiheit des Gewissens und der Handlung für jeden Bürger sichert».[112]

Der Schwager und Mitarbeiter von Gustav Krupp, der Präsident des Mitteleuropäischen Wirtschaftstages, Thilo von Wilmowsky, und der Generaldirektor von Krupp, Ewald Löser, haben diese Fragen auf sehr ehrenvolle Weise für ihre Person entschieden: beide wurden nach dem Aufstand vom 20. Juli 1944 als enge Vertraute von Carl Goerdeler und Ulrich von Hassell entlarvt. Wilmowsky kam ins KZ. Löser wurde zum Tode verurteilt, entging aber durch das Kriegsende der Hinrichtung. Die Alliierten verurteilten ihn im Krupp-Prozeß zu sieben Jahren Haft, obwohl er im März 1943 freiwillig aus dem Direktorium ausgeschieden war. Ulrich von Hassell, als Vorstandsmitglied des Mitteleuropäischen Wirtschaftstages mit der Industrie eng vertraut, notierte noch 1943: «Der Generaldirektor von Krupp, Löser, ein kluger, klarblickender Mann, erzählte neulich, die führenden Leute, an der Spitze natürlich der servile Krupp-Bohlen und der kaltschnäuzige, egoistische Zangen (Leiter der Reichsgruppe Industrie) ständen beide hinter Hitler, weil sie glaubten, auf diese Weise gut zu verdienen und die Arbeiter an der Leine zu halten. In der Arbeiterschaft, sogar in der kommunistischen, sei eine klare Erkenntnis der nationalen Notwendigkeiten viel häufiger. Feststellung der Arbeiterstim-

111 ‹Trials of War Criminals Before the Nuernberg Military Tribunals›. October 1946–April 1949, Vol. 9. Washington 1950, S. 805.
112 Norbert Mühlen: ‹Die Krupps›. Reinbek bei Hamburg 1965 (rororo Nr. 679), S. 157.

mung freilich sehr schwer, weil sich kreuzende und verwirrende Bespitzelung herrscht.»[113] Was Löser über Alfried von Bohlen 1945 den Alliierten sagte, liegt teilweise, unveröffentlicht, in Paris.

Professor Golo Mann schreibt in seiner ‹Deutschen Geschichte des neunzehnten und zwanzigsten Jahrhunderts› über die letzte Wahl im März 1933: «Die Nazis wußten, wie sich, wenn man nur Phantasie und Frechheit besaß, die Staatsmacht im Wahlkampf gebrauchen ließ zur Begeisterung der Anhänger, zur Einschüchterung der Schwachen, zur Niederknüppelung der Gegner. ‹Nun ist es leicht, den Kampf zu führen, denn wir können alle Mittel des Staates für uns in Anspruch nehmen›, schrieb der Propagandaleiter der Partei in seinem Tagebuch. ‹Rundfunk und Presse stehen uns zur Verfügung, wir werden ein Meisterstück der Agitation liefern. Auch an Geld fehlt es natürlich diesmal nicht.› Wirklich nicht. Ein Kreis von Industriellen, Krupp an der Spitze, ließ sich jetzt bereden, der Regierung einen Wahlfonds von 3 Millionen Mark zur Verfügung zu stellen; wobei der neue preußische Innenminister, Göring, den Herren erklärte, es handelte sich um den letzten Wahlkampf in zehn, wahrscheinlich in hundert Jahren, da lohnte sich denn doch eine gewisse Großzügigkeit . . .»[114]

Er versprach also den Industriellen nicht mehr und nicht weniger, als die Diktatur. Wieso findet Norbert Mühlen, bei dieser Zusammenkunft in Berlin sei so gemäßigt gesprochen worden?

Das Vermögen wurde Alfried von Bohlen zurückgegeben. Von seiner Haft hat er etwa die Hälfte verbüßt. Sein Versprechen an die Alliierten, seinen Konzern zu entflechten, nämlich Bergbau und Stahlproduktion zu angemessenem Preis zu verkaufen, wird kaum mehr eingelöst werden müssen. Darüber mochte man sich freuen. Aber gewissen Politikern in Bonn genügt das nicht. Zwar hatte der amerikanische Präsident soeben den Initiator der Luftbrücke nach Berlin, General Clay, wieder nach Deutschland entsandt, damit er sich abermals schützend vor West-Berlin stelle – Bonner Politiker jedoch charterten einen Sonderzug, um die Firma Krupp und Alfried von Bohlen im November 1961 zu feiern wie ein Nationalheiligtum, den Mann, dessen Verurteilung in Nürnberg dieser selbe General Clay 1949 ausdrücklich bestätigt hatte, weil, wie er im Rückblick auf die Prozesse schrieb, «in den Prozeßakten der Geschichte ein unvergleichliches Beweismaterial geliefert ist, das zeigt, wie Gier und Habsucht skrupellose Menschen dazu treiben, Elend und Zerstörung über die Welt zu bringen . . . Als ich die Fälle überprüfte, habe ich die Urteile ohne Zögern bestätigt.»[115] Daß der Naumann-Schüler Heuss in seiner Festrede unter Anspielung auf die Vergangenheit den Anschein erweckte, als sei Krupp nur verurteilt worden, weil er nichts anderes getan hatte als unzählige Waffenindustrielle in aller Welt – das war eine bedrückende Pointe auf den Jammer der Kruppschen Zwangsarbeit. Diesen mußte wohl auch der Ukrainer Chruschtschow bei seinem Toast, den er während einer Leipziger Messe auf das Haus Krupp ausbrachte, vergessen haben, obwohl er gehört haben wird, wie es manchem seiner Landsleute erging, der von der Firma Krupp der Stapo in Essen «überstellt» worden ist. (Siehe u. a. Dokument NIK-12 362, Prosecution Exhibit 998 [116].)

113 Hassell, a. a. O., S. 294.
114 Mann, a. a. O., S. 793–794.
115 Lucius D. Clay: ‹Entscheidung in Deutschland›. Frankfurt a. M. 1950, S. 282.
116 ‹Trials of War Criminals›, a. a. O., p. 1321.

«Hier zu sein oder nicht hier zu sein», schrieb der *Spiegel* über das Firmenjubiläum, «ist ein Politikum.»[117] So fehlten denn unter den Mitgliedern des Bonner Diplomatischen Corps die Botschafter Amerikas, Rußlands, Englands und Frankreichs. Aber es fehlte nicht der Bischof von Essen. Man möchte gern wissen, ob irgendeine dieser kirchlichen Exzellenzen sich in der Umgebung von Essen während des Krieges auch einmal Zugang zu einem der «Arbeits-Erziehungslager» verschafft hat, die Krupp auf Wunsch der Gestapo errichtete und über die auch ein katholischer Priester – einer der dort inhaftierten, kahlgeschorenen Zwangsarbeiter in Nürnberg aussagte.

Ein Teil der Dokumente und das Urteil liegen gedruckt vor, in englischer Sprache.[118] Institute in Göttingen, Nürnberg, München und Paris besitzen die Dokumente, manchmal nur teilweise, auch in der Originalsprache. Hier zwei Dokumente, die neben weniger harmlosen für die zweite Szene und den fünften Akt herangezogen wurden:

Aktennotiz.   Gfb., den 15. Okt. 42
Betr.: Anruf von Oberst Breyer vom OKW, Abt. Kriegsgefangene, Berlin.
Oberst Breyer, der Herrn von Bülow sprechen wollte, bat mich, folgendes an Herrn von Bülow weiterzugeben:
Das OKW hätte in letzter Zeit von seinen eigenen Dienststellen und neuerdings auch durch anonyme Schreiben aus der deutschen Bevölkerung ganz erhebliche Klagen über die Behandlung der Kriegsgefangenen bei der Firma Krupp bekommen (insbesondere würden sie geschlagen, ferner würden sie nicht die ihnen zustehende Verpflegung erhalten, u. a. hätten die Gefangenen seit sechs Wochen keine Kartoffeln mehr bekommen). Das alles würde sonstwo in Deutschland überhaupt nicht mehr vorkommen. Das OKW hätte schon mehrfach darum gebeten, auf jeden Fall die vollen Verpflegungsrationen an die Gefangenen auszugeben. Zudem müßten sie, wenn sie schwer arbeiten müßten, auch die entsprechende Freizeit bekommen, wie die deutschen Arbeiter auch. Oberst Breyer teilte noch mit, daß die Verhältnisse bei Krupp untersucht würden, entweder vom Wehrkreis oder vom OKW selbst. Er hätte General v. d. Schulenburg gebeten, anläßlich einer Reise diesbezüglich bei Krupp vorzusprechen; leider hätte sich das jedoch nicht ermöglichen lassen.[119]

Doch sogar die nationalsozialistische Gauleitung hat nach Aussage des Mitangeklagten von Alfried Krupp, Max Ihn, schon 1942 bei der Firma zugunsten der ausländischen Arbeitskräfte intervenieren müssen. Aus einer Aussage:
«... Am 31. März 1943 wurde ich stellv. Mitglied des Direktoriums. Ich bekam nun Kontakt mit Herrn Alfried Krupp. Unter meine direkte Betreuung kamen ungefähr 1000 Angestellte. Auf der ganzen Gußstahl-Fabrik waren im Jahr 1943 15 000 Angestellte, Arbeiter (einschließlich Fremdarbeiter) ungefähr 55 000, so daß ungefähr 70 000 Leute insgesamt beschäftigt waren. Die höchste Zahl an Fremdarbeitern war etwa 22 000. Diese Zahl habe ich aus meinem eigenen Wissen genannt und nicht aus dem Brief von Herrn Kuppke, worin er mir mitteilte, bei seiner Verhörung durch die FSS die Zahl 20 000 Fremdarbeiter genannt zu haben, entnommen.

117 ‹Bier vom Faß im Chinazimmer. Krupps Jubiläum auf Villa Hügel›. In: *Der Spiegel* (Hamburg) Jg. 15 (1961), Nr. 49, S. 61.
118 ‹Trials of War Criminals›, a. a. O.
119 Ebd., S. 1227–1228.

Die Arbeitszeit der Ausländer bestimmte der Betrieb bzw. war ich dafür verantwortlich. Es waren Jugendliche darunter beschäftigt, und zwar von 14 Jahren ab. Fremdarbeiter kamen zum 1. Mal 1942. Im Sommer oder Herbst 44 kamen die ersten Kz.-Häftlinge, obwohl die Firma Krupp bereits am 22. Sept. 42 Kz.-Häftlinge in einer Anzahl von 1100 bis 1500 angefordert hatte.

Ich hatte die Verantwortung für den Einsatz all dieser Leute, ebenfalls für den Briefwechsel, der bzgl. der Beschaffung von Kz.-Häftlingen geführt wurde. Da ich mich nicht erinnern kann, von wem ich den Auftrag für den Briefwechsel über diese Kz.-Häftlinge bekam, muß ich die Verantwortung dafür übernehmen. Die Verpflegung sämtlicher Läger, eingeschlossen Sonder- und Kz.-Läger, unterstand ebenfalls mir. Ich gebe zu, daß in der ersten Zeit sehr viele Klagen der Fremdarbeiter bzgl. der schlechten Verpflegung eingetroffen sind, während später Beschwerden über die Kost von Fall zu Fall kamen.

Ich wußte davon, daß Stahlruten in den Betrieben (nicht aber auch in den Lägern) verteilt wurden. Ich war darüber orientiert, daß Arbeiter in den Betrieben und Lägern geschlagen wurden.

Ich berichtete dem Direktorium über diese Fälle und sprach insbesondere mit Herrn Janssen über diese Vorfälle und ordnete an, daß nicht geschlagen werden durfte. Ich gebe zu, daß Mißhandlungen schon z. Z. des Herrn Löser stattgefunden haben.

Die 520 Häftlinge, die bei Krupp beschäftigt waren, wurden im Auftrage des Direktoriums von mir bestellt. Die Anforderung derselben wurde in meiner Anwesenheit beim Direktorium besprochen, und zwar war wahrscheinlich auch Herr Alfried Krupp v. Bohlen dabei. Soviel ich weiß, kamen diese Kz.-Häftlinge aus Buchenwald. Mit dem Lagerkommandanten von Buchenwald habe ich persönlich einmal bei Krupp gesprochen, und zwar informierte er mich über die Bedingungen, unter welchen wir Kz.-Häftlinge anstellen konnten. Herr Lehmann fuhr in meinem Auftrag nach Buchenwald, um die Bedingungen festzulegen, unter denen der Einsatz bei uns erfolgen durfte. Es ist mir nicht bekannt, daß man 22 Kz.-Häftlinge aus Auschwitz bei Krupp beschäftigt hat.

Die Kz.-Häftlinge waren bei Krupp in Holzbaracken in der Humboldtstraße untergebracht. Über das, was in diesem Lager vorging, war ich informiert.

Ich sage noch einmal, daß ich 1942 für Arbeiterangelegenheiten (Deutsche und Ausländer) verantwortlich war. Schon damals waren die Verhältnisse in den Lagern derartig, daß selbst der Gauleiter Schlessmann einmal schrieb, daß er selbst eingreifen würde, wenn die Verhältnisse nicht geändert würden. Bestimmt hat Herr Dr. Löser mit Herrn Gustav Krupp v. Bohlen über die damaligen Verhältnisse in den Lägern gesprochen.

Die Arbeiter, die arbeitsunfähig waren, wurden abtransportiert. Dr. Hanssen regte an, daß die 520 Jüdinnen, die bei Krupp beschäftigt waren, vor der Besatzung wegkommen sollten, und zwar nach Buchenwald. Ich möchte annehmen, daß Herr Alfried Krupp v. Bohlen davon wissen mußte. Als ich am 22. Februar 45 krank wurde, gab ich Dr. Lehmann den Auftrag, diese Leute nach Buchenwald zurückzuschicken.»[120]

Selbst Hitler hat noch am 21./22. März 1942 in einer Konferenz mit dem Rüstungsminister Speer verboten, daß die russischen Arbeiter so dürftig verpflegt und hinter Stacheldraht wie Kriegsgefangene gehalten würden. Die Russen, ordnete er an, müßten «absolut ausreichende Mengen zu essen erhal-

120 Ebd., S. 813–814.

ten»[121], und Sauckel, der Reichsbevollmächtigte für den Arbeitseinsatz, sollte dafür sorgen, daß Backe, der Ernährungsminister, sich vergewisserte, daß entsprechende Maßnahmen durchgeführt würden.

Nicht im Oktober, wie im V. Akt angedeutet wird, sondern im Juli 1943 schickte Krupp seine Monteure nach Auschwitz.

Alfried Krupp von Bohlen und Halbach schrieb bald danach, anläßlich der Errichtung einer Zünderfabrik in einem Brief vom 7. September 1943:

«. . . Ich habe Herrn Reiff beauftragt, sich der Fertigung in Auschwitz besonders anzunehmen, wozu er von Breslau aus ja die beste Gelegenheit hat. Herr Reiff hat bereits vor einigen Monaten Gelegenheit genommen, Auschwitz zu besuchen und mit den dortigen Herren alles Notwendige zu besprechen. Was die Mitarbeit unseres Technischen Büros in Breslau anbelangt, so kann ich nur sagen, daß zwischen diesem Büro und Auschwitz die engste Zusammenarbeit besteht und für die Folge auch gesichert ist. Mit besten Empfehlungen und Heil Hitler . . .»[122]

Dipl.-Ing. Weinhold und 30 Werkmeister und Abteilungsleiter aus Essen, die mit Auschwitzer Häftlingen die Halle errichteten, mußten sich schriftlich zur Geheimhaltung aller das Lager Auschwitz betreffenden Dinge verpflichten. Am 1. September — beispielsweise — überwies Krupp auf das Konto der SS-Standort-Verwaltung Auschwitz bei der Reichsbank in Kattowitz Reichsmark 23 973.— für Häftlingsarbeit. Aber schon am 1. Oktober stieg Krupp aus seinem Vertrag wieder aus und trat seine Halle an die Firma Union ab, die ihre Zünderwerkstatt bei Charkow hatte evakuieren müssen.

Mühlen berichtet in seiner Krupp-Biographie: «‹Unter dem Eindruck dieser Luftangriffe und der Kriegslage›, erinnerte sich später Johannes Schröder, der bewährte Finanzdirektor der Firma, ‹merkten wir (die Direktoren), daß Deutschland den Krieg verloren hatte, und wir sprachen darüber miteinander unter strengster Vertraulichkeit.› Damals handelte Krupp zum einzigen Male in der Nazizeit gegen das Gesetz und mißachtete systematisch Nazivorschriften, wenn auch nur im Interesse der Firma. Die Naziregierung hatte angeordnet, daß jeder Industriekonzern seine sämtlichen flüssigen Mittel sofort in neue Anlagen für die Kriegsproduktion zu investieren habe. Im Anblick der kommenden Niederlage waren die Krupp-Direktoren indessen mehr daran interessiert, ‹wenigstens etwas für die Nachkriegszeit zu ersparen, wir wollten die Firma in einem Zustand finanzieller Gesundheit in die Zukunft führen, der ihren Fortbestand ermöglichen würde, berichtete Schröder. Auch wenn Deutschland zerschlagen wurde, sollte das Haus Krupp fortbestehen. Anstatt die verfügbaren Mittel in der Kriegsproduktion anzulegen und zu verlieren, befolgte die Firma insgeheim einen neuen Kurs, nämlich ‹die Guthaben so flüssig wie möglich zu halten. Sie entledigte sich der Reichsanleihen, kassierte ihre Ansprüche für Kriegsschäden und trieb ihre Schulden beim Reich ein.›»[123]

121 Ebd., S. 877.
122 Ebd., S. 739.
123 Mühlen, a. a. O., S. 135.

Der Schauplatz der Kegelbahn-Szene wurde erfunden, nicht aber die Tatsache, daß die Mörder in Kantinen oder beim Essen über ihre Untaten sprachen, als handle es sich um Agrarwirtschaft. Sogar Eichmann, der im Jerusalemer Gerichtssaal den korrekten Staatsdiener spielte, der er als Hitlers Untertan auch gewesen ist, sagte aus, selbst auf der amtlichen *Wannsee-Konferenz* unter dem Vorsitz Heydrichs, am 20. Januar 1942, als der Ablauf der «Endlösung» festgelegt wurde und die «Herren» der SS keineswegs unter sich, sondern auch Vertreter der Berliner Ministerien anwesend waren — selbst hier sei getrunken worden: «Ordonnanzen reichten laufend Kognak, und zum Schluß hat alles durcheinander gesprochen — unverblümt.» Da dürften denn auch die üblichen Kasinowitze nicht gefehlt haben.

Die Dialoge wurden vorwiegend aus Dokumenten gespeist, die im Krupp-Prozeß eine Rolle spielten oder von Poliakow—Wulf in ihren Sammlungen abgedruckt wurden. Siehe auch die Dokumentation von Mitscherlich über den Ärzteprozeß.[124]

Adolf Galland, einer der berühmtesten Jagdflieger des Zweiten Weltkriegs, hat in seinen Erinnerungen [125] beschrieben, wie man die hohen Auszeichnungen am Kragen zu befestigen pflegte.

Während der römische Episkopat Böhmens und Mährens Hitler um die Erlaubnis bat, für Heydrich ein Glockengeläut veranstalten und ein Requiem lesen zu dürfen, hat Vladimir Petrik, ein Kaplan der zahlenmäßig sehr kleinen tschechisch-orthodoxen Kirche St. Kyrillus und Methodius, nach Rücksprache mit dem Prager Patriarchen die Patrioten, die den Tyrannen ermordet hatten, in der Krypta seiner Kirche versteckt. Wie der Kirchendiener und der Bischof bezahlte er seine Tapferkeit mit dem Leben. Er war sogar von sich aus an die Verfolgten herangetreten, um ihnen zu helfen.

Der *Christusorden*, von Papst Johannes XXII. 1319 gestiftet, besteht aus einer goldenen Doppelkette, an der das von einer Krone geschmückte Kreuz hängt. Hier wurde der Ordensfrage nicht viel Aufmerksamkeit zugewandt: Graf Fontana hätte diesen Orden nie bekommen, er ist Staatsoberhäuptern vorbehalten, etwa einem so imponierenden Monarchen wie dem König Emanuel III. von Italien, der die Pacellis 1941 in den Fürstenstand erhoben hat — ungefähr zu der Zeit übrigens, in der das italienische Königshaus, wie an römischen Börsen behauptet wird, über die «Opera Religiosa», die von Papst Pius XII. gegründete Hausbank des Vatikans, erhebliche Teile seines Vermögens ins neutrale Ausland geschafft hat.[126]

Pius XII. hat nicht im Februar 1943, sondern am *31. Oktober 1942* die «*Weihe der Kirche und des gesamten Menschengeschlechtes an das unbefleckte Herz Mariens*» vorgenommen.

124 Alexander Mitscherlich und Fred Mielke: ‹*Das Diktat der Menschenverachtung*›. Eine Dokumentation (vom Prozeß gegen 23 SS-Ärzte und deutsche Wissenschaftler). Heidelberg 1947.
125 Adolf Galland: ‹*Die Ersten und die Letzten. Die Jagdflieger im zweiten Weltkrieg*›. Darmstadt 1953.
126 ‹*Vatikan. Der Großaktionär*›. In: *Der Spiegel* (Hamburg) Jg. 12 (1958), Nr. 33, S. 33.

Kardinal Tardini berichtet, daß der Papst 1944, nach dem Tode des Kardinals Maglione, erklärte: «Ich will nicht Mitarbeiter, sondern Ausführende.»[127] Bekanntlich hat der Papst dann bis zu seinem Tode die sehr bedeutsame Schlüsselposition des Kardinalstaatssekretärs nicht neu besetzt.

Das Ergebnis der Zusammenkunft Roosevelts und Churchills in Casablanca, Januar 1943, war die Forderung der bedingungslosen Kapitulation Deutschlands.

Am 23. Februar erklärte Stalin, daß die russischen Armeen allein die ganze Last des Krieges tragen müßten: eine harte Antwort auf die wenige Tage zuvor abgegebene Erklärung des amerikanischen Lend-Lease-Administrators Stettinius, Amerika habe bereits 2 900 000 t Kriegsmaterial an Rußland geliefert. Stalin hat sich geweigert, sich in den ersten Kriegsjahren mit Roosevelt auch nur zu treffen.

November 1942: Telegrammwechsel zwischen dem Metropoliten Sergius und Stalin anläßlich des 25. Jahrestages der Revolution. Goebbels, der eine diplomatische Behandlung der katholischen Kirche und auch der russischen Kirche und Zivilbevölkerung empfahl, diktierte etwa zur gleichen Zeit in sein Tagebuch: «Sehr unangenehm wirkt sich beispielsweise für die Partei die Tatsache aus, daß der Ortsgruppenleiter den Angehörigen den Heldentod eines Sohnes, Bruders oder Mannes mitteilt. Früher tat das zum großen Teil die Kirche. Nun ist die Partei hier eingeschaltet, mit dem Erfolg, daß in kleinen Ortschaften die Menschen schon einen Todesschrecken bekommen, wenn der Ortsgruppenleiter ihre Wohnung betritt. Der Ortsgruppenleiter gilt vielfach als eine Art von Leichenbitter und hat in verschiedenen Teilen des Landes den Namen ‹Todesvogel› bekommen. Ich habe vor der Einführung dieser Neuerung eindringlich gewarnt und diese Folgen vorausgesehen. Aber gewisse Teile in der Partei haben sich in ihrer Kurzsichtigkeit und in ihrer Verbohrtheit gegen die Kirche dazu verleiten lassen, den Teufel mit Beelzebub auszutreiben.»[128]

Léon Bérard, der Botschafter Vichy-Frankreichs beim Heiligen Stuhl, hat im Juni 1941, als die Regierung Pétain die ersten antisemitischen Gesetze in Franreich herausgab, um eine Stellungnahme des Vatikans dazu gebeten. Er konnte dann nach Vichy melden: «Es wäre unvernünftig, die Juden in einem christlichen Staat die Herrschaft ausüben zu lassen und dadurch die Katholiken in ihrer Autorität zu beschränken. Woraus sich ergibt, daß es legitim ist, ihnen den Zugang zu öffentlichen Ämtern zu untersagen, ebenso legitim, sie nur in einem bestimmten Maße an den Universitäten zuzulassen (numerus clausus) und in den freien Berufen ...»

Die jüdische Geliebte des Kommandanten von Auschwitz soll den Krieg überlebt haben. Sie wurde, nachdem man Rudolf Höß versetzt hatte, von dem SS-Richter Wiebeck vernommen. Auf der Suche nach dem Vernehmungsprotokoll teilte mir das Institut für Zeitgeschichte in München mit: «Bei der Aussage handelte es sich zum Teil um derartig starke Erotica, daß sie bei uns als vertraulich behandelt werden.»

127 Tardini, a. a. O., S. 68.
128 Goebbels, a. a. O., S. 223–224.

Erst ein Jahr nach Erscheinen dieses Stückes wurde von dem Kieler Historiker Eberhard Jäckel nachstehender Brief von Kardinal Tisserant gefunden [129] und veröffentlicht:

(L. S.)   Rom, den 11. Juni 1940

Eminenz, verehrter Herr,
Ich habe gestern den Brief erhalten, den Eure Eminenz am 4. an mich gerichtet haben. Vielen Dank für die Güte, die Eure Eminenz mir zu beweisen geruhen; wenn wir die Prüfung überleben, werde ich bei meinen Reisen nach Paris gern von der Gastfreundschaft Gebrauch machen, die Sie mir anbieten. Aber was wird bis dahin geschehen? Ich hatte seit dem 28. August vorhergesehen, was gestern geschehen ist, und ich hatte es dem General Georges gesagt, als ich ihn zu Ende Dezember traf. Wie werden wir dieser neuen Gefahr widerstehen können? Möge Gott uns helfen und Ihnen helfen.

Die Franzosen sollen sich übrigens keine Illusionen machen: was ihre Feinde wollen, das ist ihre Vernichtung. Die italienischen Zeitungen sind in diesen Tagen voll von Äußerungen von S. E. Mussolini, die besagen: wir sind fruchtbar, und wir wollen Land! und das soll heißen, Land ohne Bewohner. Deutschland und Italien werden sich daher die Vernichtung der Bewohner der besetzten Gebiete angelegen sein lassen, wie sie es in Polen gemacht haben. Statt auf dem Schlachtfeld zu sterben, werden die Franzosen also auf kleinem Feuer sterben müssen, die Männer getrennt von ihren Frauen, und die Kinder vielleicht geschont, um den Siegern als Sklaven zu dienen, denn das ist für unsere Feinde das Kriegsrecht. Unsere Oberen wollen die Natur des wahren Konflikts nicht begreifen, und sie bestehen hartnäckig darauf, sich einzubilden, es handele sich um einen Krieg wie in früheren Zeiten. Aber die faschistische Ideologie und die hitlerische haben das Gewissen der jungen Menschen verwandelt, und die unter 35 Jahren sind zu allen Untaten bereit für den Zweck, den ihr Führer befiehlt.

Ich habe den Heiligen Vater seit Anfang Dezember beharrlich gebeten, eine Enzyklika zu erlassen über die Pflicht jedes einzelnen, dem Ruf des Gewissens zu gehorchen, denn das ist der entscheidende Punkt des Christentums, während der Islam, der dank dem Sohne der Muselmanin Heß den Theorien Hitlers als Vorbild gedient hat, das individuelle Gewissen durch die Pflicht ersetzt, den Befehlen des Propheten und seiner Nachfolger blindlings zu folgen.

Ich fürchte, die Geschichte wird dem Heiligen Stuhl vorzuwerfen haben, er habe eine Politik der Bequemlichkeit für sich selbst verfolgt, und nicht viel mehr. Das ist äußerst traurig, vor allem, wenn man unter Pius XI. gelebt hat. Und jedermann verläßt sich darauf, daß, nachdem Rom zur Offenen Stadt erklärt ist, an der Kurie niemand etwas zu leiden haben wird; das ist eine Schande. Zumal da das Staatssekretariat und der Nuntius die Nonnen in großer Zahl und die Mönche überredet haben, nicht fortzugehen, um Italien Geiseln zu stellen. Rom aber ist ein befestigtes Lager, umgeben von einem Festungsgürtel, der immer von Truppen besetzt gewesen ist, und es gibt hier zwei Waffenfabriken, eine Patronenfabrik und eine Artillerie-Reparaturwerkstatt! Diese aber werden wie die Deutschen ihre Stäbe unter dem Kreuz von Genf verbergen, so

129 Das Originaldokument befindet sich im Bundesarchiv, Bestand Reichskanzlei/Frankreich R 43 II/1440 a.

daß die Franzosen und Engländer erklären sollten, sie anerkennten es nicht mehr, da es unsere Krankenhäuser nicht schützt.

Ich lebe in der vollkommensten Nutzlosigkeit, hier zurückgehalten, während ich den Hl. Vater gebeten hatte, mich nach Frankreich zu entsenden. Ich bete für Sie, Eminenz, und zwar viel. Ich bin Ihr in Unserem Herrn ganz ergebener

(gez.) Eugène Card. Tisserant [130]

NOTE AN RIBBENTROP

Vier Jahre nach Erscheinen des Dramas veröffentlichte das deutsche Nachrichten-Magazin «Der Spiegel», Hamburg, im August 1967 (Nr. 35) unter dem Titel «Schöne Note» einen Aufsatz, der hier ungekürzt wiedergegeben wird.

Vier Jesuiten halfen Hochhuth – freilich ohne es zu wollen. Die Patres Pierre Blet, Robert A. Graham, Angelo Martini und Burkhart Schneider gaben den dritten Band einer Dokumentensammlung heraus, mit dem Rom eigentlich Papst Pius XII. gegen den Vorwurf des deutschen Dramatikers Hochhuth verteidigen wollte, er habe die Nazi-Verbrechen gekannt, aber geschwiegen.[130a]

Mit insgesamt 606 bislang geheimen päpstlichen Dokumenten aus den Vatikan-Archiven belegen die vier frommen Wissenschaftler:

Pius XII. war über die Vorgänge in den besetzten Gebieten und in den Konzentrationslagern von Kriegsbeginn an umfassend unterrichtet.

Das päpstliche Staatssekretariat wollte wiederholt zugunsten der Polen intervenieren, wurde aber von Pius XII. gebremst.

Am 3. November 1941 hatte der Erzbischof von Krakau, Adam Stephan Sapieha, einen zornigen Brief nach Rom geschickt. Die Qualen des polnischen Volkes, schrieb der Kirchenfürst an Kardinalstaatssekretär Maglione, machten «ein Wort des Protestes und Tadels von seiten des Heiligen Stuhles unerläßlich».

Der nach Lourdes geflohene Kardinal Hlond, Erzbischof von Gnesen und Posen, verlangte eine «päpstliche Erklärung»; sonst werde man der Kirche vorwerfen, «die Unterdrückungspolitik Hitlers und Mussolinis gestützt zu haben». Monsignore Rodonsky, Bischof von Wloclawek, warnte, Polens Gläubige könnten sich immer mehr von Rom entfernen. Denn: «Das all seiner Habe beraubte Volk stirbt vor Hunger, und der Papst schweigt.»

Im Außenamt des päpstlichen Staatssekretariats wurde aufmerksam registriert, daß sich die Beziehungen zwischen dem Vatikan und den polnischen Katholiken von Monat zu Monat verschlechterten. Monsignore Montini, der heutige Papst Paul VI., regte eine Sendefolge im Radio Vatikan über die Lage der Kirche in Polen an. Pius XII. ließ die Sendung jedoch abbrechen, als die Deutsche Botschaft beim Heiligen Stuhl Einspruch erhob.

130 Eberhard Jäckel: *‹Zur ·Politik des Heiligen Stuhls im Zweiten Weltkrieg›*. Ein ergänzendes Dokument. In: *Geschichte in Wissenschaft und Unterricht* (Stuttgart) Jg. 15/1964, S. 44–45.
130a «Le Saint Siège et la situation religieuse en Pologne et dans les Pays Baltes, 1939-1945». (Secrétairerie d'Etat de Sa Sainteté. Actes et documents du Saint Siège relatifs à la Seconde Guerre Mondiale, édités par Pierre Blet, Robert A. Graham, Angelo Martini et Burkhart Schneider. Vol. III.) Libreria Editrice Vaticana, Città del Vaticano; 964 Seiten; 8000 Lire.

Der Papst hatte es von Kriegsbeginn an ängstlich vermieden, Hitlers Verbrechen anzuprangern oder auch nur zu kritisieren (SPIEGEL 47/1964). Den Polen ließ er drei päpstliche Rundfunkreden aus dem Jahr 1940 schicken, deren schärfster Satz lautete: «In gewissen Teilen der katholischen Welt sind die Gläubigen in so schlimmer Weise verfolgt worden, daß man schwere Befürchtungen für die Zukunft ihres Glaubens hegen muß.»

Da die Sowjets seit 1939 den Ostteil Polens besetzt hielten, konnten die Papst-Worte auch auf sie gemünzt sein.

Selbst in geheimen Memoranden an die Deutsche Botschaft beim Heiligen Stuhl und an das Reichsaußenministerium protestierte der Vatikan lediglich gegen die Behinderung des katholischen Gottesdienstes, die Beschlagnahme kirchlichen Eigentums oder die Verhaftung katholischer Geistlicher.

Im März 1943 gab Erzbischof Sapieha die Hoffnung auf ein Protestwort des Papstes auf. Er schlug daher vor, der Heilige Vater möge wenigstens in einem Brief an den polnischen Episkopat alles zusammenfassen, was er für Polen getan habe.

Das Schreiben wurde vom Staatssekretariat entworfen und dem Papst – zwei Monate später – vorgelegt. Inhalt: Der Vatikan habe alles unternommen, um den Krieg zu verhindern und seine Auswirkungen zu mildern.

Doch selbst dieser relativ harmlose Brief erschien dem Pacelli-Papst nicht opportun. Er verwarf ihn und beschloß statt dessen, zum Fest eines Namenspatrons, des Heiligen Eugenius, selber über die Lage in Polen zu sprechen.

In der Rede versicherte er dann, daß er die Opfer des Krieges niemals vergessen werde, vor allem nicht «das von mächtigen Nationen umgebene polnische Volk ... dessen stilles Heldentum und dessen Leiden im Lauf der Jahrhunderte zur Entwicklung und Erhaltung eines christlichen Europa beigetragen haben». Die deutschen Besatzer erwähnte er nicht.

Die wichtigste Initiative des Vatikans in Sachen Polen – eine Note Kardinalstaatssekretärs Maglione an Außenminister Ribbentrop – reifte ebenfalls im Frühjahr 1943 heran. Nach Meinung der vier Dokumenten-Herausgeber enthielt diese Note «ein fast endgültiges Urteil über das nationalsozialistische Regime». Auch habe sie «das Terrain für einen eventuellen Abbruch der diplomatischen Beziehungen zum Reich vorbereitet».

Mit Rücksicht auf deutsche Repressalien sollte sie jedoch – so der spätere Kardinal Tardini – «eine schöne diplomatische Note» sein, «überlegen, nobel und behutsam in der Form, aber doch schrecklich in der Substanz».

Tardini: «Die Note wird die Deutschen nicht aufhalten. Aber sie wird, wenn sie eines Tages ans Licht kommt, ein Dokument sein, das Zeugnis ablegt für die Umsicht und die Standhaftigkeit des Heiligen Stuhls.»

Die Vorbereitung der schönen Note dauerte neuneinhalb Monate. 17 Fassungen mußte der damalige Minutant und heutige Kardinal Samorè anfertigen, bevor der Text am 2. März 1943 als Brief an Außenminister Ribbentrop abgeschickt wurde. Tardini zu Samorè: «Wenn uns Berlin auch nur eine Ungenauigkeit nachweist, bist du verantwortlich.»

In dem Brief zeigte sich der Vatikan «außerordentlich besorgt über die ernsten und systematischen Schwierigkeiten», die in den besetzten Ostgebieten einer freien Ausübung der Religion entgegenständen. Alle kirchenfeindlichen Maßnahmen der NS-Behörden wurden aufgezählt. Nicht wenige Priester seien «erschossen worden oder sonstwie zu Tode gekommen».

Abschließend fordert Kardinalstaatssekretär Maglione, diese «so peinvolle

Situation» zu beenden und die Religionsfreiheit in den besetzten Gebieten wiederherzustellen.

Der Protestbrief des Vatikans erreichte die Führer des Dritten Reichs nicht; das Reichsaußenministerium verweigerte die Annahme, weil der Inhalt Polen und nicht Deutschland betreffe. Von einem Abbruch der diplomatischen Beziehungen zwischen dem Deutschen Reich und dem Vatikan war nie die Rede.

Der Dokumentar-Band, der Pius XII. reinwaschen sollte, klagt ihn im Grunde genau jener Verfehlungen an, die Hochhuth ihm vorwirft – dafür brach der Vatikan mit seiner Tradition, Papst-Dokumente frühestens 100 Jahre nach den Ereignissen zu veröffentlichen.

Weshalb die vier geistlichen Herausgeber zu Helfern Hochhuths wurden, ist unbekannt. Wahrscheinlich gaben sie die Dokumente heraus in der Überzeugung, Papst Pius XII. zu entlasten und den Heiligen Stuhl von den Beschuldigungen reinzuwaschen, oder sie hatten wissenschaftliche Skrupel, das eine oder andere Dokument wegzulassen.

Vatikan-Pressesprecher Monsignore Vallainc: «Es ist kein apologetisches, sondern ein objektives, historisches Buch.»

EPILOG

Offenbarung 3, 16

In den Tagen, da das Drama in Satz geht, erscheint die deutsche Ausgabe des Vatikan-Buches von Corrado Pallenberg, einem Deutsch-Italiener, der als Nicht-Katholik zwölf Jahre lang römischer Korrespondent für den Londoner *Sunday Telegraph* war. Das nicht unkritische Buch erhält durch das Vorwort des deutschen Botschafters beim Heiligen Stuhl doch beinahe halboffiziellen Charakter. Deshalb ist es ernst zu nehmen, wenn man da liest: «... eine Prophezeiung, die wir leicht machen können, nämlich, daß Pius XII. heiliggesprochen wird. Sein Format als Papst, sein asketisches Leben, sein völlige Hingabe an die erhabene Aufgabe ... seine Visionen und auch eine Anzahl von Wundern, die ihm zugeschrieben werden, dies alles sind Faktoren, die zu einer Seligsprechung und Heiligsprechung beitragen, die bestimmt in nicht zu ferner Zukunft verkündet werden.»[131]

Der Verfasser dieses Dramas, der zu seinen frühesten und deshalb besonders nachhaltigen geistigen Erlebnissen die Lektüre von Theodor Lessings ‹Geschichte als Sinngebung des Sinnlosen›[132] zählen darf, wurde durch diese Prophezeiung nicht überrascht. Er hat auch das Motto aus Kierkegaards Streitschrift gegen die «Heiligsprechung» des dänischen Bischofs Mynster wahrhaftig ohne jede Hoffnung auf eine praktische Wirkung vor dieses Stück gesetzt. Gegen den Tod und gegen Legenden gibt es kein Kraut. Wer Napoleon I., in den Gesprächen mit Caulaincourt und Metternich und wer Hitler in seinen Tischgesprächen kennenlernt – und dann liest, was schon wenige Jahre nach der mutwilligen Ruinierung der Großen Armee durch ihren Kaiser selbst ein so ironischer Geist wie Heine über den von seinen Zeitgenossen mit Flüchen und Haß verfolgten Napoleon schreiben konnte, der kann sich schaudernd der Einsicht kaum verschließen, daß auch die Hitler-Bilder von den Historikern wieder aufgehängt werden und der Installateur von Auschwitz das Recht gehabt hätte, Napoleon nachzusprechen: «Solange man von Gott redet, wird man

131 Corrado Pallenberg: ‹Hinter den Türen des Vatikan›. München 1961, S. 56–57.
132 München 1919; 4. umgearb. Ausg. Leipzig 1927.

auch von mir reden.» Hitler war seinen Soldaten gegenüber nicht einmal so
zynisch wie der «Weltgeist zu Pferde», der beim Anblick der 75 000 Toten von
Borodino gesagt haben soll: «Eine Nacht von Paris bringt's wieder ein.»

Daß er bei Kiew die größte Umfassungsschlacht der Geschichte schlug, das
wird man Hitler vermutlich lange nachsagen; weniger schon, daß diese Schlacht
gegen den Willen seiner Generale ihn vielleicht um die Eroberung von Moskau
brachte; und gar nicht mehr wird davon noch geredet werden, daß er sofort
nach der Besetzung Kiews am Stadtrand 34 000 Menschen erschießen ließ.

Ganze zwei Jahre nach Hitlers Tod schrieb über ihn der ehemalige spanische
Außenminister, der trotz seiner Begeisterung für die Diktatoren in Berlin und
Rom so hartnäckig das Seine getan hat, um Spanien aus dem Zweiten Weltkrieg herauszuhalten, daß ihn Hitler schließlich haßte: «Die Zeit ist gekommen,
um nun auch diese Wahrheit zu sagen: vom Unheil geschlagen und besiegt,
vielleicht selbst Schuldige an großen Katastrophen (Mussolini neigte von Natur aus nicht dazu), waren beide doch große Männer, die an große Dinge glaubten und sie verwirklichen wollten, die ihre Völker liebten und deren Größe dienen wollten. Die Welt von heute haßt eifersüchtig die starken Männer und
sucht mit dem gleichen Eifer die Mittelmäßigen; denn so will es das Gesetz der
Ermüdung. Eines Tages wird ohne Zweifel sich umdrehen und sie wieder
bewundern.» Als diese Worte gedruckt wurden, waren die ersten Kränze noch
nicht verwelkt, die für die Opfer dieser beiden Männer niedergelegt werden
durften.

Pius XII., ein kalter Skeptiker, hat auch nicht an die Geschichte «geglaubt»,
wie man aus einem Gespräch weiß, das er mit Adolf von Harnack führte. Zweifellos hat er aber *gerade deshalb* sich nüchtern eine gute Chance ausgerechnet,
heiliggesprochen zu werden, wenn er nur selbst noch, was dann auch geschehen
ist, ein wenig Material dazu lieferte. Nicht nur seine Unbeliebtheit im Vatikan
war schuld daran, daß der Sarkasmus römischer Monsignori so weit ging, ihm
nachzusagen, er habe den zehnten Pius deshalb heiliggesprochen und gleich
auch noch die Kanonisierung des neunten vorbereitet, um Präzedenzfälle im
Hinblick auf seine eigene Erhöhung zu schaffen.

Wenn hier einige wenige der Gründe und der Quellen genannt werden sollen, die dazu beitrugen, diesen Papst so zu gestalten, wie er im Drama auftritt, so deshalb, weil auch der Verfasser schon jetzt nicht mehr umhin konnte,
die Pius-Legende zu respektieren. Das historische Material spricht nämlich dagegen, daß der Papst sich selbst je in einem solchen – ihn fast schon entschul-
digenden – Konflikt gesehen hat, wie hier bei diesem Auftritt.

Protestieren oder schweigen – diese Streitfrage wird im vierten Akt auf eine
Weise beantwortet, die den Papst nahezu rechtfertigt. Das geschieht aber nur
aus künstlerischen Erwägungen: Pater Riccardo braucht den Gegenspieler von
Rang, und der Papst soll auf der Bühne überzeugen – unabhängig davon, ob
seine historische Handlungsweise überzeugt oder nicht. Der Papst spricht auch
hier, wie er es immer tat, zwei völlig verschiedene Sprachen. Einmal spricht
der sachlich kalkulierende Politiker im intimen Kreis, dann redet er «offiziell»,
bei der Abfassung des Artikels für den *Osservatore Romano*. (Der Artikel ist
sicher nicht von ihm selbst, doch las er oft Korrekturfahnen und hat die Zeitung stets genauestens instruiert.)

Wer das «Diktat» hört, darf nicht *uns* dem Vorwurf aussetzen, ins Kabaret-
tistische ausgewichen oder zu Späßen in der Diktion des ‹Reineke Fuchs› auf-
gelegt zu sein: es wird nur zitiert. Es ist nicht die Schuld des Verfassers, daß

hier den Opfern dieser Kranz aus Papierblumen nachgeworfen wird — mit einem Anspruch, einer Gestik, einem Pathos, deren Verlogenheit um so erschrekkender ist, als offensichtlich keiner der Anwesenden, am wenigsten der Papst selbst, an einen praktischen Sinn des Aufrufs geglaubt haben *kann*. Es ist unmöglich, daß der Intellektuelle Eugenio Pacelli, dessen Lieblingsautor Cicero gewesen ist, geglaubt hat, Hitler mit einer solchen Tirade auch nur zu erreichen. Zweifellos war Pius XII. einer der intelligentesten Männer der ersten Jahrhunderthälfte. Er war, wie Professor Leiber glaubhaft versichert, ausgesprochen nüchtern, skeptisch, realistisch, auch mißtrauisch, kühl, unsentimental und im Gespräch gern spitz. Er schien selbst einem so wenig zu beeindruckenden Diplomaten wie dem japanischen Außenminister Matsuoka, der im März 1941 auch seine Verbündeten Hitler und Mussolini auf der Höhe ihrer Macht gesehen hatte, der bedeutendste Mann in Europa zu sein. Um so quälender die Frage — wenn es überhaupt noch eine Frage ist —, ob der Papst überhaupt bona fide gesprochen haben *kann*, als er diesen Aufruf in die Welt schickte — diesen und seine unzähligen, behutsam faden, blumig unpräzisen und stets nur im Ungefähren herummoralisierenden Klischee-Reden zum Kriegsgeschehen, in denen er niemals einen Politiker, einen Staat — außer Polen — oder auch nur die Tatsache der jahrelang durchgeführten Deportationen bei Namen nannte. Mussolini sagte 1942 zur Weihnachtsansprache des Papstes — und wer könnte ihm widersprechen: «Gottes Vikar, das ist der irdische Vertreter des Herrn des Universums. Er sollte niemals reden und sich in den Wolken halten. Diese Rede ist voller Gemeinplätze und könnte genauso vom Priester von Predappio sein.» (Predappio ist das Geburtsdorf Mussolinis.)

Was an seinem Auftritt in diesem Stück jenen Zuschauern, die den Papst nur aus der Zeitung kennen, am wenigsten glaubhaft erscheinen mag, das ist — nicht erfunden; so beispielsweise die Tatsache, daß er (selbst kurz vor seinem Tode und erfüllt von einer Christus-Vision) Schecks noch persönlich überbracht bekam. Kardinal Tardini hat das geschildert.[133] Pacellis blumige Redseligkeit im Stil übelster Goldschnitt-Lyrik. «Wie die Blumen unter der dicken Schneedecke des Winters . . .» usw. ist wortwörtliches Zitat: statt Juden sagte Pius XII. allerdings «Polen». Der Verfasser hätte nicht gewagt, dem Papst zu unterstellen, daß er mit solchem Geschwätz sich selbst und jene Menschengruppen, die von Hitlers Henkern verfolgt wurden, über die brutale Wirklichkeit hinwegzutrösten versuchte. Als vor einigen Jahren über die enge Zusammenarbeit zwischen Klerus und Schwerindustrie Einzelheiten in die Presse gelangten und zum Beispiel der *Spiegel* schrieb: «Im Zweiten Weltkrieg verdiente der Orden [Jesu] mit diesem rüstungswichtigen Rohstoff [Quecksilber] auf beiden Seiten. Während die spanische Firma vorwiegend an die Alliierten und Rußland lieferte, versorgten die italienischen Bergwerke die deutsche Rüstung»[139] — da haben nicht nur viele Katholiken vergebens auf ein offizielles Dementi gewartet. Die Angaben über den Vatikan als größten Aktionär der Erde wurden von Rom nicht bestritten.

Die Papiere der ungarischen Eisenbahn, gegen deren Erwerb ja nichts einzuwenden ist, wurden nach Abschluß der Lateran-Verträge (1929) gekauft. Dagegen kann dem Verfasser zweifellos nachgewiesen werden, daß in Gegenwart Seiner Heiligkeit ein so tumultöser Auftritt niemals möglich gewesen wäre. Das

133 Tardini, a. a. O., S. 84.
134 *Der Spiegel* (Hamburg) Jg. 12 (1958), Nr. 33, S. 33.

spricht aber nicht gegen das Stück, sondern gegen die historische Wirklichkeit. Da wir nun einmal eine bessere Meinung, als es geschichtlich zulässig sein mag, von Pius XII. zwar nicht haben, aber doch in diesem Drama vertreten, so soll unterstellt werden, daß der Abtransport seiner römischen Mitbürger einen solchen Aufruhr in seinem Gewissen und in seinen Räumen hervorgerufen hat. Wer den Verfasser verurteilen will, soll nicht vergessen, daß die Gestalt des Paters Riccardo kein historisches Vorbild hat: die Kurie machte niemals den Versuch, den Opfern, so viele Katholiken auch unter ihnen waren, einen Betreuer mitzugeben: kein Geistlicher hat sie begleitet.

Was übrigens die Handwaschungs-Szene betrifft, so muß man uns glauben, daß dieser Akt schon längst geschrieben war, als die indiskreten Memoiren des päpstlichen Leibarztes Galeazzi-Lisi [135] in Frankreich veröffentlicht wurden, in denen die bis zum Exzeß gesteigerte Hygienomanie Eugenio Pacellis geschildert wird. Daß Pius XII. in diesem Trauerspiel das Bedürfnis zeigt, sich die Hände zu waschen, nachdem er den aus Anlaß des Abtransportes der Juden verfaßten Artikel unterzeichnet hat, diese Idee zwang sich bei der Lektüre der Rede auf, die der Heilige Vater am 2. Juni 1945, kurz nach der Vernichtung des nationalsozialistischen Regimes, vor dem Kardinalskollegium hielt. Wenn sein Leibarzt nun erzählt, daß Pius XII. sich nach jeder Audienz habe die Hände desinfizieren lassen und seinen physischen Widerwillen gegen den täglichen Kontakt mit den Pilgern eine übersteigerte Leidenschaft für Hygiene entgegengesetzt habe, so ist das nur pittoresk, wie etwa auch die Tatsache, daß Adolf Hitler ebenfalls einen bis zur Manie gesteigerten Drang hatte, sich die Hände zu waschen. Leider ging Hitlers Reinlichkeitsbedürfnis nicht so weit wie das des Papstes, der seinen Mund mit Chlorsäure spülte, was über Magenstörungen so heftige Anfälle von Schluckauf hervorrief, daß sein Tod dadurch beschleunigt herbeigeführt wurde.

«Psychologie führt leicht zu Pietätlosigkeit», sagte Thomas Mann. Aber allein die Kenntnis der persönlichen Züge des introvertierten Mystikers Pacelli kann letztlich seine Einstellung gegenüber den Deportationen in den Tod erklären. Unfreiwillig aufschlußreich ist das als Panegyrikus gedachte Buch des Kardinals Tardini: man lese da, ein Beispiel für zahllose, über die «gewisse Ängstlichkeit, hohe kirchliche Würdenträger und Priester zu empfangen»[136]. Und doch ist ganz abwegig zu vermuten, er habe aus Feigheit gegenüber Hitler geschwiegen – wie in letzter Zeit ein maßgeblicher Historiker behauptet hat.

Auch hatte dieser Papst, der sich schminken ließ, um in einem anglo-italienischen Film über den Vatikan aufzutreten («Pacelli – das ist die Duse», sagte Annette Kolb zu Reichskanzler Brüning [137]), einen viel zu wachen Instinkt für Effekte, um Gewaltanwendung gegen seine Person oder etwa die Peterskirche zu *fürchten*. «Was glauben Sie denn, wie das Ansehen der Kirche dadurch gewachsen wäre!» sagte uns ein Hausprälat Pius' XII. Zweifellos müßte der Papst durchschaut haben, daß ein Protest gegen Hitler, wie Reinhold Schneider resigniert sagte, die Kirche auf eine seit dem Mittelalter nicht mehr innegehabte Stufe erhoben hätte – müßte es durchschaut haben, hätte er sich darüber Gedanken gemacht. Wenn hier im Stück sein Schweigen den Anschein eines be-

135 Riccardo Galeazzi-Lisi: ‹Dans l'hombre et dans la lumière de Pie XII›. Paris 1960.
136 Tardini, a. a. O., S. 62.
137 Kessler, a. a. O., S. 743.

wußten, sich schmerzlich abgerungenen Verzichts erhält – die historischen Fakten sind leider kaum so schön. So tief, so quälend kann dieser Papst die in Europa jahrelang inszenierte Hetzjagd auf Wehrlose nicht empfunden haben. Schon seine Reden – er hat ja 22 Bände voller Reden hinterlassen – zeigen, welche Lappalien ihn zu dieser Zeit beschäftigten. Er war kein «Verbrecher aus Staatsräson», er war ein Neutrum, ein überfleißiger Karrieremacher, der sich später oft mit abwegigen Spielereien die Zeit vertrieb, während die gequälte Welt, wie Bernard Wall schreibt, von ihm vergebens ein Wort geistiger Führerschaft erwartete. Dieser kluge, gläubige Katholik, der zu Pius XII. gepilgert war, fand den Papst persönlich charmant, subtil, gescheit, nicht sehr tief. «Er strahlte», sagte er vom Papst, «förmlich freundliche Anteilnahme aus, in einer Art und Weise, die mich fast traurig machte; es schien mir rührend und ergreifend, daß mich diese Anteilnahme nicht stärker bewegte.»[138] Sie war eben, das beweist schon die Kälte Pacellis gegenüber seinen Mitarbeitern, rein dekorativ, ein Ornament – wie der Artikel im *Osservatore Romano* vom 25. Oktober 1943.

Damit stellt sich erneut die Frage nach der Verantwortlichkeit, die, zu Ende gedacht, möglicherweise das Drama selbst als nicht mehr zeitgemäß verwerfen muß – im Zeitalter des Neutrums. Wenn Norbert Mühlen sehr überzeugend schreibt, der größte Arbeitgeber Europas, Herr über 55 000 Fremdarbeiter, habe tatsächlich nicht begriffen, was ihm im Nürnberger Prozeß vorgeworfen werden mußte[139]; wenn unter den Millionen Unglücklichen, die Rudolf Höß in Auschwitz einäschern ließ, nicht wenige für das Amt des Lagerkommandanten ebenso geeignet gewesen sein dürften wie ihr Mörder, dessen schrecklichstes Vermächtnis ja die Erkenntnis ist, daß selbst Aufgaben, wie Auschwitz sie stellte, reibungslos von einem friedlichen, normal veranlagten, jederzeit auswechselbaren Familienvater ausgeführt werden können – dann kann die Schuldfrage nicht mehr mit der Hoffnung auf gerechte Beurteilung im Drama diskutiert werden. Der großen Dynamos, die Geschichte machen, gibt es offenbar in jeder Epoche nur sehr wenige. Wie weit aber kann das Neutrum schuldig werden? Und: was darf man vom Neutrum erwarten, wenn Allgemeine Wehrpflicht oder sonstige Gesetze es in Situationen führen, die eher von Heiligen als von Menschen bewältigt werden können? Befehlsverweigerung, etwa – wer könnte sich anmaßen, sie von einem Menschen zu verlangen, der seit der Konfirmation nicht einmal das Bedürfnis gefühlt hat, über Gut und Böse nachzudenken? Wenn aber der einzelne nicht mehr verantwortlich zu machen ist, weil er entweder nichts mehr zu entscheiden hat oder nicht begriffen, daß er sich entscheiden *muß*, so ist das Alibi für jede Schuld geschaffen: das Ende des Dramas. Denn: «Es gibt keine Spannung ohne die jeweilige Freiheit der Entscheidung» (Melchinger).

138 Wall, a. a. O., S. 97.
139 Mühlen, a. a. O., S. 158.

EINE VARIANTE ZUM FÜNFTEN AKT:

(Für die Aufführung von ‹Der Stellvertreter› in Basel [September 1963] hat der Autor die dritte Szene des dritten Aktes umgearbeitet und an den Schluß des Trauerspiels gestellt. Sie ersetzt den bisherigen fünften Akt, das Stück endet nunmehr mit der Einlieferung Pater Riccardos in den Gestapo-Keller in Rom.)

Im Morgengrauen des 17. Oktober. Das römische Hauptquartier der Gestapo in der ehemaligen Kulturabteilung der Deutschen Botschaft, in Via Tasso. Das Vestibül ist als großer Büroraum eingerichtet, der auf der einen Seite Zugang zu den Kellern — den Zellen — hat, andererseits auf einen düsteren Hof mit unsichtbarem Tor geöffnet ist.
Man hört einen schweren Lastwagen in den Hof einfahren, Menschen werden abgeladen und hinter der Bühne in den Keller geführt.
Kommandorufe wie
   'runter!
   'raus da!
   Los, los — plötzlich!
   Hunde bellen. Ein Kommando: Wech da! Halt die Schnauze.
   Dann zählt Witzel gemütlich: Sechsundvierzich, neunenvierzich, füffzich — zwoenfuffzich — na, mit denen da — und auch
   noch die zwei Rotznasen,
   dann hammwer Stücker sechzich
   beisammen.
   Bringtse zu den andern.
Bevor nun der Feldwebel auf der Treppe, die Hof und Haus verbindet, sichtbar wird, hat sich im Vordergrund Salzer, ein Offizier der Waffen-SS, erhoben, der, seine Stiefel neben sich, in einem Sessel eingeschlafen war — die Füße auf einem Stuhl, mit einem Sommermantel zugedeckt . . .

WITZEL *(betritt den Raum und meldet):*
   Obersturmführer — melde die Aktion
   mit elfhundertsiebenzwanzich
   Verhaftungen abgeschlossen.
SALZER *(indem er seine Stiefel anzuziehen beginnt):* Danke. Erfreulich wenig.
   Rom hatte früher mal achttausend Juden:
   sind alle nach dem Süden abgehauen,
   zu den Amis —
   Ich hab's ja gleich gesagt, daß es nicht lohnt.
WITZEL: Es sin auch Hunnerte in Klöster 'rein.
   Wir haam noch so Stücker dreißich dabei erwischt,
   wie sie daheim verschwinden wollten.
   Unsere Italiener vom mobile Bataillon,
   die täten schon mal in die Klöster 'reingehn,
   wo man genau weiß, daß von hunnert
   Mönchen doch zwanzig falsche sin,
   Kommenisten, Juden und Badoglio-Verräter . . .
SALZER *(mit wachsender Ungeduld, ein unbeherrschter Rechthaber, je selbstherrlicher gegenüber Untergebenen, je weniger sicher er seiner Sache ist):*

Verrückt, Witzel.

Sie sind total verrückt.

Warum nicht auch den Papst noch liquidieren!

Mensch — daß Sie noch immer nicht begreifen:

(Schreiend:) Wir sind hier nicht in der Ukraine.

(Drohend:) Witzel, Sie haften mir, Sie fahren

mit dem nächsten Zug zur Ostfront,

wenn Sie nicht darauf achten, daß

diese dämlichen Faschisten sich anständig benehmen.

Diese Avanti-Trabanten da, die immer

so furchtbar mutig sind, wenn's gegen Zivilisten geht.

(Fest:) Kein Katholik wird provoziert, verstanden?

WITZEL: Das schonn, nur müssen wir . . .

SALZER *(laut schreiend): Verstanden* — oder nicht?

WITZEL *(sehr eingeschüchtert):* Jawoll, Obersturmführer.

SALZER *(ganz ruhig):* So. — Was wollten Sie noch sagen?

WITZEL *(verwirrt):* Daß wir uns eisern an die Listen

gehalten haben, vom Musselini seine Listen.

Natürlich, viele Kinner warn noch nich drauf.

Doch sin das alles Juden, garantiert.

Nur manche wurden eben frech

und drohten mit der Kirje, weil sie

katholisch sin . . .

SALZER *(hat den Rock angezogen, unterbricht sich beim Zuknöpfen, aufs höchste beunruhigt):* Das hätten Sie mir heute *nacht*

sagen müssen, dann hätt' ich Grund gehabt,

den ganzen Blödsinn abzublasen. Katholiken

in Rom verhaften — Mensch, ich . . .

(ratlos, leiser:) vielleicht ist *wirklich* mancher

gar kein Jude!

WITZEL *(vorsichtig):* Aber Obersturmführer,

das hätten Sie auch nich üwerprüfen könn'!

Wer weiß denn, wer von denen lücht!

SALZER *(resignierend):* Also gut, Witzel, die Schuld hab' *ich,*

ich hätte nicht an Ihren Verstand

glauben dürfen. Sie sehen mich seit Wochen hier

verhandeln — haben Sie in *Polen* jemals

gesehen, daß ich mit Priestern verhandelte?

WITZEL *(kleinlaut):* Nein.

SALZER: Nie überlegt, wie — *warum* ich mir

in Rom gefallen lassen muß, daß dieser Pope

mich jede naselang besucht, damit ich einen

Schurken, den wir glücklich gefangen haben,

wieder in Freiheit setze, was?

WITZEL: Doch, Obersturmführer, jawoll.

Nur — wechen *Juden* kommt der

doch nicht, den schickt der Babst doch,

weil er . . .

SALZER: *Juden* — Sie Knallkopp,

hatten wir bisher doch auch noch gar nicht

eingesperrt! — Is auch egal:
hauen Sie ab, in fünf Minuten
bringen Sie aus Zelle eins
alles herauf, was sich von dem Gesindel da
als Katholik aufspielt, verstanden?
WITZEL: Jawoll, Obersturmführer.
(Eilig ab.)
Salzer öffnet die Glastür zum Hof, auf dem es allmählich hell wird, pfeift
laut auf vier Fingern und winkt die beiden Milizsoldaten zu sich herauf, die
mit Witzel die Luccanis verhaftet haben.
Sie erscheinen: der Korrekte schnell, er salutiert «zackig»; der Ganove rekelt
sich mit Verspätung die Treppe hinauf und in den Raum, grinst und frißt
geräuschvoll an einem sehr großen Melonen-«Schiffchen», das er mit beiden
Händen wie eine Mondsichel vor seinem hübschen, ungepflegten Gesicht ba-
lanciert. Er schlägt im Raum kokett und ironisch ebenfalls fest die Hacken
zusammen — belustigt über die deutsche «Disziplin».
SALZER *(wurstig):* Morgen. — Rührt euch. Was grinst ihr?
GANOVE *(klagt ergreifend):* Kein Spaß, Kommandant, Dienst sehr schwer.
Kein Schlaf, sehr hungrig, nix kassiert.
Nachtdienst sehr schlecht.
SALZER *(amüsiert):* «Kassiert», ich will dir helfen!
(Zu dem Korrekten:) Seine Freundin wartet wohl schon die
ganze Nacht auf ihn?
DER KORREKTE *(beleidigt, daß Salzer sich immer nur mit dem anderen be-*
schäftigt): Kenn' seine Freundin nicht. Meine wartet jedenfalls.
Ich bitte um Entlassung, Kommandant.
GANOVE: Schöne Mädchen bei den Juden, Kommandant!
SALZER: Ihr könnt gleich gehen. Du rührst mir
keine an! — Ihr seid doch gute Katholiken, was?
DER KORREKTE: Kein Katholik mehr.
GANOVE *(sachlich):* Kein guter, ein gewöhnlicher.
SALZER: Egal, ihr werdet die Spitzbuben
examinieren, die sich hier katholisch
gebärden. Wollen sehen, ob die mit
den lieben alten Bräuchen eurer Kirche
überhaupt vertraut sind. Macht ihr das?
DER KORREKTE *(lacht böse):* Sollen sie beten?
GANOVE *(erfreut):* Singen! Singen ist lustiger!
Oder wir taufen sie im Tiber.
SALZER: Laß mal Kaffee und Brote machen, ja?
DER KORREKTE: Jawohl, Kommandant. *(Geht ab.)*
GANOVE: Dürfen wir Leiber visitieren, Kommandant?
Sehr schöne, sehr junge Mädchen bei den Juden.
SALZER: Du rührst mir keine an!
In einer Stunde kannst du heimgehen
und deine Freundin hobeln.
GANOVE *(jetzt ehrlich traurig, mit einer Geste des Halsabschneidens):*
Die Mädchen bei den Juden,
Kommandant — kommen die auch nach Polen?
SALZER *(beendet seine Toilette, frisiert sich):*

Niemand kommt nach Polen. Die fahren
nach Österreich ... wir haben da in
Mauthausen eine Sommerfrische.
Aha, der Witzel ... mit den Frommen.
*(Witzel ist durch die Tür zum Souterrain aufgetaucht, neben sich Carlotta,
ein etwa zwanzigjähriges Mädchen, einen vierzigjährigen Mann, den alten Luccani und Riccardo. Keiner trägt den Stern. Alle erschöpft, die Männer ohne Schuhriemen, ohne Gürtel, ohne Krawatten, unrasiert. Das Mäd-
chen blaß, ungepflegt.)*
WITZEL *(zu den Juden, schreiend):*
    Gesicht zur Wand! — Kehrt! — Das sin
    die vier aus Zelle eins, Obersturmführer.
SALZER *(der ständig nur Riccardo ansieht, entsetzt durch die Soutane, sagt
    ungeduldig, leise im Vordergrund, nach dem er Witzel mit zorniger Bewe-
    gung Schweigen befohlen hat):*
    Soso — feine Ware haben Sie mir aufgepackt —
    Mensch, Witzel, es ist nicht zu fassen:
    Sogar ein Pope! — Sie Idiot, Sie.
WITZEL *(heftig):* Das ist doch keiner, Obersturmführer —
    ein Schweinehund is das, ein deutscher Jude,
    gibt selber zu, daß er sich die Soutane
    nur angezogen hat, um abzuhauen.
SALZER *(pfeift durch die Zähne, sichtlich erleichtert, und tritt Riccardo leicht
    in die Kniekehle, geht dann zurück in den Vordergrund und läßt Riccardo
    folgen):* Kehrt! — Aha — Komm mal her, Hochwürden.
    Als Jesuit verkleidet ...
    (Lacht kurz, sehr sicher:) Wer soo aussieht wie du: wie David höchstpersönlich,
    der soll das lieber lassen —
    aus dir mach' ich noch dreimal einen
    Juden!

*Salzer hat Riccardo einen Stoß versetzt. Riccardos Gesicht, ein Gesicht, das
man bisher nicht kannte, spiegelt wieder, was er und was die namenlosen
Verschwundenen auf ihrer «Insel des Schmerzes in einem Meer von Gleich-
gültigkeit» (Freud) empfunden haben müssen: Eine Verbitterung, so lähmend,
daß sie nicht einmal mehr angesichts der Hinnahme dieses Verbrechens durch
den sogenannten Stellvertreter Christi aufschreien konnten. Riccardos Scham,
ein Christ zu sein, ist so groß wie seine Verzweiflung über das Scheitern
seines Auftrags. Und seine entsetzliche Wortlosigkeit während dieser ganzen
Szene erinnert an das Schweigen der in Auschwitz vergasten Nonne Edith
Stein, gegenüber ihren Mördern sowohl wie gegenüber ihren christlichen Mit-
schwestern, die ihrer Verhaftung in einem holländischen Kloster «hilfreich
und tröstend» — zugesehen haben. Niemand sollte heute dieses Schweigen
bequemerweise in «Gefaßtheit» umfälschen ...*

WITZEL *(prahlerisch, belustigt):* Blöd' war er auch noch:
    läuft uns mitten vor die Füße. ·
    Ich denke erscht: ein richtiger Priester —
    einer von denen, die das Pack noch schnell
    zu einem Kloster bringen wollen.

Komm her, sprech ich für ihn und knöppe mir
ihn vor. Spricht gleich so prima deutsch un
ist nich mal katholisch – plötzlich will er
dann doch noch stiften gehen . . .

SALZER: Nicht katholisch? Warum lassen sie ihn
dann nicht im Keller bei den anderen?

WITZEL: Na, Obersturmführer, ein *deutscher* Jude,
der sich *das* erlaubt, türmt erscht ins Ausland,
verkostümiert sich dann: ich dachte, *den*
nehmen Sie mal besonders vor . . .

SALZER: Quatsch! Sie ziehen die Soutane aus, verstanden?
(Riccardo antwortet nicht.
Der Korrekte kommt mit einem großen Tablett mit Kaffee und Broten.)

WITZEL: Die ziehe *ich* ihm aus, dann geht das schneller.
(Zu dem Korrekten:) Du da – geh
mal in den Hof und zieh dem Toten da
die Hose aus und den Pullover – der liegt noch
da im Hof, Obersturmführer.

SALZER *(zu der Miliz, dann zu Witzel, etwas ironisch):*
Bleib hier! Unsere Waffenbrüder,
Witzel, sind schließlich keine Totenfrauen –
der Herr . . . Herr «Pastor» wird selbst
die Güte haben, dem Entseelten Hose und Pullover
abzunötigen.
(Ein Wink an den Korrekten.)
Er kann dann gleich die Leiche auch noch segnen,
dieser komische Heilige – so,
weg, haut ab.
(Der Korrekte führt Riccardo hinaus – so korrekt wie er alles tut. Riccardo
wird in keiner Weise «sonderbehandelt», nicht im Guten, nicht im Bösen.
Kein «vielsagender» letzter Blick oder Ähnliches, nichts. Im Qualm der
Endlösung konnte kein Opfer mehr zum Helden werden.)

Nur jetzt keine bühnenwirksame Übertreibung! – Wir Zuschauer im Theater
dürfen uns keineswegs stärker aufregen, als 42/43 die Zuschauer der Depor-
tationen, weil wir sonst der Einbildung erliegen könnten, humaner zu sein,
als jene damaligen Nachbarn der zum Tode Verurteilten. (Obwohl beispiels-
weise aus Den Haag der Generalkonsul Otto Bene schon am 13. 8. 1942 nach
Berlin berichtet hatte: «Nachdem die Judenschaft dahinter gekommen ist und
weiß, was bei dem Abtransport bzw. bei dem Arbeitseinsatz im Osten gespielt
wird . . .» konnte am 30. 4. 1942 der dortige Befehlshaber der deutschen Sicher-
heitspolizei beruhigt konstatieren: «Aus verschiedenen Provinzgemeinden
wurden Selbstmorde von Juden gemeldet. Die Bevölkerung nahm, abgesehen
von Freunden aus Mischehen, keinen Anteil an den Judentransporten und
scheint sich mit ihnen abgefunden zu haben.»)
Riccardo verschwindet also für immer als bloße Nummer wie jeder andere.
Um das noch zu unterstreichen, ist e r zuerst abgetan – während seine Leidens-
gefährten noch so lange unsere Aufmerksamkeit erwecken können, bis auch
sie hinaus und in die Anonymität gestoßen werden, gleich zu gleich, wie Bri-
ketts, auf ihren «Materialwert» reduziert, sei es für eine Weile noch als

Zwangsarbeiter, sei es als reine Devisenbringer (Schmuck, Textilien, Haare, Goldzähne) vor ihrer sofortigen Veraschung.

SALZER *(lauter, unbeherrscht):* Vorm Frühstück will ich sie nicht sehen!
(Der Ganove blickt auf das Mädchen, geht jetzt leise und schnell zu ihm; er trennt sie von den Männern, spricht heftig auf sie ein, will ihr eine Zigarette in den Mund stecken usw.)
WITZEL *(sehr kleinlaut, zeigt auf den Vierzigjährigen, von dem er eben gesprochen hat: einen außerordentlich gut gekleideten Mann, soweit das noch kenntlich ist):*
Der da ... der hat sogar behauptet ...
SALZER: Will ich jetzt nicht wissen, was der
behauptet. Jetzt will ich, zum Donnerwetter,
endlich Kaffee trinken.
(Ruhig:) Ist kein Schneider gefaßt worden, ein guter
Uniformschneider?
WITZEL: Nee, Obersturmführer, ein Schneider
nich. Ein Schuhhändler aber, einen haben se
aus 'n Schuhgeschäft wechgeholt.
SALZER: So! — ein guter Schuster ist was wert.
WITZEL: Werkzeuch hat er bei sich, ich hab'n gefracht.
Nur kein Madrial, das müssen wir noch holen
in seim Laaden. Aber Werkzeuch hat er,
'ne ganze Daschen voll. Was willste denn damit,
sprech' ich for ihn. Spricht er, ich muß
in Polen doch für meine Kinner sorgen.
(Witzel amüsiert sich, lacht kenntnisreich. Die lähmende Bestialität des ganzen Geschehens kommt am «offenherzigsten» in diesen mit niedrigster Witzigkeit vorgetragenen Sätzen zum Ausdruck, die in schlampigem «Kasselaner» Vorstadtjargon behaglich breitgetreten werden.)
Soo, sprech' ich, du willst for deine Kinner
sorgen, denn sorje mal for sie. Du bist
ja düchtig. Wir richten dir in Auschwitz
ein' eichnen Laden ein — prima
mit Schaufenstern oder vielleicht sogar, sprech' ich,
in Warschau, ein großes Geschäft, weil du's bist.
Da kannste sorjen for deine Familie — naiv, wie?
(Er freut sich, lacht. Selbst Salzer ist Witzels biederer Idiotenzynismus aufs Gemüt geschlagen, er sagt gereizt —)
SALZER: Gut, Witzel — hier haben Sie 'ne Zigarette,
hauen Sie ab.
WITZEL: Jawoll, Obersturmführer — will nur den Kaffeetisch ...
(Er beeilt sich, eine Tischdecke auszubreiten und deckt den Tisch. Der Korrekte, der Riccardo fortgeschafft hat, ist wiedergekommen. Salzer nimmt gleich im Stehen ein Brot. Er sieht jetzt auf den Ganoven, der im Hintergrund versucht, das Mädchen zu küssen. Er hat es, das sich angewidert wehrt, um Schulter und Taille gefaßt — da reißt es sich los und schlägt ihm so kräftig ins Gesicht, daß seine Mütze ins Zimmer fliegt. Salzer, der gerade dazwischentreten wollte, lacht laut auf, er lacht, bis ihm die Tränen kommen. Auch der Korrekte freut sich, während Witzel mit dem Ordnungssinn

der geistig Minderbemittelten und mit nationalsozialistischem Ehrgefühl
die Miliz am Kragen packt.)
WITZEL: Mensch, du Schwein, hast du kein Ehrgefühl!
'raus hier – mit Juden vögeln, was?
(Er drängt ihn auf den Hof, zuletzt mit einem Tritt. Er kann sich lange
nicht beruhigen. Sein Ordnungssinn ist so stark, daß er die Mütze des Ga-
noven aufhebt, sie mit einer Hand sogar abstaubt, dann wieder die Tür öff-
net und die Mütze hinter ihm herwirft. Er schreit:)
Ehrgefühl nich for zehn Lire.
Der Halunke . . . ich tät 'n schleifen.
SALZER *(lacht noch immer):*
Die verstehen das doch gar nicht, Witzel,
die Italiener sehen doch selber aus wie Juden.
(Er hat Brot und Tasse in der Hand und geht auf das Mädchen zu. Freund-
lich, beeindruckt:) Donnerwetter! Immer so abweisend?
(Das Mädchen antwortet nicht.)
Oder haben Sie schon einen Kavalier?
CARLOTTA *(kalt):* Mein Verlobter ist in Afrika gefallen.
SALZER *(sehr peinlich berührt, redet schnell):* Was? – Gefallen? Wieso?
Auf englischer Seite!
CARLOTTA: Auf deutscher Seite natürlich. Er war aus Rom.
SALZER *(bemüht, das Thema zu wechseln):* Seit wann darf hier denn eine Jüdin
einen Arier heiraten?
CARLOTTA: Ich wurde ja katholisch deshalb.
SALZER: So. – Wir müssen Sie aber leider auch
zu Rüstungsarbeiten in Österreich heranziehen.
Da Sie mit diesem Arier noch nicht
verheiratet gewesen sind, sind Sie
nach den Gesetzen noch Volljüdin. – Ihre
Religion spielt keine Rolle. Wir Deutschen
sind tolerant – jeder kann beten, wie er mag.
CARLOTTA *(in Angst):* Aber ich wäre doch längst verheiratet,
also Halbarierin nach dem Gesetz,
wenn mein Verlobter nicht für . . .
für Deutschland gefallen wäre!
SALZER *(verlegen):* Ihr Fall ist kompliziert.
(Er winkt dem Korrekten.) Du rührst sie nicht an, verstanden!
DER KORREKTE: Jawohl, Kommandant!
SALZER: Bring sie in die Zelle zurück.
CARLOTTA *(sehr in Angst):* Ach bitte – nein,
bitte nicht!
SALZER: Bis zum 1. November ist alles geklärt.
(Miliz mit dem Mädchen ab. Man spürt, es wird Salzer wohler, sobald er
das Mädchen nicht mehr vor Augen hat. Witzel trinkt im Vordergrund Kaf-
fee. Er steht auf, als Salzer zu ihm kommt.)
SALZER: Sitzen bleiben, Mensch. Hören Sie, Witzel,
wenn da der Schuhhändler, von dem
Sie vorhin gesprochen haben, selber
Stiefel machen kann, gute Maßarbeit,
dann ist er – und seine Sippe meinetwegen auch –

vorläufig Arier, klar? Dann bleibt er hier.

WITZEL: Ja, ein guter Schuster is was wert.

SALZER: Ich brauche endlich Stiefel,

mit denen ich mich sehen lassen kann.

Sie könnten auch 'n Paar gebrauchen.

Dies beschissene *(er zeigt auf seine Stiefel)*

Zeug hier gehört ja auf den Mist.

Man spürt bei jedem Schritt

das vierte Kriegsjahr. Glänzen tut es gar nicht.

WITZEL: Jawoll, Obersturmführer.

(Witzel ist mit seinem Frühstück fertig; er geht ab. — Salzer hat, die Stimme so plötzlich wie eine Musikbox verändernd, sofort nachdem er mit Witzel gesprochen hat, in rüdem Ton die beiden Männer angeschrien, die noch mit dem Gesicht zur Wand stehen. Was jetzt folgt, steht keineswegs im Widerspruch zu Salzers Vorsatz, die Juden gut zu behandeln, solange sie in Rom sind: die «Behandlung» der Juden, die in anderen Ländern verhaftet wurden, von Ausnahmen abgesehen, wäre auf keiner Bühne darzustellen.)

SALZER: Ihr getauften Hebräer da — Abteilung kehrt!

Los, kehrt — sage ich, los.

(Jetzt erst wendet sich auch der alte Luccani dem Beschauer zu.)

Nun zeigt mal, daß ihr Katholiken seid.

Gib deinen Paß her.

(Der Vierzigjährige zeigt seinen Paß vor.)

Wie kommen Sie hier ins Büro? Sie sind

doch überhaupt kein Katholik! Witzel?

(Er wendet sich um, Witzel ist nicht da. Der Korrekte von der Miliz kommt zurück, stellt das Geschirr zusammen und räumt es wortlos ab. Währenddessen geht das Verhör weiter.)

FABRIKANT *(eifrig, wie geprobt)*:

Ich arbeite für Ihre Rüstung. Ich habe große

Tuchfabriken. Meine Familie ist katholisch.

Katholischer Adel.

SALZER: Sie müssen arbeiten, wie Ihre Brüder auch!

Sie sind doch Jude — höchstens, daß ich Ihre

Familie benachrichtige . . .

FABRIKANT *(greift eifrig in die Brieftasche und zieht ein Notizbuch hervor)*:

Ich bitte darum. Hier — dies

ist die Adresse, mein Telefon, bitte . . .

SALZER *(lacht dreckig, reißt ihm das Notizbuch aus der Hand und wirft es weit weg ins Zimmer; dann höhnisch)*:

Wo soll denn deine Sippe sich beschweren,

wenn sie nicht einmal weiß,

daß du von uns verhaftet worden bist?

FABRIKANT *(redselig vor Angst)*: Aber bitte — ich arbeite seit einundvierzig

für die deutsche Wehrmacht. Meine Fabriken . . .

SALZER: Werden weiter für uns arbeiten.

Sie gehen jetzt mit Ihren Glaubensbrüdern . . .

FABRIKANT *(entfernt sich ostentativ einen Schritt von Luccani)*:

Das *sind* nicht meine Brüder, sind es nie gewesen!

Meine Verhaftung ist ein Irrtum,
aus dem Ihnen schwerste Folgen erwachsen werden!
(Salzer äußerst gereizt, da er nämlich diese Folgen so sehr fürchtet, daß er
weiß — ganz gleich, ob und wann der Papst protestieren wird — dieser Jude,
Zeuge des Geschehens im Gestapokeller, darf nie mehr den Mund aufmachen.
Witzel ist eingetreten.)

SALZER: Oh, da hab ich wirklich große Angst
vor ... vor den Folgen.
(Witzel hat den Sessel, in dem Salzer geschlafen hat, mitten in den Raum
geschoben, davor einen Stuhl, auf den Salzer die Füße legt.)
Wenn Ihre Werke für die Wehrmacht schaffen,
dann haben Sie doch wohl Verständnis
für unsre Maßnahmen betreffs der Juden.
Haben Sie dafür Verständnis oder nicht?
(Er legt sich in den Sessel. Witzel setzt sich an einen Tisch, stempelt sorg-
fältig, indem er jedesmal das Gummi wieder anhaucht, als wolle er es ver-
schlingen, einen Stoß Formulare. Dann säubert er sich gründlich Zähne und
Ohren, während er dem Verhör zuschaut.)

FABRIKANT: Ich sage ja, daß ich innerlich
und äußerlich schon längst dem Judentum
entfremdet bin. Schon längst.
Ich habe nach Erlaß von Mussolinis
antijüdischen Gesetzen sofort
in meinen Werken alle Juden,
die Prokura hatten, nachweislich entfernt.
Vom Duce selbst bin ich
als Ausnahme behandelt worden ...

SALZER: Als guter Steuerzahler?

FABRIKANT: Nein, als guter Faschist. Ich hätte
zehnmal emigrieren können ...

SALZER: Einmal hätte auch genügt.

FABRIKANT: Ich wollte meinen Beitrag leisten
zum Sieg des Abendlandes über
den Bolschewismus. Ich dachte ...

SALZER *(steht auf)*: Sie drücken sich sehr allgemein aus.
Ich will aber ein klares Bekenntnis hören:
Bekennen Sie sich gegen Ihr Volk
und für Adolf Hitler, der die Welt
von diesem Volk erlösen wird?

FABRIKANT: Meine Handlungsweise in diesem Kriege
ist ein klares Bekenntnis.

SALZER: Eine Handlung, an der man so viel verdient,
wie Sie am Krieg verdienen,
ist kein Bekenntnis. Keine Rederei:
Bejahen Sie die Ausrottung der Juden,
ja oder nein?

FABRIKANT: Der Führer wird wissen, was er tut.

SALZER: Ja oder nein, Mensch — halt mich nicht auf.

FABRIKANT: Ja.

SALZER: Das kam sehr dünne 'raus. Hier —

spucken Sie diesem Juden in die Fresse.

FABRIKANT: Ich bitte Sie, der alte Mann
hat mir doch nichts getan.

SALZER: Hat er *mir* was getan?

FABRIKANT: Nein, das tue ich nicht.

SALZER: Schön — Witzel! Führen Sie diesen
Großindustriellen zu seinen Glaubensbrüdern.

WITZEL *(aufstehend)*: Los, innen Keller — komm, los.

FABRIKANT *(fast erleichtert, daß er abgeführt wird)*:
Herr Obersturmführer, fürchten Sie den
Protest des Duce und des Papstes.
Wagen Sie es nicht . . .

SALZER *(sicher, daß er ihn jetzt vernichten muß. Er steht auf, mit äußerstem
Zynismus)*: Hoffen Sie doch nicht,
daß man Sie hier bei *uns* sucht.
Wenn Ihre Witwe Sie vermißt, wo sucht sie dann? Sie sucht natürlich
in den Bordellen der Via Veneto. Eine Weile
wird sie dort suchen, eine Weile.
Doch der Mensch vergißt den Menschen rasch.
Wir sind wie Streichhölzer, in Massen
lieferbar, eins wie das andere, Sie auch.
Auch Ihre Witwe wird nicht lange suchen.
Los, spucken Sie
den Alten an, dann brauchen Sie nicht in den Keller
zurück, mein Ehrenwort. Los, spucken Sie:
das wäre ein Bekenntnis

*Der Mann ist erledigt. Er hat begriffen, daß er, auch er, der vielfach bevor-
zugte, in diesem Haus tatsächlich verschwinden kann «wie ein Streichholz».
Was ihm jetzt widerfährt, ist nicht angenehm, aber menschlich: Erst nach dieser tiefsten Selbsterniedrigung gewinnt er seine ganze Würde zurück — später,
auf der Rampe von Auschwitz, sieht man, wie er den alten Luccani stützt.
Jetzt, nach Salzers letzten Worten, zögert er nicht mehr, sondern schlägt sich
schnell die Hand an die Augen, sein Gesicht ist qualvoll verzerrt, er spuckt
dem Alten an den Rock. Salzer, auch Witzel und der Italiener lachen, jeder
anders, Witzel am längsten und dreckigsten.*

SALZER: Schade, das wär' ein Foto für den «Stürmer»
geworden. Los, schafft ihn weg,
nicht in den Keller — wir halten unser Wort.
Wir schaffen diesen Herrn
in unsern Hundezwinger.
(Man lacht aufs neue, Salzer nicht.)

FABRIKANT *(schreit auf)*: Nein! — Schweine!

WITZEL: Los, zu den Hunden, zieh dir
deine Hose gleich aus. Los, ab, komm . . .

FABRIKANT *(hat sich plötzlich gefaßt)*: Zu den Hunden, ja.
(Luccani schweigt, sieht ihn an.)
(Verzweifelt:) Die Angst — diese schreckliche. —
Ich schäme mich.

LUCCANI: Mich trifft das nicht mehr. Beten Sie.
(Witzel zieht den Fabrikanten brutal weg, stößt ihn vor sich her hinaus. Salzer, jetzt so sehr «in Fahrt», daß er vorübergehend vergißt, was er hier in Rom befürchtet. Er ist sofort über Luccani hergefallen.)
SALZER: Selber beten, los, beten, beten,
   beweisen Sie, daß Sie katholisch sind.
   Singen Sie, los, singen Sie ein Ave Maria!
   Los, wird's bald, singen.
LUCCANI: Nein, ich werde Gottes Namen
   nicht unnütz führen.
SALZER: Unnütz? Guter Mann, wenn Sie jetzt
   nicht singen, werden Sie's bald
   im Himmel mit den Engeln tun.
   (Er zieht die Miliz heran.)
   Los, du Hilfsgeistlicher, nimm ihm die Prüfung ab.
LUCCANI *(pathetisch, ungeheuer verächtlich)*:
   Diesem Vaterlandsverräter da —
   antworte ich doch nicht.
MILIZ *(schreit)*: Vaterlandsverräter — was?
   (Er gibt Luccani einen schlechtgezielten Stoß vor die Brust, der Alte taumelt, stolpert, fängt sich schnell. Salzer packt die Miliz am Arm, hält sie zurück.)
SALZER: Komm her! Du schlägst ihn nicht.
MILIZ: Vaterlandsverräter —
   das laß ich mir doch nicht gefallen!
LUCCANI *(zu der Miliz)*: Schämst du dich nicht, du Feigling?
   Wir haben an der Front gekämpft, gegen
   österreichische Alpenjäger, Scharfschützen
   waren das — und wo kämpfst du?
   (Salzer schweigt, gönnt der Miliz, die er verachtet wie alle italienischen Soldaten, diese Blamage — ohne zu merken, daß die Worte Luccanis auch seinem «Kampf» gelten. Der Alte hat der Miliz den Rücken gewendet und sagt zu Salzer sehr gefaßt:)
   Als Generalkonsul in Innsbruck
   und als Soldat im Ersten Weltkrieg, als Offizier,
   habe ich die Deutschen achten gelernt —
   und will es noch nicht glauben, mein Herr ...
SALZER *(innerlich jetzt gefährdet, der alte Frontoffizier hat seine sentimentale Ader getroffen, vor allem deshalb, weil Salzer selbst sich stets vor der Front gedrückt hat.)*
LUCCANI: Was man von Ihren Lagern in Polen ...
   Sie sind doch Offizier!
   (Salzer hat ihm den Rücken zugekehrt. Während Luccani spricht, ist Witzel mit dem Schuhhändler eingetreten, der eine Aktentasche trägt: ein rundlicher Jude in mittleren Jahren, der scheu an der Tür stehenbleibt, bis Witzel ihm durch eine Handbewegung bedeutet, daß er sein Gesicht zur Wand drehen muß.
   Bei Luccanis letzten Worten beginnt Salzer plötzlich wie wahnsinnig die Miliz, dann auch Witzel anzuschreien. Das eigene Schreien steigert noch seine Fassungslosigkeit. Er reißt zuletzt die Pistole heraus, als könne dieser lächerliche Griff zur Waffe ihn vor einer menschlichen Rührung schützen.)

SALZER: Was gafft ihr so blöd in die Gegend!
  Abführen. Abführen hab' ich befohlen — rührt
  ihn nicht an. Alle weg hier — auch den
  (er zeigt auf den Schuster) abführen, da.
  Los, was steht ihr da 'rum! Abführen, los.
  Witzel, kommen Sie jemals, wenn man
  Sie wirklich braucht?
WITZEL: Das ist der Schuster, Obersturmführer.
  Er hat auch Werkzeug mitgebracht.
SALZER (immer noch schreiend):
  Das ist mir jetzt egal, ich will
  jetzt keinen sehen. Sie will ich auch
  nicht sehen. Macht, daß ihr wegkommt,
  alle raus hier, los!
WITZEL: Obersturmführer?
SALZER: Wer von den Kerlen jetzt noch protestiert,
  dem ziehen Sie die Hosen aus
  und prüfen nach, ob er beschnitten ist.
  Katholisch oder nicht — egal.
  Beschnitten oder nicht: das will ich wissen.
WITZEL: Jawoll, Obersturmführer.
SALZER (schreit wieder): Hauen Sie endlich ab, ich will Sie nicht mehr sehen.
WITZEL: Jawoll, Obersturmführer.

*Während alle abgehen, ist hinter Salzers Rücken ein deutscher Botschafts-
attaché aufgetaucht, der einen höchst korrekten (hellgrauer Anzug ohne Par-
teiabzeichen) und zivilen Eindruck macht. Tatsächlich hat der Herr niemals ein
gelbes Hemd getragen wie die SA-Plebejer, die er nicht verachtet, weil sie Nazis, sondern weil sie «Proleten» sind. Sogar im Reitersturm, den er. als Guts-
besitzersohn daheim im Osten kommandiert hat, zog er kein gelbes Hemd
an, so daß er 1946 den Behörden mühelos erzählen konnte, Widerstandskämpfer gegen Hitler gewesen zu sein, wie sein hingerichteter Vetter — eine menschlich sehr verständliche Ausrede, die sich dann binnen eines Jahrzehnts in immer längeren Gesprächen zu einem historischen Roman ausgewachsen hat, den
kein Widerstandskämpfer dementieren kann (denn wer Hitler in Deutschland
Widerstand geleistet hat, wurde, wenn er nicht mit KZ davonkam, ausnahmslos hingerichtet — von höchstens zehn Männern wie Kaiser, Gerstenmaier,
den Brüdern Hammerstein, John, Schlabrendorff, Gisevius abgesehen). Übrigens wäre es primitiv, diesen Fabulierer in eigener Sache als Lügner zu bezeichnen, denn spätestens 1955 glaubte er sich bereits jedes Wort. Der Diplomat findet äußerst «peinlich», daß man auch aus Rom die Juden abkarrt, er zitiert gern das seit hundert Jahren zum Gemeinplatz gewordene mot Talley-
rands, wonach etwas noch schlimmer sei als ein Verbrechen, nämlich eine
Dummheit. So ist er innerlich und äußerlich beschwingt, daß Herrn von Weizsäcker soeben ein wahrhaft einzigartiger diplomatischer Coup geglückt ist —
hören wir Weizsäcker selbst: «Die Propaganda unserer Gegner suchte die
deutschen Soldaten als Schänder Roms und als Gefangenenwärter des Papstes
hinzustellen. Zur Richtigstellung veranlaßte ich durch Kardinal Maglione Ende
Oktober 43 ein offizielles Kommuniqué im «Osservatore Romano» an erster
Stelle. Das sprach unserer Truppe die Anerkennung aus, die Kurie und die*

Vatikanstadt respektiert zu haben. In diesem Kommuniqué versprachen wir auch für die Zukunft eine gleiche Haltung.»

Mit diesem Führungszeugnis, propagandistisch unbezahlbar für die Mörder, die zwar nicht Rom schändeten, sondern nur die Juden Roms, zahlte wieder einmal die Christenheit, diesmal ihre höchste Instanz, dem jüdischen Volk den Judaskuß heim – vor aller Welt, genau im gleichen Augenblick, als in den Nachbarstraßen von St. Peter die meist recht armen Judenfamilien für Auschwitz zusammengetrieben und dann in Termini einwaggoniert wurden.

Natürlich hat Herr von Rippert, wenn wir ihn so nennen wollen, kein Gespür dafür, so wenig wie andere Zeitgenossen und Mitwirkende exemplarischer Ereignisse auch, daß er Salzer jetzt Bedeutungsvolleres überbringt als nur die Mahnung, doch ja bei seinen Razzien die exterritorialen Häuser der so toleranten Kurie weiterhin zu respektieren, wenn er ihm zwischen den denkbar blödesten Belanglosigkeiten mitteilt, wozu die Kurie in diesem Augenblick bereit ist, so keineswegs deshalb, um ihm Mut zu machen, die Verhafteten tatsächlich abzuschieben in den Tod – nein: er möchte nur einmal vor dem großschnäuzigen SS-Mann, der die Diplomaten meist als «Weihnachtsmänner» bezeichnet, betonen, daß ohne das stille und gesittete Wirken der Deutschen Botschaft am Hofe des Heiligen Vaters die Kurie kaum so freundlich beide Augen und den Mund zudrücken würde. Und daß es verrückt wäre, den Papst, der bei Herrn von Weizsäcker ja in den besten Händen ist, etwa vor der Besetzung Roms durch die Alliierten nach Liechtenstein evakuieren zu wollen.

Rippert sieht noch, wie Witzel und die Miliz die beiden Juden abführen.

RIPPERT: Heil Hitler, Herr Salzer –
   (Er legt Florett und Fechtmaske auf den Tisch und zieht langsam beide Handschuhe aus.)

SALZER *(sehr geniert):* Ah – was gibt's?
   Morgen, guten Morgen, Herr von Rippert –
   bitte ... ich hatte ... bitte ...
   Sie müssen schon entschuldigen – hier,
   bei uns, da geht es leider nicht so fein zu,
   wie dort bei Ihnen in der Botschaft:
   Hat doch mein Feldwebel, ein primitiver Kerl,
   bei unserer Razzia auch katholische Juden
   aus blödem Übereifer aufgelesen.

RIPPERT: Oh, wie peinlich – außerordentlich peinlich!

SALZER: Viele sind's nicht, aber die Wenigen –
   die könnten womöglich reichen, mir den Papst
   noch auf den Hals zu hetzen.

RIPPERT: Wir tun alles, um das abzuwenden –
   nicht leicht, ist gar nicht leicht für uns,
   denn zweifellos wird's ja dem Papst von seiten
   unserer Gegner, die ihn bestürmen, er solle protestieren,
   sehr nachgetragen werden, daß er schweigt.
   Aber Sie haben Glück – die Kurie
   ist versöhnlich gestimmt.

SALZER: Tatsächlich? Sie nehmen mir einen Stein
   vom Herzen. Bitte sehr, setzen Sie sich, bitte.

RIPPERT: Nein, danke, danke, nein – Sie sehen

ich will fechten. Ist nötig, ich bin schon
fast nicht mehr turnierfähig.

SALZER *(hat das Florett in die Hand genommen und biegt die Klinge):*
Nötig! Nötig hätt' ich das auch,
sehen Sie hier: wie eine Achtzigtaler-Stute
— ich habe früher jedes Jahr
(er hat sich auf den Hintern geklatscht)
das große Sportabzeichen wiederholt,
in Silber. Nehmen Sie Unterricht?

RIPPERT: Ja, bei einem Italiener, mit Kollegen
aus Tokio und Madrid. *(Sehr wichtig:)*
Ich tu das dienstlich, weil die Herren
ja durch Riposte und Konterriposte
mehr aufgelockert werden, ansprechbarer,
vertraulicher, als bei dem schönsten
Diplomaten-speech.

SALZER: Riposte? — So, wie?
Ist lange her bei mir.

RIPPERT: Nein — so, Obersturmführer.
(Er nimmt das Florett und zeigt Salzer die richtige Stellung, dann die richtigen Griffe für Degen, Säbel und Florett. Salzer nimmt das Florett, macht die Griffe nach):
Gut, ja. Sie fassen nur falsch an.
Sehen Sie: so faßt man das Florett an, und so.

SALZER: Richtig, ja — natürlich.
Sie machen mir wieder Lust.
Und so — den Degen, wie? Den Säbel? — So?

RIPPERT: Genau. Ja, und *so* den Degen.
Kommen Sie doch mit!

SALZER: Schön wär's. Ich muß doch die
Muschpoke erst verladen. Nun sitz ich hier
und zittere und warte, daß sich der Papst
für die Hebräer stark macht.
(Er bietet Zigaretten an, sie rauchen.)

RIPPERT: Ich sagte doch, Sie können sich beruhigen.
Deshalb ja, komme ich vorbei —
allerdings auch noch mit einer großen Bitte
des Herrn Botschafters! Zunächst mal die Beruhigung:
der Kardinal-Staatssekretär hat Herrn von Weizsäcker versprochen,
uns Okkupanten urbi et orbi
das Zeugnis auszustellen, daß wir die
Kurie und den Vatikan *mustergültig* respektieren.

SALZER *(sprachlos, tritt einen Schritt zurück):* Ist ja unbezahlbar.
(Kann es kaum fassen:) Ich sage ja, der Pius ist in Ordnung.
Für Deutschland tut er alles.

RIPPERT *(noch stolzer):* Ja, Herr von Weizsäcker
hat eine gute Hand für Pius.
Anstatt ihm das zu danken in Berlin,
pflegt mancher allen Ernstes dort den Spleen,
den Papst nach Liechtenstein zu übersiedeln,

bevor die Alliierten Rom besetzen.

SALZER: Das ist verrückt, Sie haben völlig recht.
Jetzt sagt der Vatikan der Welt,
wie gut wir uns in Rom benehmen – dann aber hieße es:
«Die Nazis verschleppen uns den Heiligen Vater!»

RIPPERT: Natürlich! Und Herr von Weizsäcker
hat ausdrücklich auch für die Zukunft eine
gleiche Haltung der deutschen Truppen zuge-
sichert: das verpflichtet uns –
doch auch die Alliierten.

SALZER: Sehr gut, tüchtig seid ihr – bombardieren
die Schweine Rom noch einmal . . .

RIPPERT: Allerdings, wie gesagt, Herr Salzer:
auch *uns* verpflichtet diese Absprache,
die Klöster *peinlichst* zu verschonen.

SALZER (*fast verärgert*): *Wem* sagen Sie das, Herr von Rippert:
Hab' ich hier je ein Kloster inspiziert?
Wir sind doch nicht in Polen!
Auf die versteckten Juden und Royalisten kommt's
mir nicht an. Ich wär sogar bereit gewesen,
mit Rücksicht auf den Papst, alle Juden Roms
bis Kriegsschluß zu verschonen. Tatsächlich, ich hatte Angst,
er schreit uns heute die Christen der ganzen Erde auf den Hals.
Aber nach *dieser* Nachricht kommt da nichts mehr.
Ihr seid wahrhaftig tüchtig.

RIPPERT: Ja, ich denke, ich kann in Ruhe fechten
gehen. Leben Sie wohl, Herr Salzer, Heil Hitler.

SALZER: Ja, viel Vergnügen – ich will bei
Nacht verladen: Da kommt ja jetzt nichts
mehr. Da kommt nichts mehr.
Ich danke schön. Und viel Vergnügen.

Vorhang.

HOCHHUTH UND LESSING
VON WALTER MUSCHG †

Ordinarius für Germanistik an der Universität Basel

Die Gegner von Hochhuths ‹Stellvertreter› haben von Anfang an behauptet, sein Stück sei nicht nur sachlich unhaltbar, sondern auch künstlerisch verfehlt. Es sei das Machwerk eines Anfängers, der keine Menschen, sondern Marionetten agieren lasse und kein Drama, sondern eine banale Reportage geschrieben, eine Farce der historischen Wirklichkeit produziert habe. Auch zustimmende, ja begeisterte Kritiker werfen dem Verfasser vor, sein Papst sei zu sehr nur Zielscheibe, die Gegenfigur Riccardo ein blasses Schemen, überhaupt alles zu einfache Schwarzweißmalerei, die die Bösen zu primitiv als böse, die Guten zu eindeutig als gut zeige statt als gemischte, interessante Charaktere.

Es ist tatsächlich nicht schwer, Schwächen dieses Erstlings zu erkennen. Sein Hauptfehler ist: er geht zu sehr in die Breite, nicht nur im Gesamtumfang, sondern, mit Ausnahme des fünften Aktes, auch innerhalb der einzelnen Szene, des einzelnen Dialogs. Das rührt von der Gewissenhaftigkeit her, mit der Hochhuth sein «J'accuse» dokumentarisch untermauert. Er hat seinem Drama nicht nur einen Anhang mit Quellenbelegen beigegeben, auch seine Regiebemerkungen sind mit Quellenmaterial und sogar mit Reflexionen über seine künstlerische Methode durchsetzt. Das ist auf alle Fälle nicht naiv, sondern Ausdruck einer geistigen Leidenschaft, die ihren eigenen Maßstab verlangt. Die Einwände der meisten Kritiker entlarven weniger Hochhuth als sie selbst. Sie zeigen, wie tief verschüttet in Deutschland die Tradition der freiheitlichen, kämpferischen Dichtung ist, die von der Aufklärung über das Junge Deutschland bis zum Expressionismus führt. Die Vorwürfe, die Hochhuth gemacht werden, gelten für die Kampfdichtung aller Zeiten, sie wurden ihr schon immer gemacht und kehren mit monotoner Regelmäßigkeit wieder. Schon im Reformationstheater wurden der Papst und andere gekrönte Häupter auf die Bühne gebracht und bloßgestellt, nicht als interessante Charaktere, sondern als Verkörperungen eines Prinzips. Auch im Jesuitentheater der Gegenreformation haben die Figuren keine persönlichen, sondern typische Gesichter und sind streng in Gute und Böse geschieden. Lessing begann ein Trauerspiel ‹Henzi› mit dem er in letzter Stunde die Hinrichtung eines Staatsverbrechers in Bern verhindern wollte. Als man die Verse seines ‹Nathan› beanstandete, sagte er, sie wären schlechter, wenn sie besser wären. Auch ihm ging es nicht nur um schöne Worte, sondern um eine Sache. Und was den belächelten Umfang des ‹Stellvertreters› betrifft: der ‹Don Carlos› zählt 5370 Verse, das ist das Doppelte der ‹Braut von Messina› und mehr als der erste Teil des ‹Faust›. Schiller stellte von diesem Monstrum in der Folge drei Redaktionen und zwei Bühnenbearbeitungen her; die heute übliche Fassung hat immer noch einen so abnormen Umfang, daß sie nur gekürzt gespielt werden kann.

Hochhuth ist nicht Schiller und nicht Lessing, aber er geht auf ihrer Spur. Auch sachlich knüpft er an sie an, denn der ‹Don Carlos› wurde ursprünglich als Drama gegen die Pfaffen geplant, und das Thema von ‹Nathan der Weise› ist der Antisemitismus. Lessing schrieb über dies sein letztes Drama: «Noch kenne ich keinen Ort in Deutschland, wo dieses Stück schon itzt aufgeführt werden könnte. Aber Heil und Glück dem, wo es zuerst aufgeführt wird.» Er erlebte es nicht mehr, es dauerte zwanzig Jahre, bis sein Lehrstück der Toleranz auf den Bühnen Eingang fand. Nur den starken Bucherfolg erlebte er noch, und er genügte ihm, da er mit hundert Jahren Wartezeit rechnete. Und welche Feindschaft tobte wegen dieses Werkes gegen ihn! Das Christentum kommt im ‹Nathan› schlechter weg als bei Hochhuth, aber im Grundriß stimmen die beiden Dramen vielfach überein. Gleiche Probleme rufen über die Zeiten hinweg zwangsläufig ähnliche Figuren und Situationen. Hochhuths Papst entspricht Lessings zelotischem Patriarchen von Jerusalem («Tut nichts! der Jude wird verbrannt»), sein Riccardo Fontana dem einfältigen Klosterbruder, der die Ehre der Kirche rettet, sein SS-Obersturmführer Gerstein dem draufgängerischen Tempelherrn. Die Parallele ließe sich noch weiterführen.

Sie erstreckt sich aber auch auf Hochhuths künstlerisches Verfahren. Er verzichtet auf die Errungenschaften des avantgardistischen Theaters, das den Irrsinn unserer Zeit als surrealistischen Schabernack widerspiegelt. Denn er sieht das Weltgeschehen nicht als Absurdität, sondern als Kampf zwischen Licht und Finsternis, und ergreift in diesem Kampf Partei. Wie Schiller und Büchner, wie Karl Kraus in den ‹Letzten Tagen der Menschheit› stellt er ihn auf einem exakten dokumentarischen Unterbau in typischen Vertretern und Szenen dar, die auf den Höhepunkten ins Symbolische, Transzendente übergehen. Die Wirklichkeit wird durchsichtig gemacht, zu letzten Gegensätzen verabsolutiert. Die Papstszene ist ein solcher Höhepunkt. Sie ist frei erfunden, eine Konstruktion wie die Audienz beim Sultan Saladin, in der Nathan die Ringparabel erzählt, und wie die Audienz im ‹Don Carlos›, die auch «unmöglich» ist, da sie so nie hätte stattfinden können. Dort und hier wird mit den gleichen Mitteln des kunstvollen Szenenaufbaus, der rhetorischen Steigerung, der dialektischen Kontrastierung gearbeitet. Es ist lächerlich, hier nach mehr Psychologie und historischer Treue zu rufen. Solche Kunst hat es auf eine Wahrheit abgesehen, die kein Psychologe und kein Historiker sichtbar machen kann.

Die Wahrheit, um die es Hochhuth geht, tritt im grandiosen fünften Akt hervor, mit dem sein Stück steht und fällt. Auch diese Darstellung von Auschwitz hat man als unzulänglich, die Figur des Doktors als unglaubhaft bemäkelt. Man hat eingewendet, Auschwitz sei «weder künstlerisch noch menschlich, weder emotional noch intellektuell zu bewältigen», weil es die menschliche Fassungskraft übersteige. Wer so argumentiert, gibt unfreiwillig Hochhuth recht. Die Hölle ist in der Tat nicht darstellbar, auch Dantes Inferno kommt uns heute eher harmlos vor. Das absolut Böse wird von jeder Zeit anders erlebt und muß jeder anders gezeigt werden. Wesentlich ist, ob man es sehen will oder die Augen davor verschließt. Der Schlußakt des ‹Stellvertreters› ist immerhin so, daß die Regisseure zögern, ihn dem Publikum zuzumuten. Auschwitz erscheint hier, wenn auch nur schattenhaft, als die Hölle, die es war, und der Doktor tritt darin als der Teufel auf, wie er heute aussieht, im Rahmen eines modernen Mysterienspiels, das zwischen Satan und Gott ausgespannt ist. Wem das zu wenig oder zu viel ist, der möge sich in Salzburg erbauen. Hochhuth hat den ‹Nathan› zeitgemäß umgeschrieben, indem er den Antisemitismus in die höllische Perspektive rückte, die sich Lessing noch nicht träumen ließ, die er aber für uns besitzt. So mußte sein Stück notwendig das werden, als was er es ursprünglich bezeichnete: ein unter apokalyptischem Himmel versuchtes «christliches Trauerspiel».

Das muß man wissen, wenn man ihn kritisieren will. Hätte er beispielsweise in der Vatikanszene statt Pius XII. irgendeinen Kardinal die Kirche repräsentieren lassen, so verlöre sein Stück sofort den absoluten Aspekt und wäre eine unverbindliche geschichtsphilosophische Lektion wie die Szene mit dem Großinquisitor in der endgültigen Fassung des ‹Don Carlos›. Wäre seine Sprache poetischer, das Faktische weniger hart, die Phantasie gegenüber dem Grauenhaften weniger ausgeschaltet, so hätte er ein zweites ‹Andorra› geliefert. Er ist aber weder ein weicher Poet noch ein Gaukler des ästhetischen Experiments, sondern etwas in der deutschen Literatur Seltenes: ein Aufklärer von kühlem Kunstverstand und verhaltener geistiger Glut. Als nebelfreier Kopf berechnet er seine Effekte genau, um seinem Gedanken — der Entwürdigung des Menschen bis in die obersten Spitzen der Gesellschaft — zur stärksten Wirkung zu verhelfen. Da reißen sich unsere Dramatiker Arme und Beine aus, um die Welt auf den Kopf zu stellen und das Publikum zu schockieren. Da bedauert man es, daß Brecht Kommunist war, und stellt sich darauf ein, ihn rein künstlerisch zu genießen. Und da kommt dieser heißersehnte westliche Brecht und zeigt, was wahres Schocktheater und unausweichliche geistige Forderung ist, mit solchem Erfolg, daß die Theater ihn kaum zu spielen wagen und seinetwegen ein öffentlicher Skandal mit Protestmärschen, Verleumdungsfeldzügen, organisierter Sabotage und Regierungserklärungen entsteht. Diese Ehre ist weder den ‹Physikern› noch den ‹Nashörnern› widerfahren, sie erinnert an bessere Zeiten des deutschen Theaters, wo es noch Schauplatz geistiger Kämpfe war. ‹Der Stellvertreter› ist trotz seiner im Grund traditionellen Struktur ein revolutionäres Werk, weil er über die modischen artistischen Teufeleien des Antidramas hinaus wieder klarmacht, daß die Dichtung imstande ist, an die Vernunft des Menschen zu appellieren. Auf einen solchen jungen deutschen Dramatiker haben wir gewartet, und die Fehler seines ersten Wurfs sind uns lieber als die schönsten Verrücktheiten des absoluten Theaters.

Man hat auch im Fall Hochhuth gern wieder den Titel von Schillers Rede über die Schaubühne als eine moralische Anstalt zitiert. Den schönen Titel wohl, aber die Rede selbst? In ihr stehen die Sätze: «Wenn keine Moral mehr gelehrt wird, keine Religion mehr Glauben findet, wenn kein Gesetz mehr vorhanden ist, wird uns Medea noch anschauern, wenn sie die Treppen des Palastes herunter wankt und der Kindermord jetzt geschehen ist ... eine merkwürdige Klasse von Menschen hat Ursache, dankbarer als alle übrigen gegen die Bühne zu sein. Hier nur hören die Großen der Welt, was sie nie oder selten hören — Wahrheit; was sie nie oder selten sehen, sehen sie hier — den Menschen.»

INHALT

Erwin Piscator: Vorwort   7

Der Stellvertreter   11

Historische Streiflichter   229

Eine Variante zum fünften Akt   281

Walter Muschg: Hochhuth und Lessing   296

modernes theater

Bertolt Brecht
Furcht und Elend des Dritten Reiches
24 Szenen [577]

Der Jasager und Der Neinsager / Die
Maßnahme / Die Ausnahme und die
Regel / Die Rundköpfe und die Spitz-
köpfe / Das Badener Lehrstück vom
Einverständnis. Lehrstücke [889]

Pauken und Trompeten
von George Farquhar in der Bearbei-
tung von Bertolt Brecht zusammen mit
Benno Besson und Elisabeth Hauptmann. Ein Stück [923]

Die Mutter
Ein Stück [971]

Barbara Garson
MacBird
Eine dramatische Satire [1073]

Václav Havel
Das Gartenfest / Die Benachrichtigung
Zwei Dramen. Essays, Antikoden [967]

Joseph Heller
Wir bombardieren Regensburg
Schauspiel [1158]

Ernest Hemingway
Die fünfte Kolonne. Schauspiel [1232]

Rolf Hochhuth
Der Stellvertreter
Ein christliches Trauerspiel. Mit einem
Vorwort von Erwin Piscator. Erweiterte
Taschenbuchausgabe: Mit einer Vari-
ante zum fünften Akt und einem Essay
von Walter Muschg [997/98]

Frank Marcus
Schwester George muß sterben
Komödie [1206]

Arthur Miller
Der Preis
Ein Theaterstück sowie ein Interview mit
Arthur Miller von Joan Barthel [1152]

Joe Orton
Seid nett zu Mr. Sloane / Beute
Zwei Dramen [917]

Harold Pinter
Die Heimkehr / Der Liebhaber / Die
Kollektion / Teegesellschaft / Tiefpar-
terre. Fünf Dramen [899]

Die Geburtstagsfeier / Der stumme
Diener / Das Zimmer / Die Zwerge.
Vier Dramen [1076]

Der Hausmeister / Eine Nacht außer
Haus / Abendkurs / Ein leichter Schmerz.
Vier Dramen [1188]

Jean-Paul Sartre
Die Fliegen / Die schmutzigen Hände
Zwei Dramen [418]

Die Eingeschlossenen
(Les Séquestrés d'Altona) [551]

Bei geschlossenen Türen / Tote ohne
Begräbnis / Die ehrbare Dirne
Drei Dramen [788]

James Saunders
Ein Duft von Blumen / Ein unglück-
licher Zufall / Wer war Mr. Hilary? /
Nachbarn
Vier Dramen [947]

Johannes Mario Simmel
Der Schulfreund
Ein Schauspiel in zwölf Bildern
Mit 19 Fotos [642]

Tom Stoppard
Rosenkranz und Güldenstern
Schauspiel [1040]

Peter Weiss
Die Ermittlung. Oratorium in 11 Ge-
sängen [1192]

Thomas Wolfe
Willkommen in Altamont! / Herren-
haus / Die Herren von der Presse
Im Anhang: Thomas Wolfe als Dra-
matiker von Horst Frenz / Briefe zur
Entstehungsgeschichte der Dramen [516]

Rolf Hochhuth

Guerillas

Tragödie in 5 Akten
15. Tausend. ca. 192 Seiten. kartoniert [April 1970]
Die Vorbereitung eines Staatsstreichs in den USA, der darauf abzielt,
die plutokratische Oligarchie zu stürzen, die wirtschaftliche und politische Macht jener 120 Familienclans zu brechen und die Verfassung
zu verwirklichen, schildert die in Nord- und Südamerika spielende fik-
tive Handlung des Stückes. Hochhuths drittes Bühnenwerk nach «Der
Stellvertreter» und «Soldaten» ist weder historisches Drama noch
Dokumentarstück; es ist nicht Reproduktion von Geschehenem, sondern Projektion von Möglichem.

Soldaten

Nekrolog auf Genf. Tragödie
Rowohlt Paperback Band 59. 50. Tausend. 192 Seiten
Bereits 35 Inszenierungen in 11 Ländern
Buchausgabe in 10 Sprachen übersetzt
‹Newsweek›, New York: «Ein eindrucksvolles und eminent wichtiges
Werk. Hochhuth ist kein primitiver Moralist, der im Wust der Akten
nach Schuldbeweisen sucht. Ihn treibt das Gewissen zur Kunst. Daher
das klassische Gepräge seines Werkes. Und deshalb ist er auch der
erste Dramatiker, der die erdrückend verworrenen, apokalyptischen
Ereignisse unserer Zeit mit wirklichem Gewinn gestaltet. Das Werk
eines Autors, der für sich in Anspruch nehmen kann, der wichtigste
Dramatiker der Welt genannt zu werden.»

Der Stellvertreter

Ein christliches Trauerspiel. Mit einem Vorwort von
Erwin Piscator und einem Essay von Walter Muschg.
Erweiterte Taschenbuch-Ausgabe mit einer Variante zum fünften Akt.
55. Tausend. rororo Band 997/98
Bereits 68 Inszenierungen in 26 Ländern
Golo Mann / Basler Nachrichten: «Wieviel einfühlsame Menschen-
kenntnis, Phantasie und Mitleid, Kummer, tiefer Ekel und Zorn werden hier unter den Bann der Kunst gezwungen! Das ist die eigent-
lichste Leistung. Sie erklärt, warum das deutsche Publikum sich von
dem Drama hat ansprechen lassen wie noch von keinem Prozeß in
Nürnberg und Jerusalem, keiner noch so gründlichen Studie des ‹Instituts für Zeitgeschichte›. Für sie müssen wir dem Dichter dankbar
sein.»

Rowohlt

Peter Rühmkorf

WAS HEISST HIER VOLSINII?

Bewegte Szenen aus dem klassischen Wirtschaftsleben

Frankfurter Allgemeine / Klaus Völker: «Peter Rühmkorfs erste dramatische Arbeit hat plebejischen Witz und große politische Entschiedenheit, die an die geschichtsphilosophischen Thesen Walter Benjamins anknüpft und an Brechts Bemühungen, dem Zuschauer auseinanderzusetzen, daß man nicht mehr glauben darf, daß es so kommen mußte wie es kam. Mit gutem Recht nennt der Autor sein Stück ‹bewegte Szenen aus dem klassischen Wirtschaftsleben›, sie sollen den Zuschauer veranlassen, parallel Verhältnisse in der heutigen Welt zu assoziieren und zu beurteilen. Rühmkorfs Intention ist die Nutzbarmachung der klassischen Geschichte für den Klassenkampf, Geschichte nicht als ‹Schicksal›, als Tragödie hochstilisierter Helden, sondern als anwendbare Komödie, die Partei ergreift, ‹und wo wir Partei ergreifen, da mit einer Klasse und nicht als gerührtes Publikum›. Ein Schwank dieser Art ist allemal politisch wirksamer und für die Bühne geeigneter als Dokumentarstücke. Auch wird dem Zuschauer mehr sozialistisches Bewußtsein vermittelt. ‹Volsinii›: Lehrstück, Komödie, Parodie.» Schauspiel. 1.–3. Tausend. 144 Seiten. Broschiert

Rowohlt

564/1